▲ 2010中国平安励志计划论文奖终审专家合影

▲ 2010中国平安励志计划论文奖终审保险组评审现场

▲ 2010中国平安励志计划论文奖终审金融组评审现场

▲ 2010中国平安励志计划论文奖终审经济组评审现场

▲ 2010中国平安励志计划创业大赛现场

▲ 著名电影导演贾樟柯在2010中国平安励志计划颁奖典礼上进行主题演讲

▲ 2010中国平安励志计划颁奖典礼现场

专家推荐

科学研究可以从“小”开始：从小年龄开始，从小事情开始，从小项目开始……所有的大事物都是从小事物演变而来！2010中国平安励志计划获奖论文集就汇集了多篇体现由小到大、小中见大精神的论文作品。年轻的大学生和研究生们只要拥有追求的勇气、独立思考的习惯和不惧细节的精神，就可以按照科学的方法在探索的道路上取得成绩。

——**贺力平**　北京师范大学经济与工商管理学院金融系教授，国际金融研究所所长、研究员

2010中国平安励志计划论文大赛中涌现出一大批优秀的学术论文。这本论文集收录了脱颖而出的百余篇获奖论文，可以说它们代表了我国经济学、金融学、保险学在校学生的学术研究水平，展示了学生们的创新能力。论文集的出版，对于鼓励广大在校学生努力钻研、开展研究、探索中国经济发展的新理论具有示范性作用，这也是这本书的价值所在。

——**郭田勇**　中央财经大学金融学院教授

2010中国平安励志计划论文大赛的获奖作品，即将结集出版。在参与评审的过程中，给我留下了深刻的印象：紧扣现实经济中的突出问题，结合相关的经济学和金融学理论，运用现代的经济学分析方法和工具，给出自己的见解。换言之，就是学以致用。从参赛学生论文中反映出的这种学风，正是我们的教育理念之所在，可喜可贺。

——**刘红忠** 复旦大学国际金融系系主任、教授、博士生导师

2010中国平安励志计划论文大赛获奖作品具有鲜明的时代特征，很多论文采用计量分析方法，进行经济计量检验与实证分析，得到了第一手的富有解释力的结果，使经验判断建立在可靠的实证分析基础之上。这种与国际惯例接轨的研究风格和分析方法值得提倡与鼓励。

——**沈坤荣** 南京大学经济学院副院长

序

又到了励志计划获奖论文集出版的时刻，作为励志计划的主办方，看到那么多学子专注于经济、金融、保险领域的学术研究及创新，这么多优秀论文成果展现在我们的面前，真的感到无比地欣慰。

同时，我们欣慰地看到从励志计划走出去的学生中很多已学有所成，正在为国家的建设、民族的发展贡献着自己的力量；看到励志计划的发展得到了越来越多专家的鼎力支持和始终如一的陪伴；看到励志计划已经发展为一个融论文奖、奖学金、励志论坛、创业大赛、同学会等系列项目为一体的综合学术平台，正在成长为国内高校最有影响力、最具权威的公益品牌，正在为更多的学子提供梦想实现的平台。

今年我们的励志计划海报的主人公是一位曾经在励志计划论文奖获奖的学生，他叫刘永东，本科就读于北京大学，硕士研究生就读于中国科学院，2007年参加了论文奖评选，他的论文《中国城镇基本养老保险的改革效应研究》获得了保险组一等奖，现在的他正在美国加州大学伯克利分校攻读博士学位。我们希望能够有更多的学子像他一样，勇敢追逐自己的梦想。其实不仅仅是刘永东同学，已经有很多从励志计划走出去的同学，现在已学有所成。励志计划就是这样一个为当代大学生打造的平台，鼓励有梦想、有抱负、肯实践、勇创新的学子不断取得新的高度。

励志计划获奖论文集的出版不是一个结束，而是一个新的开始，它将持续关注经济的变化，关注学术的创新。面对国内外经济形势的变化，面对不断出现的挑战，年轻的学子们必须承担起对国家建设、社会进步、经济发展的责任。作为励志计划的主办方，我们将承担起更多的社会责任，继续致力于在教育、环境、红十字、社群公益方面的投入，在创造经济价值的同时，为环境、社会贡献自身的力量。

在励志计划又重新启程的一年里，我们将继续深入开展励志计划论文奖、奖学金、创业大赛、励志论坛、同学会各项活动，继续致力于高校、社会的励志文化、精英文化塑造，继续影响和帮助更多的高校学子成长和成才，追求和实现梦想。希望更多的同学参与到励志计划的各项活动中来，并取得好成绩。

借此序，再次对参与励志计划的各位学者、专家深表敬意，对参与励志计划的各高等院校和学生们以及支持励志计划的社会各界表示衷心感谢！

中国平安保险（集团）股份有限公司

副董事长

孙 建 一

二〇一一年于深圳

目　录

金融一等奖

金融二等奖

金融三等奖

金融一等奖

JINRONG YIDENGJIANG

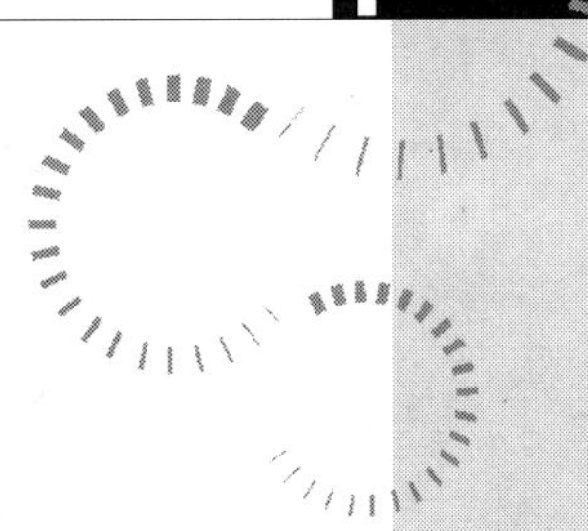

宏观经济对利率期限结构的动态影响研究

于 鑫

一、引　　言

在过去的20年里，关于利率期限结构的因子模型得到很快的发展。如Litterman and Scheinkman（1991）、Longstaff and Schwartz（1992）、Duffie and Singelton（2000）等，试图通过构造不可直接观测的因子来描述利率期限结构的动态特征。然而，因子模型仅是不同程度上反映利率数据中暗含的各类因子的统计特征，对于造成因子变动的来自真实市场环境的原因，却研究甚少。以Litterman and Scheinkman（1991）的三因子模型为例，认为"水平"（level）、"倾斜"（slope）和"曲度"（curvature）三个因子可以描述利率期限结构90%以上的形态变化，但是对造成因子变动的真实经济因素的研究却并未涉及。

利率作为一个最重要的宏观经济变量，是经济系统内生的，利率期限结构作为不同到期期限利率的组合，自然也不能游离于经济系统之外。近年来，国外学术界有文献侧重研究包含宏观经济变量的动态模型，即用可观测的宏观经济因素来解释利率期限结构的变化，称为"宏观—金融模型"。如，Evans and Marshall（1998）研究发现，至少从短期来看货币政策冲击可以在很大程度上解释利率曲线斜率的变动。Wu（2001a）建立了一个利率期限结构的一般均衡模型，从理论上证明了"倾斜"因子的大部分变动是由于外生的货币政策冲击造成的。Evans and Marshall（2001）以及Wu（2001b）则在Wu（2001a）的理论基础上通过SVAR模型纳入宏观经济因素，均发现除"倾斜"因子之外，"水平"因子同样受到宏观因素（主要来自实体经济变化）的显著且持续的影响，且长、中、短期的代表性利率的变动，也在很大程度上可由宏观因素的冲击来解释。其他代表性的研究还有Dewachter and Lyrio（2002）、Ang and Piazzesi（2003）、Ang et al.（2004）等。

目前国内的研究主要集中于利率曲线估计和期限结构理论的检验，如唐齐鸣等

(2002)、林海（2006）和于鑫（2007）等，而对宏观经济因素与利率期限结构的动态关系研究相对较少，且研究方法有待改进。王一鸣等（2005）和惠恩才（2007）均通过 ADL 模型检验两者之间的关系，发现“水平”、“倾斜”和“曲度”因素与各类宏观经济变量（如价格水平、狭义货币等）存在显著关系，但检验模型无法对各变量的影响程度、相对重要性进行深入分析。刘金全等（2007）以银行间同业拆借利率为对象，利用 VAR 模型考察不同期限的短期利率水平受宏观经济因素的影响，得出宏观经济冲击对短期利率水平存在持续的影响，而对于较长期限的利率则影响不显著。但总体上利率期限数据较短，且 VAR 模型无法使用变量之间的即期关系信息，存在脉冲相应非正交化的问题，降低了实证结果的可信性。

综上，本文以银行间市场利率曲线为研究对象，试图借鉴国外学者较成熟的方法，在含有利率期限结构的 SVAR 模型中引入宏观经济变量，通过实证检验回答以下问题：与国外发达市场的情况相比，不同期限利率水平的变化在多大程度上是由宏观经济变量的变动引起的？央行货币政策对于影响利率期限结构进而改变投资者预期是否有效？描述利率曲线形态变化的三因素，即水平、倾斜与曲度因子在受到各种宏观因素的冲击下各是如何反应的？希望通过一系列实证研究为政策制定者及证券市场投资者的投资决策提供一定的参考依据。

二、研究方法及变量选择

（一）结构向量自回归模型（SVAR）

近年来，经济变量建模与预测已经从结构方程向向量自回归（VAR）时间序列模型转变，但由于 VAR 模型并没有给出变量之间当期相关关系的确切形式，使之隐藏在误差项的相关结构中，无法得到充分利用；同时也使得脉冲响应非正交化，进而降低了实证结果的可信性。SVAR 模型就是解决上述两个问题的成功方法之一。

在 k 个变量的情形下，P 阶结构向量自回归模型 SVAR（P）为：

$$B_0 y_t = \Gamma_1 y_{t-1} + \Gamma_2 y_{t-2} + \cdots + \Gamma_p y_{t-p} + u_t, t = 1, 2, \cdots, T \tag{1}$$

其中：

$$B_0 = \begin{bmatrix} 1 & -b_{12} & \cdots & -b_{1k} \\ -b_{21} & 1 & \cdots & -b_{2k} \\ \vdots & \vdots & \ddots & \vdots \\ -b_{k1} & -b_{k2} & \cdots & 1 \end{bmatrix}, \Gamma_i = \begin{bmatrix} \gamma_{11}^{(i)} & \gamma_{12}^{(i)} & \cdots & \gamma_{1k}^{(i)} \\ \gamma_{21}^{(i)} & \gamma_{22}^{(i)} & \cdots & \gamma_{2k}^{(i)} \\ \vdots & \vdots & \ddots & \vdots \\ \gamma_{k1}^{(i)} & \gamma_{k2}^{(i)} & \cdots & \gamma_{kk}^{(i)} \end{bmatrix}, i = 1, 2, \cdots, p,\ u_t = \begin{bmatrix} u_{1t} \\ u_{2t} \\ \vdots \\ u_{kt} \end{bmatrix}$$

其中系数 b_{ij} 表示变量 y_j 的单位变化对变量 y_i 的即时作用，虽然 u_{it} 和 u_{jt} 是单纯出现在 y_i 和 y_j 中的随机冲击，但如果 $b_{ij} \neq 0$，则作用在 y_i 上的随机冲击 u_{it} 通过对 y_i 的影响，能够及时传到变量 y_j 上，这是一种间接的即时影响。将式（1）写成滞后算子形式：

$$B(L)y_t = u_t \, , E(u_t u_t') = I_k \tag{2}$$

其中：$B(L) = B_0 - \Gamma_1 L - \Gamma_2 L^2 - \cdots - \Gamma_p L^p$，B（L）是滞后算子 L 的 k×k 的参数矩阵，如果矩阵多项式 B（L）可逆，则可进一步表示为简化式形式：

$$y_t = B_0^{-1}\Gamma_1 y_{t-1} + B_0^{-1}\Gamma_2 y_{t-2} + \cdots + B_0^{-1}\Gamma_p y_{t-p} + \varepsilon_t \, , \varepsilon_t = B_0^{-1} u_t \tag{3}$$

式（3）就是 VAR 模型的简化形式，由此可以看出，在 SVAR 模型中，u_t 是不可直接观测得到的，VAR 模型中的残差项 ε_t 可以看做是 u_t 的线性组合，是一种复合冲击。对于两变量的 SVAR 模型，同期的 ε_{1t} 和 ε_{2t} 之间的协方差为：

$$\text{cov}(\varepsilon_{1t}, \varepsilon_{2t}) = E(\varepsilon_{1t}, \varepsilon_{2t}) = \frac{b_{21}\sigma_1^2 + b_{12}\sigma_2^2}{(1 - b_{12}b_{21})^2} = \frac{b_{21} + b_{12}}{(1 - b_{12}b_{21})^2} \tag{4}$$

可以看出当 $b_{12} \neq 0$ 或 $b_{21} \neq 0$ 时，VAR 模型简化式中的扰动项不再像 SVAR 那样不相关。在建模分析中，我们可以通过对 B_0 施加约束来识别 SVAR 模型。对于 k 元 p 阶 SVAR 模型，需要对结构式施加 $k(k-1)/2$ 个限制条件才能识别出结构冲击。

在本文对 SVAR 模型的识别上，根据 Evans 和 Marshall（2001）的模型设定，假定 B_0 是一个下三角矩阵，即利率期限结构的冲击不会对宏观经济变量的变化产生影响。

（二）主成分分析

本文将通过主成分分析法将描述利率期限结构动态变化的三因素提取出来，并纳入各种宏观经济因素构造 SVAR 模型。

设 $X = (x_{ij})_{n \times p}$ 为由 p 个不同期限收益率变化量的 n 次观测值构成的 n×p 阶矩阵，其方差—协方差矩阵为 Σ，$X_j = (x_{1j}, x_{2j}, \cdots x_{nj})'$。使用主成分分析方法，将 X_j 表示成公共因子的线性组合：

$$X_j = \sum_{k=1}^{p} \sqrt{\lambda_k} u_{jk} F_k = \sum_{k=1}^{m} \sqrt{\lambda_k} u_{jk} F_k + \sum_{k=m+1}^{p} \sqrt{\lambda_k} u_{jk} F_k = \sum_{k=1}^{m} s_{jk} F_k + \varepsilon_j \tag{5}$$

其中，F_k 为第 k 个无法观测的解释成分或解释因素，ε_j 为 X_j 中前 m 个因素所无法解释的残差部分，$\lambda_1 \geq \lambda_2 \cdots \geq \lambda_p$ 为 Σ 的特征值，U_1，U_2，$\cdots U_p$ 为对应的标准正交化特征向量，$U_j = (u_{j1}, u_{j2}, \cdots u_{jp})$。主成分分析方法通过对 X 的正交旋转解释

了收益率变化量的方差—协方差结构，利用前 m 个公共因素复制了整个收益率曲线的变异。主成分分析提供了两类重要的基本信息：特征向量和特征根。特征向量构成了一个正交向量的基础，可用于解释不同期限的收益率变化量之间的关系；特征根测度了每个因素对收益率变化量方差的贡献程度，收益率变化量的总体方差中得到前 m 个因素解释的比重为：$\sum_{j=1}^{m}\lambda_j / \sum_{j=1}^{p}\lambda_j$。

（三）模型变量的选择

本文的实证均以 2002 年 1 月至 2008 年 6 月的月度数据为分析对象。SVAR 模型的宏观经济因素包括实际经济行为、名义经济行为、价格变化行为：

1. 实体经济行为

本文使用工业增加值（IP）指标表示实际经济行为，指标经过 X－11 季节调整，取对数去除趋势并进行差分。

2. 货币政策行为

我们选择广义货币供应量 M1 代表货币政策行为，同样经过季节调整，然后取对数并差分。

3. 价格变化行为

我国的物价指标有多种，根据研究对象的特点及使用的广泛性，本文选用商品零售价格指数（P）作为价格变化行为的指标。为使价格具有可比性，将公布的同比指数换算成定基比指数，然后取对数并差分。

以上宏观数据均来源于中国经济统计数据库。对上述三个指标进行 ADF 检验，发现均为 I（0）过程，即均为平稳序列①。

4. 利率期限结构

我们选取了银行间市场 1 年、2 年、3 年、5 年、7 年、10 年和 15 年为关键年限的利率月度数据，通过主成分分析法从利率曲线数据中提取“水平”、“倾斜”和“曲度”三个因子表示利率期限结构的变化。在分析中，每次只选择其中一个因子进入 SVAR 模型②。其中，利率数据为即期利率，通过 Nelson－Siegle 模型拟合得到，来源于红顶债券数据库③。

---

① 限于篇幅，本文未列出 ADF 的检验结果。

② 文章把 B_0 设定为下三角矩阵，将三因素全部放入模型，等于指定了三因素之间的关系，但实际上三者之间的关系并不明确，且本文考察主题为宏观经济因素对利率期限结构的影响，故实证中将三因素逐个引入。

③ 红顶软件同时提供了日、周和月度数据的下载，笔者在实证时直接采用了该软件提供的月度数据。

三、实 证 分 析

（一）利率期限结构的主成分分析

为了将利率期限结构与宏观经济变量一起纳入 SVAR 模型的框架内，用主成分分析法提取描述利率曲线变化的三因子。对关键年限的利率数据采用 ADF 单位根检验。根据表 1，不同期限的利率水平均体现出明显的非平稳特征，而所有一阶差分时间序列均为平稳序列，因此我们选取一阶差分作为分析对象。

表 1　单位根检验

期　　限	1 年	2 年	3 年	5 年	7 年	10 年	15 年
利率序列	-0.93	-0.24	-0.13	0.014	0.009	0.049	-0.085
利差序列	-9.08	-6.25	-4.29	-4.90	-5.48	-5.26	-5.62

注：ADF 检验使用只含截距项的检验；1% 临界值为 -2.62，5% 临界值为 -1.94，大于临界值为非平稳序列。

银行间国债市场的利率期限结构主成分的计算结果见表 2。可以看出，前三个主要因素对收益率方差的贡献率达到 89.99%、7.38%、2.35%，对总体方差的累积解释能力达到 99.72%，说明三个主要因素已基本上解释了收益率曲线的变动特征，使用三因子利率动态模型基本上可以刻画出我国国债收益率的动力机制。另外，从主成分的解释比例来看，与国外成熟国债市场的情况已经非常相似——根据 Phoa（1998）的计算，美国的利率平行移动成分（第一主成分）的解释比例达到 90% 以上——这也说明我国国债市场的利率曲线变化更多地表现为平行移动。

表 2　主要特征值与特征向量

	特征值	方差贡献率	累积贡献率		成分 1	成分 2	成分 3
成分 1	7.199	89.99%	89.99%	1 年	0.317756	0.637595	0.405657
成分 2	0.590	7.38%	97.37%	2 年	0.353574	0.402671	0.076826
成分 3	0.188	2.35%	99.72%	3 年	0.365752	0.204237	-0.233544
				5 年	0.364180	-0.016820	-0.479517
				7 年	0.362479	-0.125299	-0.479376
				10 年	0.363446	-0.272608	0.018686
				12 年	0.354835	-0.354230	0.310980
				15 年	0.343834	-0.416939	0.467121

从图1看出，第一主成分各个期限的系数都大于0，且主成分曲线近似于水平，主要解释了利率曲线的同向移动，可以认为是平行移动成分；第二主成分向下倾斜，说明短中期利率与长期利率是反方向变动的，主要表现了利率曲线的斜率变化，可以认为是倾斜移动成分；第三主成分呈现一个"U"形，表明短期利率与长期利率是同方向变动的，而中期利率却向另外一个方向变动，这解释了利率曲线的曲率变化，可以认为是曲率移动成分。从某种意义上说，任何单个的特征向量皆可被解释为一种独立的"利率曲线的基本运动方式"，即任何一个时点上利率曲线的变化可视为相互独立的不同利率曲线的基本运动方式的某种组合。这也就是本文接下来使用的水平、倾斜和曲度三个因素，用Xt表示。

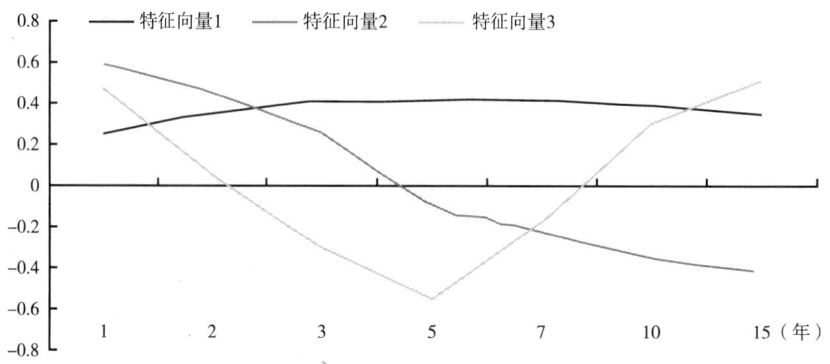

图1　各关键期限的主成分因子载荷

（二）利率期限结构与宏观经济因素的动态关系

我们分别用水平因素、倾斜因素和曲度因素与三个宏观经济变量建立SVAR模型，模型中的变量顺序为（$\triangle \ln IP_t$，$\triangle \ln P_t$，$\triangle$lnM1t，X_t），Xt表示利率期限结构，取1期滞后（Evans和Marshall（2001））。然后，计算SVAR模型中的利率变动因素对经济冲击的脉冲响应函数，并进行方差分解。脉冲响应函数描绘了在一个扰动项上加上一次性的冲击，对内生变量的当前值和未来值所带来的影响，其函数形式为$\partial y_{t+s}/\partial \varepsilon_i$，其中，s是冲击作用的时间滞后间隔，本文选取滞后长度均为20个月。方差分解则考察了各因子的方差可由宏观经济因素解释的比例。水平、倾斜和曲度因素分别用Level、Slope和Curvature表示。

1. 水平因子与宏观经济因素的动态关系

图2分别显示了水平因素分别对来自实际经济、价格变化和货币政策的冲击的响应。可以看出各宏观经济因素1单位的正向冲击均对水平因素产生了正向影响，但影响程度不同。水平因素对实际经济和价格变化的冲击响应在第5期达到最大，分别为2%和3.6%，随后不断减弱，对于价格变化的响应递减速度最快，但是在第

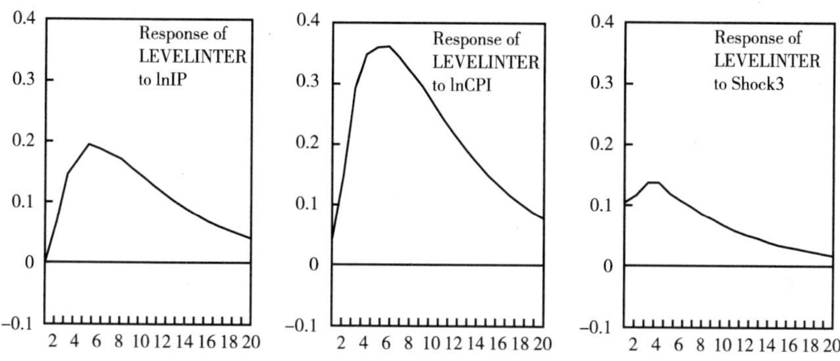

图 2　水平因素对宏观经济因素冲击的响应

20 期仍然具有较为显著的影响；货币政策对水平因素的影响相对微弱，在冲击发生的当期水平因素提高了 1%，随后在第 4 期达到最大值 1.5%，从第 5 期开始递减，在第 20 期时影响已非常微弱。这一结果与 Evans 和 Marshall（2001）的研究一致，即宏观因素总体上对水平因素有显著且持续的影响。

表 3　水平因素的方差分解表

Period	S. E.	$\Delta \ln IP_t$	$\Delta \ln CPI_t$	$\Delta \ln M1_t$	Level
1	0. 016104	0. 000862	0. 605826	3. 612536	95. 78078
2	0. 019106	0. 438312	2. 518596	2. 528270	94. 51482
3	0. 019702	1. 329324	5. 731591	2. 264760	90. 67432
4	0. 019864	1. 807611	7. 718737	2. 074149	88. 39950
8	0. 020064	2. 819892	10. 63056	1. 550485	84. 99907
10	0. 020074	2. 984793	11. 13410	1. 458973	84. 42214
12	0. 020078	3. 079535	11. 41450	1. 407587	84. 09838
14	0. 020080	3. 133908	11. 57378	1. 390986	83. 91392
16	0. 020081	3. 165170	11. 66583	1. 361631	83. 80737
20	0. 020082	3. 193874	11. 75021	1. 346317	83. 70960

与脉冲效应函数相比较方差分解提供了另外一种描述系统动态的方法。脉冲响应函数是追踪系统对一个内生变量的冲击效果；相反，方差分解则是将系统的均方误差分解成各变量冲击所作的贡献。从表 3 中所列出的方差分解结果来看，与其他宏观经济因素相比，价格变化对银行间市场利率的水平因素影响程度最大，如第 4 期，货币供应量 M1 可以解释水平因素方差的 7. 72%，而实际经济和货币政策变化的解释力度仅为 1. 81% 和 2. 07%。在随后的时期 CPI 的解释力逐渐稳定在 11% 作用，实际经济的解释力变化不大，货币政策变化的解释力则是逐渐减弱。水平因素

的移动意味着各期限利率水平的平行移动，这说明近年来价格水平对债券市场的整体有着显著的影响，且是导致利率曲线水平变化的最主要的宏观变量。

2. 倾斜因子与宏观经济因素的动态关系

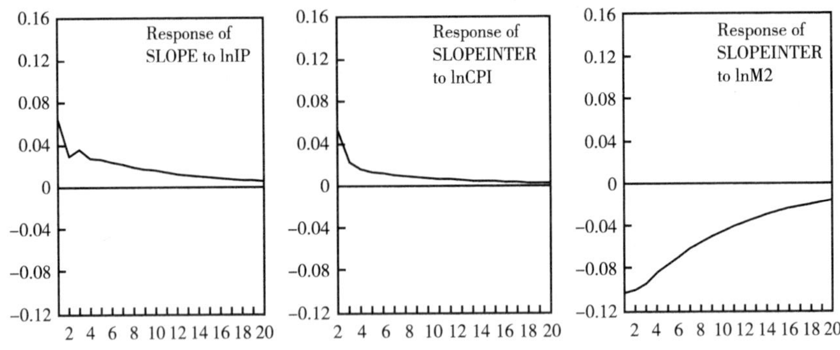

图 3　倾斜因素分别对各宏观经济因素冲击的响应

从图 3 倾斜因素的脉冲反应图来看，与水平因素的脉冲反应不同，倾斜因素对货币政策冲击的反应在大部分时间里超过了对于实际经济和价格水平变化的反应，在第 1 期为最大 −10%，随后不断减弱，至第 20 期仍有一定程度的反应；实际经济和价格水平对倾斜因素的影响较弱，且响应大致相同，从第 1 期开始逐渐递减，在第 20 期影响已不明显。表明货币政策发生的当期，市场上各期限债券的投资者均作出反应，对不同期限债券的持有头寸进行调整。将这一结果反映到银行间国债市场上来看，即央行通过货币政策操作对影响长短期利差，进而改变市场投资者的预期，具有一定的效果。

表 4　倾斜因素的方差分解表

Period	S. E.	$\triangle \ln IP_t$	$\triangle \ln CPI_t$	$\triangle \ln M1_t$	Slope
1	0.017069	3.467962	2.473289	9.276155	84.78259
2	0.018603	2.343843	1.626104	10.04558	85.98447
3	0.018859	2.172557	1.278991	10.51923	86.02923
4	0.018906	2.012812	1.104108	10.72667	86.15641
8	0.018917	1.830973	0.854914	11.04700	86.26712
10	0.018917	1.799205	0.812732	11.10079	86.28727
12	0.018917	1.780669	0.788171	11.13210	86.29906
14	0.018917	1.769360	0.773192	11.15118	86.30878
16	0.018917	1.762267	0.763799	11.17079	86.31366
20	0.018917	1.754820	0.753937	11.17572	86.31552

根据表 4 的方差分解结果，货币政策对倾斜因素的影响存在着一定的滞后，第 8 期有一定程度的提高，达到 11%，这一结果与 Evans 和 Marshall（2001）的结果是不同的，他们认为宏观因素中货币政策是导致利率曲线斜率变化的最主要原因。但是实际经济和价格水平变化的解释力度却是相当低的，从第 8 期开始分别稳定在 1.8% 和 0.8% 左右。

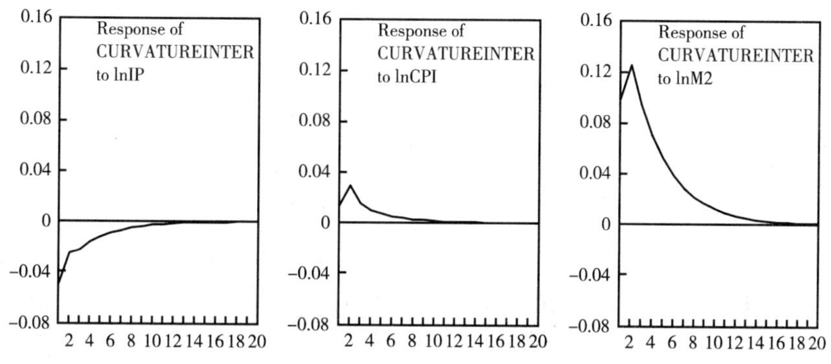

图 4　曲度因素分别对各宏观经济因素冲击的响应

3. 曲度因子与宏观经济因素的动态关系

可以看出，各类宏观经济因素对曲度因素的影响均具有较短的持续期。其中，曲度因素对实际经济的单位冲击响应为负向，即在受到实际经济的一个正向冲击后曲度减小，利率曲线变得较之前平滑了；价格水平变化对两市场的曲度因素影响也非常相似，仅在初期有较弱影响，在第 2 期达到高点后便迅速减弱；货币政策仅对银行间市场利率曲线的曲度在前几期有明显的影响（第 2 期最高，12.6%），一个正向冲击将使利率曲线更加弯曲，但相对于倾斜因素的变化，其影响程度不具有持续性。

表 5　曲度因素的方差分解表

Period	S. E.	$\triangle \ln IP_t$	$\triangle \ln CPI_t$	$\triangle \ln M2_t$	Curvature
1	0.017055	3.205357	0.236597	12.82107	83.73698
2	0.018569	2.328764	0.786026	19.43231	77.45290
3	0.018853	2.207528	0.781832	21.18618	75.82446
4	0.018897	2.138374	0.761253	21.86496	75.23541
8	0.018913	2.087473	0.736393	22.48968	74.68646
10	0.018913	2.084077	0.734700	22.52996	74.65126
12	0.018913	2.083040	0.734185	22.54223	74.64055
14	0.018913	2.082722	0.734027	22.54598	74.63727
16	0.018913	2.082624	0.733978	22.54713	74.63626
20	0.018913	2.082585	0.733959	22.54760	74.63586

宏观经济因素整体上解释了25%左右的曲度方差变化，但解释力度却相差很大。货币政策变化的解释力度从第8期开始在21%以上，作为评价基准利率有效性的一个指标，从货币政策的传导性来看，反映了银行间市场的利率期限结构变化已经具有很高的信息效率，国外的研究也认为，货币政策是改变曲线形状的主要原因；而价格水平和实体经济的解释能力却非常低，分别在0.7%和2.1%左右。

四、结　论

本文通过建立结构VAR模型，考察了宏观变量对各期限利率水平和描述利率曲线变化形态的三因素的动态关系，获得了一些实证结论：

1. 通过主成分分析，发现水平因素、倾斜因素和曲度因素可以解释利率曲线90%以上的变化，即利率曲线的三因素模型足以刻画我国的交易所利率期限结构，且与国外成熟市场相似，利率曲线变化更多地表现为平行移动。

2. 分别考察三因素相对于各宏观经济因素的脉冲反应和方差分解，发现宏观经济因素在整体上对三因素存在着明显的影响力，但是造成不同期限结构变化的宏观因素是不同的，其中，价格水平是导致利率曲线水平变化的最主要因素，货币政策则主导着倾斜因素和曲度因素的变化，但其影响存在着一定的时滞。实际经济的影响则相对较弱，这一结果与国外发达市场的表现还是存在一定差别的。

应该指出的是，宏观经济因素与利率期限结构的联系是双向的，一方面，利率作为经济系统的一个内生变量，受到各类宏观经济因素的影响，这也是本文分析的重点；另一方面，根据费雪方程和利率预期理论，许多国外学者如Mishkin（1990）、Estrella and Mishkin（1997）、Gnan（2004）等指出，名义利率的变化包含有未来经济变化的有效信息，可以对诸如通货膨胀、实际利率和GDP变化等宏观变量进行预测，这也是近年来对利率期限结构进行研究的一个方向。英格兰银行的《通货膨胀报告》从1994年开始定期公布根据利率期限结构推导出来的预期通货膨胀率。早在1996年，美联储就决定把利率期限结构作为一个重要的先行经济景气指数，并定期公布长短期利差的变动。因此，利率期限结构对于货币政策的辅助作用甚至成为货币政策工具的可能性，是我们下一步需要深入研究的课题。

参考文献

[1] Ang, Andrew and Monika Piazzesi, 2003, A No-Arbitrage Vector Autoregression of Term Structure Dynamic with Macroeconomic and Latent Variables, *Journal of Monetary Economics*, 50, 745-787.

[2] Ang, Andrew, Monika Piazzesi and Min Wei, 2004, What does the Yield Curve Tell us about GDP Growth? *NBER Working Paper* 10672.

[3] Dewachter, H. and M. Lyrio, 2002, "Macro Factors and the Term Structure of Interest Rates", manuscript, Catholic University of Leuven.

[4] Duffie, D. J. Pan, and K. J. Singleton, 2000, Transform analysis and asset pricing for affine jump - diffusion, *Econometrica*, 68, 1343 - 1376.

[5] Estrella, A. & F. Mishkin, 1997, The predictive power of term structure of interest rates in Europe and the United States, European Economic Review, 41: pp. 1375 - 1401.

[6] Evans, L., and D. A. Marshall, 1998, Monetary Policy and the Term Structure of Nominal Interest Rates: Evidence and Theory, *Carnegie - Rochester Conference Series on Public Policy*, 49, 53 - 111.

[7] Evans, L., and D. A. Marshall, 2001, Economic Determinants of the Nominal Treasury Yield Curve, *Working Paper*.

[8] Ernest Gnan and Doris Ritzberger, 2004, The term structure as a predictor of real activity and inflation in the euro area: a reassessment, *Austrian National Bank*, Working Paper.

[9] Litterman, R. and J. A. Scheinkman, J., 1991, Common Factors Affecting Bond Returns, *Journal of Fixed Income*, 1, 54 - 61.

[10] Longstaff, F. A. and Schwarz, E. S., 1992, Interest rate volatility and the term structure: a two - factor general equilibrium model, *Journal of Finance*, 47: 1259 - 1282.

[11] Mishkin, F., 1990, The Information in the Longer Term Structure about Future Inflation, *Quarterly Journal of Economics*, 105, 815 - 828.

[12] Wu Tao, 2001a, Macro Factors and The Affine Term structure of Interest Rates, *Ph. D. dissertation*, Yale University.

[13] Wu Tao, 2001b, Monetary Policy and the Slope Factors in Empirical Term Structure Estimations, *Yale University*, Working Paper.

[14] 唐齐鸣，高翔. 我国同业拆借市场利率期限结构的实证研究，统计研究，2002 年第 10 期。

[15] 刘金全，王勇，张鹤. 利率期限结构与宏观经济因素的动态相依性——基于 VAR 模型的经验研究. 财经研究，2007 年第 5 期。

[16] 洪永淼，林海. 中国市场利率动态研究——基于短期国债回购利率的实证分析. 经济学季刊，2006 年第 1 期。

[17] 王一鸣，李剑峰. 我国债券市场收益率曲线影响因素的实证分析. 金融研究，2007 年第 1 期。

[18] 惠恩才. 国债收益率曲线与宏观经济相关性的实证研究. 经济社会体制比较，2007 年第 6 期。

[19] 于鑫. 交易所国债回购利率期限结构研究. 证券市场导报，2007 年第 6 期。

中国和日本黄金储备政策的比较研究

——中国增持黄金储备的必要性分析

方超逸

一、引　言

2009年4月24日，中国人民银行副行长、国家外汇管理局局长胡晓炼表示，目前我国黄金储备已增至1054吨，与2003年的600吨相比，增长了75.67%。根据世界黄金协会2010年3月份的统计数据显示，全球主要黄金储备国的情况为：美国8133.5吨、德国3412.6吨、法国2487.1吨、意大利2451.8吨、瑞士1040.1吨、日本765.2吨、荷兰612.5吨。此次增加黄金储备后，我国黄金储备规模已跃升至世界各国的第五位，是世界仅有的6个黄金储备规模超过1000吨的国家之一。对于此次中国增加黄金储备的行为，国内外众多学者纷纷进行了评论，法国巴黎银行的米歇尔·维德曼表示中国央行应谨慎对待增持黄金储备的问题，因为黄金储备会在资产负债表上增加大量流动性差的资产，在实际需要动用时造成困难；而世界黄金协会CEO施安霖表示中国政府的决定说明黄金的储备价值和多样化储备的作用，黄金不仅可以做储备，而且起到投资的作用①。国内学者如周洁卿（2009）、者贵昌（2005）等也曾多次建议国家应该增加黄金储备。但是总的来说对于中国是否有必要增加黄金储备，学者们暂时还没有达成统一的意见。

二、文 献 回 顾

黄金储备属于国际储备的重要组成部分，对黄金储备问题的探讨当然离不开国际储备的背景。国际储备被界定为一国货币当局所能获得的并在其控制之下的对外金融资产，它们能被货币当局用来弥补国际收支不平衡，或帮助对国际收支不平衡采取管

① 引自《中国黄金报》2009年4月28日第1486期。

制措施，或能用来干预官方的外汇市场以影响汇价，及用于其他用途（IMF，2003）。

随着国际货币体系的变迁，对于国际储备理论研究的进程也发生着变化。在19世纪70年代，世界处于国际金本位制的时期，当时的国际储备就是黄金，所以黄金储备是那时的国际储备研究方向，如亨利·桑顿认为，当一国有巨额的贸易逆差时，如果别的支付手段不能消除这种逆差，那么输出黄金就成为必要的措施。因而，国际收支逆差会提高对黄金储备的需求（H. Thornton，1802）。到了二战前后，各国竞相放弃了金本位制，国际货币体系发展到了布雷顿森林体系的时代，而国际储备理论研究的侧重点转向了外汇（美元）储备，如罗伯特·特里芬（R. Tariffin）提出的比率分析法；海勒（H. R. Heller）提出的成本收益法；马克鲁普（Fritz Machlup）提出的"衣柜效应（Wardrobe Effect）"等，这些国际储备的理论研究都偏向于外汇储备的适度规模和测度方法。20世纪90年代开始，国际储备研究开始转向对具体国家的研究。由于经济全球化和金融全球化速度加快，金融危机频繁发生，许多国家发生金融危机的过程中，国际储备出现了剧烈波动，危机发生国的国际储备结构、数量等特征与金融危机的关系引起了经济学家的极大关注，他们的研究发展的方向是根据不同国家各自的国情来分析各自国际储备的规模和结构问题，如Anne Y. kester（2000）提出了改进国际储备报告制度框架，为IMF及时、准确掌握成员国国际储备状况提供了建议；Flood & Marion（2002）研究了资本高速流动的年代各国国际储备持有问题等。

纵观表1世界主要国家的国际储备情况，无论是国际储备的规模还是国际储备

表1　2008年4月底主要国家国际储备总额及构成

单位：百万SDRs

	外汇储备		黄金储备①		SDRs		IMF储备头寸		总额
	数额	比例(%)	数额	比例(%)	数额	比例(%)	数额	比例(%)	数额
美国	30368	16.50	145110	78.85	5957.76	3.24	2594.06	1.41	184030.3
日本	602229	97.34	13652	2.21	1915.13	0.31	841.46	0.14	618637.9
中国	1081830	98.90	10704	0.98	756.94	0.07	509.82	0.05	1093801.1
德国	27692	30.47	60970	67.08	1398.54	1.54	824.68	0.91	90884.7
瑞士	28533	58.76	19638	40.44	167.54	0.35	217.76	0.45	48556.6
英国	29955	82.30	5535	15.21	210.90	0.58	695.89	1.91	36397.6
法国	28843	38.02	45715	60.25	622.49	0.82	690.87	0.91	75870.9
韩国	160133	99.69	255	0.16	51.72	0.03	184.79	0.12	160624.4
俄罗斯	319854	97.44	8169	2.49	0.49	0.00	234.54	0.07	328258.0
印度	187356	96.55	6383	3.29	11.09	0.01	294.05	0.15	194043.8

资料来源：IMF International Financial Statistics（2009-4CD_ ROM）

注：①黄金储备是将2008年4月伦敦黄金市场黄金的美元年均价（来自LBMA）按SDRs兑美元的汇率（来自IMF International Financial Statistics，2009-4CD_ ROM）折算为SDRs

的结构都存在着差异。在这样的大背景之下，如果用一个统一的标准来评价世界上所有国家的国际储备的结构是否合理显然是不恰当的，笔者以为应该根据每个国家不同的特点来单独分析这个国家的国际储备情况，这也和现今国际储备研究的方向相一致。

三、问题的提出

通过观察表 1 主要国家国际储备的构成，我们不难发现日本国际储备结构的特殊性。因为日本是发达国家，但日本国际储备中 97% 左右是外汇储备，而黄金储备只占不到 2%，约 765 吨。这样的国际储备结构与其他发达国家，如美国黄金储备占总储备 75.93%、德国占 64.03%、法国占 56.08%、瑞士占 37.28% 等大相径庭。日本在国际储备中大量持有外汇而少量持有黄金的情况更接近于多数的发展中国家。

日本作为我国的近邻，在经济、文化等众多方面与我国相似。从依靠对外贸易拉动经济腾飞的模式，到发展中应对本币升值的压力以及房地产市场和股票市场泡沫的产生等等，日本的情况都和我国如出一辙。日本经济在 20 世纪 60 年代就开始高速发展，至今已积累了大量的外汇储备。然而日本在实体经济不断发展、外汇储备不断增加的情况下，黄金储备的数量却没有持续的增长，近 30 年来日本黄金储备的数量几乎没有发生变化。反观中国，在进入 21 世纪后也和日本一样在贸易顺差的积累下储备了大量的外汇，但与日本不同的是，我国在外汇储备快速增加的同时也持续增加了黄金储备。2001 年和 2003 年，我国黄金储备分别从 394 吨增加到了 500 吨和 600 吨，到了 2009 年，我国的黄金储备已经增加到了 1054 吨，成为世界第五大储金国，并有望继续增加黄金储备。

日本经济发展的历程在很大程度上给我国以参考借鉴，并且也和我国一样拥有巨额的外汇储备，然而两国在黄金储备的问题上却执行着不同的现实政策。这也引起了一些学者的争议。那么究竟日本这种在外汇储备不断增长情况下不增持黄金储备的政策是否也值得我国借鉴？中国是否有必要增加黄金储备？

四、黄金储备上、下限制约分析的定义及分析

黄金作为一种储备资产是具有鲜明特点的。黄金有着其他信用资产难以相比的安全性，黄金购买力稳定，完全属于持有国的主权范围内，不是任何国家的负债。但是黄金缺乏收益性和流动性，储备黄金并不会获得利息收益，并且在需要使用时也要通过黄金市场抛售或者抵押贷款，不能直接用于国际支付。黄金的这些属性就使得各国的黄金储备规模不宜太大也不宜太小。首先，持有黄金储备并不是无偿的，一国在国际储备中持有一定数量黄金储备的同时，也需付出相应的成本——如放弃

持有外汇资产所能获取利息收入的机会成本等。持有黄金储备越多，成本也越大。这些成本制约着黄金储备量向上发展，笔者将其定义为黄金储备的上限制约；其次，一国的黄金储备也不应该无限下降，因为持有黄金储备会产生必要的效益——如储备资产的安全性和稳定的购买力等。持有黄金储备越少，安全效用也越低。这种安全性的效用制约黄金储备量向下发展，笔者将其定义为黄金储备的下限制约①。

虽然理论上当储备黄金的边际成本等于边际收益时黄金储备的规模达到最佳，但现实中要准确并动态地测量储备黄金的边际成本和边际效用是不现实的。笔者认为比较可行的做法是在黄金储备的上限制约和下限制约之间定义一个“合理区间”，在这个区间内黄金储备的数量既满足了安全性的需要又不至于成本太高（如图 1 所示）。在下文中笔者将以中国和日本各自的实际情况来分析两国的黄金储备上限制约和下限制约，以比较两国黄金储备的合理区间。

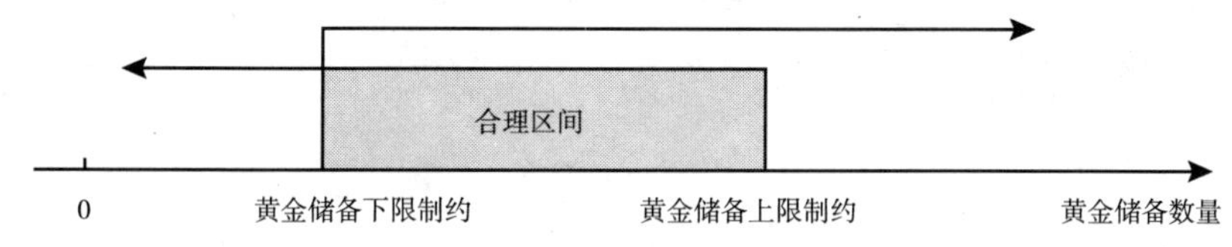

图 1　黄金储备合理区间的数轴表现

（一）中、日两国的黄金储备上限制约分析

1. 持有黄金储备的机会成本比较

在国际储备总额保持不变的情况下，一国若要改变国际储备结构，增加黄金储备减少外汇储备，就必须付出一定的机会成本——持有外汇所能产生的各种效益。相比之下，中国和日本在持有并运用外汇储备干预汇率中所得到效益存在着较显著的差别。

根据日本《外汇及对外贸易法》的规定，日本财务大臣为了维持日元汇率的稳定，可以对外汇市场采取各种必要的干预措施。1991 年 4 月至 2008 年 12 月期间，日本银行在日元升值超过 1 美元兑 114 日元、贬值超过 1 美元兑 126 日元时，经常对日元汇率进行逆方向干预。根据罗忠洲（2006）的测算，日元均衡汇率可能在 1 美元兑 120 日元附近。从长期来看，日本银行对于日元汇率的干预都取得了比较好的效果（见图 2）。从收益的角度来说，日本货币当局在干预期间，在美元便宜时买入美元，在美元价格高时卖出美元，从而获得了巨额的买卖价差。另外，由于日本 20 世纪 90 年代起就在零利率的“流动性陷阱”中停滞不前，日本的利率绝大多数

① 参见奚君羊：《国际储备研究》，上海财经大学出版社 1998 年版，其中对于国际储备上、下限制约的定义和解释。

时间都要低于美国利率5%左右（如图3所示），日本货币当局对外汇市场的干预等于借入低利率的日元而持有高利率的美元，从而又获得了丰厚的利息收入。根据伊藤隆敏（2003）的测算，仅仅从1991年到2002年期间，日本货币当局干预的收益就达到10.5万亿日元左右（罗忠洲，2006）。

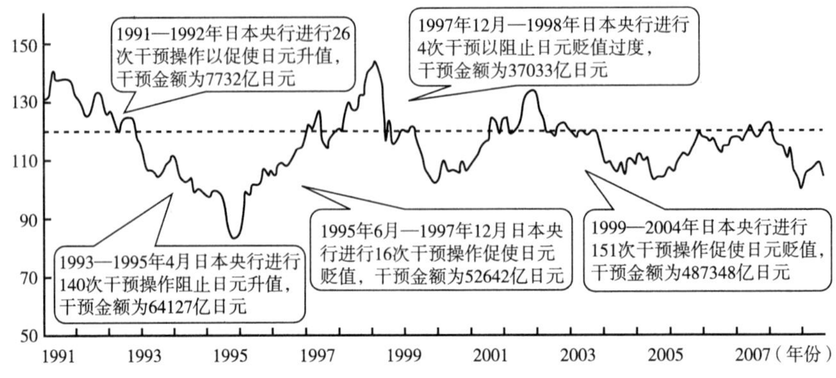

图2　美元/日元汇率年均值

注：纵坐标表示美元/日元汇率（月均值），虚线表示美元/日元等于120的推算均衡汇率。
资料来源：美元兑日元汇率来自IMF international financial statistics（2009－4CD_ ROM）；
日本银行干预汇率资料来自：日本财政部网站（www. mof. go. jp）；
罗忠洲：《日元汇率波动的经济效应研究》，中国金融出版社，2006年。

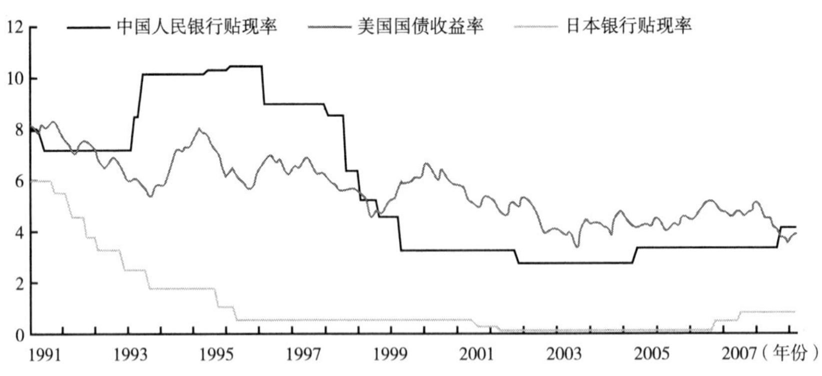

图3　美国国债收益率，日本银行、中国人民银行贴现率比较

注：纵坐标表示中国、美国、日本利率（月均值），单位：%
资料来源：IMF international financial statistics（2009－4CD_ ROM）

我国有关当局对人民币汇率的干预采取的是隐匿干预的手段，中国人民银行不对外公布其干预汇率的相关数据。不过国内的有关学者经过研究，也发现了当局干预人民币汇率的一些规律。丁剑平（2003）在对我国外汇市场波动持续性进行

ARCH检验后，得到的结论是我国中央银行干预汇市是比较频繁的。卜永祥（2001）认为我国中央银行干预至少超过了70%。从收益的角度来说，中国央行对人民币汇率的干预有较大的亏损。从1994年我国汇率制度改革开始，我国央行对于人民币汇率的干预大多是在公开市场上买入美元以阻止、延缓人民币升值，仅仅在1997年7月至1999年12月亚洲金融危机时期卖出美元以抵消人民币贬值的压力①。而人民币兑美元的汇率在2005年第二次汇率制度改革后一直在快速升值的状态，这就使得人民银行不断地在美元汇率的高点买入美元，而持有的美元又在持续贬值。另外，中国利率和美国利率之间的差异相对较小，中国央行并不能从持有美元中获取利差收益（如图3所示）。按照Murray（1990）和Ito（2002）的研究方法，1994年初至2006年底这一期间人民银行的外汇干预操作亏损达到5965.7亿元人民币（杨金梅，2007）。

以上对中、日两国运用外汇储备进行汇率干预的比较中可以发现，日本央行在对日元汇率的干预中需要根据情况而选择买入美元还是卖出美元，从中获取了巨额的收益；而中国央行干预人民币汇率基本上都是买入美元以延缓人民币升值压力，中间有较大的亏损因此，从运用外汇储备干预汇率的角度而言，日本央行更需要美元的流动性，其运用和持有外汇（美元）储备的效益显然要高于中国。相应地，日本央行将外汇储备转换成黄金储备并持有的机会成本也就更大。

2. 使用黄金储备时的变现成本比较

黄金是一种缺乏流动性的资产。自1976年牙买加协定（Jamaica Agreement）宣布黄金非货币化后，黄金就不能直接用于国际支付，只有通过国际黄金市场出售黄金或者向其他机构以黄金作为抵押品申请贷款，黄金储备才能转换成信用货币对外支付。而央行在对外公开出售黄金或申请抵押贷款时都会让黄金储备的价值打上些折扣。首先，黄金的市场价格变幻莫测，波动性很大，特别是在传出央行准备出售部分黄金储备时金价极容易受到大幅做空投机者的左右，致使金价在央行出售期内被压低。其次，用黄金申请抵押贷款也不能获得与黄金实际价值相一致的足额资金，存在着抵押折价②。最后，中央银行抛售黄金时还需付出一定的交易费用。

这些使用黄金储备时付出的各种变现成本都是由于黄金作为储备资产缺乏流动性所造成的。因此，对国际储备的流动性要求高的国家，储备黄金的成本也就越大，尤其对于外贸依赖程度高的经济体，国际储备的流动性就显得尤其重要。对于中、日两国而言，对外贸易在两国的经济发展都起着举足轻重的作用。日本依靠着“技

① 参见中国人民银行《货币政策执行报告》各期。

② 例如，1974年，意大利政府以约合26.57亿美元的520吨黄金向联邦德国申请抵押贷款以摆脱经济困境，而德国央行出于道德风险的考虑，仅同意贷给意大利政府20亿美元，相当于黄金储备价值75.3%的贷款额。

术革新”和“贸易立国”战略，从20世纪70年代起就跻身发达国家行列，到了2006年，日本的人均GDP已经达到了34125美元。可是由于日本人口日趋老龄化，自90年代以来又没有找到新的经济增长点，日本经济发展近20年来一直处于停滞，甚至是小幅倒退的状态。在国内消费和政府投资日趋饱和的情况下，日本在未来很长的一段时间内仍然只能依靠进出口贸易去维持。反观中国，2006年人均GDP只有1988美元，虽然近几年来中国的人均GDP增长迅速，但是与发达国家相比仍然有很大的发展空间。中国人口众多，消费的潜力十分巨大。随着社会主义市场经济改革不断深入和社会保障体系不断完善，中国的国内消费市场在未来会有长足的发展。未来中国经济的发展必定是向着消费拉动型靠近，而对外贸易占国民经济的比重将不断下降。所以，日本经济发展对于外贸的依赖程度较大是由日本国内资源稀缺等诸多现实国情所决定的，在今后一段时间内将很难改变；而中国经济发展对于外贸的依赖是暂时性的，作为日趋成熟的超大经济体，消费必定在将来中国的经济结构中占据最主要的位置。另外，虽然日本长期以来经常账户一直保持着顺差，但是由于其国内消耗的资源几乎全部依靠进口，一旦技术革新的道路走到尽头出口产品滞销，日本就不得不动用外汇储备进口生活和生产的必要资源，从而导致国际收支向逆差发展，故保持外汇储备的流动性对日本还是非常必要的。所以，长远来看日本对于国际储备流动性的需求比中国要来得更加强烈，日本在国际储备中储备缺乏流动性的黄金的成本也要比中国更高。

（二）中、日两国的黄金储备下限制约分析

1. 民间储金量的比较

民间储金是指不计入一国黄金储备，而被其国内居民所持有的那部分黄金。民间储金虽然不被国家官方所拥有，但其却是一国黄金储备的有效缓冲。如1997年亚洲金融危机时，韩国政府为了获得国际货币基金组织的贷款，发动民众收集民间黄金250吨，并兑换成外汇，用于弥补贸易赤字，从而缓解了金融危机对韩国经济的冲击。虽然韩国1997年国际储备中，黄金储备仅有10吨左右，但凭借着国内的丰富民间储金，有效缓冲了国家黄金储备的不足，替韩国渡过了难关。由此不难发现，一国的民间储金是国家黄金储备的补充。若一国民间储金量丰富，其黄金储备便可适量减少。

日本在20世纪60至70年代经济高速发展之后，国民财富增长很快，日本居民用大量的盈余资金去购买房产和股票，以求财富的安全和增长。但是进入20世纪90年代以后，日本经济的发展就陷入了停滞甚至倒退。随后股票市场和房地产市场泡沫的破裂，日本居民的投资大幅缩水，损失惨重。此后，日本居民将投资慢慢转向了金条。1989年至2007年，日本平均年投资金条数量占全球的26%，个别年份甚至达到42%（周洁卿，2009）。投资者在金价较低时大量购入金条，并在金价较高时卖出，从中获取金价波动的收益。1989年至今，日本居民净持有的金条已有

1000 吨左右（见表2）。而中国居民对于金条投资的意识还较薄弱，常年以来我国居民日常盈余的资金大多用于储蓄，用于购买金条投资的少之又少，1989 年至今，我国居民净持有的金条只有 300 吨左右。虽然我国黄金首饰的消费数量要高于日本，但是黄金首饰作为一种工艺品有很多附加的价值，如设计、加工等，这使得黄金首饰的价格要高出其本身所含黄金的价值，而国家在需要回收民间黄金首饰时的难度和成本就要加大。相比之下，标准金条的价格仅仅是其所含黄金量的价值，在回收时的成本就要小得多。另外，日本国内还有“黄金累积计划（Gold Accumulation Plan）”和“Senryobako Box”等实物黄金投资项目。根据世界黄金协会统计，每年日本居民参与其中购买的黄金数量高达 250 吨左右，而中国居民实物黄金投资的方式就少了很多，一般仅有购买黄金首饰、金条和各类金币。因此，日本国内民众总储金品种要比我国丰富，容易回收的民间金条储备也多于我国。若再考虑人均民间储金量，日本就更远远领先于我国。所以，在民间黄金储备相对不足的情况下，中国在国际储备中储备黄金的安全性效用要高于日本。

表 2　中国、日本黄金首饰和金条投资情况

单位：吨

	日本		中国	
	金条	首饰	金条	首饰
1989	119.1	132	16	125
1990	75.5	122	20	95
1991	59	119	15	229
1992	43.5	118	33	350
1993	31	103	30	292
1994	58	101	25	299
1995	129	97	10	285
1996	25	89	6	269
1997	31	68	50	338
1998	61.9	48	53	243
1999	106	46.4	21	215.3
2000	63	37.3	5	205.6
2001	72.1	38.3	4	203.1
2002	100	34.2	2.2	199.6
2003	42	31.6	2	201
2004	61	34.6	6.7	224.1
2005	37	33.5	9	241.4
2006	-47	32.8	10.1	244.7
2007	-56.4	30.6	18	302.2
合计	1010.7	1316.3	336	4562

资料来源：GFMS《黄金年鉴》各期。

2. 防御性需求的比较

日本在经济高速发展以后，国内积存了大量的资金，由于日本国内资金运作的渠道较小，投资接近饱和，这些资金就必须投资海外以谋取资本收益。从 20 世纪 80 年代中期以来到 2002 年，日本一直是全世界首屈一指的资本纯输出大国，其数额大大超过了其他发达国家的总和。从图 4 中可以看到，除了 2003 年和 2004 年，日本的资本和金融账户总是保持着高额的逆差，1991 年至 2006 年平均每年都有 700 亿美元左右的资金投资于海外，个别年份甚至超过了 1000 亿美元。

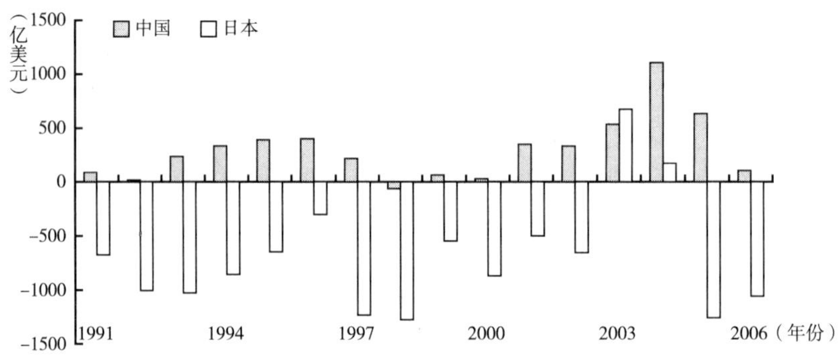

图 4　中国和日本 1991—2006 年资本和金融账户收支情况

资料来源：IMF international financial statistics（2003、2007 year book）

对比中、日两国资本和金融账户收支的情况我们可以发现，日本属于资本输出国，而中国则是资本流入国。因此，当有金融危机袭来时，中国和日本所面临的风险程度是不一样的。对于日本而言，一旦国际金融市场发生动荡，日本可以从海外撤出投资的资金以保证这部分资金的安全，待危机过去再重新对外投资，日本国内的金融市场不会有很大的冲击；而中国的情况则迥然不同，通过正常渠道流入的投资资金和通过非正常渠道流入的“热钱”短时间内流出，会给我国的金融市场造成极大的冲击。短期汇率的剧烈波动会极大地影响我国经济的发展。况且我国的人民币正慢慢走在国际化的道路上，而人民币国际化的一个重要前提就是资本和金融账户下可自由兑换。在资本和金融账户可自由兑换后，国外资金进出我国将更加容易，防范危机的难度也将增大不少。但如果中国储备了大量实物黄金，那么在危机时黄金无疑能给人民币汇率以很大程度上的实物支撑，它是强势人民币的坚强后盾，给人民币持有者带来信心。由此分析看来，中国对于储备黄金的防御性需求来得要比日本更加强烈，中国储备黄金的安全性效用也更高。

五、结　　语

本文以中国最近大幅度增加黄金储备为背景，分析了中国和日本黄金储备政策差异的原因，即为何两国同样拥有着巨额外汇储备，但中国不断增加黄金储备的规模而日本却已经多年没有增持黄金储备。笔者以中、日两国黄金储备的上限制约和下限制约的强烈程度为分析对象，比较了两国储备黄金所要付出的各种成本和所能获取效益的大小，最终得出如下结论：

第一，笔者认为日本的外汇储备数额持续增长却长期没有大幅增持黄金储备是有其特殊原因的。因为日本需要保持外汇储备的充足流动性以用来官方干预汇率和国际支付，对于长期依靠外贸发展经济的日本而言，这些都尤为重要。在拥有着充足的民间黄金储备的条件下，储备黄金能给日本带来的好处是十分有限的。日本黄金储备的上限制约比中国更加强烈，这更多地促使日本的黄金储备规模向下发展。中国的情况却有不同，中国不需要大量的外汇储备来官方干预汇率和国际支付，并且中国需要面对复杂的国际金融环境，在国内民间黄金储备不足的情况下，中国有关当局有必要增持黄金储备以预防特殊情况下的不时之需。中国黄金储备的下限制约比日本更加强烈，它更多地促使中国黄金储备规模向上发展。因此，中国应该比日本持有更多的黄金储备（如图5所示）。

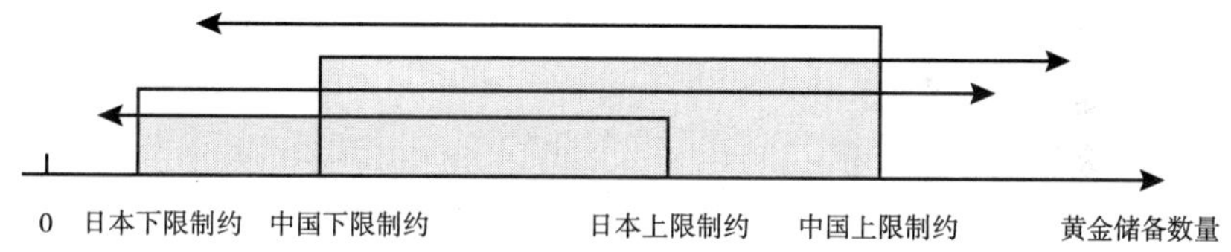

图5　中国、日本黄金储备上、下限制约对比的数轴表现

第二，中国官方此次增持黄金储备是有必要性的。因为在中国增加黄金储备前，中国的黄金储备只有600吨，而日本有765吨，中国的黄金储备数量低于日本。在增持黄金储备后中国的黄金储备增长到了1054吨，达到了黄金储备多于日本的要求。日本在外汇储备大量增加而长期不增持黄金储备的政策不值得我国借鉴，我国应该根据自己的国情增加黄金储备的规模。

参考文献

［1］周洁卿.《黄金和黄金市场——投资价值的认识与实践》［M］. 上海：学林出版社，2008。

［2］周洁卿.《论黄金非货币化与黄金的货币地位》［J］.《上海金融》，2009（1）。
［3］罗忠洲.《日元汇率波动的经济效应研究》［M］，北京：中国金融出版社，2006。
［4］蓝发钦.《国际金融》［M］. 上海：立信会计出版社，2005。
［5］张志超.《最优国际储备理论与测度：文献综述》［J］.《华东师范大学学报》，2009（3）。
［6］潘英丽，马君璐.《国际金融学》［M］. 北京：中国金融出版社，2002。
［7］杨金梅.《论我国央行外汇干预与冲销操作》［D］. 复旦大学博士学位论文，2007。
［8］奚君羊.《国际储备研究》［M］. 上海：上海财经大学出版社，1998。
［9］陈炳才.《黄金是否仍然具有储备、投资价值》［J］. 金融研究，2003（7）。
［10］Flood, R. and Marion, N. (2002), Holding International Reserves in an Era of High Capital Mobility, IMF Working Paper WP/02/62, International Monetary Fund.

"汇改"以来人民币汇率的波动特征与政策选择

刘尧成

一、引　言

2005 年 7 月 21 日我国对人民币汇率制度进行了改革（简称"汇改"），实行"以市场供求为基础、参考一揽子货币进行调节、有管理的浮动汇率制度"。此次改革是我国建立和完善社会主义市场经济体制、充分发挥市场在资源配置中基础性作用的内在要求，也是我国深化经济金融体制改革历程中的一个重要标志。按照我国央行 2005 年 7 月 21 日《关于完善人民币汇率形成机制改革》的公告，此次"汇改"的主要目标是在坚持主动性、可控性和渐进性的原则下，建立健全以市场供求为基础的人民币汇率形成机制，以保持人民币汇率在合理、均衡水平上的基本稳定。"汇改"以来，一方面我国确立和坚持了人民币汇率改革的市场化方向，另一方面国际上要求人民币升值的呼声从没间断过，再加上 2007 年发生国际金融危机之后各国货币竞相贬值，在客观上对人民币汇率的形成造成了冲击。在这种内部改革和外部冲击的双重作用下，如图 1 所示，人民币兑美元汇率一改之前维持近十年的稳定状态，开始逐步波动起来。但是这种波动基本上呈单向升值的态势，至 2009 年 10 月 1 日人民币兑美元累计升值了 17.5%，且从种种迹象来看，目前国际上正在酝酿新一波的人民币升值压力。那么很自然的一个问题就是，"汇改"四年以来图 1 所示的这种波动隐含着怎样的人民币汇率形成新特征呢，也就是说这次"汇改"的成效如何，有没有达到既定的目标呢？

针对这个问题，已有文献从不同的研究视角作了一些探讨。在"汇改"进行之初，McKinnon（2006）就指出，"汇改"将使得国际资本市场形成人民币持续升值的预期，这种预期将迫使人民币汇率不断升值，就像当年日元与美元汇率"脱钩"之后的表现一样。经过对"汇改"后一段时间的观察，研究者对人民币汇率的波动作出了一些解释，其中林远洲（2007）认为美国国内的政治原因致使市场形成了人民币汇率升值的预期，从而使得人民币汇率的形成与中美之间的政治关系联系紧密。栾晓婷等（2008）通过对“汇改”至2008年1月1日人民币兑美元汇率的波动进行了计量分析，认为人民币的升值预期使得人民币汇率有加速升值的趋势。而卜永祥（2009）对我国外汇市场压力和官方的干预进行了测度，结论是我国的外汇干预指数的平均值从“汇改”前的1下降为2005年7月至2008年3月这一时段的0.7825，即这一期间央行的干预缓解了人民币78.25%的升值压力，其余压力通过人民币升值来吸收，而至2008年3月份时这一干预指数已经下降到0.3693，即政府的干预已经大部分让位于市场，也即市场在人民币汇率的形成过程中发挥了越来越大的作用。

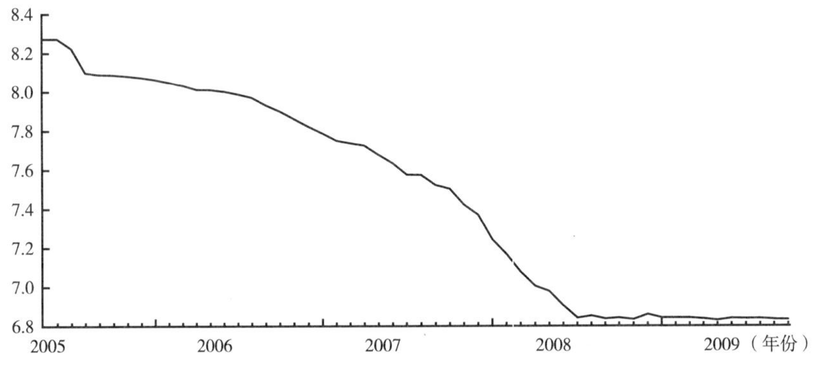

图1　人民币兑美元汇率（2005年5月—2009年10月）

注：数据来自美联储圣路易斯分行网站。

总的来说，上述这些研究主要集中于对“汇改”以来人民币汇率波动的表象（持续升值的趋势）进行解释，而没有深入分析各种不同力量导致人民币汇率如何波动的新的人民币汇率形成机制特征，从而也无法对这种新的特征下人民币汇率政策提出针对性的指导。在本文中，我们将利用Beveridge & Nelson（1981）提出的将非平稳时间序列分解成为不同组成成分（component）的方法（简记为“B－N分解”），对2005年5月至2009年10月①的人民币兑美元汇率（下文直接称为“人民币汇率”）的月度数据进行分解，来研究“汇改”以来人民币汇率的波动特征②，

① 研究样本之所以选择从2005年5月而非“汇改”当月即7月开始的人民币汇率，是因为需要对其进行差分，选择从5月开始就可以提供一个“汇改”前的初始数据以进行对比。

② 虽然我国新的汇率制度为“参考一揽子货币”以稳定名义有效汇率，然而彭玉镏（2009）通过对“汇改”以来的人民币汇率模拟，发现人民币货币篮子发挥了一定的作用，但主要是参考美元汇率来进行调节，其他货币只是在一定程度上起作用。另外，本文主要研究人民币汇率的波动特征而非其水平情况，因此用人民币兑美元汇率作为人民币汇率的替代变量来作为本文的研究对象是合适的。

以对"汇改"的效果进行及时的评估，进而对后续的改革提出政策建议。

二、人民币汇率的 B－N 分解

在本节我们首先对 B－N 分解方法作一简介，然后依据该方法对样本时段内的人民币汇率进行分解。

（一）B－N 分解简介

B－N 分解最初是用来研究经济增长和经济周期的。在早期研究经济增长及其周期时，一般用 GDP 增长率出现"拐点"来划分经济周期（Burns & Mitchell, 1946），但是自世界经济走出"滞胀"后经济增长率的拐点往往并不明显，而且这种依据拐点来划分经济周期的方法忽略了经济增长过程中不同冲击因素的影响。Beveridge & Nelson（1981）指出，一国 GDP 的增长不仅来自于技术进步等基本要素，也受到随机冲击的影响。因此，他们将一国的 GDP 在时间序列上分解为三个成分：第一是确定性趋势成分（DT_t），是由技术进步等基本要素导致的；第二是随机趋势成分（ST_t）。因为 GDP 是一个非平稳的随机过程，即其受到随机冲击的影响后这种影响将永久性地持续下去，这种永久性的影响即为随机趋势；第三为周期成分（C_t），即随机冲击发生后对 GDP 不仅产生永久性的影响，还会产生短期的影响，这种短期影响会随时间慢慢消失，因此称为周期成分。从比较长的一段时间来看，世界上绝大多数国家的 GDP 在时间序列上都呈现出单调上升的趋势，而从图 1 中我们发现"汇改"以来人民币汇率呈现单调下降的趋势，相比 GDP 只是换了个方向，而且由于"汇改"以来人民币汇率的形成过程中也遭受了许多的随机冲击，因此用 B－N 分解方法来研究"汇改"以来人民币汇率的波动和用其研究 GDP 的波动将具有异曲同工之妙。

表 1　人民币汇率的单位根检验

变量	ADF 统计量	10% 临界值	5% 临界值	1% 临界值	检验形式(c,t,k)	结　论
S_t	−1.7431	−3.1757	−3.4937	−4.1338	(c,t,1)	非平稳
ΔS_t	−2.7865*	−2.5956	−2.9155	−3.5550	(c,0,2)	平　稳

注：（1）S_t 和 ΔS_t 分别表示人民币汇率及其一次差分；（2）检验形式中 c 和 t 分别表示带有常数项和时间趋势项，k 表示滞后的阶数，由 AIC 准则确定；（3）* 表示在 10% 的显著性水平上拒绝非平稳的原假设。

（二）人民币汇率的 B－N 分解

首先，我们需要检验人民币汇率（用 S_t 表示）的平稳性。其单位根的 ADF 检验结果如表 1 所示，在该表中，人民币汇率（S_t）表现出了明显的非平稳性，但其一阶差分

(ΔS_t) 是平稳的，而且带来了确定性趋势项（即常数项）。因此按照 B－N 分解的原理，我们可以将 S_t 表述为下式：

$$S_t = DT_t + ST_t + C_t \tag{1}$$

1. 人民币汇率的确定性趋势成分

首先，由于 ΔS_t 是平稳的，依据“word 分解”定理，我们可以将其表述为下式（2）所示的移动平均过程（MA(∞)）：

$$\Delta S_t = \mu + \psi(L)\varepsilon_t = \mu + \varepsilon_t + \lambda_1\varepsilon_{t-1} + \cdots \tag{2}$$

式（2）中 μ 为 ΔS_t 的均值，$\psi(L)$ 为滞后算子 L 的多项式，$\varepsilon_t \sim iid(0,\sigma^2)$。则按照 B－N 分解，$S_t$ 的确定性趋势项可写为：

$$DT_t = S_0 + \mu t \tag{3}$$

我们估计出样本时段内的 μ 值为 －0.01，因此按照式（3）就可以计算出样本时段内的全部 DT_t 值，其计算结果如图 2 所示。由于 μ 值小于 0，决定了图 1 中样本期内人民币汇率的长期升值的基本趋势。为了进一步研究 DT_t 占总的 S_t 的比重，我们节选了部分 DT_t 和 S_t 及它们的比值列在表 2 中。在该表中，人民币汇率的确定性趋势成分导致的人民币汇率月均升值速度达 0.125%，波动标准差为 0.159。从该表列出的 DT_t/S_t 比值来看，在节选的样本时段里，这一指标都超过了 100%，说明与样本时段内 S_t 的原本时间序列的升值幅度相比，由 DT_t 导致的 S_t 的升值幅度较小，原因是另外的升值部分体现在下文所述的 S_t 的随机项中。

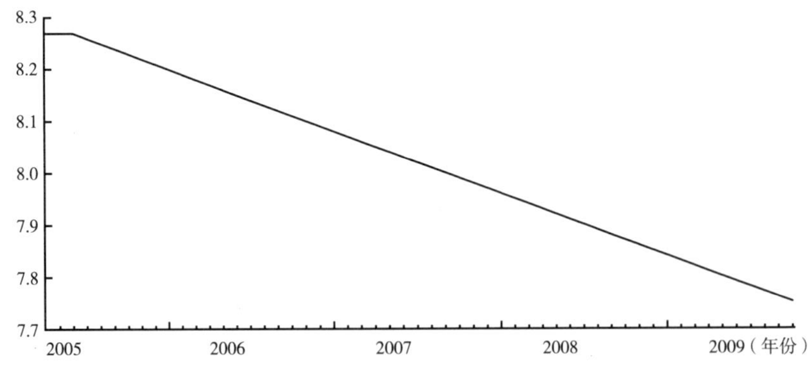

图 2 人民币汇率的确定性趋势成分（DT_t）

与上述林远洲（2007）等人的意见一致，我们认为人民币汇率中这种确定性的升值趋势的存在主要应归因于这一期间持续的人民币升值预期。虽然在“汇改”之前，学术界关于人民币均衡的汇率水平应该是多少并没有形成一致的意见——根据

Dunaway et al.（2005）的总结，当时国内外比较有影响的关于人民币“合理”的均衡水平测算结果就达八种之多。但是这些测算有一个一致的结论，就是当时的人民币汇率存在着一定程度的低估。由于人民币汇率长时期低于其均衡水平，再加上国际上一直存在着要求人民币升值的压力，因此人民币升值的预期也一直存在着，主要表现就是自2001年下半年以来我国以证券投资、贸易信贷及短期外债等非直接投资形式的短期资本流入大幅增加。在这种持续的升值预期下，图2所示的这种确定性升值趋势的存在只是市场供求力量使人民币汇率回归其均衡水平的必然结果，这也反映了“汇改”之后市场力量对于人民币汇率的形成起到了主导的作用，从而印证了卜永祥（2009）的论断。

表2　人民币汇率的确定性趋势成分及其占当期汇率的比重（部分节选）

时间(t)	2005M06	2006M06	2007M06	2008M06	2009M06
S_t	8.2765	8.0710	7.8159	7.2758	6.8355
DT_t	8.2765	8.2115	8.0915	7.9715	7.8515
DT_t/S_t	100%	101.74%	103.53%	109.56%	114.86%

注：表中S_t和DT_t的值分别为前一段时间内的平均值，例如S_t在2006M06的值就为2005M07—2006M06一年时间内S_t的均值。表3和表4中的数值由相同的处理方法得到。

2. 人民币汇率的周期成分

按照Mishkin（2001）对一国汇率波动的解释，影响其汇率波动的因素有很多，包括国内外相对价格水平、关税、消费者对国内外产品的需求变化、生产率的变化以及国内外利率变化等，概括来说，基本上所有影响一国经济基本面或人们预期的因素都会对其汇率的波动产生影响。因此，自“汇改”以来来自国外对人民币汇率升值的压力、2007年以来的国际金融危机、我国以拉动内需为目的的4万亿投资、期间我国遭受的冰雪、地震等自然灾害及奥运会的举办等随机冲击因素也势必对人民币汇率的波动产生影响。而按照B－N分解的原理，这些随机冲击因素势必使得人民币汇率产生短期内的周期波动和在长期内形成随机趋势。由于这种在随机冲击下汇率的波动会给我国的对外贸易带来意想不到的外汇风险，因此，在我们已经从S_t中分解出其确定性趋势之后，继续分解出其周期成分和随机趋势成分，对于我们更好地认识人民币汇率波动的周期和随机趋势特征，以提出更好地反映人民币汇率周期波动的政策目标，都具有非常重要的现实意义。

按照Beveridge&Nelson（1981）的定义，一个非平稳时间序列的长期趋势值可以表述为以当期（t期）所有信息为条件的条件期望值，例如，S_t的未来第k期的条件期望值可表述为：

$$\hat{S}_t(k) = S_t + \Delta\hat{S}_t(1) + \cdots + \Delta\hat{S}_t(k) \tag{4}$$

其中 $\Delta\hat{S}_t(i)(i=1,2,\cdots,k)$ 为当期对未来第 i 期的汇率变化的预期，且有 $E_t\varepsilon_{t+i}=0$ 成立，则据式（2）有：

$$\Delta\hat{S}_t(i)=\mu+\lambda_i\varepsilon_t+\lambda_{i+1}\varepsilon_{t-1}+\cdots=\mu+\sum_{j=0}^{\infty}\lambda_{i+j}\varepsilon_{t-j} \tag{5}$$

再将式（5）代入式（4）可得：

$$\hat{S}_t(k)=k\mu+S_t+(\sum_{i=1}^{k}\lambda_i)\varepsilon_t+(\sum_{i=2}^{k}\lambda_i)\varepsilon_{t-1}+\cdots \tag{6}$$

令式（6）中的 k 趋向于无穷大就可以得到基于当期信息的长期趋势值，再按照 Beveridge&Nelson（1981）的定义，在式（6）中进一步的从中去掉确定性趋势（即式（3）中的 $k\mu+S_t$）就可以得到 S_t 的周期成分 C_t①

$$C_t=-[(\sum_{i=1}^{\infty}\lambda_i)\varepsilon_t+(\sum_{i=2}^{\infty}\lambda_i)\varepsilon_{t-1}+\cdots] \tag{7}$$

由式（7）即可计算出 S_t 的周期成分 C_t，其计算结果如图 3 所示，而表 3 所示为在样本时段内的 C_t 值及其与 S_t 比值的部分节选结果。我们根据美国国家经济研究局（NBER）划分周期的"峰－峰"法则，可将图 3 中人民币汇率的周期成分 C_t 划分为 7 个比较完整的周期，在图中用虚线划分表示。

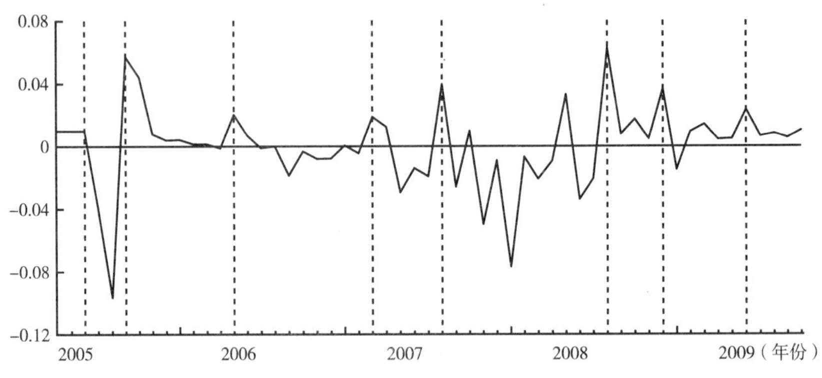

图 3　人民币汇率的周期成分（C_t）

第一轮周期为 2005M06—2005M09，这一轮周期持续的时间比较短，只有 3 个月，主要的冲击来源就是 2005 年 7 月 21 日的"汇改"。在"汇改"的当天人民币兑美元汇率升值 2%，使得市场预期人民币汇率将迅速市场化，但随后我国央行人

① B－N 分解中周期成分 Ct 的具体计算方法也可参见 Enders（2003）的 Chapter4，另外，Morley，Nelson 和 Zivot（2003）给出了计算 Ct 的另外一种方法。

市进行冲销干预，使得市场的预期事实上显得有些过度，直接导致了第二轮周期的形成。第二轮周期为 2005M09—2006M05，持续近 7 个月。如图 3 所示，这轮周期的显著特征是 Ct 基本上位于 0 值以上。原因是这一时期市场的预期和央行的干预形成了此消彼长的博弈关系，最后央行的大幅度干预使得这一时期 Ct 以贬值为主，与此对应的是这一时期我国外汇储备开始大幅增长，到 2006 年底突破了 1 万亿美元的大关。我国央行的干预导致市场预期重新调整并导致了第三轮的周期：2006M05—2007M03，这一轮周期持续近 10 个月，期间由于我国央行的干预幅度依然较大，外汇储备继续大量积累，使得这一时期的 Ct 相对平稳，在 0 附近波动。而在 2006 年美国国会中期选举后，面对日益加剧的中美贸易失衡，民主党掌控的国会加大了对中国汇率问题的指责力度，并对白宫施压要求人民币升值；同时，当时中国输美产品出现了几次大的质量安全风波，引发美国国内舆论广泛关注，汇率问题与产品质量安全问题挂钩，从而使得人民币汇率升值问题变得突出，直接导致了第四轮周期的形成，时间为 2007M03—2007M08。期间由于外部升值压力严重，C_t 升值幅度较大。这一时期爆发了全球性的金融危机，邻国韩国、日本及东亚等国纷纷将其货币贬值，对人民币汇率的冲击较大，直接导致第五轮周期的形成：2007M08—2008M08。在这一轮长达一年的周期里，我国遭遇了雪灾和地震等自然灾害，C_t 也经过了几次起伏，但基本维持在 0 值以下，说明这一时段 C_t 以升值为主，这是因为我国拥有大量的美元债券，因此不能使人民币陷入竞争性的贬值。随着各国对金融危机的救助措施的出台及我国奥运会的举办，使得第六轮周期形成：2008M08—2008M12。这一轮周期只持续了短短的 4 个月，以贬值为主，可视为对前期人民币挺住竞相贬值压力的部分释放。随着奥运会的结束，尤其是以 2009 年 2 月份美国财长盖特纳被提名时的言论为标志，西方各国又发起了新一轮的人民币升值的压力，致使第七轮周期形成：2008M12—2009M06。展望未来，由 2009 年 10 月份西方七国（G7）在土耳其的财长会议要求人民币升值开始，以英国首相布朗等欧洲政要的言论为标志，近来西方主流媒体纷纷发表要求人民币大幅升值的言论，并力图煽动包括印度、巴西、东盟（亚细安）等在内的第三世界国家加入。这标志着当前人民币汇率正承受着巨大的外部升值压力的冲击，也预示着新一轮周期正在形成。

从表 3 来看，样本时段内 C_t 所占 S_t 的比例位于 -0.25% 至 0.26% 之间，说明虽然 C_t 的波动客观地反映了国内外各种冲击因素的影响，但是人民币汇率的波动具有“微波化”的倾向。另外，自第六轮周期（即 2008 年 8 月）以来，C_t 主要集中于 0 值的上方，说明人民币汇率对于这一轮国际金融危机的反应主要以贬值为主，但由于近期兴起的人民币升值的外部热潮，未来新一轮人民币汇率的周期可能以升值为主。观察表 3 中的指标“C_t/S_t”，平均来说该指标保持了很有规律的正负交替，交替时间为 1 年，而从 2008M06 至 2009M06 保持正值之后应该会逆转为负值，再加上这轮国际金融危机的影响尚未完全结束以及国际上要求人民币升值的压力剧增，人民币汇率可能会出现较大幅度升值的周期波动，因此需要我国实施相应的反周期的策略。

表 3 人民币汇率的周期成分及其占当期汇率的比重（部分节选）

时间（t）	2005M12	2006M06	2006M12	2007M06
S_t	8.1665	8.0305	7.9135	7.7183
C_t	0.0008	0.0057	-0.0065	-0.0026
C_t/S_t	0.01%	0.07%	-0.08%	-0.03%
时间（t）	2007M12	2008M06	2008M12	2009M06
S_t	7.4935	7.0581	6.8384	6.8326
C_t	-0.0091	-0.0177	0.0183	0.0071
C_t/S_t	-0.12%	-0.25%	0.26%	0.10%

3. 人民币汇率的随机趋势项

在上文中我们说明了样本时段内人民币汇率遭受了很多随机冲击，由于我们已经验证了人民币汇率是一个I（1）过程，因此，这些随机冲击不仅会使得人民币汇率产生周期性的波动，而且每一次随机冲击的影响都会累积起来，从而形成人民币汇率的随机趋势成分 ST_t。由于我们已经分解出了 DT_t 和 C_t，因此只需用 S_t 减去 DT_t 和 C_t 就可以得到 ST_t，其结果如图 4 所示，我们也将 ST_t 的部分结果及其与 S_t 比值的部分节选列在表 4 中。

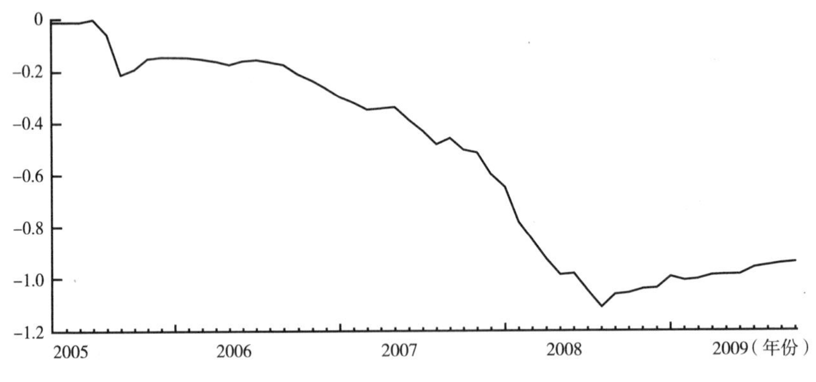

图 4 人民币汇率的随机趋势成分（ST_t）

从图 4 和表 4 来看，ST_t 绝大多数时间都在升值。在表 4 中，指标“ST_t/S_t”的均值达到了 -5.96%，而且上升的幅度比较大，说明随机冲击也对人民币汇率造成了严重的升值压力，这也和我们前文分析的这些冲击的性质（这些冲击基本上都是要求人民币升值）相一致，从具体时间段来看，从 2007 年后半年开始随机冲击的影响加剧，这是因为自“汇改”以来国际上要求人民币升值的压力一直存在，而 2007 年后半年发生的国际性的金融危机更是加剧了这种升值的压力。

总结来说，这种B-N分解体现出“汇改”以来人民币汇率的波动具有两个主要的特征：其一就是在升值预期下人民币汇率具有明显的升值趋势，主要体现在其确定性趋势成分中；其二就是人民币汇率形成过程中市场的力量正在发挥主导的作用，这在上述三个成分中都有所体现，但尤其体现在其周期成分，即各种随机冲击下人民币汇率均作出了明显的波动反应，说明人民币汇率对于市场信号的反应非常灵敏，即人民币汇率形成机制的市场化基础已基本确立。另外，人民币汇率波动的幅度呈“微波化”的倾向，说明在人民币汇率的形成过程中货币当局较好地把握了“可控性”和“渐进性”原则，但是对于主导人民币升值的预期因素的预防还不够，因此需要实施更为积极主动的政策措施以进一步完善人民币汇率的形成机制，增强政策措施在人民币汇率形成中的“主动性”。

表4　人民币汇率的随机趋势及其占当期汇率的比重（部分节选）

时间（t）	2005M06	2006M06	2007M06	2008M06	2009M06
S_t	8.2765	8.0710	7.8159	7.2758	6.8355
ST_t	-0.0100	-0.1542	-0.2710	-0.6816	-1.0287
ST_t/S_t	-0.01%	-1.91%	-3.47%	-9.37%	-15.05%

三、进一步完善人民币汇率形成机制的政策选择

面临上述“汇改”以来人民币汇率形成过程中的新特征，尤其是即将来临的新一轮的人民币升值周期，我国有必要调整人民币汇率政策目标，以进一步完善人民币汇率的形成机制。

（一）人民币汇率政策目标的调整

根据上文的分析，为了达到将人民币汇率保持在合理、均衡水平上基本稳定的“汇改”目标，当前我国人民币汇率政策首要的目标就是消除和弱化人民币升值预期。与此同时，作为发展中国家的我国其汇率政策目标应该多样化（张斌和何帆，2005），考虑到人民币汇率水平应该“合理”、“均衡”，即人民币汇率水平的参考标准应该是我国经济内外均衡状态下的汇率水平，而当前我国经济正处于内外失衡的状态，因此当前人民币汇率政策目标的调整还应该有助于实现我国经济的内外均衡。

1. 消除和弱化人民币的升值预期

经过上文对人民币汇率的分解，我们认为有关人民币持续升值的预期使得人民币汇率中存在确定性趋势成分，而这种确定性趋势成分主导了“汇改”以来人民币

汇率单调升值的趋势。因此，为了保持人民币汇率水平的基本稳定，应该迅速消除和弱化这种预期，为此我国应实施更为积极的人民币汇率政策（王元龙，2007）。积极的人民币汇率政策包括扩大人民币汇率波动幅度、增强人民币弹性、完善外汇市场运行体制、加快外汇市场产品创新、调整外汇管理政策等，而不是仅仅将目光盯在汇率水平本身上，简单地理解为要加快人民币汇率的升值。另外，人民币汇率升值的预期主要来自于我国经济的内外失衡和外汇储备的快速积累，以及由此产生的要求人民币升值的国际压力，因此我国应该加强内部经济结构的调整，包括围绕以消费需求为主扩大内需、降低储蓄率、调整外资优惠政策、扩大进口和市场开放等。

2. 兼顾内外失衡的治理

人民币汇率政策目标的调整还需要注意协调当前我国日益严峻的经济内外失衡的形势，这种内外失衡及由此造成的我国持续多年的“双顺差”与人民币汇率的长期低估有着直接的关系，并给我国的宏观经济政策带来了严重的压力：一方面货币当局会感觉到因外汇占款导致的货币供给增加而带来的通胀压力，另一方面，在“克鲁格曼三角悖论”的约束下，我国的货币政策的独立性也会受到制约。另外，如果保持人民币汇率水平的低估还会造成资源配置的无效，导致经济资源更多地流向贸易部门，这又更进一步地加剧了我国经济的内外失衡。由于上文我们已经证实了“汇改”以来人民币汇率形成机制正在逐步市场化，因此，我们认为此时应该逐步减少对人民币汇率形成的干预，而更多地由市场力量来寻求其均衡的汇率水平。只有使得人民币汇率维持在合理均衡的水平，才有助于平衡我国经济的内外失衡。

（二）进一步完善人民币汇率形成机制的建议

为了配合上述人民币汇率目标的调整，我们还需要进行如下一系列配套措施的改革，以进一步地完善人民币汇率的形成机制。

1. 形成有利于人民币汇率形成机制市场化的微观基础

在“汇改”之前的1994年至2005年，由于我国央行不断入市干预和实行强制的结售汇制度，使得我国的私人部门等外汇市场的参与者形成了一种对央行外汇风险规避的依赖心理，在客观上也缺乏相应的避险工具，因此在事实上形成了一种“害怕浮动”（fear of floating）的状态。“汇改”以来，虽然他们的外汇风险防范意识和参与风险防范的积极性都在不断地提高，但是还需要一个经验积累的过程，为此，我国应逐步放弃对外汇指定银行的挂牌价和头寸限额管理，减少对外汇市场的干预力度，扩大人民币汇率的浮动幅度，使得私人部门等市场微观主体逐步习惯承担相应的外汇风险，这样才能使得人民币汇率真正地浮动起来。

2. 积极推动我国外汇市场的发展及相关制度的完善

虽然“汇改”以来，央行通过一系列的公告，例如2005年8月2日的《关于扩大外汇指定银行对客户远期结售汇业务和开办人民币与外币掉期业务有关问题的通知》、2005年8月8日的《关于加快发展外汇市场有关问题的通知》、2005年9月23日的《关于一步改善银行间外汇市场交易汇价和外汇指定银行挂牌汇价管理的通知》、2006年1月3日的《关于一步完善银行间即期外汇市场的公告》等，这些举措加上外汇管理领域的配套改革措施，已基本确立了一个规范化、市场化的汇率形成机制框架。但是由于我国的金融市场发育还很不完全，这些措施取得成效尚需时日，因此在客观上也限定了人民币汇率的波动幅度。为此，须进一步加快我国的外汇市场特别是即期交易市场、远期交易市场的发展和相关交易制度的完善。

3. 增加外汇市场的交易主体

可进一步放宽市场准入限制以增加市场交易主体，允许符合条件的非银行金融机构和非金融企业按实际需要原则参与银行间外汇市场交易，逐步允许符合条件的金融机构参与银行间外汇市场交易，这将有利于市场价格信号的形成和传递及人民币均衡汇率水平的形成。

四、小　结

本文将"汇改"以来人民币汇率分解成了三个组成成分，即确定性趋势成分、周期成分和随机趋势成分，其中后两个成分可称为随机成分，这三个成分体现了"汇改"以来人民币汇率波动的两个新特征。首先，确定性趋势导致人民币兑美元汇率每月升值0.01，反映了在预期作用下人民币汇率具有确定性的升值趋势。其次，随机成分能体现了样本时段内国内外的冲击因素对人民币汇率形成的影响。由于这些冲击因素通过市场的信号传递最后影响了人民币汇率的形成，因此这说明自"汇改"以来人民币汇率的形成过程中市场的力量起到了重要的作用，即人民币汇率形成机制的市场化基础已基本确立。而在当前受国际金融危机的影响世界经济形势尚未完全回暖的背景下，人民币汇率又正在遭受着国际上不断兴起的要求其升值的浪潮的冲击，这种冲击形成的市场信号有可能使得在2009年末形成新一轮比较长的人民币汇率升值周期。

针对"汇改"以来人民币汇率形成的基本特征及我们对于将来其走势的判断，我们认为首先应该消除和弱化人民币的升值预期，为此应该及时调整人民币汇率的政策目标，并采取积极有效的人民币汇率政策，以进一步地完善人民币汇率的形成机制。由于"汇改"以来人民币兑美元汇率对国内外的冲击因素的反应非常灵敏，即人民币汇率形成机制的市场化导向在不断增强，因此，可以逐步减少对人民币汇率形成的干预，而更多地由市场力量决定人民币汇率水平，这样才能达到我国经济内外均衡情况下的人民币均衡汇率水平。

参考文献

[1] Beveridge, S. and Charles Nelson. A New Approach to Decomposition of Economic Time Series into Permanent and Transitory Components with Particular Attention to Measurement of the "Business Cycle" [J]. Journal of Monetary Economics, 1981, July, 151 - 174.

[2] Burns, A. F. and W. C. Mitchell, Measuring Business Cycles [R]. New York: NBER, 1946.

[3] Dunaway, S. and Li X. Estimating China's "Equilibrium" Real Exchange Rate [R]. IMF Working Paper, WP/05/202, 2005.

[4] Enders, W. Applied Econometric Time Series [M]. Wiley, 2nd Edition, 2003.

[5] McKinnon, R. China's Exchange Rate Trap: Japan Redux? [J]. American Economic Review, 2006, 96 (2): 427 - 431.

[6] Mishkin F. S. The Economics of Money, Banking, and Financial Markets [M]. Addison - Wesley, Sixth edition, 2001.

[7] Morley, James C., Nelson, Charles R. and Zivot, E. Why Are the Beveridge - Nelson and Unobserved - Components Decompositions of GDP So Different? [J]. Review of Economics and Statistics, 2003, 85 (3): 235 - 243.

[8] 卜永祥. 中国外汇市场压力和官方干预的测度 [J]. 金融研究，2009 (1): 28 - 41。

[9] 靳晓婷，张晓峒，栾惠德. 汇改后人民币汇率波动的非线性特征研究——基于门限自回归 TAR 模型 [J]. 财经研究，2008 (9): 48 - 57。

[10] 林远洲. 透析 2006 年人民币汇率波动特征 [J]. 中国外汇，2007 (1): 50 - 51。

[11] 彭玉镏. "汇改"后人民币汇率制度分析 [J]. 当代财经，2009 (1): 64 - 68。

[12] 王元龙. 深化人民币汇率改革的战略抉择 [J]. 财贸经济，2007 (11): 9 - 14。

[13] 张斌，何帆. 如何调整人民币汇率政策：目标、方案和时机 [J]. 国际经济评论，2005 (3 - 4): 17 - 22。

英国式金融监管的悖论与启示

时辰宙

一、引　言

长期以来，美国的金融监管由于其分散割裂的监管体系与苛刻严厉的监管条例而遭到来自学术界、金融机构和监管当局的多方批判；而英国以其独特的监管文化则受到各国的青睐、推崇与效仿。根据2007年3月伦敦金融城发布的全球金融中心指数（GFCI）的研究结果，伦敦凭借其在金融监管领域的独特优势领先于纽约，位居全球金融中心榜首。因此，英国具有全球最好的监管环境，是全球金融监管的楷模与典范，并在很长一段时期里引领着全球金融监管理念的变革。

全球监管理念的演进路径可以概括为从合规为本到资本为本再到风险为本这三个阶段。不同于先前的监管理念，“风险为本”（risk-based）的监管理念将监管机构的外部监管与金融机构自身的风险管理有机地结合在一起。2000年，英国金融服务局（Financial Service Authority，FSA）成立，并引入“风险为本”监管理念；2006年10月，FSA正式推行“原则导向”（principles-based）监管理念，与“风险为本”监管理念有机融合，相辅相成，共同促进了英国金融市场的繁荣，使英国金融业取得了举世瞩目的成就，并引起了美国、加拿大、日本和韩国等国的广泛关注与追踪。在我国银监会2007年年度工作会议上，刘明康主席在谈到提高银行业监管工作有效性时曾表示，要正确处理规制导向监管与原则为基础监管的关系，要注意把握好原则导向监管和规则导向监管的结合，随着金融市场竞争的加剧、监管法规体系的逐步完善和银行风险管控能力的增强，要适时把监管思路逐步转向以原则为基础的监管。

由此，英国的监管特点可由“风险为本”与“原则导向”高度概括，作为全球金融监管的楷模与典范，英国的金融监管反映了国际金融监管理念的最新演进趋势。然而，次贷危机和以Northern Rock挤兑危机为代表的英国银行业危机使FSA作为全球最佳监管者的声誉遭到一定的削弱，风靡一时的“风险为本”与“原则导向”并没有让英国规避掉本次危机，危机下的英国银行业饱受重创。在危机中 Northern Rock 等银行纷纷被收购国有化，使英国监管当局不得不对其现行监管模式与监管理念的深刻反思。Northern Rock 风波给英国的金融监管蒙上了一层阴影，也一度影响了伦敦作为全球顶级金融中心的形象和竞争力（See GFCI 5）。

Joanna Gray（2009）结合 Northern Rock 案例对“风险为本”的监管理念进行了批判。国内不少学者对“原则导向”的特点与优势进行了详细探讨，并主张我国应及早借鉴并积极实践“原则导向”监管理念（徐慧娟，2007；廖岷，2008；时辰宙，2008；刘佚，2009；贾守乔，2009；时辰宙，2009）。然而绝大多数研究却没有结合本次危机对“原则导向”监管理念进行最新反思。“风险为本”与“原则导向”监管理念一度受到发达国家的追踪和推崇，而本次危机则是对以上监管理念进行检验和审视的机会，此次危机暴露出监管理念未能实现监管初衷的问题，为改革与改进该理念提供了机遇。对我国而言，在引入英国式监管理念之前还需首先对该理念所面临的问题进行深入研究。一方面是为更为全面深入地认识“风险为本”与“原则导向”监管理念，并在将来更为顺利地推行和实践做好充分的准备；另一方面通过考察英国的监管实践，可为我国监管当局避免今后类似的风险提供经验教训。因此，从危机背景下英国在实践“风险为本”与“原则导向”监管理念中所反映出的缺陷入手，充分认识英国式金融监管的悖论，不盲目随从，从而总结经验教训为我国提供借鉴是非常有意义的。

二、“风险为本”与“原则导向”监管理念分析

（一）“风险为本”的内涵与监管理念分析

自英国政府在 2000 年颁布的《金融服务与市场法》（Financial Service and Market Act，FSMA）中明确 FSA 监管职责以来，FSA 最显著的特点是将针对其法定目标的风险①作为关注的核心，并以此组织其日常运作和执行其法定职能②。FSA“风险为本”的监管方法与金融机构的风险管理原理非常接近，都包含以下相同的要素：设定目标（对 FSA 而言要达到的是法定目标而非财务目标），确定风险偏好，识别达到法定目标所面临的风险，制定统一的风险量化标准，监测这些风险，通过负有直接管理责任的业务管理人员和提出异议的风险管理人员来管理这些风险。FSA 采用“风险为本”的监管方法与其不追求金融机构“零失败”的态度是一致

① FSA 所关注的风险是针对其四大法定目标的风险，四大法定目标包括：维护公众对金融体系的信心、促进公众对金融体系的了解、适当保护金融消费者的利益以及打击金融犯罪。

② FSA. A New Regulator for the new Millennium. Jan 2000.

的，因为没有一家监管机构能够控制所有被监管的机构，但对于重大的失败不会漠视不管，因为这会给 FSA 法定目标的实现带来风险。而监管资源毕竟是有限的，FSA 需要辨别哪些是最为紧要的问题，这实际上反映了“有所为，有所不为”的监管设限原则，是“风险为本”监管理念的本质所在。

近年来，“风险为本”的监管方法经不断完善，最终形成了 ARROW 框架（Advanced，Risk-Responsive Operating frame Work）。在 ARROW 框架下，FSA 对于一家机构的监管频度和监管强度取决于 FSA 对于该机构风险的评价，这一评价通过评估该公司风险发生的概率和潜在影响程度这两个维度来实现。FSA 将各类机构分为 A、B、C、D 四类，对应的潜在影响程度分别为：高、中高、中低、低，对这四类机构的关注程度完全不同，从“严密且持续的监管”（C&C supervision）① 到信赖专项调研、统计分析以及不定期的抽样检查②（如表 1 所示）。

表 1　FSA 针对不同潜在影响程度的监管方式

分　类	潜在影响程度	监 管 方 式
A	高	严密且持续的监管（C&C supervision）
B	中高	定期检查（Regular cycle of visits）
C	中低	长期的临时性检查（Occasional visits on extended cycle）
D	低	统计分析/专项调研（Statistical/Thematic）

资料来源：Callum McCarthy，Risk Based Regulation：The FSA's Experience，13 February 2006.

（二）“原则导向”的内涵与监管理念分析

FSA 采用风险为本监管理念的一个显著结果是不断加强的对于宽泛原则的关注，这些原则以结果的形式表现出来，体现了降低针对 FSA 实现法定目标的风险的意图。近年来，FSA 的监管理念由 20 世纪 90 年代所推崇的以详细的规则和标准为支撑、以过程和产品为核心的“规则导向”向如今以简明的原则为支撑，以结果为中心的“原则导向”监管理念的演进不断加速，目前 FSA 已成为卓越的“原则监管者”（Principles Based Regulator）。对于原则导向监管内涵的最佳描述来自 FSA 的观点，“原则导向监管意味着更多地依赖于原则并且聚焦于结果，以高层次的规则（high level rules）作为手段，从而达到我们（FSA）所期望实现的监管目标，在这个过程中我们将更少地依赖于规则”③。

---

① Close & Continuous supervision，基本上是由一个专业小组监控一家主要机构，如汇丰银行或西班牙桑坦德银行在英国的经营活动。

② 对于一般的保险经纪公司，FSA 只是收集数据，了解经纪公司所从事的业务类型，分析经纪公司的整体情况，而在正常业务过程中，并不要求走访或检查经纪公司。

③ FSA. Principles-based regulation—focusing on outcomes that matter. Apr 2007.

“原则导向”所体现的监管理念主要有三个方面：首先，原则导向意味着监管者在监管过程中更多地追求原则，而较少地依赖于详细的规则。FSA 通过两个层次的监管原则的制定来推进原则导向监管：为了给被监管机构提供更大的透明度和可预见性，FSA 制定了第一层次的 11 条原则，这些原则为个人与金融机构提供了他们日常经营活动中所需要遵守的高层次指引（high-level guidelines）。而第二层次的监管原则则与 FSA 自身有关，称为“好的监管原则”（Principles of good regulation），由 6 条原则组成，为市场提供了对监管者未来行动的更高确定性以及新的监管活动将建立在严格的分析上，充分考虑对于市场的成本和收益。其次，原则导向监管体现“以结果为导向”（outcomes-based）的监管理念。监管者不再侧重于机构的运营过程，而是关注于为客户、机构和市场试图实现的结果。由于机构管理层更加接近市场和客户，比监管者更有优势来决定采取什么样的流程和行动，因此监管者不应侧重于给机构指定流程或行动，而规定机构应实现的风险管理的结果，让机构自由决定在经营中实现风险管理结果的最有效方式。而这实际上体现了政府监管与市场纪律（market discipline）的统一，并充分给予了市场纪律的用武之地。再次，对于公司高管责任的关注是原则导向监管的内在理念之一，体现“以管理层为导向”（management-based regulation）的监管思路。FSA 将对于监管原则的理解和应用的责任交给了机构自身。尽管机构管理层可以根据原则自行决定经营方式、制定业务规则以及遵守行业自律准则，但他们所要承担的责任和后果也同时增加了。通过以上分析，“原则导向”监管理念的意义在于重新确立了政府监管与市场纪律之间的关系，其实质在于将政府监管与市场纪律有机地结合起来，金融监管的最终政策目的是支持和培育良好的市场纪律。

（三）“风险为本”与“原则导向”监管理念的联系

“风险为本”与“原则导向”监管理念之间存在极其密切的联系，共同构成了英国金融监管理念的核心。FSA（2006）认为，以 ARROW 框架为核心的“风险为本”监管方法体现了“原则导向”监管理念的实质：对 FSA 法定目标构成较小风险的机构采用“和风细雨”式（light touch）的监管措施①。“风险为本”与“原则导向”都体现了金融监管服务于市场发展的精神，改变了传统监管方式下监管者与被监管机构的对立关系，越来越注重建立适当的激励机制，为市场纪律的发挥创造环境，推进机构内部控制与行业自律。此外，二者都与监管当局的监管目标直接相关：“原则导向”强调协作性的结果设计，FSA 将其法定目标反映在 11 条监管原则中，直接体现监管意图；而“风险为本”则针对 FSA 法定目标风险制定了 ARROW 框架，强调对被监管机构进行选择性的合规检查，以防范、控制并化解风险。

---

① FSA. The FSA's Risk-Assessment Framework. Aug 2006.

三、"风险为本"与"原则导向"监管理念的悖论与反思

FSA向来以明确的监管原则和风险导向的监管模式而引以为豪，也是其他金融监管机构学习的典范。然而通过次贷危机、Northern Rock挤兑事件以及英国银行业危机透视FSA的监管理念，"风险为本"与"原则导向"并没有有效地遏制住危机，见证了FSA未能实现其法定目标的失败。由此可见，危机之前受到各国竞相推崇的英国式监管风格在监管实践中暴露出其固有的缺陷，通过分析并反思"风险为本"与"原则导向"监管理念的悖论所在有助于找到金融监管改革的最新方向。

（一）"以管理层为导向"的监管思路失效，导致政府监管缺位

FSA"风险为本"的监管理念非常强调高级管理层在金融机构风险控制中的作用，而"原则导向"的监管理念本身就体现"以管理层为导向"的监管思路。但通过此次危机审视英国的监管理念，FSA"以管理层为导向"的监管思路在实践中失效。FSA没有对金融机构高级管理人员的资质进行严格审查和把关，而高级管理人员自身的能力和经验对于控制金融机构风险起到至关重要的作用。此外，FSA由于过度依赖金融机构高管在风险管理中的作用，过度鼓励市场纪律导致自身监管缺位。Northern Rock银行的董事会为该行制定了冒进式的发展战略，追求快速高增长，主要依赖证券化作为其融资的主要来源，而这背后隐藏了巨大的风险。作为监管机构的FSA却没有阻止此类不合格的高管被任命到对金融机构具有重要影响的首席执行官及主席的职位上，也没有对该银行的业务模式进行必要的关注和监管。类似的案例还有皇家苏格兰银行，该银行是通过并购战略迅速取得成功的欧洲商业银行的典型代表。然而，由于近年来激进式的并购扩张战略以及忽视风险控制，皇家苏格兰银行已成为受金融危机冲击最大的欧洲大银行之一。该银行首席执行官在全球金融市场环境不断恶化的条件下仍制定了极为冒进的扩张战略，并不合时宜地收购了荷兰银行，而且没有对此次收购进行过尽职调查。这种冒不负责任的风险最终导致苏格兰皇家银行亏损8.02亿英镑，创下英国企业史上最大亏损纪录。

从这两起案例可见，金融监管过度地依赖于市场纪律或行业内部的自律模式是不妥的。"风险为本"与"原则导向"监管理念旨在通过"以管理层为导向"的监管思路加强金融机构高管的自我约束以达到风险控制的目标。然而，在现实中，金融机构高级管理层的目标和监管当局的目标往往是不一致的：金融机构所追求的是利润和市场份额，而监管当局则希望金融机构合规经营，从而维护金融稳定。因此，金融监管过度依赖于金融机构的自律是非常危险的，一旦市场纪律出现问题加上政府监管缺位，整个金融业将在危机中遭受重创。英国银行业在此次危机中遭遇的窘境便证实了这一点，而在危机之前，英国一度被认为是全球银行业最稳定的国家之

一。因此，政府监管与市场纪律应相辅相成，二者不可偏废，监管当局不仅要严格审核金融机构高管的资质，也要加强对金融机构管理层的日常监督检查，一起做好风险管理与内部控制工作。

（二）风险评估技术不全面，导致风险监管缺乏前瞻性

根据2006年2月20日的ARROW评估，Northern Rock银行被界定为“低概率/高影响”的机构，并把监管期限由24个月延长到36个月（一般而言36个月是最长的监管期限）。与其他具有高影响的机构一样，FSA对Northern Rock银行采用的是“严密且持续的”监管（C&C supervision）。但FSA考虑到Northern Rock出现问题是小概率事件，使得监管当局没有对该行投入足够的监管资源。负责Northern Rock监管的ARROW工作组曾把各种建议以书信形式告知Northern Rock银行，然而却没有采取任何正式的风险缓释方案（Risk Mitigation Programme，RMP），由此导致FSA对Northern Rock的监管是低强度的。Northern Rock的风险评分也没有在FSA的“IRM”（Interim Risk Manager，IRM）数据库中更新过。不全面的监管评价导致FSA对Northern Rock的监管失败。正如事后所显示的那样，对该行的监管几乎未能实现“风险为本”与“原则导向”监管理念所要达到的结果。

“风险为本”与“原则导向”监管理念的一个重大缺陷在于事前缺乏具有前瞻性的风险评估策略来应对未被预测到的和具有不确定性的事件。正如FSA的首席执行官在回答财政部特别调查委员会（Treasury Select Committee）的质疑时提到，FSA的确将Northern Rock列为高影响机构，但考虑到该机构陷入财务困境的概率，FSA将其列为低概率事件，然而随着事态发展，可见当时的概率分析是不准确的。因此，此事件对FSA在概率测算方面有深刻的教训，而与此相连的ARROW风险评估技术，FSA需要更关注该公司的压力测试。① 尽管FSA了解Northern Rock的业务模式，但在监管过程中没有很好地运用压力测试情景（stress testing scenarios）。尽管有很多情形难以预测，但作为监管部门而言有必要要求金融机构进行极端情形下的压力测试。虽然FSA曾于2007年7月要求Northern Rock进行压力测试并对其情形表示不满，但遗憾的是为时已晚，该行的挤兑危机还是在2007年8月发生了。

（三）监管方式基于某一特定机构，缺乏宏观审慎层面的系统性风险管理

FSA“风险为本”的监管理念是基于特定机构的，围绕某一特定机构开展风险评价与风险处置等活动，但在整个行业角度却缺乏宏观的系统审慎监管。某一特定机构采取激进的业务模式本身就是风险过高的，而如果几家机构同时采取这种业务

---

① Hector Sants response to Question 192 from the Treasury Select Committee—Transcript of Evidence 9 October 2007 Hearings.

模式，就导致了系统范围内风险的积累。对 FSA 一贯要求甚严的英国财政部特别调查委员会认为，FSA 没有对 Northern Rock 投入足够的监管资源对其进行恰当的监管，而 Northern Rock 银行本来应被视作系统性风险。尽管 20 世纪英国银行业也曾发生银行危机，如 1991 年国际商业信贷银行（BCCI）破产以及 1995 年巴林银行倒闭事件，但是这些都没有引发系统银行危机，也没有出现挤兑风波。而这次 Northern Rock 银行挤兑危机以及之后英国其他大银行纷纷陷入困境并被政府收购国有化，不得不让人质疑英国现行的“风险为本”的监管理念在控制系统风险方面的作用。

FSA 这种专注单个机构的监管方法其实也是世界各地银行监管体系中的一个普遍失误。危机爆发前监管者过于侧重对单个机构的监管，而对行业和系统风险的关注度不够。目前 FSA 已从主要注重对单个机构的监管，转变为将其与对整个体系和在整个经济周期中的系统性风险管理的密切关注结合起来。这一关注重点的转变对 FSA 的监管方法、开展该项工作所需的资源和技能都会产生重要影响，上述影响已经体现在《监管增强计划》（Supervisory Enhancement Programme，SEP）中。

（四）“风险为本”与“原则导向”本身会带来风险和不确定性

“风险为本”框架本身会酝酿风险，因此，监管者有必要设计机制来监测和评估该框架本身所产生的风险，并相应地调整该框架。“风险为本”改变了对金融机构的激励约束机制，导致一些金融机构对监管目标产生更高风险的潜在后果。如果已经明确某个特定的机构（如被界定为低影响机构）将得到更少的监管，那么监管对该机构的激励约束作用将大打折扣，该机构将不再很好地合规经营甚至抵制合规。从全行业角度来看，一家小型机构的不合规或许显得不是特别重要，但是很多小型机构的不合规将导致此类风险的累积。虽然 FSA 通过“专项调查”（themed visits）政策来处置该问题，但却没有对原本在专项调查中被界定为低风险的机构开展“随机抽查”（random visits）。

而“原则导向”也会给金融机构运营带来不确定性。FSA 认为，“原则导向”并不是只谈原则，不要规则，而是删减过于庞杂的监管规则，使原则与规则间达到新的平衡，以更好地实现监管目标。但在实践中，原则的推行比规则的推行更为困难，它要求监管者和金融机构对原则的理解达成一致。由于立场的不同，利益的不同，金融机构与监管者对原则的理解往往存在偏差，而原则表达的是监管当局希冀达到的结果，解释权掌握在监管者手中，这就使金融机构对自身运营所产生的结果是否遵循原则的预期是不确定的。而这种不确定性可能导致金融机构制定激进式的发展战略，贸然从事高风险业务，而当监管当局从其运营结果中发现不良端倪时，金融机构的风险已经有所放大。从英国银行业危机可见，监管当局“以结果为导向”的监管思路给予了金融机构高度的自主经营权，却未能及时发现金融机构运营过程中的潜在风险。Northern Rock挤兑危机发生后，FSA曾公开表示，此前它只专注于商业银行如何处理客户业务，而忽视了对银行商业模式风险的重视①。因此，原则导向监管理念下过程不被严格监管的做法其实是监管者的监管缺位，或者说是监管宽容，将导致金融机构运营结果的不确定性，甚至偏离监管目标，违背监管者的初衷。

四、对我国推行“风险为本”与“原则导向”监管理念的启示

（一）政府监管与市场纪律相辅相成，二者不可偏废

英国银行业危机普遍暴露出“以管理层为导向”的监管思路失效的情况，FSA在监管方式的选择上过度依赖市场纪律，并相信金融机构管理层能尽职尽责做好风险管理与内部控制，从而导致政府监管在一定程度上出现缺位。而这次危机恰恰暴露了市场纪律存在的问题。金融机构经营目标与监管者的监管初衷往往是不一致的。因此，市场纪律不能替代政府监管，二者不可偏废，理应相辅相成，互为补充，共同促进金融业的稳定。但由于我国目前市场纪律尚不完善，金融机构自律监管的发挥空间还比较有限，仍以政府监管为主。虽然目前我国监管当局需要大力培育市场纪律的用武之地，但也要注意到市场纪律的局限性，不能过分向金融机构自身倾斜。我国金融监管当局需要严格审查金融机构高级管理层的准入门槛，坚决禁止金融机构董事会任用缺乏从业经验、足够的理论功底与专业知识以及诚信观念的人员。同时加强高管问责制，确保金融机构经营行为符合审慎原则。对于金融机构超常规或激进式的业务模式，监管部门需要密切关注，并采取必要的干预措施。此外，我国监管当局应积极改变传统监管模式下的“猫鼠游戏”，以监管服务于市场的理念帮助金融机构一起做好风险管理工作，并督促金融机构高管做好尽职调查，从而及时发现、控制并化解潜在的金融风险。

（二）完善风险评估技术，积极开展压力测试

风险评估是金融机构风险管理的重要环节之一。在本次危机爆发前和爆发初期，人们还对危机的影响盲目乐观，也有人辩称这种乐观是有精确的风险评估技术作支

---

① FSA对金融机构客户利益的关注甚于金融机构运营模式是“以结果为导向”监管思路的表现。FSA的11条监管原则中有5条与金融消费者保护有关，体现了其法定目标中要求达到“适当保护金融消费者的利益”的合意结果。对金融机构运营模式的监管则属于“以过程为导向”的监管思路，隶属“规则导向”监管范畴，而在“原则导向”监管下，“过程”通常不受监管当局的关注。

撑的。但事实说明，当前的这种危机情景是风险管理模型所料未及的，而且在这样的压力事件下，风险评估的有效性也值得怀疑。压力测试作为风险评估的补充方法，其重要性应该被进一步认识和提升，尤其是情景模拟分析和压力测试的具体方法还有待于进一步加强和改进。同时，监管当局对于极端事件（小概率事件）发生的可能性和影响程度的严重低估也会给金融机构造成错觉，从而误认为自己经营模式是稳健的。因此，监管当局不仅需要要求金融机构及时开展压力测试，而且要对极端情景设定和模型有效性进行检验与完善，避免小概率极端事件发生时金融机构所受冲击程度失真。此外，通过本次英国银行业危机的教训，不论风险发生概率大小，监管当局都要加强对高风险机构的密切关注。我国监管当局对大中型金融机构应保持持续性监管，采用专项调查与随机抽查相结合的方式，发现可能的潜在风险因素，同时对于金融机构的风险评估监测间隔尽量不超出 6 个月，以及时有效地抑制风险。

（三）加强宏观审慎监管，防范系统性金融风险

FSA 在本次危机发生以前的监管方式过于重视单个金融机构的稳健性，属于微观层次的监管，而忽视了金融行业的整体风险。由于金融系统性风险具有累积效应，所以单个金融机构的风险汇总可能会放大整个金融系统的风险，因此，监管当局在采取微观审慎监管的同时需要加强宏观审慎监管①，有效控制系统性金融风险。防范系统性风险和建立宏观审慎框架，需要有效的执行机构。不同于英国统一监管体制，我国目前实行的是银监会、证监会和保监会“三驾马车”分业监管的多头监管体制。虽然三家监管机构曾建立联席会议制度，但仅仅限于表面化和形式主义，缺乏实际效果。而且我国中央银行在宏观审慎监管体系中应发挥的主导作用一直未取得实质进展，其最具有宏观审慎性质的金融稳定职能迄今没有显著成效。因此，我国需要在现有监管体系的基础上，建立一个全国性的牵头监管机构，加强各个监管机构之间以及监管机构与中央银行之间的工作协调与信息共享。同时需要进一步提高货币当局的权威性，加强中央银行宏观审慎监管和维护金融稳定的职能。

（四）权衡规则与原则，在保持金融稳定的基础上提高市场效率

通过本次危机带来的教训，原则导向监管理念下金融机构运营过程不受监管的做法被认为是监管缺位或监管宽容。而规则导向监管则强调对金融机构运营过程的监管，但这种监管理念一度被认为不利于金融机构进行自主经营。对原则导向与规

① 宏观审慎性监管区别于微观审慎性监管的特殊之处就在于，宏观审慎监管更关注整个金融系统的整体性风险。宏观审慎监管通常将众多金融机构看做一个整体，并以实际 GDP 为尺度衡量整个金融系统的风险，从而避免金融机构之间负面作用的冲击作用所带来的金融系统的不稳定。

则导向的取向在实质上反映的是适度监管的问题，在金融安全、金融稳定与金融机构、金融市场效率之间寻求动态平衡。在此次危机爆发前，FSA 为提高市场效率而过度依赖于监管原则，为金融机构创造了宽松的监管环境，从而放松了对金融安全与稳定目标的关注。因此，监管机构应该正确把握好鼓励金融机构创新与防范金融风险、确保金融稳定的关系，在保持金融稳定的基础上提高市场效率。国内不少学者主张我国监管当局需要学习原则导向监管理念的精神，适时由规则导向向原则导向转变。但我们必须认识到，原则导向在理论上的解释确实具有相当显著的先进性和优越性，然而在实务中却屡遭诟病，尤其是在本次危机中。现阶段我国监管当局仍应以保持金融稳定为首要目标，在此基础上提高市场效率，确保对金融机构与金融市场的适度监管。因此，监管当局应以监管规则为核心，并辅以监管原则，且密切关注监管原则的推行条件是否成熟。

参考文献

[1] Joanna Gray. Is it time to highlight the limits of risk based financial regulation? [J] *Capital Markets Law Journal* 2009, 4 (1): 50-62.

[2] FSA. The Turner Review: A regulatory response to the global banking crisis. [R] March 2009.

[3] Julia Black, The development of risk based regulation in financial services: Canada, the UK and Australia. [R] ESRC Centre for the Analysis of Risk and Regulation, London School of Economics and Political Science, 2004, London, UK.

[4] Julia Black, Forms and paradoxes of principles-based regulation. [J] *Capital Markets Law Journal*, 2008, 3 (4): 425-457.

[5] FSA Internal Audit Division. The supervision of Northern Rock: a lessons learned review. [R] March 2008.

[6] Stuart Bazley. The Financial Service Authority, Risk-Based Regulation, Principles-Based Rules and Accountability. [J] *Journal of International Banking Law and Regulation*, 2008, 23 (8): 422-440.

[7] Joanna Gray, Jenny Hamilton. Implementing Financial Regulation: Theory and Practice. [M] John Wiley, 2006.

[8] Condon Mary. A Tale of Two Trends: Risk-based and Principles-based Regulation in Comparative Financial Services Regulation. [R] Paper presented at the annual meeting of the The Law and Society Association, Canada, May 27, 2008.

[9] J. Black, M. Hopper and C. Band. Making a Success of Principles Based Regulation. [J] *Law and Financial Markets Review*, 2007, 1 (3): 191-206.

[10] Hyun Song Shin. Reflections on Modern Bank Runs: A Case Study of Northern Rock. [R] Aug 2008.

[11] 徐慧娟. 英国金融服务管理署监管方式改革及其启示. [J] 外国经济与管理，2007 (4)：61-65。
[12] 陈文君. 通往金融稳定的监管新范式——次贷危机后的金融监管改进. [J] 财经理论与实践，2008 (6)：8-13。
[13] 时辰宙. 国际金融监管理念的最新演进——基于原则监管方法的分析和思考. [J] 金融发展研究，2008 (12)：33-37。
[14] 廖岷. 原则导向监管真的失效了吗？[J] 中国金融，2008 (21)：27-30。
[15] 时辰宙. 国际金融中心的金融监管——伦敦纽约的经验教训与上海的作为. [J] 上海经济研究，2009 (3)：71-78。
[16] 贾守乔. 原则导向与市场纪律——我国实施有效银行监管的思考. [J] 金融发展研究，2009 (3)：52-54。
[17] 王竞，张静. 新型金融危机与我国商业银行风险管理. [J] 新金融，2009 (7)：21-24。

流动性与金融危机关系研究述评

杨小军

从金融危机理论的发展脉络来看，至今已经形成了三代公认的金融危机理论。而第三代金融危机理论在微观领域内的突破，使得金融危机研究的流动性角度得到了充分重视。Kiyotaki&Moore（1998）的研究发现，不流动性（illiquidity）将沿着信贷链条逐层加速传播，从而导致金融危机；而 Edison et al.（1998）运用 Kiyotaki & Moore（1997）的信贷周期模型为金融危机的产生提供了一个解释：流动性不足将引起担保品的出售，从而给其他公司进行借款带来压力。Schnabel & Shin（2004）等认为由于市场风险造成了银行资金的流动性问题，从而可能导致银行危机并蔓延开来。Brunnermeier & Pedersen（2008）的研究发现，资金流动性（funding liquidity）的骤减可能导致市场流动性（market liquidity）严重不足并引发金融危机，而市场流动性的下降同样可以引发资金流动性问题，并最终导致金融危机的产生。以上研究已为2007年美国爆发的、至今风波未平的“次贷危机”所证实。鉴于此，本文以流动性为切入点，对国外学者关于金融危机的研究成果进行综述。

一、流动性及其特征

流动性作为经济金融领域中的一个基本概念，可以被定义为在不引起价格剧烈波动的条件下，以低成本快速地交易大量资产的能力。而关于流动性的研究，可以追溯到存货理论关于价格构成的相关阐述。如 Demsetz（1968）、Stoll（1978）、Ho&Stoll（1981）以及 Spiegel&Subrahmanyam（1995）认为，流动性取决于以下因素：影响持有存货风险的因素和引发订单失衡并导致存货负荷超载的极端事件。而 Kyle（1985）、Admati&Pfleiderer（1988）认为，市场范围的流动性变化一般发生在临近信息事件公布之前，如联邦政府定期关于经济形势的发布。

关于流动性的研究首先要考虑的问题就是到底选择什么指标来刻画它，尽管目前有大量的研究对此进行了全面而有益的探索，但至今还没有达成共识。Chordia et al.（2000）选择买卖报价差、报价深度和有效价差作为衡量美国股票市场单一资产流动性的指标。基于此，他们发现这些指标所反映的交易行为具有系统性的特点。Chordia et al.（2001）首次研究了股票市场总体流动性的特征，并得出与先前研究一致的结论。他们不仅选择了买卖报价差、报价深度和有效价差作为衡量流动性的指标，还采用交易量和交易次数来衡量交易行为的变化，从而进一步构造了一个反映市场总体流动性和交易行为的指标，以更好地说明自1988—1998年间的市场变化情况。Fleming & Remolona（1999）、Balduzzi et al.（2001）用买卖报价差和交易量来衡量美国国债市场的流动性，发现经济新闻中的绝大部分信息都分两步融入流动性当中。前者的研究发现，宏观经济信息的发布首先引起了价格瞬间急剧的变化，导致交易量迅速下降，而出于存货控制的考虑，价差在信息发布之时将显著地扩大；接着，交易量将迅速上升并将持续，而价差将慢慢回到正常水平。而后者的研究发现，交易量在信息发布之后便有显著而持续地增长，而买卖报价差在信息发布之时扩大，但很快就会回到正常水平。Fleming（2003）研究评价了美国国债市场流动性的各种替代指标，主要包括交易量、交易频率、买卖价差、买卖报价差、交易大小、价格冲击系数以及新旧债收益率价差等。他的研究认为买卖报价差对于美国国库券市场来说是一个最好的流动性替代指标，而买卖价差和价格冲击系数具有很强的相关性，因此它们之间可以彼此替代，而其他指标并不能很好地刻画国债市场的流动性变化情况。Theocharides（2005）同时研究了美国国债市场和公司债市场流动性，并选择买卖价差、交易量、交易频率和债券年限作为流动性的不同评价指标。此外，Tang & Yan（2006）还对信用违约互换（Credit Default Swap，CDS）市场流动性特征进行了有益的探索，并采用总报价次数、交易次数、指令差额以及买卖报价差作为CDS市场流动性的衡量指标。

从以上的分析可见，不同学者在对不同市场的流动性进行刻画时，采用的指标不尽相同。但从大量的研究结果来看，都得出了一致的结论，那就是流动性具有两个显著的特征：联动效应和溢出效应。首先，关于流动性的联动效应研究，主要集中在单一资产和单一市场上。Chordia et al.（2000）的研究发现，流动性不仅仅是单一资产的特性，资产间的流动性存在着联动。而且，尽管控制了一些众所周知的决定性因素后（如波动性、交易量以及股价等），个股间的流动性仍然存在显著的联动效应。同时他们还发现，在这一流动性联动效应存在的前提下，存货风险和不对称信息确实共同影响了个股的流动性。Hasbrouck & Seppi（2001）、Huberman & Halka（2001）的研究也得出个股间的流动性存在联动效应的结论。然而，他们都没有对联动效应产生的原因进行解释。而Chordia et al.（2001）的研究为此提供了一个解释，即宏观经济变量显著地影响了市场总体流动性，如长短期利率水平、违约价差和市场价差等，而且流动性具有明显的周日效应：市场流动性一般在周五下降，这在临近节假日的几天内也有类似的表现，而市场流动性一般在周二上升。其次，关于流动性的溢出效应，主要体现在对市场间的溢出效应和部门间的溢出效应的研究。Chordia et al.（2005）首先考察了美国股票市场和债券市场间流动性的相互关系。研究发现，对其中一个市场流动性（如买卖报价差和报价深度）的冲击同样会给另一个市场的流动性造成影响。类似地，Tang & Yan（2006）的研究发现，债券市场、股票市场和期权市场对 CDS 市场有明显的流动性溢出效应。Chordia et al.（2006）研究了纽交所大盘股公司和小盘股公司间持续的流动性溢出效应，他们发现，任意一个部门的流动性新息（innovation）是预测另一个部门流动性变化的有用信息，但持续性溢出效应具有不对称性；任意一个部门的回报率和波动率可以预测另一个部门的流动性，并存在持续的溢出效应。Subrahmanyam（2007）进一步研究了纽交所中非房地产股票市场和房地产股票市场间的流动性溢出效应。研究发现，非房地产股票市场的流动性对房地产股票市场存在明显的溢出效应，更确切地说是后者将对前者的冲击作出负向反应，而且前者的流动性溢价可以预测后者的流动性溢价，这暗示了房地产投资可以很好地替代股票投资。

由此，流动性已经受到相关学者的普遍关注这一点是毋庸置疑的。尽管学术界在流动性指标的选择上至今还没有达成共识，但学者们通过运用不同的流动性衡量方法得出的结论是一致的，即流动性是市场的普遍特性，并且资产间、部门间以及市场间存在着明显的联动效应和溢出效应。正因如此，金融危机及其蔓延的流动性渠道浮出水面，从而为相关研究提供一个新的视角。

二、金融危机中的流动性研究

目前，很多文献指出，股票和债券市场流动性都在金融市场低迷时期严重下降。如 Chordia et al.（2001）研究发现，他们构建的流动性指标都在市场下挫时期降低，而 Jones（2002）的研究得出了同样的结论，他通过考察其所采用的平均价差方法后发现，流动性具有周期性，尤其在市场低迷时期会出现明显的下降。

特别地，流动性在金融危机期间下降得最为显著，甚至会出现流动性枯竭的现象。Pastor & Stambaugh（2003）关于美国股票市场流动性的研究发现，他们所构建的、用以说明价格短暂变化的总体流动性指标伴随着指令流都在 1987 年 10 月出现了最大幅度的下降，这正是金融市场崩溃的月份。这与 Grossman & Miller（1988）以及 Amihud et al.（1990）的研究结论一致。前者的研究发现，现货市场和期货市场都在 1987 年 10 月 19 日金融危机爆发的当天出现了“高度不流动”（highly illiquid）；而后者同样认为，那次危机之所以会爆发，一部分原因是由于当天及前期市场的不流动性都显著提高了。Pastor & Stambaugh（2003）的研究还发现，在 1997 年 10 月发生的亚洲金融危机期间和 1998 年秋季发生的长期资本管理公司（LTCM）破产期间都出现了严重的流动性不足现象。而且，正是由于 LTCM 的破产和俄罗斯债务危机的爆发，导致金融市场在1998年9月出现了普遍的流动性枯竭现象。Liu（2006）的研究也发现，在美国股票市场历史上，市场流动性在1972到1974年所经历的经济不景气期间出现了最为明显且最大幅度的下降，而在1987年10月爆发的金融危机期间也经历了大幅度且持续的下降过程，并且1997年的亚洲金融危机、1998年的俄罗斯债务危机和LTCM破产都导致美国股票市场出现了严重的流动性不足问题。此外，Hameed et al.（2008）在考察纽交所股票市场的普通股流动性同市场指数回报之间的联系时发现，在1997年亚洲金融危机和1998年LTCM破产期间，市场流动性都出现了枯竭的现象。

从以上的分析可以看出，流动性通常在市场低迷时期降低，而在诸如经济萧条以及金融危机的爆发等极端事件下，甚至会出现流动性枯竭现象。从而，理论和实践暗示着流动性必然与金融危机之间存在着某种联系，或者说流动性在金融危机及蔓延过程中充当了重要角色，并且也受到金融危机的强烈冲击。

三、流动性和银行危机

前文指出，第三代金融危机理论的重要进展在于其分析的重点已落脚于微观层面，即探究金融中介和资产价格在危机爆发及蔓延中的角色。从而其微观理论基础可以分为两类：第一类的研究焦点是金融机构的角色，第二类的研究焦点是金融市场行为。本节先探讨第一类研究成果，下一节再接着探讨第二类研究进展。

在第一类研究中，Estrada & Osorio（2006）的工作较具代表性，他们在Gorton（1988）和Furfine（1999）研究的基础上，对金融机构危机及蔓延的研究成果进行了很好的归纳，并将其分为3组。第一组的研究认为系统性风险是银行挤兑的自然结果，即银行挤兑理论，由Diamond & Dybvig（1983）首先提出，他们强调了银行流动性结构在诱发银行挤兑过程中的角色，即人们对于银行未来流动性问题的担忧促使了银行挤兑并最终引发挤兑蔓延。他们特别指出：银行之所以存在，是因为银行具有将流动性负债转换成不流动性资产的独特功能。正因如此，他们的研究得出，银行面临着由存款冲击而形成的流动性风险，即存款者提款的要求只能靠不流动性资产来满足，而不流动性资产却只能以折价变现。Bernardo & Welch（2004）的研究结果也有类似的观点。他们认为，市场危机在本质上是由对于未来市场流动性冲击的担忧所驱动，而不是流动性冲击本身。正如Sandroni（1998）所阐述的那样，在代理商面临不同的贴现率并对极端事件发生的可能性持有不同的信念时，市场危机的发生将可能是预期自我实现的结果。可见，人们当前形成的关于未来流动性短缺的预期也可能导致市场挤兑现象。

第二组的研究是到目前为止学术界最为关注的，即试图挖掘金融机构间的联系纽带，从而即使在没有发生银行挤兑的情况下，个体流动性风险也会因为机构间彼此的联系而形成系统性风险。该理论认为，银行都面临着至少一个关于不确定性形成的共同来源（如存款者的流动性需求），即当冲击对一家银行或更多的银行构成威胁时，这一冲击就会通过这些共同纽带传导到其他的银行，尤其是银行间贷款。即冲击使某些银行在银行间市场发生违约，而他们的债权人（其他银行）将因此面临困境。最终，这些债权人也会进一步对其他银行违约等等，从而发生多米诺骨牌效应。Allen & Gale（2000）的研究发现，银行都面临着存款者关于流动性需求的不确定信息，从而都受到流动性风险的威胁。他们认为，一个完善的银行间市场是存款者和银行之间以及银行和银行之间最理想的风险共担之地；然而，在一个不完善的银行间市场中，当其中一个银行出现问题的时候，银行间紧密相连的关系使得其他银行都将面临受到问题银行传染的威胁。这正如 Estrada（2001）以及 Iori et al.（2006）所揭示的：银行间市场就像把双刃剑，它在润滑银行体系运行的同时，也使银行系统面临着金融困境从一个银行向其他银行传染的威胁。此外，同 Diamond & Dybvig（1983）的研究一致，Allen & Gale（2000）也特别强调流动性结构在银行危机产生过程中充当了至关重要的角色。

第三组的研究尚属起步阶段，他们强调，一个问题银行将引发金融市场的极大混乱并给其他银行带来麻烦。该理论认为，由于混乱的市场改变了银行持有头寸的价值，从而即使在没有银行间贷款的情况下传染也会发生，即问题银行的困境将通过一个混乱的市场传染给其他银行。这是金融危机理论研究的一个新领域。其中，Schnabel & Shin（2004）、Cifuentes et al.（2005）的研究显示，问题银行将会寻求出售持有资产的方式来避免倒闭的危险。但是，出售行为会使得这些资产的市场价格下降。因此，在按市价调整的会计规则下，其他持有类似资产的银行将面临由于资产贬值而带来的巨大损失。反过来，这些银行不得不靠出售其他资产来满足他们自身内在的流动性要求。类似地，Plantin et al.（2005）的研究指出，银行都面临必须满足资本充足率的要求，从而按市价调整的会计准则在市场动态传播中的角色很重要，通过流动性渠道，它不仅会给繁荣的市场创造泡沫，也会使下挫的市场更加糟糕，即银行进一步的出售行为会给其他银行带来更加严重的问题。因此，银行所面临的问题加剧了金融市场的混乱。行为影响价格、价格影响行为，恶性循环将一直持续并最终导致银行危机。值得注意的是，在这一理论中，危机是通过个体风险所导致的市场混乱而形成，从而促使银行危机产生的原因是市场风险而不是信用风险。

从这一类研究中不难发现，引发金融危机的产生及蔓延的诱因是公众关于未来流动性的担忧和流动性结构失衡导致的重大资产损失。此外，尽管研究的焦点是金融机构，但已经开始意识到金融机构和金融市场间存在着某种联系。这都说明微观基础分析在金融危机的理论研究中得到了充分重视，并已成为主流。

四、流动性导致金融市场危机及蔓延

前文曾提到，Bernardo & Welch（2004）将金融危机同投资者对于未来流动性问题的担忧联系起来。他们认为，交叉流动性（cross-liquidity）的限制可能比之前想象的还要重要，而且一个市场中的流动性问题可能导致其他市场中相关资产的加速变现，从而引发其他市场的流动性问题。但是，他们也指出，他们的模型并不能说明对一个特定市场的担忧是怎样波及并触发危机在金融市场间蔓延的问题。而BIS（1999）、Kyle & Xiong（2001）、Kaminsky & Reinhart（2003）以及Goldstein & Pauzner（2004）为之提供了一个解释。他们研究得出，当投资者在某个市场的交易遭受损失后，其承受风险的能力将下降，这会激发他们在各个市场上清算他们所持有的头寸，从而导致这些市场的流动性降低以及增加其价格的波动性，并使得这些市场的相关性增加，危机因此最终产生并在市场间蔓延。

目前，在关于金融市场危机蔓延的研究文献中，许多学者的关注焦点都集中在相关的流动性冲击渠道上，从而为上面的遗留问题提供了进一步的解释。研究发现，当一些市场主体被要求提供额外的担保时，他们需要将其持有的某些资产变现，并通过在各个市场上进行操作来实现这一担保要求，从而使得流动性冲击有效地在各个市场间传播开来，最终导致金融市场危机并蔓延。Calvo（1999）研究了在资本市场由两类投资者构成的情形下，危机如何通过流动性冲击导致金融市场危机并蔓延。他认为，资本市场由知情投资者（informed investors）和非知情投资者（uninformed investors）构成，并且后者都力图从前者的交易中挖掘信息，但后者不能区分这些信息反映的是市场的情况还是前者自身的情况。研究结论显示，当某一市场的知情投资者面临追加保证金的要求时，他们将被迫出售其他市场的有价证券，而这种操作行为被非知情投资者错误地理解为是其他市场流动性不足的一个信号。因此，非知情投资者便大量抛售这些市场的有价证券，从而使得各个金融市场都出现流动性不足的现象，由于乘数效应的存在，最终导致金融市场危机并蔓延。这一结论暗示着，华尔街的混乱可能导致其他金融市场的崩溃，并产生全球性的金融市场危机。

Yuan（2005）对资产市场危机及蔓延的决定因素进行了深入地研究。研究结论显示，当一个负向冲击导致资产价格下降时，知情投资者在受到借款约束的条件下，将不能利用掌握的噪音信息进行交易，从而他们对风险资产的需求就不能向非知情投资者传达有用信息。结果是，当资产价格处于较低水平时，后者出于流动性的考虑都不愿持有前者提供的任何有价证券并远离市场，因为他们不能从中挖掘任何有用的信息。而这种行为将使得价格进一步下降，并直接导致知情交易者的借款约束更加趋紧，从而即使潜在资产的基本情况没有发生变动，危机也可能因此发生。这一现象说明，金融市场危机可能是由非知情投资者出于流动性的担忧而进行的恐慌性出售行为所导致。此外，他的另一个研究发现是，由于非知情投资者对知情投资者借款约束的真实情况不了解，在市场下挫期间，其他独立的、没有共同风险因素的市场也会因为资产间的相关性而被传染。这一结论暗示，危机不是通过共同冲击或对冲需求而蔓延，而是由投资者的借款约束所激发并传播。

Boyer et al.（2006）指出，亚洲金融危机的蔓延是由于国际机构投资者在全球金融市场范围内变现他们的资产所致。他们将新兴市场证券分为两类，一类是外国投资者可以接触的，即符合条件的外国投资者可以购买的股票，另一类是外国投资者不能购买的股票，并分别构建与其对应的两类指数。他们通过估计并比较两类不同指数回报率同危机国家金融市场指数回报率的联动程度发现，在金融市场混乱期间的危机国家中，这两类不同的指数与市场指数都表现出强烈的联动效应，而第一类指数更为明显。这说明危机是通过国际投资者持有的资产而传播的，而不能归咎于宏观经济的基本面因素。正如同 Kaminsky et al.（2001，2004）所揭示的，墨西哥金融危机、亚洲金融危机以及俄罗斯债务危机都是由国外共同基金的资金抽回所导致的，而且共同基金也是拉美危机及蔓延的罪魁祸首，因为在墨西哥金融危机爆发不久，共同基金便从其他拉美国家大规模撤回，从而导致整个拉美地区的流动性枯竭。

因此，在某种约束的条件下，当投资者所持有的资产由于市场的下挫而贬值时，他们将通过变现其他的资产来达到内部资本要求。但是，在当地市场流动性严重不足时，积极寻求资产变现的投资者将不能或不情愿出售其持有的当地资产，而是首先清算他们的国外资产，从而造成国外金融市场面临价格压力并产生流动性问题。最终，这一流动性问题将进一步扩大并传染给其他国外市场。这与前文中用来解释银行危机的论据是一致的。从而，金融市场危机及蔓延可以归咎于流动性，并在理论上获得了支持。

五、银行危机和金融市场危机的联系

从对金融危机理论基础的研究来看，两类研究似乎被割裂开来，即只关注了银行危机和金融市场危机的一个方面，如关于银行危机及蔓延的经典理论没有考虑市场流动性问题以及银行危机和金融市场危机的交互作用。而 Diamond & Rajan（2005）认为，银行危机及蔓延不是由早期研究所认为的存款者恐慌或银行间的契约联系而引发，而是因为单个银行的破产可能引起或加剧整个市场的流动性短缺，市场流动性的普遍下降和信用紧缩，从而导致破产蔓延，最终引发整个金融市场体系的崩溃。事实上，金融市场危机和银行危机确实可能是相关的。在亚洲金融市场危机期间，有大量的银行倒闭；而另一方面，LTCM 的破产和“次贷危机”也给金融市场带来了巨大灾难。

Brunnermeier & Pedersen（2008）最先将资产市场流动性和交易商资金流动性联

系起来进行研究，并解释了这两种不同流动性之间的相互关系。他们首先将资产市场流动性定义为交易的便捷性，而将交易商的流动性定义为资金的可获得性，并讨论了市场最重要的交易商都面临着资本约束和流动性要求，如交易商、对冲基金和投资银行。他们的研究建立在资金的流动性会随着净资本的减少而下降这一基本假设之上。由此，资金的流动性不足会使得交易商不情愿持有新的头寸，尤其资本密集型的资产，而这一行为可能会导致金融市场中的流动性迅速降低并最终枯竭，反之亦然。此外，通过对保证金和损失这两种流动性旋涡（spiral）的讨论，他们得出一个似乎矛盾的结论：在市场处于低迷时期，对客户流动性资产需求的冲击会导致该种资产的供应下降。而 Mitchell et al.（2007）以及 Garleanu et al.（2008）的研究分别为此提供了一个较为令人满意的解释。

Mitchell et al.（2007）的研究发现，在可转换债券市场上，当主要的流动性供给者（主要指可转换套利基金）受到由赎回而带来的资本冲击之后，由流动性驱使的价格将明显地不同于基础价格。因为大量的赎回行为将直接导致许多基金面临资本约束的限制，从而引发债券的大量出售以及基金变现，而这些出售行为使得可转换债券的价格低于其基础价值，对冲基金因此承受巨大损失。然而，在内部资本受到冲击的条件下，这些流动性供给者将被迫对赎回进行相反的操作并转变为流动性需求者，从而导致市场流动性供应急剧下降。这一结论正为 1998 年发生的 LTCM 破产危机所证实。Garleanu et al.（2008）的研究结论认为，在期权市场上，做市商都对其持有的不可对冲风险进行了定价，尤其在经过前期的损失之后。在他们的模型中，需求压力将对期权定价产生影响：对某份期权合约的需求压力将提高其价格，并且这一变化量与期权合约中不可对冲部分的方差成比例；这样的需求压力也会提高其他任意一种基于同种资产的期权合约价格，价格变化量与这两份期权合约中不可对冲部分的协方差成比例。由于这种需求压力对指数期权合约价格的影响要远大于股票期权合约价格，从而使得做市商关于指数期权和股票期权的头寸持有不一致。并且需求压力与期权合约价格的联系在做市商经历损失时更为紧密，从而在做市商承受风险的能力下降时，将导致期权交易即流动性供给迅速减少。

可见，由于一个较低的市场流动性会使资金流动性骤然下降，而这又会使得市场流动性进一步下降，最终导致危机并扩散。从而，这种由资金流动性与市场流动性之间的相互关系所构成的加速的螺旋机制（spiral mechanism），为金融市场危机和银行危机共同爆发提供了一个理论解释。

六、简评与启示

每一次货币金融危机的爆发总是伴随着新的特征，而正是这些新特征推动了金融危机理论的不断发展和演进。从注重宏观经济基本面因素分析的第一代金融危机理论到着眼于金融中介和资产价格等微观领域研究的第三代金融危机理论，金融危机理论的微观基础不断得到强化，尤其是流动性在金融危机及蔓延过程中所扮演的角色逐渐受到关注。

流动性作为经济金融理论中的一个基本概念，体现的不仅仅是单一资产特性，同时体现了资产间、部门间甚或市场间的某种依存关系，如联动效应和溢出效应就是最好的体现。本次始于美国的金融危机充分说明，正是这种依存关系才使得流动性在全球金融危机爆发及蔓延的过程中起作用成为可能。而且，从理论上和历次爆发的金融危机来看，流动性和金融危机之间确实存在着某种联系，即流动性在引发金融危机爆发的同时，其自身也受到了金融危机带来的强烈冲击。总之，流动性作为微观领域研究的一个重要方面，无论在理论上还是在实践中，其与金融危机之间确实存在着紧密的联系，这将可能成为金融危机理论研究的一个重要发展方向。

参考文献

[1] Admati, A. R. & P. Pfleiderer (1988), "A theory of intraday patterns: volume and price variability", Review of Financial Studies 1 (1): 3-40.

[2] Allen, F. & D. Gale (2000), "Financial contagion", Journal of Political Economy 108 (1): 1-33.

[3] Boyer, B. H., T. Kumagai & K. Yuan (2006), "How do crises spread? evidence from accessible and inaccessible stock indices", Journal of Finance 61 (2): 957-1003.

[4] Brunnermeier, M. K. & L. H. Pedersen (2008), "Market liquidity and funding liquidity", Review of Financial Studies, forthcoming.

[5] Calvo, G. A. (1999), "Contagion in emerging markets: when Wall Street is a carrier", University of Maryland, Working Paper.

[6] Chordia, T., A. Sarkar & A. Subrahmanyam (2005), "An empirical analysis of stock and bond market liquidity", Review of Financial Studies 18 (1): 85-129.

[7] Cifuentes, R., H. S. Shin & G. Ferrucci (2005), "Liquidity risk and contagion", Journal of the European Economic Association 3 (2-3): 556-566.

[8] Diamond, D. W. & P. H. Dybvig (1983), "Bank runs, deposit insurance, and liquidity", Journal of Political Economy 91 (3): 401-419.

[9] Diamond, D. W. & R. G. Rajan (2005), "Liquidity shortages and banking crises", Journal of Finance 60 (2): 615-647.

[10] Estrada, D. & D. Osorio (2006), "A market risk approach to liquidity risk and financial contagion", Bank of the Republic of Columbia, Working Paper.

[11] Fleming, M. (2003). "Measuring treasury market liquidity", Economic Policy Review 9 (3): 83-108.

[12] Garleanu, N., L. H. Pedersen & A. Poteshman (2008), "Demand-based option pricing",

Review of Financial Studies, forthcoming.

[13] Goldstein, I. & A. Pauzner (2004), "Contagion of self-fulfilling financial crises due to diversification of investment portfolios", Journal of Economic Theory 119 (1): 151 - 183.

[14] Hameed, A., Wenjin Kang & S. Viswanathan (2008), "Stock market declines and liquidity", Journal of Finance, forthcoming.

[15] Hasbrouck, J. & D. J. Seppi (2001), "Common factors in prices, order flows, and liquidity", Journal of Financial Economics 59 (3): 383 - 411.

[16] Iori, G., S. Jafarey & F. Padilla (2006), "Systemic risk on the interbank market", Journal of Economic Behavior and Organization 61 (4): 525 - 542.

[17] Kaminsky, G., R. K. Lyons & S. Schmukler (2004), "Managers, investors, and crises: mutual fund strategies in emerging markets", Journal of International Economics 64 (1): 113 - 134.

[18] Liu, Weimin (2006), "A liquidity-augmented capital asset pricing model", Journal of Financial Economics 82 (3): 631 - 671.

[19] Mitchell, M., L. H. Pedersen & T. Pulvino (2007), "Slow moving capital", American Economic Review 97 (2): 215 - 220.

[20] Pastor, L. & R. F. Stambaugh (2003), "Liquidity risk and expected stock returns", Journal of Political Economy 111 (3): 642 - 685.

[21] Plantin, G., H. Sapra & H. S. Shin (2005), "Marking to market, liquidity, and financial stability", Monetary and Economic Studies 23 (S1): 133 - 155.

[22] Sandroni, A. (1998), "Learning, rare events, and recurrent market crashes in frictionless economies without intrinsic uncertainty", Journal of Economic Theory 82 (1): 1 - 18.

[23] Spiegel, M. & A. Subrahmanyam (1995), "On intraday risk premia", Journal of Finance 50 (1): 319 - 339.

[24] Subrahmanyam, A. (2007), "Liquidity, return, and order flow linkages between REITs and the stock market", Real Estate Economics 35 (3): 383 - 408.

[25] Yuan, K. (2005), "Asymmetric price movements and borrowing constraints: a rational expectations equilibrium model of crises, contagion, and confusion", Journal of Finance 60 (1): 379 - 411.

金融二等奖

JINRONG ERDENGJIANG

2

可转换债券定价方法理论与实证探究

陈　帅　李　喆

可转换债券是一种兼具债权凭证和股权凭证双重性质的金融工具。一方面，在转换期内，债券发行人必须按约定利率无条件还本付息；另一方面，在债券到期时，其持有人有权按照约定条件将债券转换为普通股，使债务资本转变为权益资本，其自身也由公司债权人转变为公司股东。

近年来，可转债由于其灵活性高、融资成本低、融资金额大，可以减缓股东权益稀释等优点，不论是对债券发行方还是对债券投资者来说，都具有较大的吸引力，因而在资本市场上被广泛使用。然而可转债由于内含转换结构的复杂性，其准确定价问题始终没有得到根本解决。Brennan、Schwartz 和 Ingersoll 提出依据公司价值变化的随机过程对可转债进行定价，McConnel 和 Schwartz 将信贷利差作为折现因子建立了新的可转债定价模型，Tsiveriotis 将可转债的价值分解为权益部分和债权部分，Hung 等则在可转债定价模型中加入了对违约风险的度量，从而进一步提高了可转债定价的准确性。总体而言，可转债定价模型的研究不论是从理论意义还是从实际应用的角度来说，都具有重要的意义。

一、可转债估值理论模型研究

可转换债券由于兼具债权性和期权性，因此其理论价值应该等于它作为普通公司纯债券的价值与它相应的看涨期权的价值之和，用公式表示为：

可转换债券理论价值 = 纯债券价值 + 转股比例 × 看涨期权价值

假设纯债券价值为 S，转股价格为 K，看涨期权价值为 f，则可转债的价格 V 可以表示为：

$$V = S + \frac{100}{K}f$$

下面本文将就这两方面进行进一步讨论。

（一）纯债券价值估值

普通公司纯债券价值是指可转换债券若不具有转换权利，其本身的债券性所具有的投资价值。纯债券价值等于可转换债券所有未来现金流（可转债面值和每年利息值）的折现值之和，公式表示为：

$$NPV = \frac{F}{(1+r)^{T-t}} + \sum_{t=0}^{T-t} \frac{I_t}{(1+r)^t}$$

其中，NPV 为可转换债券的纯债券价值，F 为可转换债券面值，I_t 为第 i 年可转换债券年利息值（面值×票面利率），T 为可转债期限，t 为可转债当期时间，r 为折现率。

需要指出的是，纯债券价值与无风险利率有关，而与可转债标的股票的价格无关，它相当于一个普通可比债券的价值，反映了可转换债券的最低价值。在到期日时，如果出售或者转换债券的价值低于这个价值，则投资者将不会行使该出售或者转换权利，而是选择收回本金和每年利息。

（二）看涨期权价值估值

1. 基于布莱克－斯科尔斯模型的可转债估值

布莱克－斯科尔斯模型（Black-Scholes Model）由诺贝尔经济学奖获得者 Fischer Black 和 Myron Schole 提出，适用于看涨欧式期权的估值，该模型根据“无套利原理”（Arbitrage-free Principle）提出，即如果某个期权的价格偏离了布莱克－斯科尔斯模型所计算的价值，则市场上无风险套利的机会就会出现，而无风险套利的过程将使得期权的价格重新回归至模型所计算的理论值。布莱克－斯科尔斯模型包括股票、债券、期权在内的以市价变动而定价的金融衍生工具的合理定价奠定了理论基础，公式表示为：

$$f = Ps \cdot N(d_2) - X \cdot e^{-rt} \cdot N(d_2)$$

$$d_1 = \frac{\ln\left(\frac{Ps}{X}\right) + rt}{\sigma\sqrt{t}} + 0.5\sigma\sqrt{t}$$

$$d_2 = d_1 - \sigma\sqrt{t}$$

其中 f 为看涨期权价值，Ps 为股票的当前价格，X 为期权的执行价格，t 为期权到期时间，σ 为股票连续复利下年收益率的标准差，N（d_i）是标准正态分布小于 d_i 的概率（i=1，2），r 为无风险利率。①

① 对于看跌欧式期权的估值，可以采用布莱克－斯科尔斯模型与买权卖权等价理论（Put Call Parity Theory）结合的方法来计算。这里，由于我们主要研究的是可转债中内含的看涨欧式期权的估值，因此对于看跌期权的情况，不作详细讨论。

布莱克-斯科尔斯模型的理论基础是 Black-Scholes 微分方程和风险中性定价原理：

Black-Scholes 微分方程：

$$\frac{\partial f}{\partial t} + rP_M \frac{\partial f}{\partial P_M} + \frac{1}{2}\sigma^2 P_{M^2} \frac{\partial^2 f}{\partial {P_M}^2} = rf$$

在风险中性时，欧式看涨期权与看跌期权到期日的期望值分别为：

$$E[\max(P_T - P_E),0]$$
$$E[\max(P_E - P_T),0]$$

其中，P_T 为到期日时期权商品市场价格，执行价格。

和许多其他定价模型一样，布莱克-斯科尔斯模型是建立在一系列有关经济环境和股票价格的假设之上的，主要包括：

1）期权标的物的价格变动遵循一般化的维纳过程，即其价格服从对数正态分布；

2）股票可以卖空，且卖空者将得到交易中的全部利益；

3）期权标的物的价格波动率为已知的常数；

4）期权是欧式期权，即只有在到期日才能够执行；

5）存在一个固定的无风险利率；

6）不存在交易费用和税收等。

特别地，布莱克-斯科尔斯模型没有考虑到期权在到期日之前被执行的情况，因此该模型通常只适用于欧式期权的定价，若使用该模型对美式期权进行定价，则会出现较大的偏差。

2. 基于二项树模型的可转债估值

二项树模型（Binomial Options Pricing Model）由 Cox、Ross、Rubinstein 最先提出，它既可以用于欧式期权的估值，又可以用于美式期权的估值。该模型将可转债期限分割为 n 个相等且间隔为 t 的时间段（每个时间间隔称为一个二项期），然后通过研究每个二项期后的股票价格，使用等效替代的方法来计算待估值期权的价格。事实上，由于该模型应用广泛、比较直观且易于理解，因此它已经成为当今金融界最广泛使用的金融衍生品定价模型之一，公式表示为：

$$f = e^{-nrt}\sum_{k=0}^{n} C_n^k p^k (1-p)^{n-k} \max(u^k d^{n-k} Ps - X, 0) \qquad (*)$$

其中 f 为看涨期权价值，Ps 为股票的当前价格，X 为期权的执行价格，t 为一个单位二项期，n 为观察期，u 为一个单位时间股票价格上涨的比例，d 为一个单位时间股票价格下跌的比例，p 为股票价格上涨的概率，1－p 为股票价格下跌的概率，r

为无风险利率。

下面简要推导说明二项树模型的看涨期权公式：

首先考虑只有一期的二项树。由于 Ps 是股票的当前价格，u 为一个单位时间股票价格上涨的比例，d 为一个单位时间股票价格下跌的比例，因此在一个二项期 t 之后，股票的价格只有上涨或下跌两种情况，并且，若股价上涨，则在该时间点股价为 u · Ps；若股价下跌，则在该时间点股价为 d · Ps。

这里，我们估值的原理是：构造一个投资组合，使得该投资组合的回收在股价上涨或下跌的情况下，与待定价期权的回收都完全相同，则此时必有该投资组合的价值与期权的价值也相同。

构造的投资组合是：买进 Δ 股相同公司的股票①，并且以无风险利率借入 B 元债券。

设 δ 为连续股利收益率，r 为无风险收益率，上涨情况下期权价值为 V_u，下跌情况下期权价值为 V_d。

若第一期后股票的价格上涨为 u · Ps，根据期权价值 = 构造的投资组合价值，有：

$$V_u = u \cdot Ps \cdot \Delta e^{\delta t} + B \cdot e^{rt} \tag{1}$$

若第一期后股票的价格下跌为 d · Ps，同理根据期权价值 = 构造的投资组合价值，有：

$$V_d = d \cdot Ps \cdot \Delta e^{\delta t} + B \cdot e^{rt} \tag{2}$$

联立以上（1）（2）两式，解出 Δ 和 B，可得：

$$\begin{cases} \Delta = e^{-\delta t} \dfrac{V_u - V_d}{Ps(u-d)} \\ B = e^{-\delta t} \dfrac{u \cdot V_u - d \cdot V_d}{u-d} \end{cases}$$

由于在当期时刻（T_0），此投资组合的价值为购买股票和债券所需的现金流，也就是我们最终要估值的期权的价值，设这个值为 f，则有：

$$f = Ps \cdot \Delta + B = e^{-rt}\left(V_u \frac{e^{(r-\delta)t} - d}{u-d} + V_d \frac{u - e^{(r-\delta)t} - d}{u-d}\right) \tag{3}$$

设 $p = \dfrac{e^{(r-\delta)t} - d}{u-d}$，则（3）式可以表示为：

$$f = e^{-rt}[p \cdot V_u + (1-p)V_d] \tag{4}$$

① 该值即为 delta 套保（delta hedging）中的 delta 值。

上式即为一期情况下期权估值的表达式，其中，$V_u = max\ (u \cdot Ps - X,\ 0)$，$V_d = max\ (d \cdot Ps - X,\ 0)$

$$\begin{cases} U \cdot Ps \begin{cases} U^2 \cdot Ps \\ U \cdot d \cdot Ps \\ U^2 \cdot Ps \end{cases} \\ d \cdot Ps \end{cases} \quad \begin{cases} U^3 \cdot Ps \\ U^2 \cdot d \cdot Ps \\ U \cdot d^2 \cdot Ps \\ U^2 \cdot Ps \end{cases} \cdots$$

同理，在两个二项期 2t 之后，股票涨跌后的价格只有三种情况，分别是 $u^2 \cdot Ps$，$u \cdot d \cdot Ps$，$d^2 \cdot Ps$。以此类推可知，在 n 个二项期 nt 之后，股票的价格有 n+1 种情况，可以统一表示为：

$$Ps^n = u^k d^{n-k} Ps, K = 1, 2, \cdots, n$$

此时期权的内在价值即为股票价格和行权价格中的较高者，即 $max\ (u^k d^{n-k} Ps - X,\ 0)$。

对于这种 n 个二项期的期权价值计算，我们选择采取“倒推法”，即沿着二项树倒向逐级推出前一期期权价值的方法。具体原理是：由于我们可以借助构造的投资组合的价值计算出第 n 期的每个结点上的期权价值（共 n+1 个），将其逐项带入公式（4）中，便可以计算出第 n-1 期的每个结点上的期权价值（共 n 个），再次带入公式（4），即可以计算出第 n-2 期的每个节点上期权价值（共 n-1 个）……以此类推，进行迭代计算，最终必定可以计算出在第 0 期（即现在时点）的期权价值，该值即为所求的目标期权的当前价值。在实际计算中，该过程可以通过计算机编程实现。

二、可转债估值应用实例

本文中选择浙江龙胜（600352）在 2009 年发行的规模为 125000 万元、面值为 100 元的龙盛转债（110006）作为以上有关估值模型讨论的应用实例。可转债的基本数据如下：

<table>
<tr><td>发行规模　125000 万元</td><td>债券期限　5 年</td></tr>
<tr><td>起息日　2009 年 9 月 14 日</td><td>到期日　2014 年 9 月 14 日</td></tr>
<tr><td>转股价格　8.9 元</td><td>转股比例 11.20 元</td></tr>
<tr><td colspan="2">利率条件　第一年 1.0%、第二年 1.2%、第三年 1.4%、第四年 1.6%、第五年 1.8%</td></tr>
<tr><td colspan="2">回售条件　持有人有权将其持有全部或部分可转债按债券面值 105%（含当期利息）回售</td></tr>
</table>

根据以上数据，可以得到用于计算的对应变量值：①

对股票价格波动率 σ 的估计：

$$F = 100, X = 8.9, T - t = 4.5, I_1 = 1.0, I_2 = 1.2, I_3 = 1.4, I_4 = 1.6, I_5 = 1.8$$

浙江龙胜可转债的发行日期为 2009 年 9 月 14 日，为消除可转债发行对股价的影响，这里我们选择债券发行前从 2008 年 9 月 1 日至 2009 年 8 月 31 日一年的股票价格来计算波动率。

设 u_i（i=1，2，…，n）为股票第 i 日的连续复利收益率，$\hat{\sigma}$ 为 u_i 的标准差，则 σ 即为股票价格日波动率，公式表示为：

$$u_i = \frac{S_i}{S_{i-2}}$$

$$\hat{\sigma} = \sqrt{\frac{1}{n-1}\sum_{i=1}^{n}(u_i - \bar{u})^2}$$

计算出股票价格日波动率 σ 以后，就可以计算出股票价格年波动率 σ，计算公式为：

$$\text{股票价格年波动率}\ \sigma = \text{股票价格日波动率}\ \hat{\sigma} * \sqrt{\text{观察年度交易日数}}$$

代入相关数据，最终计算结果为浙江龙盛股票价格年波动率 σ=0.2268。

对贴现率 i 的估计：

贴现率应等于企业发行纯债券所要求的回报率，由于当前中国企业发行债券都有相应的评级和担保，因此在不考虑额外的信用风险的情况下，可以认为交易所相应期限的企业债券收益率即为可转换债券定价的贴现利率。这里，我们选择同期债券比较收益率 3.85% 作为贴现率 i 的估计。

对无风险利率 r 的估计：

国际上对于无风险利率的估计，一般采用短期国债收益率来替代计算。这里，我们也同样遵循这一原则并考虑了信用风险溢酬之后，采用 2009 年发行的一年期凭证式国债票面利率 2.60% 来作为无风险利率 r 的估计值。

（一）纯债券价值

如上所述，可转债的纯债券价值等于可转换债券所有未来现金流（可转债面值和每年利息值）的折现值之和，公式表示为：

$$NPV = \frac{F}{(1+i)^{T-t}} + \sum_{t=0}^{T-t}\frac{I_t}{(1+i)^t}$$

① 从债券发行日至本文成文日已经过去约 6 月的时间，因此这里取 T－t=4.5 而非 T－t=5。

针对本例，由以上数据选择，具体计算过程如下：

年	现金流	折现系数	现　　值
4.5	100	0.843666386	84.3666386
0.5	1	0.981288591	0.98128859
1.5	1.2	0.944909573	1.13389149
2.5	1.4	0.909879222	1.27383091
3.5	1.6	0.876147542	1.40183607
4.5	1.8	0.827880199	1.49018436
		NPV	90.64767

因此可以得到可转债的纯债券价值为 90.64767 元。

（二）看涨期权价值

1. 基于布莱克－斯科尔斯模型的可转债估值

浙江龙盛 2010 年 4 月 13 日股票收盘价 Ps 为 13.69 元，相关数据如下：

$$Ps = 13.69, X = 8.9, r = 2.6\%, \sigma = 0.2268, t - 4.5$$

$$d_1 = \frac{\ln\left(\frac{13.69}{8.9}\right) + 0.026 \times 4.5}{0.2268\sqrt{4.5}} + 0.5 \times 0.2268\sqrt{4.5} = 1.3787$$

$$d_2 = 1.3787 - 0.2268\sqrt{4.5} = 0.8976$$

通过 NORMSDIST 函数，可以计算得到：

$$N(d_1) = 0.916008, N(d_2) = 0.815291$$

每份看涨期权的价值为：

$$f = 13.69 \times 0.916008 - 8.9 \times e^{-0.026 \times 4.5} \times 0.815291 = 6.08524$$

转股比例为 11.2，因此 11.2 份看涨期权的价值为：

$$6.08524 \times 11.2 = 68.154688 \text{ 元}$$

基于布莱克－斯科尔斯模型计算，最终可以得到 2010 年 4 月 13 日龙盛转债的理论价值：

可转换债券理论价值 = 90.64767 + 68.154688 = 158.80 元（保留至百分位）

2. 基于二项树模型的可转债估值

对于二项树模型来说，这里为了简单直观地表示出二项取值的过程，取变量值 n＝5。其他数值保持不变，分别为：

$$Ps=13.69, X=8.9, r=2.6\%, \sigma=0.2268, n=5, t=0.9$$

对于一个单位时间股票价格上涨的比例 u，一个单位时间股票价格下跌的比例 d 的取值，将根据该公司股票年化波动率在连续复利条件下进行计算，即：

$$u=e^{\sigma\sqrt{t}}, d=e^{-\sigma\sqrt{t}}$$

代入上文中数据，可得 u＝1.24006，d＝0.80641。

对于一个单位时间后股票上涨的概率 p，计算表达式为：

$$p=\frac{e^{rt}-d}{u-d}$$

代入数据，可得 p＝0.50101。

单位时间间隔（一个二项期）方面，取 n＝5，t＝0.9，代入（＊）式，有：

每份看涨期权价值 f＝6.12688

11.2 份看涨期权的价值 6.12688 ×11.2 ＝68.62106

					3 1.244
				23.678	
			17.612		17.205
		12.755		12.358	
	8.969		8.483		8.076
6.12688		5.593		4.996	
	3.564		2.956		2.14
		1.696		1.047	
			0.513		0.
				0.	
					0.

因此，我们最终可以得到 2010 年 4 月 13 日龙盛转债在二项树模型下的理论价值为：

可转换债券理论价值＝90.64767＋68.62106＝159.27（保留至百分位）

在以上计算中，笔者为了简要直观地说明使用二项树模型对可转债估值的过程，选取了变量值 n＝5。在实际计算中，迭代的次数越多，估值效果将会越准确。因此，为了准确定价，实际计算时通常会选取 n = 100 以上的迭代次数，这种方法可以保证计算结果更加接近可转换债券的真实价值①。

分别使用布莱克 - 斯科尔斯模型（BSM）和二项树模型（BOPM）在 n = 5 和 n = 100的情况下，根据浙江龙胜的股票价格②，计算出龙盛转债从 2010 年 4 月 1 日至 2010 年 4 月 15 日期间的理论价值，结果汇总如下：

日　期	BSM 估计值	BOPM 估计值（n = 5）	BOPM 估计值（n = 100）	可转债市场价格
2010/4/1	153.30	153.72	153.28	151.53
2010/4/2	152.90	153.31	152.87	152.11
2010/4/5	152.90	153.31	152.87	152.11
2010/4/6	152.90	153.31	152.87	152.11
2010/4/7	149.98	150.32	149.99	150
2010/4/8	150.38	150.73	150.39	149.28
2010/4/9	153.30	153.72	153.28	150.01
2010/4/12	154.82	155.26	154.82	150.87
2010/4/13	158.80	159.27	158.82	153.25
2010/4/14	158.19	158.65	158.21	152.6
2010/4/15	158.19	158.65	158.21	152.6

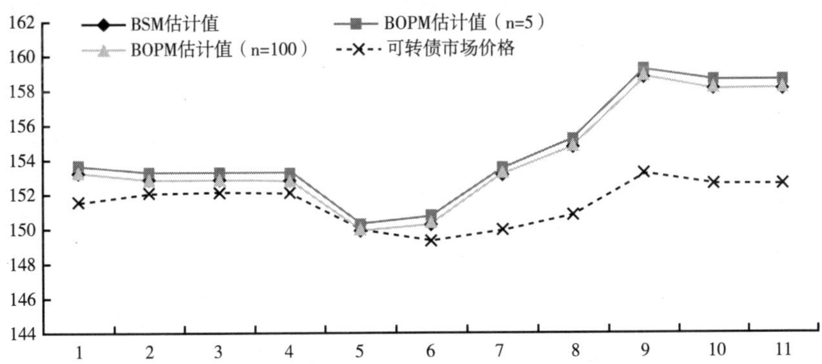

① 该过程将由计算机编程实现，方法示例可以参见 Simon Benninga（1997）和 Zvi Wiener（1997）在《Mathematica in Education and Research》上发表的 “The Binomial Option Pricing Model”。

② 股票价格选取该股票当日在沪市证券交易所的收盘价。

三、估值结果分析

根据估值结果对比表，可以直观地观察到两种理论模型基本对可转换债券的价值进行了比较准确的估计。进一步计算可知，使用布莱克－斯科尔斯模型估值的偏差范围为－0.76%至4.80%，使用二项树模型在n=5的情况下估值的偏差范围为－0.53%至5.11%，在n=100的情况下估值的偏差范围为－0.75%至4.79%，这个结果可以说明以下结论：

1）本文以上理论研究中，对可转债定价模型的假设和相关变量的选取比较准确合理。

2）使用二项树模型估值时，在迭代次数n增大时，可转债估值的准确性有较大提高。

3）当n取值结果较大时，使用二项树模型估值的结果和使用布莱克－斯科尔斯模型估值的结果将十分接近。

4）市场上龙盛转债的实际价值可能被低估①。

正如上文所述，任何金融产品及其衍生品的定价模型均是建立在一系列理想情况的假设基础之上的，而这些假设存在本身就会在一定程度上限制定价模型的准确性。在真实市场中，金融产品的实际价格还将受到很多其他因素的影响，可能会造成价值偏差的原因包括：

1）股票市场不完善。相关研究表明，我国的股票市场处于无效和弱有效性之间。公司与投资者之间的信息不对称现象较为严重，在2010年股指期货起始交易之前，市场上始终没有做空机制，只能通过推高大盘指数和股票价格来通过价差获取赢利，因此容易出现虚高和泡沫的现象。

2）债券市场弱流动性。目前中国债券尤其是可转债市场还属于新兴发展阶段，市场不够成熟，流动性相对较弱，交易量相对较小，债券市场价格不能完全反映真实价值。

3）投资者不成熟。由于可转债这种新型金融工具在我国发展的时间相对较短，市场规模较小，因此很多投资者对可转债的认识严重不足，未对其内在价值进行充分挖掘。

4）赎回和回售条款②。在债券发行时，发行公司和交易者之间签订的协议中可

① 本文这里只是初步提出了该可转债的实际价值被低估的可能，而要具体证实或者否定这种判断，还可以进一步考虑其他定价模型，如蒙特卡罗模拟法（Monte Carlo Simulation）或有限差分法（Finite Difference），并结合企业的整个外部环境进行其他定性和定量分析。

② 赎回条款和回售条款是由于我国在推行可转债之初遭受了一些失败而保留的特殊条款，外国可转债通常不具有这些条款，这是我国可转债与外国可转债之间的主要区别。

能会包含赎回和回售条款，即在一定的触发条件成立时，公司有权利（或义务）以某一提前设定的价格赎回（或回售）之前所发行的可转换债券，这种条款的存在将会限制一般理论定价模型的准确性。

实际上，布莱克－斯科尔斯和二项树这两种期权定价模型都是建立在动态复制原理和无套利均衡原理之上。根据中心极限定理，当n趋向无穷大时，二项式分布将逼近正态分布，此时二项树模型的定价结果也将逼近布莱克－斯科尔斯模型的定价结果①。

布莱克－斯科尔斯模型的建立进行了大量的假设，成立的条件相对苛刻，而且一般情况下只适用于欧式期权，因此其应用性受到一定的局限；二项树模型的假设条件较少，使用范围更广泛，既可以用于欧式期权定价，也可以用于美式期权定价，但是其计算过程却相对复杂。

投资者在对可转换债券进行估值时，除了使用相关定价模型来计算其理论价值外，还应关注包括宏观经济环境、企业所在行业和具体发行公司情况在内的其他因素，来整体考虑可转债的综合情况，力图可以更加准确地把握其真实价值。

参考文献

[1] Cox, J. C., Ross, S. A., Rubinstein, M. "Option Pricing: A Simplified Approach" [J]. Journal of Financial Economics, 1979.

[2] Simon Benninga. Zvi Wiener. "The Binomial Option Pricing Model" [J]. Mathematica in Education and Research, 1997.

[3] Benninga, S., Financial Modeling [M]. MIT Press, 1997.

[4] Robert L. McDonald. Derivatives Markets [M]. Pearson Education, 2003.

[5] Keith Cuthbertson. Dirk Nitzsche. Financial Engineering: Derivatives and Risk Management [M]. John Wiley & Sons, 2004.

[6] ACCA. Advanced Financial Management [M]. Kaplan Publishing, 2009.

[7] 王忠郴，赵迎东. 金融市场计算技术［M］. 上海：立信会计出版社，2006。

[8] 朱世武. 金融计算与建模［M］. 北京：清华大学出版社，2007。

[9] 姜礼尚. 期权定价的数学模型和方法［M］. 北京：高等教育出版社，2009。

[10] 吴恒煜，赵平，期权定价公式的二叉树推导与分析［J］. 中国证券期货，2009（02）：34－37。

① Cox, Ross and Rubinstein（1979）在其文章中给出了相关证明，Hsia（1983）在The Journal of Financial Research中提供了另外一种更简单、更具有一般性的证明。

传递信号还是利益输送：来自定向增发宣告效应的经验证据

王 翠 贺 柳

一、引 言

2006年5月7日，中国证监会发布了《上市公司证券发行管理办法》（以下简称《办法》），其中定向增发（又称非公开发行）正式成为中国资本市场的一种再融资方式。定向增发和公开增发或者配股相比，对公司的业绩没有要求，操作更加便捷，尤其适合于在全流通的环境下大股东将优质资产注入上市公司实现整体上市。因此《办法》出台后，定向增发成为上市公司再融资的主流方式。

证监会引入定向增发的原因在于：上市公司向特定投资者非公开发行股票，不但有助于减小上市公司融资对市场的压力，也有利于吸引场外机构的资金进入市场，还可以为包括亏损上市公司在内的所有公司引入新的战略股东、注入新的优质资产、进行收购兼并等提供新的工具和渠道，有利于提高上市公司质量，促进上市公司结构调整。

然而，引入定向增发两三年以后，定向增发是否达到了证券监管部门所期望的目的，即大股东向上市公司注入优质资产，增加上市公司的收益，并且从根本上避免大股东和上市公司的关联性交易和同业竞争，实现大股东与小股东的“双赢”呢？本文试图从定向增发宣告后的市场反应这个角度对这个问题作出解答。

根据Myers（1984）的融资优序理论，定向增发向外部投资者传递了一个“利好”的消息，理应在宣告时得到市场对其的正面反应，这一点在美国、日本等资本市场上得到了验证。然而，Chen等（2002）却在新加坡市场上发现了相反的现象，即定向增发具有显著的负的宣告效应，他们利用Jensen和Meckling（1976）提出的代理理论对新加坡这个异于大部分发达资本市场的现象进行了解释。全球的资本市场大致可以分成两类——以美国为代表的发达的资本市场和像中国、新加坡这样的新兴资本市场。美国等发达资本市场股权高度分散，公司治理的问题主要是经理人与股东之间的纵向代理冲突；而在股权高度集中的东亚和西欧国家，公司治理的主要问题则演变为控股股东与中小股东之间的横向代理冲突。新加坡市场上定向增发的负的市场反应，是由于其特殊监管政策，即监管机构不允许公司定向增发给原来的股东，导致增发后股权较增发前更为分散，大股东“掏空”上市公司的成本更低，从而导致大股东和中小股东之间的横向代理冲突加剧。投资者识别出了这一股权结构的变化及其可能导致的控股股东侵害中小股东利益的潜在动机，从而给出了负面的反应。

尽管中国和新加坡同属于股权相对集中的资本市场，但中国资本市场和同为东亚新兴资本市场的新加坡市场也有许多不一样的地方，主要体现在监管政策等方面。那么，中国资本市场对定向增发的反应如何呢？中国的定向增发有什么样的宣告效应？融资优序理论表明定向增发有信号传递效应，传递出的是公司有好的投资机会，投资者终将收益的信号；代理问题表明定向增发会导致的控股股东的“掏空”动机更强，中小投资者的利益有可能被侵害。中国定向增发的宣告效应是更加支持Myers的融资优序理论还是Jensen的代理理论呢？本文试图解答这些问题。

本文以下部分的安排如下：第二部分是文献回顾，第三部分为研究设计及实证结果，第四部分为以驰宏锌锗为例对结果进行简单的分析，第五部分为本文的结论。

二、文献回顾

何丹（2009）在总结了前人关于公开增发宣告效应的研究结果后发现，国内外的研究基本上得出了“公开增发宣告效应为负”的结论。定向增发与公开增发一样，同为再融资方式，而且有很多相似的地方，主要的差别只是增发对象的不同，那么理论上，定向增发会有怎样的宣告效应呢？

Myers 和 Majluf（1984）发现，当企业拥有好的投资机会时，会倾向于先利用留存收益进行内源融资，即使进行外源融资，也会优先选择债务融资方式，最后才会选择股权融资方式，就是资本结构理论中著名的融资优序理论。由于内部管理者和外部投资者存在的信息不对称，企业向关联股东或者获取信息能力更强的特定机构投资者筹集资金，即进行定向增发往往会被投资者视为“利好”的信号，根据这个理论，定向增发应该的宣告应该伴随着正的市场反应。

然而，关于定向在增发的宣告效应，不同的学者却在不同的资本市场上得出了不同的实证结论。

Wruck（1989）、Hertzel & Smith（1993）发现美国的定向增发有明显的正的宣告效应，而且定向增发的完成伴随着控制权的集中；Kato 和 Schallheim（1993）在日本资本市场上得到了与 Wruck（1989）非常一致的结论；此外，Crongvist 和 Nisson（2000）对瑞典股票市场的研究以及 Eckbo 和 Norli（2005）对挪威股票市场的研究都表明，上市公司进行私募后，市场的短期绩效显著为正。上述发现表明，全球大部分资本市场的经验证据还是验证了 Myers 的理论。然而，与上述研究结论相反，Chen 等（2002）却在新加坡发现了定向增发有显著的负的宣告效应，而且，定向增发导致了控制权的分散。

章卫东（2007）发现，中国的上市公司宣告定向增发新股有正的财富效应，章卫东（2008）还发现，向控股股东及关联股东定向增发新股的宣告效应要好于向非关联股东定向增发新股的宣告效应；上市公司定向增发新股时控股股东及关联股东认购发行的定向增发新股的数量越多，宣告定向增发新股的效应越好。但是，由于中国是在 2006 年 5 月 7 日才引入定向增发这一再融资方式，至 2007 年，可供研究的样本量比较少，章卫东在自己研究的局限性中也有提到由于样本量少可能导致的结果偏差，在本文中我们试图进一步检验上述发现的稳定性。

三、研 究 设 计

1. 研究样本

本文以 2006 年、2007 年 A 股市场上成功进行了定向增发 87 家的企业作为研究样本，这 87 家企业是在进行了筛选后的样本，即剔除了如下企业：（1）金融类企业，因为金融类上市公司执行的是金融类会计制度；（2）被 ST 的公司；（3）财务数据和金融交易数据缺失或异常的样本。样本公司的数据来自于 CCER 数据库以及上市公司的公告。

2. 研究方法

本文对宣告效应的研究采用事件研究法，选取的事件窗口为［0，15］，定向增发的公告日为第 0 天，市场反应的衡量采用事件研究法中广泛应用的经过市场调整的累计超额收益率 CAR。

样本公司经过市场调整的累计超额收益 CAR 如图 1 所示：

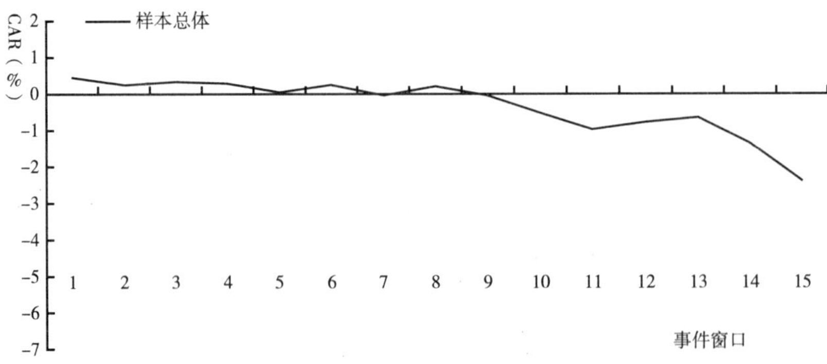

图 1

从图 1 中可以看出，市场对定向增发宣告的反应并不是太强烈，表现为累计超常收益率没有显著地偏离 0，其中最大的正的超常收益发生事件窗口的第 1 天，而且正的超常收益率还不到 1%，最大的负的超常收益率还不到 -3%，下面对累计超常收益进行统计上的 T 检验，结果如表 1 所示：

表 1

	T 值	p 值（双尾）
总体	-1.6010	0.1317

根据表 1 中的 T 检验的结果，我们不能拒绝累计超额收益均值为 0 的原假设，CAR 没有显著异于 0，即从样本总体中我们观察不到明显的定向增发宣告效应。

上述结果的出现有两种可能，一是在中国市场上，定向增发传递出来的利好的消息没有强烈到能让投资者追捧增发公司的股票，从而产生明显的正的效应；另外一个就是在传递出公司可能会有好的投资机会的好消息之外，定向增发同时也传递一些不好的信号，如新加坡市场上发现的，定向增发的同时也意味着代理问题的加剧，中小股东的权益在将来会被侵害，正反两方面的信号抵消了以后，就观察不到明显的宣告效应了。因为没有好的方法可以验证第一种可能性，本文主要对第二种可能性进行验证。

根据 Chen（2002）的发现，新加坡进行过定向增发后的上市公司都存在着控制权被稀释的现象，主要原因是新加坡监管机构设定的定向增发的条件有些不同，监管机构不允许公司向原来的股东定向增发，当认购定向增发新股的对象只有新股东时，控股股东的持股比例必然会被稀释。监管机构这种对定向增发的对象的限制导致了控制股东控制权的稀释，控制权的稀释使控股股东的现金流量权减小，“掏空”上市公司的成本更小，从而增强了控股股东利用控制权获取控制权私人收益的动机，这对于广大中小投资者来说是一个负面的消息，从而导致负的宣告效应。

尽管中国和新加坡同为股权集中的东亚国家，但是中国还是有和新加坡不同的特点，中国的监管机构没有关于定向增发的对象的限制，所以定向增发并不必然意味着控制权的稀释，所以，我们首先来考察中国企业进行定向增发后是否也面临了控制权的稀释，表 2 是样本企业定向增发以后的控制权的变化情况。

从表 2 中对定向增发前后第一大股东和第一大流通股股东持股比例变化的配对 T 检验可以看出，不管是第一大股东持股比例还是第一大流通股股东持股比例在增发前后都没有显著的变化，我们没有发现股权结构在定向增发后显著集中或分散的证据。

表 2

		平均数	标准差	T 值	p 值(双尾)
第一大股东持股比例	增发前	36.77%	0.1408	-0.3806	0.7046
	增发后	37.37%	0.1708		
第一大流通股股东持股比例	增发前	3.20%	0.0426	-0.2593	0.7961
	增发后	3.26%	0.0347		

虽然样本公司总体定向增发前后股权没有明显地集中或分散，但是，我们相信定向增发给原来的关联股东和非关联股东导致的股权结构变化应该是不一样，从而会造成不同增发对象的企业定向增发后控股股东“掏空”上市公司获取私人收益的成本不同，从而控股股东“进行”掏空的动机也会不同。为了验证这一点，我们首先将样本公司按增发对象分为三类：第一类是增发对象为非关联股东的公司，这类公司增发完成后企业的股权会分散；第二类是增发对象为关联股东的公司，这类公司完成了定向增发后企业的股权会更集中；第三类是增发对象中既有关联股东又有非关联股东的公司，这类公司股权结构可能集中也可能分散。由于股权结构变化不明，我们将第三类公司从样本中剔除，留下了前两类公司，总共 78 上市公司，其中 59 家为第一类企业，19 家为第二类企业。

第一类公司在定向增发完成后控制权被稀释，类似于新加坡的进行了定向增发的公司，根据 Chen 基于 Jensen 的代理理论的解释，控制股东控制权的稀释增强了控股股东获取控制权私人收益的动机，因此定向增发的信息会被证券市场理解为消极的因素。然而，根据 Myers 信息不对称条件下的融资优序理论，定向增发向市场传递了公司有好的投资机会的信号，而在中国，获取信息能力比普通个人投资者更强的机构投资者愿意参与进来，或者是因为他们知道企业有好的投资机会，或者是因为根据他们所掌握的信息来看，进行定向增发的企业的价值可能是处于一种被低估的状态，从而进一步验证了“利好”的消息。而且，在中国，法人股东、基金公司等非关联投资者的引入，往往被认为是引入了强有力的监督者，另外，战略投资者的引入可能意味着公司治理结构将会得到改善。这样就第一类企业宣告定向增发就同时伴随着“利好”的和“利空”的消息。

第二类公司在定向增发完成后股权变得更集中，这一点和美国的公司类似。美国的投资者可以从这种股权的集中中受益是基于美国股权分散，代理问题集中表现为股东和管理层之间的冲突，而股权的集中有助于加强投资者对管理层的监督，缓解代理冲突。但是，中国公司原来的控制权就较美国集中，代理问题表现得更多的是大股东和中小股东之间的代理冲突。公司在完成定向增发以后，大股东本来就相当集中的控制权进一步集中，于是，一方面，控股股东股东侵害中小股东利益的成本会更大，另一方面，股权的集中也使得控股股东侵害中小股东利益的机会更多，也更容易。结果是否会导致本来就存在的中国上市公司控股股东“掏空”上市公司，进行利益侵占的行为更严重，取决于控股股东对侵占成本和侵占机会的权衡。

基于以上分析，我们分别来观察市场对第一类和第二类公司的反应，经过市场调整的累计超额收益 CAR 如图 2 所示；

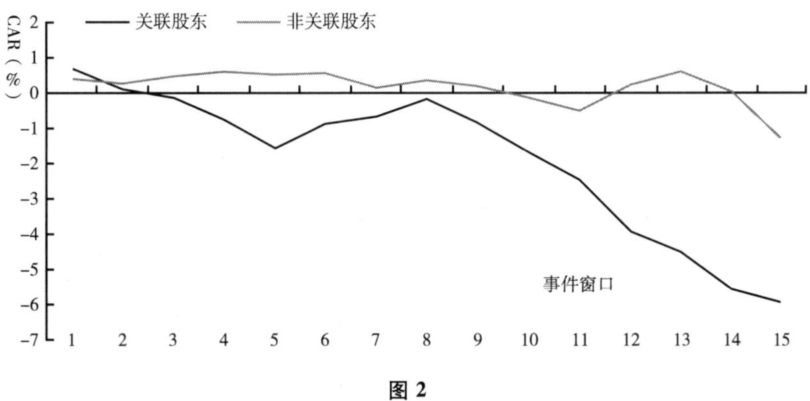

图 2

从图 2 中可以看出，第一类公司的累计超常收益率和样本总体差不多，而第二类公司则表现出较为明显的负效应。下面对两类公司的 CAR 值是否显著异于 0 分别进行 T 检验，并对两类公司 CAR 值是否存在显著差异进行 T 检验，结果如表 3 所示：

表 3

	平均值	p 值（双尾）	T 值	p 值（双尾）
第一类公司	0.0017	0.2079	−3.6376***	0.0023
第二类公司	−0.0188***	0.0041		

根据表 3 的结果我们不能拒绝第一类公司的累计超额收益为 0 的原假设，即第一类公司的宣告效应不明显，这可能是因为前面分析过的，宣告向非关联股东定向增发股票有正的和负的两方面信号作用，两种信号在市场上互相抵消，造成总的反应不是太强烈。而第二类公司的宣告效应则显著为负，说明在中国的资本市场，投资者认为控股股东从股权集中提供的更好的“掏空”机会而得到的额外收益超过了由股权集中带来的额外的“掏空”成本损失，因此，他们的反应较为负面。另外，表 3 显示，两类公司的宣告效应有显著差异，第二类公司的宣告效应显著负于第一类公司。

由于这两类公司宣告效应的差异可能是由于发行对象以外的因素引起的，我们对两类公司组成的样本进行大样本回归，回归模型如下：

$$CAR_{it} = DUM_i + \text{Ln}Size_i + Size_i + Leverage_i + Tobin\quad Q_i + \varepsilon_{it}$$

其中，

CAR 是我们的因变量，为经过市场调整的累计超常收益；

DUM 是哑变量，当公司属于第一类公司时，DUM = 1，反之，DUM = 0，根据上面得出的结论，该变量的符号应该为正；

LnSize 是公司总资产的自然对数，为规模的控制变量；

Size 是定向增发新股的发行规模，为发行金额与公司市场价值之比，其中：公司市场价值 = 总股本 × 计算窗口内平均股价 + 长期债券；

Tobin Q 是衡量公司的成长性的控制变量；

Leverage 为公司定向增发前一年的资产负债率，衡量公司定向增发前的负债情况。

表 4 为各变量的描述性统计。

表 4

	中值	中位数	标准差
CAR	-0.0033	-0.0052	0.0999
DUM	0.7564	1.0000	0.4294
Ln Size	22.0341	21.9393	1.0681
SIZE	0.2291	0.1877	0.1579
LEVERAGE	0.6522	0.6164	0.5759
Tobin Q	1.5263	1.3771	0.7786

大样本回归的结果如表 5 所示：

表 5

	回归系数	T 值	p 值
DUM	0.0126***	3.1159	0.0019
Ln Size	-0.0008**	-2.0733	0.0384
SIZE	-0.0417***	-3.3051	0.0010
LEVERAGE	0.0034	0.6046	0.5456
Tobin Q	0.0067**	2.3707	0.0179
Adjusted R - squared	0.0469		

其中 **，*** 分别表示在 5%、1% 的水平上显著。

从表 5 中可以看出，DUM 的系数确实为正，且在 1% 的水平上显著，大样本回归结果进一步验证了第二类公司即增发给关联股东的公司的市场反应明显负于第一类公司增发给非关联股东的公司。可能的解释是第二类公司确实存在着大股东“掏空”上司公司，侵害中小股东利益的行为。下面，我们以驰宏锌锗为例阐释大股东可能采取的对上市公司的“掏空”行为。

四、研究结果分析

驰宏锌锗在完成定向增发之后的一系列行为引起了投资者、学者以及监管机构的广泛关注，许多学者进行了专门的案例研究来阐释其大股东冶金集团的掏空行为，这里，我们仅从两个大的方面来分析其大股东掏空上市公司的证据。

1. 支付对价

驰宏锌锗在于2006年12月14日对外公布的公告中提到：“公司通过定向发行，以每股人民币19.17元的价格向冶金集团发行3500万股人民币普通股（股票面值为1元人民币），发行股票价值总额为人民币670，950，000元。公司以定向发行新股获得的资金，收购冶金集团拥有的昭通铅锌矿100%的股东权益。该股东权益经评估的净资产值为人民币801，838，161.14元，募集资金不足以支付收购价款的缺口部分为人民币130，888，161.14元，冶金集团同意免除公司该部分款项的支付义务。”即大股东冶金集团是以其资产作为购买驰宏锌锗股份的对价，那么驰宏锌锗换入资产的质量如何呢？因为我们不可能对换入资产的价值进行评估，所以我们将资产投入前后驰宏锌锗的资产收益率进行比较，间接地考察换入资产的质量，比较的结果见表6：

表6

	年　份	资产收益率	变化率	净资产收益率	变化率
驰宏锌锗	2006年	29.95%		44.34%	
	2007年	26.51%	-11.49%	42.20%	-4.83%
行业平均	2006年	13.02%		19.66%	
	2007年	18.68%	43.48%	23.19%	17.93%

从表6中可以看出，大股东的资产换入以后，在行业平均资产收益率提高了43.48%的情况下，驰宏锌锗的资产收益率反而下降了11.49%，在行业平均净资产收益率提高了17.93%的情况下，驰宏锌锗的净资产收益率反而下降了4.83%。驰宏锌锗资产收益率的下降不是行业宏观因素的原因，很有可能是换入的资产的盈利能力确实不如公司原来的资产，换入低质量资产是可能是大股东掏空上市公司的一个途径。

2. 现金股利

在定向增发完成的当年，驰宏锌锗发放了高达3元每股的现金股利，而整个研究样本中的78家上市公司当年发放的现金股利的平均水平为0.09元每股。可以看出，驰宏锌锗确实难以洗脱通过发放大额现金股利将利益输送给大股东的嫌疑。

另外，驰宏锌锗还存在通过操纵定向增发定价基准日前股价以压低增发股价以及进行关联交易掏空上市公司行为的嫌疑，这些手段在相关的案例研究中有详细的阐述，在此不再赘述。

五、结论及局限性

通过对定向增发的宣告效应以及不同发行对象的宣告效应的实证研究结果，我们得出如下结论：

1. 中国资本市场上定向增发的宣告效应不同于美国等发达资本市场，也不同于同为新兴资本市场的新加坡资本市场，在中国的资本市场没有观察到明显的正的或负的宣告效应。

2. 投资者对定向增发的不同发行对象有不同的认识，对增发给关联股东的公司的反应明显负于增发给非关联股东的公司，这很有可能是由于投资者对定向增发后股权更集中的公司的控股股东能更方便地进行“掏空”行为的预期造成的。

3. 定向增发没有很好地实现证监会引入它的初衷，而且为控股股东对上市公司进行“掏空”提供了一个新的途径，从而也对我国的中小投资者保护的制度建设提出了更为严峻的挑战。

本文的局限性主要在以下几点：（1）由于定向增发在中国资本市场上是一个相对比较新的再融资方式，因此本文研究的样本量较小，影响了结论的适用范围。（2）由于时间和精力原因，在对定向增发不同对象的不同宣告效应原因的解释上只是利用驰宏锌锗作了一个个案的解析，没有进行大样本的回归，由于驰宏锌锗可能只是一个比较极端的例子，增发给关联股东的公司的负的宣告效应可能有别的原因，而不是本文提到的大股东的掏空行为，因此本文后一部分的结论没有太强的说服力。

参考文献

[1] Myers, S., and N. Majluf. Corporate financing and investment decisions when firms have information the investors do not have. Journal of Financial Economics, 1984, (13): 187-221.

[2] Jensen M, Meckling W. H. Theory of the firm: managerial behavior, agency costs and

ownership structure . Journal of Financial economics, 1976, (3) : 305 - 360.

[3] Wruck K H. Equity Ownership Concentration and Firm Value: Evidence from Private Equity Financings . Journal of Financial Economics. 1989, 25 : 71 - 78.

[4] Hertzel M, Smith R. L. Market Discounts and Shareholder Gains for Placing Equity Privately . Journal of Finance. 1993, 48 : 56 - 65.

[5] Kato K, Schallheim J. S. Private equity financing in Japan and corporate grouping . Pacific - Basin Finance Journal, 1993, (1) : 287 - 307.

[6] Chen S, Ho K. W, Lee C. , Yeo G. Wealth effects of private equity placements: evidence from Singapore . The Financial Review. 2002, 37 : 165 - 184.

[7] 章卫东. 定向增发新股、整体上市与股票价格短期市场表现的实证研究. 会计研究, 2007 - 12。

[8] 章卫东. 定向增发新股、投资者类别与公司股价短期表现的实证研究 . 管理世界, 2008 - 4。

[9] 何丹, 孙静华. 定向增发公告效应理论解释综述 . 财会月刊, 2009 - 1。

[10] 朱红军, 何贤杰, 陈信元. 定向增发“盛宴”背后的利益输送: 现象、理论根源与制度成因——基于驰宏锌锗的案例研究. 管理世界, 2008 - 6。

股指期货与现货指数领先滞后关系

——基于沪深300指数期货合约与沪深300指数的实证分析

任　远

一、引　　言

在有效市场假说下，理性人、由理性而导致的独立离差和、套利的存在使得股票的市场价格及时充分地反映了一切可以获得的信息。对于股指和期指市场而言，一旦出现利差，这种利差立刻会被套利行为弥补，这就会导致期指和股指市场的完全同步。然而，我国股票市场并不是一个完全有效的市场，投资工具的单一，制度的不完善和投资者的缺乏理性，使得股市对信息的反映速度相对较慢，股票的市场价格往往不能反映出它的真实价格。股指期货作为一种在国际市场上早已成熟的投资工具，一方面提供了灵活的卖空机制，丰富了投资者的投资手段；另一方面它能够更快地反映市场的信息，具有良好的价格发现的功能。它的推出无疑是对中国资本市场的一个极大的完善，将会提高市场的有效性。股指期货的价格发现功能有两层含义：一是指股指期货和现货市场相互作用从而更真实地反映市场的价格；另一层含义是股指期货对现货的具有很强的预测性，即股指期货往往能比现货更迅速地反映市场的信息，它的价格变化往往先于现货，这也就是本文所要研究的领先滞后关系（lead - leg relationship）。

由于国外推出股指期货较早，已有一些学者对国外期指和股指之间的领先滞后关系进行了研究。1987年，卡沃勒、保罗·科赫和蒂莫西·科赫首先对领先—滞后关系作了分析（《标准普尔500指数期货和标准普尔500指数的短期价格关系》），他们运用回归分析的方法对芝加哥商品交易所（CME）1984年和1985年数据进行研究，得到的结论是期货价格领先股指20到45分钟。1992年，美国的查安以美国MMI期货和20个指数股为研究对象，研究发现期货领先现货15分钟。在此之后，关于美国股指和现货的领先—滞后关系的研究层出不穷，他们的结果在领先的时间上略有不同，但有一点是肯定的，即期指领先于现货股指。在英国、日本、韩国等国家，也有学者对其国内期货现货市场的领先—滞后关系进行研究，并得出了具体的领先时间，与此同时，他们还不同程度地发现了现货偶尔会领先于期货，但这种领先一般持续不到1分钟。以下是全球重要市场中期货现货领先滞后关系研究的汇总表。

表1 期货现货领先滞后关系研究的汇总表①

研究对象	样本信息	结论	作者及发表时间
美国 S&P 500	1984—1985年 每1分钟	期货领先20—45分钟 现货领先少于1分钟	卡沃勒、保罗·科赫和蒂莫西·科赫（Kawaller, Paul Koch and Timothy Koch）（1987）
美国MMI期货20个指数股	1984年8月—1985年6月 每5分钟 1987年1月—1987年9月 每5分钟	期货领先15分钟	查安（chan）（1992）
德国 DAX	1990年11月—1991年9月 每5分钟	期货领先15分钟	格伦百科勒、朗萨夫、施瓦兹（Grnnbichler, Longsatff、Schuartz）（1994）
日本 NSA	1988年9月—1991年9月 每5分钟	期货领先20分钟 现货领先15分钟（现货成交量极大时）	淳、康和芮（Chun, Kang and Rhee）（1994）
韩国 KOSPl200	1996年5月3日—1998年12月28日 每5分钟	期货领先30分钟（领先期每年略有变化）	尤和史密斯（Ryoo and Smith）（2004）
澳大利亚 AOI	1992—1997年 每5分钟	期货领先20—25分钟	弗莱诺和威斯特（Frino and West）（1999）

二、国内期指市场的实证分析

目前我国正式推出的是沪深300指数期货合约（2010年4月16日至今），合约的标的资产是沪深300指数，每点300元，最小波动单位是0.2个点，合约月份是当月、下月和随后的两个季月。我们选取股指期货合约IF1006作为研究对象。该合约4月16日发行6月18日到期。我们以一天作为一个样本对象进行研究，采用的数据是沪深300指数和IF1006股指期货合约每一分钟的收盘价（9:30到14:59），

① 郭洪钧：《股票指数：期货价格与现货价格的领先—滞后关系》，《经济理论与经济管理》2007年第6期。

即采样间隔为一分钟，样本容量是 240。这里我们取日内数据为一个样本，而不去跨日数据是因为合约前一天的收盘价与后一天的开盘价往往会有一定的差距，这种差距对于日内每分钟价格变动来说是很大的，且这一差距是由集合竞价等因素造成，不属于我们考虑范畴，因此，我们只研究日内数据，以消除前一日收盘价与当日开盘价巨大波动的影响。为了使结论具有普遍性，我们去 4 月 21 日、4 月 30 日、5 月 12 日、5 月 21 日和 6 月 1 日五个样本数据分别研究，相邻两个样本之间间隔 6 个交易日。以下我们先以 4 月 21 日这一样本为例介绍分析方法。图 1 是 4 月 21 日 IF1005 每分钟交易价格与沪深 300 指数价格的叠加图（横轴代表时间；纵轴代表对应时间的交易价格）。图 2 是对它们相关性的检验结果。

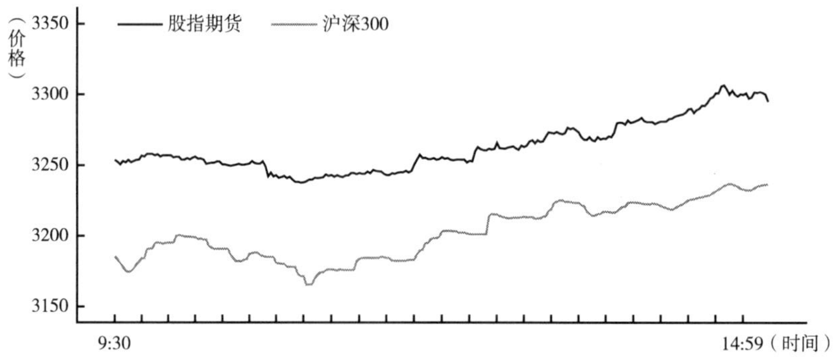

图 1　期货价格与指数价格叠加图

图 1 显示两者的走势是十分吻合的，具有高度的相关性，对其进行 person 相关性分析，发现它们的相关系数高达 0.935。对于这种强相关性，大部分学者认同观点是这事市场感应①和套利交易的作用。市场感应对股指和期指有同向的推动力量，套利交易是它们之间的纽带，这两者的共同作用是股指和期指紧密地联系在一起。尽管在大趋势上，股指和股指期货具有同增同减的关系；但是如果进行更深入的统计分析，这两者对市场的反应时否会有快慢之分，一种市场是否会显著领先于另一市场，对此我们用格兰杰因果检验来分析。

格兰杰因果关系检验实际上是一种 VAR 模型，这个 VAR 模型可以展开成单个方程的形式：

$$y_t = \sum_{i=1}^{q} CX_{t-i} + \sum_{j=1}^{q} \beta_j y_{t-j} + u_{1t} \tag{1}$$

$$x_t = \sum_{i=1}^{s} \lambda_i X_{t-i} + \sum_{j=1}^{s} \delta_j y_{t-j} + u_{2t} \tag{2}$$

① market sentiment，指专业投资者的市场感觉。

其中白噪音 u_{1t} 和 u_{2t} 假定为不相关的。式（1）假定当前 y 与 y 的过去值以及 x 的过去值有关，而式（2）对 x 也假定了类似的过程。对式（1）而言，其零假设 H_0：$\alpha_1=\alpha_2=\cdots=\alpha_q=0$；对（2）而言，其零假设 H_0：$\delta_1=\delta_1=\cdots=\delta_s=0$。

我们选取 IF1006 这支期货合约 4 月 21 日的交易数据与这一日的沪深 300 指数（单位间隔均为为一分钟）作为样本数据。我们要用格兰杰因果检验来分析它们是否存在“因果”关系。需要注意的是，格兰杰因果关系的检验假设是 VAR 模型中的所有变量都是平稳的，而我们的原始样本数据显然是非平稳的时间序列，如图 2。对此我们将原始数据进行对数差分，也就是将原始的价格转换成对数收益率形式。我们用 ADF 单位根检验法来检验处理后数据的平稳性。ADF 检验假定序列 yt 服从 AR（p）过程。检验方程为

$$\Delta y_t = \alpha + Yy_{t-1} + \delta_t + \sum_{i=1}^{p}\beta_i\Delta y_{t-i} + \varepsilon_t$$

经过试验，当 p 取 1 的时候检验效果最好①，如图 3、图 4。结果显示，股指期货的 t 统计量是 -10.72404，比显著水平为 1% 的临界值都小，所以不存在单位根，数据

Correlogram of IF1006421

Date: 06/01/10 Time: 23:18
Sample: 1 240
Included observations: 240

Autocorrelation	Partial Correlation		AC	PAC	Q-Stat	Prob
		1	0.988	0.988	237.21	0.000
		2	0.974	-0.093	468.67	0.000
		3	0.959	-0.040	693.99	0.000
		4	0.943	-0.015	913.06	0.000
		5	0.928	-0.009	1125.9	0.000
		6	0.913	-0.007	1332.6	0.000
		7	0.899	0.088	1534.3	0.000
		8	0.885	-0.078	1730.3	0.000
		9	0.869	-0.085	1920.0	0.000
		10	0.853	0.027	2103.5	0.000
		11	0.838	0.034	2281.5	0.000
		12	0.824	0.027	2454.3	0.000
		13	0.809	-0.018	2621.9	0.000
		14	0.794	-0.069	2784.0	0.000
		15	0.780	0.053	2941.2	0.000
		16	0.764	-0.094	3092.7	0.000
		17	0.747	-0.048	3238.0	0.000
		18	0.730	0.022	3377.4	0.000
		19	0.715	0.071	3511.8	0.000
		20	0.700	-0.047	3641.2	0.000
		21	0.686	0.046	3765.9	0.000
		22	0.672	0.010	3886.3	0.000
		23	0.659	-0.012	4002.7	0.000
		24	0.647	0.028	4115.1	0.000
		25	0.635	0.027	4224.0	0.000
		26	0.622	-0.056	4329.0	0.000
		27	0.609	-0.046	4430.1	0.000
		28	0.596	0.006	4527.4	0.000
		29	0.582	-0.029	4620.6	0.000
		30	0.568	0.005	4709.9	0.000
		31	0.555	0.019	4795.6	0.000
		32	0.543	0.021	4877.9	0.000
		33	0.530	-0.018	4956.8	0.000
		34	0.517	-0.046	5032.3	0.000
		35	0.504	-0.043	5104.1	0.000
		36	0.490	0.011	5172.4	0.000

Correlogram of HS300421

Date: 06/01/10 Time: 23:17
Sample: 1 240
Included observations: 240

Autocorrelation	Partial Correlation		AC	PAC	Q-Stat	Prob
		1	0.988	0.988	237.32	0.000
		2	0.974	-0.117	468.75	0.000
		3	0.957	-0.096	693.24	0.000
		4	0.939	-0.048	910.27	0.000
		5	0.920	-0.024	1119.6	0.000
		6	0.902	0.032	1321.6	0.000
		7	0.885	0.037	1516.8	0.000
		8	0.869	0.019	1705.8	0.000
		9	0.853	-0.013	1888.7	0.000
		10	0.837	-0.028	2065.6	0.000
		11	0.822	0.024	2236.9	0.000
		12	0.806	-0.040	2402.4	0.000
		13	0.792	0.070	2562.7	0.000
		14	0.778	-0.014	2718.1	0.000
		15	0.764	0.002	2868.7	0.000
		16	0.751	0.030	3015.1	0.000
		17	0.739	-0.006	3157.3	0.000
		18	0.726	-0.023	3295.4	0.000
		19	0.715	0.034	3429.7	0.000
		20	0.704	0.034	3560.6	0.000
		21	0.695	0.031	3688.7	0.000
		22	0.686	0.023	3814.2	0.000
		23	0.678	-0.034	3937.1	0.000
		24	0.669	-0.009	4057.4	0.000
		25	0.660	-0.036	4174.9	0.000
		26	0.649	-0.055	4289.1	0.000
		27	0.637	-0.032	4399.6	0.000
		28	0.624	-0.004	4506.3	0.000
		29	0.611	0.009	4609.1	0.000
		30	0.599	-0.006	4708.2	0.000
		31	0.586	0.022	4803.8	0.000
		32	0.575	-0.003	4896.0	0.000
		33	0.563	0.001	4985.1	0.000
		34	0.552	-0.003	5071.0	0.000
		35	0.542	0.016	5154.2	0.000
		36	0.531	-0.009	5234.5	0.000

图 2 对数差分前的样本数据自相关偏自相关图

① 利用 AIC 和 sc 准则，当 p 取 1 时模型的拟合效果最好，AIC 和 SC 的值最小。

是平稳的；沪深300指数处理后数据的t统计量是-7.884973，同样小于1%的临界值，是平稳的。因此，对数差分后的数据具有平稳性。

图3　处理后股指期货数据ADF检验结果

Lag Length：1（Fixed）			
		t-Statistic	Prob.*
Augmented Dickey-Fuller test statistic		-10.72404	0.0000
Test critical values：	1% level	-3.997250	
Akaike info criterion	-12.17978		
Schwarz criterion	-12.12124		
Prob(F-statistic)	0.000000		

图4　处理后指数数据ADF检验结果

Lag Length：1（Fixed）			
		t-Statistic	Prob.*
Augmented Dickey-Fuller test statistic		-7.884973	0.0000
Test critical values：	1% level	-3.997250	
Akaike info criterion	-12.29804		
Schwarz criterion	-12.23951		
Prob(F-statistic)	0.000000		

我们用处理后的数据做格兰杰因果关系检验。我们先取滞后阶数为2，从图5可知，在取0.05的置信区间下，xhs300421关于xIF1006421的回归方程的p值为0.0131，小于0.05，因此拒绝原假设①，回归较显著；但xIF1006421关于xhs300421的回归没有通过检验（P=0.9845，大于0.05）。随后我们取滞后阶数分别为3，4，5，6，…10，再对处理后数据做7次格兰杰因果关系检验，检验结果均是xhs300421关于xIF1006421的回归显著，而xIF1006421关于xhs300421的回归不显著。因此，我们认为，xIF1006421是xhs300421的单向格兰杰原因，xhs300421不是xIF1006421的格兰杰原因。

图5　格兰杰因果关系检验结果

Pairwise Granger Causality Tests			
Null Hypothesis：	Obs	F-Statistic	Prob.
Lag：2XIF1006421 does not Granger Cause XHS300421	237	4.41670	0.0131
XHS300421 does not Granger Cause XIF1006421		0.01562	0.9845

①　原假设为：xhs300421关于xIF1006421的回归不显著，即xIF1006421不是xhs300421的格兰杰原因。

尽管通过格兰杰因果关系检验我们得出了股指期货市场收益是现货市场收益的格兰杰原因，但这并不表示股指期货的变动导致现货的变动。只能说明股指期货的过去值与现货的当期值有较高的相关关系，换句话说，股指期货较现货能提前对市场信息作出反应，股指期货价格的变动领先于现货市场。

以上模型我们证明了股指期货价格领先股票指数价格的真实性，接下来我们用互相关分析法进一步求出股指期货领先股指的时间范围。互相关分析就是分析两组随机变量之间不同时刻取值的相关程度，其取值只与两时刻的时间差有关。其具体函数表示为

$$\rho xy(\tau) = \frac{\lim\limits_{T\to\infty} \frac{1}{T}\int_0^T [(x(t) - \mu x)(y(t+\tau) - \mu y)]dt}{\sigma x \sigma y}$$

其中 $\rho xy(\tau)$ 间隔为 τ 期的互相关系数，$x(t)$，$y(t)$ 为研究的两组时间序列，μx，μy 为它们的均值，σx，σy 为它们的标准差。显然这是一个连续型的模型。对于离散的随机变量有

$$\rho xy(\tau) = \frac{\frac{1}{N}\sum_{t=1}^{N}(x(t) - \mu x)(y(t+\tau) - \mu y)}{\sigma x \sigma y}$$

如果 $\rho xy(\tau o)$ 值较大大，则表明 $x(t)$ 与 $y(t+\tau o)$ 的相关性较强，即将 $x(t)$ 滞后 τo 期后的序列与序列 y 具有较高的相关性。对于离散的时间序列而言，我们可以认为这个强的相关性是由时间序列 $x(t)$ 领先 $y(t)\tau o$ 个单位时间在样本中较频繁地发生所造成的。在股指期货市场上，取 $x(t)$ 为股指期货，$y(t)$ 为现货指数。在一定的置信水平下，若 $\rho xy(\tau o)$ 大于一定的置信上限，我们就认为股指期货以较大概率领先现货指数 τo 期，或现货指数以较大概率滞后股指期货 τo 期。这种理论框架下我们取 $\tau = -10$，-9，$-8\cdots8$，9，10，对股指期货收益率和沪深 300 指数收益率进行互相关性分析。此时，我们依然对原始价格数据对数差分。这是因为股指和期指的原始价格在据趋势上同增同减，这种趋势相关占相关系数的很大一部分，这会使得各领先滞后期下的互相关系数都非常大，不利于我们观察由领先滞后期不同而造成的相关系数差异图，图 6 为原始数据的相关图，可以看到，各领先滞后期的相关系数都很高，显然，这是由这两者之间的协整关系造成的，从该图我们无法辨别股指期货和现货指数之间的领先滞后关系。图 7 为对数差分后的数据的相关图，该图消除了趋势相关对相关性的影响，保留了领先滞后关系对相关性的影响，更便于我们判定领先滞后时间。在图 6、图 7 中，横坐标为延迟数目，正的延迟数代表股指期货收益率领先于现货收益率的期数，负的延迟数表示股指期货滞后现货指数收益率的期数。由图表可知，在期指对股指的延迟数目为 0 到 5 时，相关系数大于置信上限，两者具有一定正的线性相关性。这个结果告诉我们：股指期货领先现货指

数0到5分钟的现象在样本中出现的频率较多，因此，我们可以认为，这一样本内股指期货对沪深300指数的领先时间为0到5分钟。

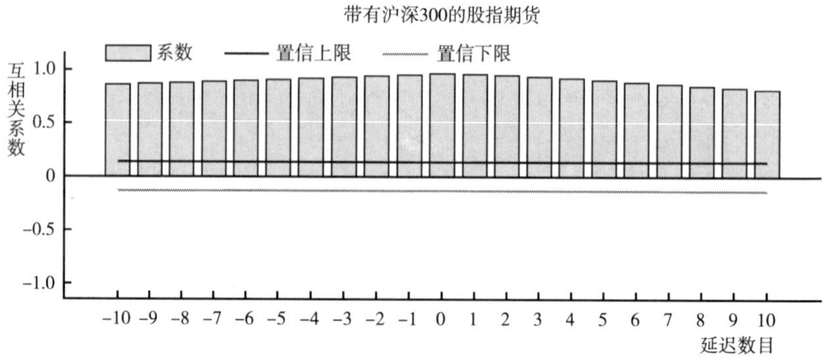

图6 原始数据相关图

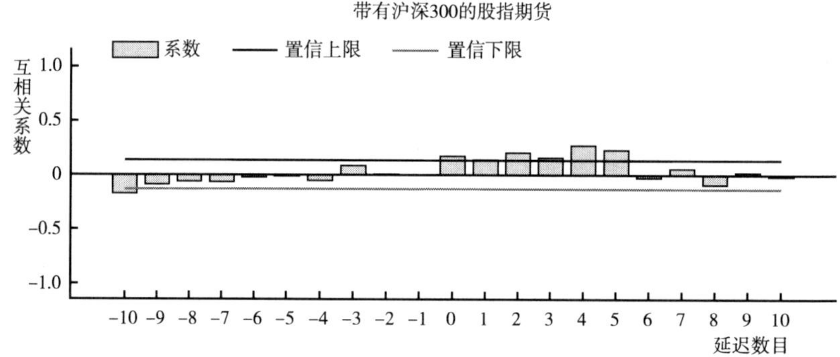

图7 对数差分后互相关图

以上是对样本一（4月21日）的研究结论，为了减小误差，争强结论的一般性，我们又对其他4个样本（4月30日、5月12日、5月21日和6月1日）作了同样的分析。其结果如下表。

表2 汇总表

	日　期	股指期货领先现货指数	现货指数领先股指期货	相关系数最大值出现位置
样本1	4月21日	0到5分钟	无	期货领先现货4分钟
样本2	4月30日	0到4分钟	无	期货领先现货1分钟

续表

	日　期	股指期货领先现货指数	现货指数领先股指期货	相关系数最大值出现位置
样本 3	5 月 12 日	0 到 3 分钟	1 分钟	期货领先现货 1 分钟
样本 4	5 月 21 日	0 到 3 分钟	无	期货领先现货 1 分钟
样本 5	6 月 1 日	0 到 3 分钟	无	期货领先现货 1 分钟

从表 2 的汇总表我们可以得出 IF1006 股指期货对现货股指的领先时间范围为 0 到 5 分钟，且领先时间为 1 分钟左右出现的次数最多。从样本 3 中我们还可以看到延迟数目为 -1 的相关系数也很显著，即现货指数显著领先股指期货 1 分钟。由此我们得到结论，现货股指有时也会领先股指期货，领先时间一般不超过 1 分钟。

为了验证结论的普遍性，我们又对 IF1005、IF1009 和 IF1012 这三个一年内到期日不同的合约分别作了同样的分析①，研究结果显示，在不同的时期，虽然领先时间稍有不同，但期货价格领先现货价格的现象是确实存在的，且领先范围在 0 到 5 分钟之内。领先—滞后关系稳定地存在于不同的交易日，以及不同的期货合约的检验之中。与此同时，现货股指也一定程度上有领先股指期货的现象，时间在 1 分钟以内。

三、交易量对领先—滞后关系的影响

对 IF1006 期货合约研究我们发现，随着时间的推移，样本 3、样本 4、样本 5 中期货对现货的领先时间明显缩短。这是什么原因造成的呢？通过观察我们发现，由于居于主导地位的 IF1005 合约即将到期，主力纷纷出仓，转而投资于 IF1006 合约当中，从 5 月 17 日开始，IF1006 期货合约的交易量明显放大，三个交易日内放大了近 9 倍，如图 13，随后的交易量一直处在高位运行的状态。会不会是交易量的变化导致领先—滞后时间的变化，交易量的放大会不会导致领先—滞后时间的缩短，对这个假设我们进行如下的验证。

我们将 IF1006 期货合约的交易日按交易量大小分成三组，日成交量在 150000 手以下的交易日为第一组，日成交量在在 150000 手与 300000 手之间的交易日为第二组，日成交量在 300000 手以上的交易日为第三组。我们按交易量由小到大的顺序从分别从每一组中随机的取出三个交易日样本进行研究，计算出它们的领先—滞后时间，再将这些结果在组间进行对比。结果如图 8：

① 每份合约取了 5 组日内数据进行研究，每组日内数据间隔 6 个交易日。

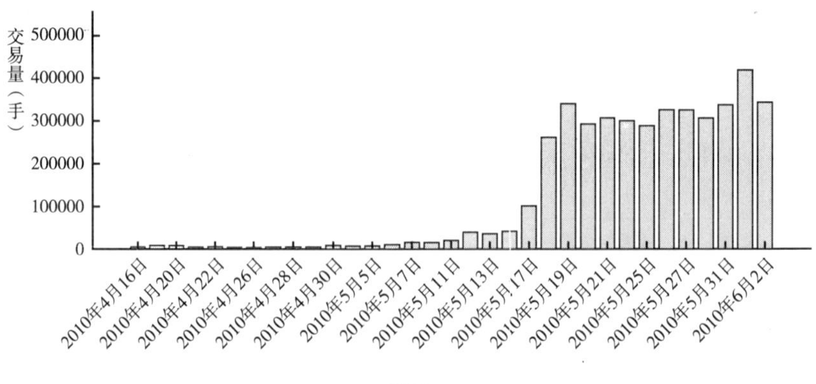

图 8

表 3　成交量对领先滞后关系影响对比

	成交量（单位：手）	日　　期	股指期货领先现货时间
第一组 150000 手以下	4678	4 月 21 日	0 到 5 分钟
	8005	4 月 20 日	0 到 5 分钟
	101412	5 月 17 日	0 到 4 分钟
第二组 150000 手—300000 手	261582	5 月 18 日	0 到 4 分钟
	288927	5 月 25 日	0 到 3 分钟
	293133	5 月 20 日	0 到 3 分钟
第三组 300000 手以上	325500	5 月 27 日	0 到 3 分钟
	340531	5 月 19 日	0 到 3 分钟
	343923	6 月 2 日	0 到 3 分钟

由表 3 我们可以看到，随着交易量的放大，股指期货对现货股指的领先时间明显缩短，由最初的 0 到 5 分钟缩短到 0 到 3 分钟。由此可见，交易量的大小确实会对股指期货和现货股指的领先滞后时间产生影响，交易量的放大会缩短期货对现货的领先时间。结合我国行情，我们认为这种时滞的缩小很大程度上是由套利效应引起的。由于我国股指期货刚推出不久，市场的主要参与者是机构投资者，且他们主要进行的是套利交易而不是套期保值。交易量大证明套利活动较频繁，交易量小说明套利活动不活跃。IF1005 合约到期以前，主力机构主要的投资对象是 IF1005 期货合约，IF1006 的交易量过少，使得它的价格信息并不能快速地反映到现货指数上来，同步性较差，领先时间较长。随着 IF1005 合约的到期，主力资金纷纷涌入到 IF1006 股指期货合约中，交易量激增。两市场间频繁的套利交易使得信息传递速度加快，同步性增强，因而 IF1006 股指期货价格对沪深 300 指数的领先时间缩短。由于我国的股指期货市场刚刚起步，因此这种由交易量导致的领先滞后时间的差异是合理的。美国期货业协会（FIA）的统计数据显示，去年全球主要期货、期权交易

所177亿手的总成交量中股指类占63.8亿手即近四成的比例，由此看来，中国国内股指期货市场依然具有相当大的发展空间。我们相信，终有一天巨大的成交量将会同时存在于各期合约当中，到那时这种由成交量上的巨大差异导致的领先滞后时间不同的现象将会消失。

四、结　语

我们选择沪深300指数期货合约每分钟的交易数据以及和沪深300指数每分钟的数据，运用格兰杰因果检验法，互相关分析法对IF1005、IF1006、IF1009、IF1012四只期货合约与沪深300指数作了领先—滞后分析。分析结果发现在中国新推出的沪深300股指期货合约市场中，同样存在着股指期货价格领先现货指数的现象，领先的时间范围是0到5分钟。现货股指偶尔会领先于期货，但领先时间一般不超过1分钟。

对于股指期货和现货股指领先—滞后现象有以下几种解释：

首先，股指期货的买卖成本（包括买卖差价）要比在现货市场买卖与指数对应的一揽子股票的成本要小很多。理性的投资者对某一信息集进行投资的时候，一般会选择交易成本更低的股指期货市场。这样一来，就导致了股指期货先作出反应，而现货股指随后跟上的现象。

其次，股指期货和现货市场交易的完成时间也有所不同。对股指期货的交易相当于对一套组合过的资产直接进行交易。而对应的现货市场交易则要涉及一系列的选股活动，选好股后将每只股票交易成功也需要时间。这种时间差本身就会导致一种价格上的滞后。而且面对瞬息万变的股票和期货市场，一些要求较高的投资者可能会选择操作更快的股指期货。

再次，国外有些理论认为股指滞后反应可能是由指标自身的缺陷造成的 。由于设计的问题或者缺乏更新，指数本身可能包含一些交易不频繁的股票，这些股票对市场信息的反应已不再那么敏感。尽管这一问题对于目前国内的沪深300指数并不存在，但是它却是一个重要的提醒，要时时维护指数的有效性，做好指数的更新。

沪深300股指期货领先现货股指现象的存在对我国新推出的股指期货市场有着重要的意义。

第一，2006年10月30日我国曾推出沪深300指数期货仿真交易。西南交通大学郭彦峰、黄登仕对这一仿真交易进行了实证分析，主要结论为：在价格发现功能部分，不论长短期，现货市场相对期货市场较具主导地位，即股指期货价格发现功能暂时未能发挥。值得注意的是台湾摩台指数推出初期股指期货的价格发现功能也未能发挥。而如今我国的沪深300期货合约刚推出就表现出了良好的价格发现功能，沪深300指数期货合约显著领先沪深300指数。这说明，我国现在的市场较2006年试推时已成熟了许多，我国选择了一个较成熟的时间推出了沪深300股指期货合约，而且这个市场立刻显现了其有效性。这个市场能够快速真实地反映市场的波动情况，并且对股票市场提供准确的前置市场变化信息，起到一定的指导作用。从这个意义上来讲，我国推出的股指期货是成功的，达到了预期目标。

第二，股指期货和现货指数之间的强相关性充分显示了我国沪深300指数股指期货合约具有很好的套期保值功能。投资者可以根据这一特性在期货市场以一定比例进行反向操作，以达到规避风险的目的。尽管目前来看，由于股指期货刚刚推出，市场参与者相对单一，投机套利的较多而进行套期保值的相对较少，股指期货套期保值的功能并未很好地发挥。但是，随着市场以及投资者的日趋成熟，沪深300股指期货的这一功能必将被投资者广泛利用。

第三，期货和现货这种时间上的滞后性也为投机者提供了很好的套利机会。时间上的滞后会造成一定的价差，套利者可以卖出估值较高的资产买入估值较低的资产，并在价差回归的时候平仓获取利润。不过，由于交易成本的存在，尤其是在买入股票组合的时候需要大笔的手续费，这种套利空间是非常小的。但是，我们相信随着市场的不断完善，交易会越来越频繁，交易成本会越来越低，这种套利方式最终会应用于实践。

参考文献

[1] 郭洪钧. 股票指数：期货价格与现货价格的领先—滞后关系 [J]. 经济理论与经济管理，2007年第6期。

[2] Chris Brooks. Introductory econometrics for finance [M]. 邹宏元，译. 西南财经大学出版社，2005.

[3] Frank De Jong, Moniquew. M. Donders. Intraday Lead – Lag Relationships Between the Futures, Options and Stock Market [J]. European Finance Review 1: 337 – 359, 1998.

[4] Frank Asche, Atle G. Guttormsen. Lead leg relationships between futures and spot prices [J]. working paper No. 2/02.

[5] Kawaller, I. G., Koch, P. D., and Koch, T. W. The temporal price relationship between S&P500 futures and the S&P500 index [J]. Finance 42, 1309 – 1329, 1987.

CEO 特质与企业竞争力研究

刘 彬

一、引 言

国外许多研究发现，公司高管的教育背景、政治背景及以往的从业经验等使CEO 有别于常人的特殊品质会对企业的竞争力产生显著的影响。Mintzberg（1988）对美国的中小制造企业进行了研究，发现 CEO 的特殊品质与他们所管理企业的市场表现之间的关系是显著的。尤其是对小公司来说，小公司一般拥有非正式的、不明确的和直觉上的发展战略，通常这些发展战略都是由该公司的 CEO 推动的，因此，一般很难把公司的特质与他们创始人的品行分开。Millr（1977），Miller and Toulouse（1986），Adler（1989）通过实证研究发现，CEO 的特殊品质会对企业的决策过程及组织战略产生影响，Miller 在他的研究中把 CEO 的特质归结为对创新的敏感度以及对决策的执行力度，这些特质源于 CEO 所受到的教育和他以往的从业经验以及CEO 与生俱来的管理才能。通过对相关文献逻辑体系的梳理，我们把以往的研究所涉及的 CEO 特质分为三大类别，分别是：（1）教育背景；（2）政治背景；（3）相关行业的从业经验。我们之所以把政治背景从相关行业的从业经验中分离出来单独讨论，是因为 CEO 的政治背景会从外部给企业带来额外的政府补贴、采购份额与税收减免，抑或是社会责任与政府任务，这与其他相关行业的从业经验对企业管理、投资与新技术采纳等从内部渠道对企业经营带来影响是不同的，因此，我们把政治背景作为单独的一个特质进行考虑。

通过以上三类可以观测到的 CEO 背景或履历，相关研究一般又把 CEO 的能力划归为三个大类，分别是：（1）接受革新的能力；（2）交流与劝说能力；（3）对市场的把握能力与专业技术能力。其中接受革新的能力又分为接受发展战略革新能力，接受技术革新的能力与接受生产组织过程革新的能力。有关 CEO 接受革新能力的特质源于他们的教育背景与相关行业的从业经验，Pennings（1987）研究了 CEO特质对新技术革新与生产过程革新的接收率产生的影响。发现，在中小制造企业，CEO 通常不是第一个考虑到在生产中引入信息技术的人，但他们是作出最后决定的人。他在研究中强调了企业家对市场的预见能力，把该种能力归结为企业家所受的教育与以往的从业经验。

影响 CEO 交流与劝说能力的主要特质包括企业家的政治背景、教育水平和相关行业的从业经验。Fishman（2002）通过使用事件分析法，使用公司价值在事件前后的差异来度量公司 CEO 政治背景的价值，研究发现 CEO 的政治背景的隐含价值很高，平均约占一个公司股票价格的四分之一。他认为有政治背景的 CEO 可以为企业攫取更多的政府补贴、更低的税率与更多的政府订单。吴文锋、吴冲锋、刘晓薇（2008）通过对中国民营上市公司 CEO 的政府背景进行研究后发现，相对于高管的中央政府背景，地方政府背景更能增加公司的价值，他们同时也发现，政府干预越强烈的地区，高管的地方政府任职经历越能提升公司的价值。影响 CEO 交流与劝说能力的另外两个特质是教育水平与从业经历，如果具有政治背景的 CEO 能够从企业外部在融资、税收、政府补助等方面对企业施加影响。那么具有一定教育水平与从业经历的 CEO 在更大程度上被认为能够从企业内部在投资决策、生产决策、成本控制与劝说董事会执行决策等方面对企业施加影响。Hermalin（1988）的研究强调了教育水平越高的 CEO 在董事会所面临的阻力越小、其提案被否决的概率越小。这从另外一个角度解释了 CEO 的教育水平、从业经验对企业经营管理所产生的影响可能源于“个人崇拜”或“追星效应”。

影响 CEO 市场把握能力的特质包括 CEO 的从业经验，尤其是相关企业高管的从业经验。Kaplan、Klebanov and Soreensen（2008）把 CEO 的特质细分为 30 个方面，研究它们与企业的投资决策与市场表现的关系。结果发现这些能力之间高度相关，其中人际关系处理能力、团队决策能力和直觉能力显著相关。他们最后把这 30 项 CEO 特质划分为两大类，分别是社交能力与把握市场的能力，发现把握市场的能力对企业的市场表现与投资决策关系显著。Kaplan 对企业家特质的两类划分与我们的划分已经比较接近了。我们在梳理相关文献逻辑体系时对 CEO 特质划分为三大类别也是充分考虑 Kaplan、Klebanov and Soreensen（2008）的划分方法，从直觉上我们认为，企业家的特质如果划分得过细，那么这些过细的特殊才能是高度相关的，因为相同的教育与经历会使企业家在某些方面趋同，但我们就此问题并没有进行进一步的研究。

正如 Rosen（1981）所论述的那样，企业家的才能是事前不可测的，或测度需要高昂成本的。根据博弈理论中的信号传递理论，我们认为，虽然我们划归的 3 大类企业家才能是不可测的，但我们可以测度企业家的显性特质，通过 CEO 的教育背景、政府背景和相关行业的从业经验这些显性的信号来研究 CEO 特质与企业竞争力、资本结构、企业收益之间的关系。我们在上述分析中已经对 CEO 的显性特质与隐性才能之间的关系进行了介绍，现总结如下：

（1）有关 CEO 接受革新能力的特质源于他们的教育背景与相关行业的从业

经验。

（2）影响 CEO 交流与劝说能力的两个特质是相关行业的从业经验与政治背景。

（3）影响 CEO 市场把握能力的特质包括 CEO 的从业经验，尤其是相关企业高管的从业经验。

本文的结构安排是，第二部分是理论分析与研究假说，第三部分介绍了样本的选择与实证方法，实证检验及结果我们放在第四部分，最后，在第五部分给出了本文的结论。

二、理论分析与研究假说

通过对相关文献逻辑体系的梳理，我们发现不同的 CEO 特质对企业影响的传递途径是不同的，CEO 的特质包括教育背景、政治背景、从业经验，而这些特质是企业家能力的显性信号表现，企业家的能力或多或少能够被上述的企业家特质所解释。因此，从逻辑上说，企业家特质对企业的影响是间接的，而企业家能力对企业的影响又分为间接与直接两部分，如果企业家通过其接受创新能力、交流与劝说能力、市场把握能力能够直接影响企业的收益，这部分收益称为企业家才能对企业带来的直接收益。例如，企业家的交流与劝说能力为企业所争取到的政府补贴。如果企业家通过其上述能力对企业经营管理进行革新，把企业家特质转换为企业特质进而影响企业收益，这部分收益称为企业家为企业带来的间接收益（Kaplan、Klebanov and Soreensen，2008）。

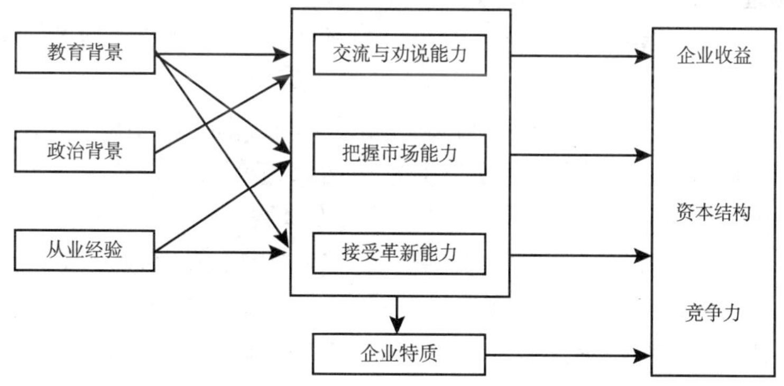

图 1　CEO 特质对企业竞争力影响逻辑图

图 1 是我们对相关文献的逻辑体系进行整理以后得出的企业家特质与企业竞争力之间关系的逻辑图。大部分文献所研究的内容只是图 1 中的一条路径，我们综合了以往相关研究所走的逻辑路径，发现大部分研究都遵循这样的原则，即显性的

CEO 特质可以解释他们所具备的隐性能力，而企业家的能力又通过不同的渠道对企业产生直接和间接影响。

（一）教育背景对企业竞争力的影响。

一般认为，企业家的教育背景对企业竞争力是有影响的，这些影响的传递渠道是不一样的，我们把影响渠道归结为 3 类。（1）教育附加才能。（2）过度自信。（3）明星效应。第一类比较容易理解，即通过高水平的学校教育，企业家获得了管理企业的相关技术手段，因此提高了企业的收益。这类传递渠道一般在高技术企业比较常见。第二类传递渠道是指接受过高水平教育的 CEO 通常在投资过程中表现的过度自信，该过度自信分为两个方面，对正确信念的坚持和对错误信念的坚持，因此，企业的收益水平也两极分化，如 Ben - David et al.（2007）对基金行业的研究。第三类传递渠道是指，接受过高等教育或名牌大学教育的 CEO 在企业管理过程中所遇到的阻力会更小，这样，在 CEO 与董事会其他成员的博弈过程中，CEO 能够以较小的代价使其政策得以执行，总的来说，这降低了企业的执行成本。如 Hermalin and Weisbach（1998）通过一博弈模型所论述过的“追星效应”或“个人崇拜效应”。

是否 CEO 的学历高，其市场表现就好呢？企业家特质中的教育背景是否能够给企业竞争力带来显著的提高？基于此点疑问，我们的第一个研究假设设定如下：

假设一：CEO 的教育背景越高，企业的竞争力越高。

（二）政治背景对企业竞争力的影响

一般对 CEO 的政治背景与企业市场表现进行的研究属于“政治联系”范畴，与国内不同的是，西方学者“政治联系”的定义一般是指企业 CEO 与政府官员具有私交或亲缘关系。这与中国学者研究的侧重点是不同的，这主要源于国情的不同。在中国，企业 CEO 具有政治背景主要是指政府官员下海创业或到企业打工，我国经历了几次政府官员的“下海潮”，尤其是 1992 年邓小平同志南方谈话后，大批政府官员下海创业。这些官员创业或官员打工的企业与政府管理机构存在千丝万缕的联系，他们能够通过这些联系为企业提供便利并带来好处吗？如果能带来好处，能够通过什么渠道，带来什么样的好处？通过总结以往的研究，我们发现 CEO 的政府背景对企业经营的影响是双面的，CEO 可以通过其政府背景为企业带来融资便利、税收优惠、政府补贴，同时 CEO 的政府背景可能也为企业带来更多的冗余人员、政府任务和社会责任。这里我们假设 CEO 的政府背景提高了企业竞争力。

假设二：CEO 的政府背景提高了企业的竞争力。

（三）以往从业经验对企业价值的影响

在这一部分，我们单独研究 CEO 以往的从业经验对企业竞争力的影响。Lefevre et al.（1989）对美国上市公司的 CEO 的工作经验与企业市场表现的关系进行了研究，发现对制造业企业来说，具有技术部门工作经验的 CEO 在掌管小企业方面比较出色，而具有行政部门工作经验的 CEO 更善于掌管规模比较大的企业。Lefevre 对此的解释是规模比较大的企业对生产技术的依存度相对比较低，而且大部分都是多元化经营，具有行政部门工作经验的 CEO 更容易在这样的公司里发挥他们的管理才能与交流沟通才能，而规模比较小的制造业公司对技术的依存度比较高，具有技术部门工作经验的 CEO 更能够依据自身的技术才能采纳革新提高公司的生产效率。通过以上分析，从直觉上推断，CEO 以往的从业背景能够对企业的生产、管理带来影响。因此，我们第三个研究假设设定如下：

假设三：CEO 以往的工作经验能够对企业的竞争力带来影响。

三、样本选择和实证方法

（一）数据

本文从 wind 数据库中选择非 ST 类沪深 A 股从 2000 年至 2006 年的数据，并剔除掉金融类上市公司、数据不可得公司和最终控制人为国资委的数据样本，并按证监会行业分类一级标准将样本分为 12 个行业。选择这一样本的原因在于：（1）剔除掉国有股以防止在研究过程中企业的政府特质对 CEO 的特质产生干扰。（2）采用非 ST 类 A 股上市公司的样本主要是避免在回归过程中出现财务变量的异常值。（3）鉴于 1999 年之前公司样本数据较少且财务报表并不规范，因此我们选取 1999 年以后的数据进行研究。经过上述处理后，我们共得到 1796 个样本，其中财务数据、股权结构和股票价格数据来自 wind 系统，CEO 特质数据通过手工收集而成，主要来源是新浪财经数据库、沪深上市公司的 F10 资料及网络上公开的 CEO 信息。

（二）变量及度量

1. 因变量

相关研究对公司绩效的度量方法主要分为两大类，一是通过度量公司的市场价值来估计公司的绩效，二是采用会计利润指标来度量公司的绩效。鉴于企业 CEO 特质对企业绩效的影响是多方面的，因此，我们分别从不同的角度用如下 3 个指标来度量公司的经营绩效。

（1）公司竞争力的度量

度量公司竞争力的指标有很多，但我们的研究侧重于分析公司经营、销售方面的竞争力，因此我们采用 Campello（2003）的方法，用公司销售的增长率相对于同行业平均水平的比率作为度量企业竞争的指标。采用这一指标的主要考虑如下：（1）对大部分上市企业来说，销售额是度量各个公司竞争能力的一个主要变量，公司的各项经营管理策略最终都要通过销售额的增减变化反映出来。（2）由于该指标是销售增长率相对于行业平均水平的比率，因此，能够排除量纲的差异对指标排名带来的影响。（3）该指标便于不同行业、不同地区的上市公司之间进行比较，当对以地区进行分类的企业竞争力排名进行比较时，只需要把行业平均水平改为地区平均水平即可。计算公式如下：

$$GOS_{i,t} = r_{i,t} - everage(r_{i,t}) \quad (1)$$

（2）公司盈利能力的度量

Michael E. Porter（1997）研究发现，在一个充分竞争的产业中，盈利能力可以在很大程度上反映企业的竞争力，他在研究中强调了持续盈利能力的重要性，并用企业投资项目的内部收益率和长期平均净资产收益率与行业平均水平的比率来度量企业的竞争力。鉴于数据的可得性，我们采用 Porter 教授的衡量方法，但用企业的净利润率代替投资的内部收益率作为衡量公司收益的指标，其中净利润率（ROS）是公司的净收入（去除优先股股利）占公司销售额的比率。

$$ROS_i = NR_i - everage(NR_i) \quad (2)$$

其中 NR 为企业的净利润率。

（3）公司价值的度量

本文用 Tobin Q 来度量企业的价值，Tobin Q 是企业的市场价值与企业重置成本的比率，由于企业的重置成本并不可得，我们用上年末资产负债表披露的企业总资产代替企业的重置成本。而企业的市场价值为企业的股权价值与债权价值的和。债权价值为企业的账面负债额，股权价值包括企业流通股与非流通股价值，流通股价值的计算依据上年末的股票市场价格，非流通股计算的依据是每股净资产值。因此，Tobin Q 的计算公式如下：

Tobin Q =（上年末股票价格 × 流通股数 + 每股净资产 × 非流通股数 + 账面负债）/总资产 （3）

上述公司价值的计算方法与苏启林、朱文（2003），夏立军、方铁强（2005）的计算方法一致。

2. 解释变量和控制变量

（1）CEO 背景的度量

① 教育背景

我们把上市公司 CEO 的教育背景变量设为 edu_i，分为本科以下、本科、研究生、博士及以上四个等级，当样本属于该范围时取 1，否则取 0。借鉴 Graham et al.（2008）对教育背景的设定的方法，我们把是否 MBA 毕业作为一项衡量指标 IFMBA，是取 1，否取 0。从直觉上来看，具有国外教育背景的 CEO 应该具有更高的能力，为了验证这一点，我们设定变量 IFGFA 来衡量是否 CEO 具有国外教育背景，是取 1，否取 0。对于 Graham et al.（2008）研究中的是否毕业于名牌大学这一变量，由于数据可得性问题，我们并未采纳这一变量。

②政治背景

CEO 的政府背景被定义为 CEO 在就职前曾在政府部门任职，在变量的设定上，我们借鉴了吴文锋、吴冲锋、刘晓薇（2008）的设定方法，把变量 IFGOV 分为两种情况，一种是高管具有政府背景，不区分是中央背景还是地方背景，另一种是 IFGOV_local、IFGOV_central 表示高管具有地方政府背景和中央政府背景，同时为了检验地方政府任职背景与中央政府任职背景是否存在差异，我们采用变量 IFGOV_lc，当 CEO 有地方政府任职经历而无中央政府任职经历时取 1，当 CEO 有中央政府任职经历而无地方政府任职经历时取 -1，其他情况下取 0。同时我们将政府机构区分为具有直接影响力和无直接影响力的政府机构，与公司同处一地，或是公司所在行业主管机关或监管机构的政府机构为直接影响机构，这里所定义的具有直接影响力的机构是相对于企业来说权力比较大的政府机构，用 IFGOV_rol 来表示，是取 1，否取 0。

③工作经验

首先，我们把 CEO 具有的政府工作经验用 CEO 的政治背景变量进行描述，CEO 具有的其他工作经验我们用变量 EXPE 来测定，我们把 CEO 的工作经验分为技术工作从业经验、行政管理工作从业经验、其他企业 CEO 调任，由于有的 CEO 就职前其职位升迁路径可能比较复杂，他们的从业经验可能囊括技术职位、行政管理职位、高层管理人员等等，我们分别用 EXPE_tec、EXPE_gov、EXPE_ceo 表示上述经验，是为 1，否为 0。同时为了区分以上三种从业经验相互之间的影响的差异，我们采用 EXPE_tg、EXPE_cg 和 EXPE_tc 来区分以上四种经验，当 CEO 只有技术工作经验而没有管理工作经验时 EXPE_tg 取 1，当 CEO 只有行政工作经验而没有技术工作经验时 EXPE_tg 取 -1，其他情况取 0。EXPE_sg 和 EXPE_ts 的处理方法相同。

（2）资本结构的度量

与大多数研究公司资本结构的文献类似，本文使用总债务比率来对企业的资本结构进行衡量，Graham et al.（2008）对 CEO 的教育水平与企业资本结构的关系进行了研究，发现教育水平高的 CEO 所掌管的企业资产负债率普遍偏高，Khwaija、Mian（2005）对 CEO 的政治背景与企业的融资便利性之间的关系进行研究，发现具有政治背景的 CEO 更倾向于债务融资，在上述研究中，他们均使用总资产负债率而非长期资产负债率对企业的资本结构进行衡量。主要理由有二：（1）当公司需要进行债务融资时，贷款者不仅要考虑长期债务，也要考虑短期债务，因为短期债务占比近年来逐渐提高，不可忽视。（2）尽管短期债务偿还期短，但随着借新债还旧债的进行，总有一部分短期债务稳定地存在于公司之中，这部分短期债务相当于公司的长期债务，因此，我们使用总债务率作为衡量公司资本结构的指标。同时考虑到资本市场的不健全，我们用债务与资产的账面价值而非权益价值进行计算，其中总负债包括长期借款、应付债券、短期借款、一年内到期的长期借款等，总资产为上期末资产负债表披露额。

（3）其他变量的度量

公司规模我们定义为公司总资产的对数值，用来衡量公司规模对公司竞争力的影响，同时，我们加入公司规模变量也是为了研究 CEO 特质对上市公司绩效影响在规模方面影响的差异分布，这可以加深我们对 CEO 特质与企业绩效之间关系的理解。对于行业控制变量，我们根据证监会 2001 年公布的《上市公司行业分类指引》，将上市公司分为 12 类行业，这样做的好处是，根据 Maidique（1980）等人的研究，CEO 的特质对不同行业会产生不同的影响，对中小制造业来说，CEO 对公司绩效的影响会更大。因此，我们加入行业变量，研究不同教育背景、不同政治背景、不同从业经验背景的 CEO 对所处不同行业的上市公司带来的影响。详细的变量定义说明参见表 1。

3. 模型的说明

本文检验 CEO 教育背景、政治背景、从业经验对企业竞争的影响，首先我们直接使用 OLS 回归方法对下述 9 个方程进行回归，估计 CEO 的特质对企业竞争的影响。

检验 1：CEO 教育背景与企业竞争力的检验（式 1 – 3）

$$GOS_i = \alpha_g + \beta_1 edu_1 + \beta_2 edu_2 + \beta_3 edu_3 + \beta_4 edu_4 + \beta_5 IFMBA + \beta_6 IFGFA + \beta_7 Lev + \beta_8 Size + \beta_9 Industry \tag{1}$$

$$\mathrm{ROS}_i = \alpha_r + \kappa_1 \mathrm{edu}_1 + \kappa_2 \mathrm{edu}_2 + \kappa_3 \mathrm{edu}_3 + \kappa_4 \mathrm{edu}_4 + \kappa_5 \mathrm{IFMBA} + \kappa_6 \mathrm{IFGFA} + \kappa_7 \mathrm{Lev} + \kappa_8 \mathrm{Size} + \kappa_9 \mathrm{Industry} \tag{2}$$

$$TobinQ_i = \alpha_t + \theta_1 edu_1 + \theta_2 edu_2 + \theta_3 edu_3 + \theta_4 edu_4 + \theta_5 IFMBA + \theta_6 IFGFA + \theta_7 Lev + \theta_8 Size + \theta_9 Industry \tag{3}$$

检验 2：CEO 政治背景与企业竞争力的检验（式 4 – 6）

$$GOS_i = \alpha_g + \beta_1 IFGOV + \beta_2 IFGOV\_local + \beta_3 IFGOV\_central + \beta_4 IFGOV\_lc + \beta_5 IFGOV\_rol + \beta_6 Lev + \beta_7 Size + \beta_8 Industry \tag{4}$$

$$\mathrm{ROS}_i = \alpha_r + \kappa_1 \mathrm{IFGOV} + \kappa_2 \mathrm{IFGOV\_local} + \kappa_3 \mathrm{IFGOV\_central} + \kappa_4 \mathrm{IFGOV\_lc} + \kappa_5 \mathrm{IFGOV\_rol} + \kappa_6 \mathrm{Lev} + \kappa_7 \mathrm{Size} + \kappa_8 \mathrm{Industry} \tag{5}$$

$$TobinQ_i = \alpha_t + \theta_1 IFGOV + \theta_2 IFGOV\_local + \theta_3 IFGOV\_central + \theta_4 IFGOV\_lc + \theta_5 IFGOV\_rol + \theta_6 Lev + \theta_7 Size + \theta_8 Industry \tag{6}$$

表 1 主要变量的定义与说明

变量	变量名	变量说明
CEO 的教育背景	$edu_1 - edu_4$	其中 $edu_1 - edu_4$ 分别表示本科以下、本科、硕士研究生、博士及以上。是取 1,否取 0
	IFMBA	MBA 毕业取 1,否者取 0
	IFGFA	毕业于国外大学取 1,否取 0
CEO 的政府背景	IFGOV	具有政府背景取 1,否取 0
	IFGOV_local	具有地方政府背景取 1,否取 0
	IFGOV_central	具有中央政府背景取 1,否取 0
	IFGOV_lc	具有地方政府背景而不具备中央政府背景取 1,具有中央政府背景而不具备地方政府背景取 -1,其他取 0
	IFGOV_rol	是否在具有直接影响力的政府机构任职经验,是取 1,否取 0
CEO 的从业经验	EXPE_tec	CEO 具有技术方面工作经验,是取 1,否取 0
	EXPE_gov	CEO 具有行政管理方面工作经验,是取 1,否取 0
	EXPE_ceo	CEO 为其他行业 CEO 调任,是取 1,否取 0
	EXPE_tg	CEO 具有技术工作经验而没有行政管理工作经验时 EXPE_tg 取 1,当 CEO 只有行政工作经验而没有技术工作经验时 EXPE_tg 取 -1,其他情况取 0
	EXPE_tc	CEO 具有技术工作经验而没有其他企业高管工作经验时 EXPE_tc 取 1,当 CEO 只有行政工作经验而没有技术工作经验时 EXPE_tc 取 -1,其他情况取 0
	EXPE_cg	CEO 具有其他企业 CEO 工作经验而没有行政工作经验时 EXPE_tg 取 1,当 CEO 只有行政工作经验而没有技术工作经验时 EXPE_tg 取 -1,其他情况取 0
资产负债率	Lev	总负债/总资产
公司规模	Size	公司总资产的对数
行业变量	Industry	划分 12 个行业,属于该行业取 1,否取 0
竞争力	GOS	公式(1)
盈利能力	ROS	公式(2)
公司价值	TobinQ	公式(3)

检验 3：CEO 从业经验与企业竞争力的检验（式 7—9）

$$GOS_i = \alpha_g + \beta_1 EXPE\_tec + \beta_2 EXPE\_gov + \beta_3 EXPE\_ceo + \beta_4 EXPE\_tg + \beta_5 EXPE\_ts + \beta_6 EXPE\_sg + \beta_7 Lev + \beta_8 Size + \beta_9 Industry \quad (7)$$

$$\mathrm{ROS}_i = \alpha_g + \kappa_1 \mathrm{EXPE\_tec} + \kappa_2 \mathrm{EXPE\_gov} + \kappa_3 \mathrm{EXPE\_ceo} + \kappa_4 \mathrm{EXPE\_tg} + \kappa_5 \mathrm{EXPE\_ts} + \kappa_6 \mathrm{EXPE\_sg} + \kappa_7 \mathrm{Lev} + \kappa_8 \mathrm{Size} + \kappa_9 \mathrm{Industry} \quad (8)$$

$$TobinQ_i = \alpha_g + \theta_1 EXPE\_tec + \theta_2 EXPE\_gov + \theta_3 EXPE\_ceo + \theta_4 EXPE\_tg + \theta_5 EXPE\_ts + \theta_6 EXPE\_sg + \theta_7 Lev + \theta_8 Size + \theta_9 Industry \quad (9)$$

在回归过程中，我们对销售收入进行了差分，计算销售收入的增长率，然后按行业均值对销售收入增长率进行了调整，采用这一变量的原因是不同行业所处的行业成长阶段不同，朝阳行业与夕阳行业成长率存在系统性差异，因此为了消除量纲影响，降低回归中观测不到的行业特质造成的偏差，我们对销售增长率进行了均值调整，同时，这种调整有助于解释本文所设定的假设。

由于我们应用了资本结构变量 Leverage，在对 Leverage 变量与 GOS、ROS 进行回归中，内生性问题是在该类研究中经常遇到的问题。为了排除内生性影响，首先我们加入了行业变量 Industry，其次，我们剔除了金融行业上市公司的数据，最后，我们采用滞后一期的资本结构与企业竞争变量进行回归以消除企业自选择问题。同时，为了检验不同的企业家特质对企业产生的影响的差异，我们分别检验了企业家特质与企业融资能力、资本结构的关系（由于企业家特质对销售能力的影响被包括在检验 1—3 中，因此，我们这里没有检验企业家特质对企业销售的影响），检验方程如下：

$$Borrow = \alpha + \beta_1 edu + \beta_2 IFGOV + \beta_3 EXPE\_tec + \beta_4 EXPE\_gov + \beta_5 EXPE\_ceo + \beta_6 EXPE\_tg + \beta_7 EXPE\_ts + \beta_8 EXPE\_sg \quad (10)$$

$$Lev = \alpha + \beta_1 edu + \beta_2 IFGOV + \beta_3 EXPE\_tec + \beta_4 EXPE\_gov + \beta_5 EXPE\_ceo + \beta_6 EXPE\_tg + \beta_7 EXPE\_ts + \beta_8 EXPE\_sg \quad (11)$$

Borrow 代表了企业融资的难度，是公司当年借款占总资产的比重，表示为：（短期借款 + 长期借款）/总资产。

（10）、（11）式检验中 edu 是 CEO 的学历变量，大学以下、大学、研究生、博士及以上我们分别用 1、2、3、4 来表示，但任职经验并不像学历那样是一个表示程度的变量，我们不能用 edu 的表示方法，因此，我们借鉴了 Murphy and Zabojnik（2004）的研究方法，用 EXPE_ts、EXPE_sg、EXPE_tg 与 EXPE_tec、EXPE_ceo、EXPE_gov 相配合来研究这三个表示类别而非程度的变量与融资能力、资本结构之间的关系。

四、实证检验及结果

（一）描述性统计量

表 2 给出了高管背景的统计表，其中 Panel A 是按年度统计的样本数，Panel B

是按教育背景统计的样本数，其中大学以下学历为 537 人，占总样本数的 29.9%，大学学历为 759 人，占比 42.3%，可以看出上市公司 CEO 学历分布中，大学及大学以下学历占了样本的大多数，这从一个侧面说明我国上市企业的 CEO 总体学历水平不高，上市企业的 CEO 中缺乏高端人才，其中硕士学历数为 298 人，占比 16.6%，博士及以上学历为 189 人，占比 10.5%，MBA 学历数为 92 人，占比 5.1%，相对于欧美国家，我国上市企业 CEO 中 MBA 和博士及以上学历占比明显偏低。Panel C 为上市公司 CEO 政治背景统计表，其中拥有政治背景的样本数为 574 人，占比 32%，在拥有政府背景的样本中，拥有中央政府背景的样本数为 233 人，占比 13%，拥有地方背景的样本数 467 人，占比 26%，其中拥有政府背景的样本中有一部分样本既拥有中央政府背景又拥有地方政府背景，我们在这里并没有单独列示。Panel D 为 CEO 从业经验背景的统计表，其中拥有技术经验的样本数 466 人，占比 26%，拥有行政管理经验的样本数为 1023 人，占比 57%，其他企业高管样本数为 215 人，占比 12%。

表 2 企业 CEO 特质统计

Panel A:按年度划分

年度	2000	2001	2002	2003	2004	2005	2006	合计
样本数	162	203	217	263	319	301	331	1796

Panel B:按教育背景划分

学　　历	样本数	占比
大学以下	537	29.9 %
大　　学	759	42.3%
研究生	298	16.6%
博士及以上	189	10.5%
MBA	92	5.1%
海　　归	48	2.7%

Panel C:按政府背景划分

部门	政府背景	中央政府背景	地方政府背景
样本数	574	233	467
占比	32%	13%	26%

Panel D:按从业经验划分

工作经历	技术经验	行政管理经验	其他企业高管	其他
样本数	466	1023	215	89
占比	26%	57%	12%	5%

（二）企业 CEO 背景与企业竞争的回归结果分析

表 3、表 4、表 5、分别给出了检验 1、检验 2、检验 3 的回归结果。

表 3　CEO 教育背景与企业竞争

Variable	GOS	ROS	Tobin Q
本科以下	0.157(2.162[b])	0.381(1.668[a])	-0.062(-0.273)
本科	0.116(1.973[b])	0.292(1.031)	0.081(0.866)
硕士	0.052(0.372)	-0.014(-0.625)	0.262(2.132[b])
博士及以上	-0.093(-1.162)	-0.520(-2.262 b)	1.621(3.262[c])
MBA	0.163(2.811[c])	1.325(6.362 c)	2.013(17.01[c])
海归	-0.233(-2.302[b])	-0.421(-1.973 b)	0.172(1.588)
Leverage	0.168(3.075[c])	0.263(0.992)	0.217(1.832[a])
Size	-0.399(-5.020[c])	-0.306(1.573)	-0.623(-2.736[c])
Intercept	1.107(7.172[c])	0.562(2.712[c])	1.021(2.812[c])
R - square	0.582	0.667	0.610
Obs	1796	1796	1796

a、b、c 分别表示 10%、5%、1% 的显著水平

表 4　CEO 政治背景与企业竞争

Variable	GOS	ROS	Tobin Q
政府背景	-0.110(-0.620)	0.360(1.530)	0.108(0.112)
中央政府背景	-0.172(-1.139)	0.329(1.362)	0.822(1.331)
地方政府背景	0.037(0.690)	0.110(0.965)	0.603(0.702)
地方非中央政府背景	0.096(0.530)	0.201(1.073)	0.437(0.391)
核心部门背景	0.255(1.623)	0.503(1.662)	1.120(1.566)
Leverage	0.805(8.926[c])	1.697(9.276[c])	2.313(17.22[c])
Size	-2.311(-9.810[c])	-0.436(-1.573)	-1.380(-4.620[c])
Intercept	2.132(6.250[c])	0.629(1.210)	1.652(1.887[a])
R-square	0.503	0.608	0.557
Obs	1796	1796	1796

a、b、c 分别表示 10%、5%、1% 的显著水平

表 5 CEO 从业经验与企业竞争

Variable	GOS	ROS	Tobin Q
技术经验	0.001(0.310)	-0.003(-0.530)	0.017(0.992)
行政管理经验	0.003(0.627)	0.006(0.625)	0.035(1.316)
其他公司高管经验	0.067(3.772[c])	0.037(0.926)	0.066(7.731[c])
技术非行政	0.001(0.297)	-0.035(-0.899)	0.015(0.910)
技术非高管	0.001(0.209)	0.031(0.862)	0.026(1.109)
高管非行政	0.072(4.019[c])	0.028(0.770)	0.059(5.93[c])
Leverage	0.237(12.17[c])	0.575(15.23[c])	0.116(9.932[c])
Size	0.022(2.795[c])	0.095(4.571[c])	-0.173(-16.31[c])
Intercept	0.090(5.513[c])	0.071(4.092[c])	0.132(11.17[c])
R - square	0.427	0.530	0.618
Obs	1796	1796	1796

a、b、c 分别表示 10%、5%、1% 的显著水平

1. 教育背景与企业竞争的分析

(1) 对教育背景参数的描述分析

总的来说，不论以 GOS 还是以 ROS 做因变量，CEO 的教育背景与企业的竞争呈现负相关关系，尽管该负相关关系不是那么明显，但这是一个非常有趣的现象，这与 Malmendier and Tate (2004)、Chemmanur and Paeglis (2005)、Ben - David et al. (2007) and Graham et al. (2008) 的研究结果相矛盾，GOS 本科以下的参数为 0.157 (2.162)，本科参数为 0.116 (1.973)，均显著，但硕士参数为 0.052 (0.372)，已不显著，博士及以上参数为 -0.093 (-1.162)，参数为负但并不显著，ROS 本科以下的参数为 0.381 (1.668)，本科参数为 0.292 (1.031)，均不显著，硕士参数为 -0.014 (-0.625)，参数为负但并不显著，博士及以上参数为 -0.520 (-2.262)，参数为负并显著。以 ROS、GOS 为因变量的多元回归结果显示，就我们的样本数据而言，博士及以上学历的 CEO 所管理的企业在销售增长率、销售净利率上不如具有本科及本科以下教育背景的 CEO 所掌管的企业的表现。硕士学历的 CEO 所掌管的企业在以上两个指标上，其表现与 CEO 的学历背景不相关。ROS、GOS 的 MBA 参数分别为 0.163 (2.811) 和 1.325 (6.362)，均为正并显著。这说明具有 MBA 背景的 CEO 对企业销售、盈利的贡献相对较显著，这与一般直觉相吻合，但 ROS、GOS 的海归参数分别为 -0.233 (-2.302) 和 -0.421 (-1.973)，参数显著为负，这与直觉不符。Tobin Q 的本科及以下参数为 -0.062 (-0.273)，本科参数为 0.081 (0.866) 均不显著，硕士参数为 0.262 (2.132)，博士及以上参数为 1.621 (3.262)，均显著，MBA 参数为 2.013 (17.01)，海归参数为 0.172 (1.588)，可以看出 CEO 的教育背景与 Tobin Q 的多元回归结果显示，CEO 的教育背景与企业价值高度正相关，尤其在博士、MBA 参数项上，均显著为正。这说明具

有博士及以上、MBA、海归教育背景的CEO所掌管的企业具有明显更高的价值。

（2）对教育背景回归结果的解释

对教育背景的多元回归表现出几个明显有违直觉的结果，这与西方学者的研究结果相矛盾，具有明显的中国特色，我们试图从中国上市公司的本土特色为切入点，对此加以解释：

①销售增长、销售净利与教育背景负相关。

我们主要从三个方面来对此问题进行解释，首先，中国的上市企业相对于欧美动辄百年的企业来说一般还比较年轻，有很多企业是从创始阶段由企业的创始人直接摸爬滚打发展壮大直至上市的，这一时期具有战略眼光并能敏锐地捕捉市场机会的企业幸存下来，这一时期的CEO多半学历不高，但把握市场机会的能力很强，正是由于这些企业领导者的存在，才有了中国第一批上市企业，这可以从一个侧面反映出我们的"低分高能"的回归结果是合理的。其次，在中国的教育制度里，"博士"一般指的是专才，指在某一领域里有比较深的科研水平，而企业的管理是要发挥一个人的"通才"，因此，博士及以上学历的CEO并不能在企业管理方面存在太多的优势，当然，MBA、工商管理方面的高学历CEO除外，本文的CEO"高分低能"的回归结果还可能反映出中国的高端人才教育机制可能存在问题，这里就不赘述。最后，我们从产业发展阶段的角度来解释这一问题，一般情况下，可以把低学历的企业创始人当作中国的第一代CEO，把博士、硕士当作中国的第二代CEO，把海归、MBA当作中国的第三代CEO，而企业在这一个代际更迭的过程中也逐渐由朝阳转入夕阳，因此，企业在ROS、GOS的表现上才会有了本文的回归结果。

②Tobin Q的回归结果与ROS、GOS的回归结果不一致。

对于此问题，我们的解释是企业可能存在自选择，也就是说，可能并不是高学历的CEO所掌管的企业价值高，而是价值高的企业更偏向于选择高学历的CEO，CEO在这类企业中所发挥的主要作用可能正如Hermalin and Weisbach（1998）所论述的那样，是一种类似于"明星效应"的作用。

2. 政治背景与企业竞争的分析

从表4的回归结果可以看出，以GOS、ROS、Tobin Q作为因变量对CEO的政治背景进行回归，不管是政府背景还是中央政府背景、地方政府背景、核心部门背景回归结果均不显著，这与Fishman（2001），Khwaja and Mian（2005）等人的研究结果不符，但是，我们的回归结果显示相对于CEO的地方部门背景和核心部门背景，核心部门背景对企业竞争力的影响相对其他两种政府背景较为显著，且为正。其中Tobin Q的核心部门背景系数为1.120（1.566），政府部门系数为0.108（0.112），中央政府部门系数为0.822（1.331），地方政府部门系数为0.603（0.702），可以看出，地方部门的影响相对于中央政府部门并不显著，这与吴文锋、吴冲锋、刘晓薇（2008）的研究结果不符。GOS的政府背景系数为-0.110（-0.620），这说明

CEO 政府背景对企业销售能力的影响是负的，但是并不显著。表 4 的回归结果还显示了 Leverage 的回归结果显著为正，同时 SIZE 的结果显著为负，这说明竞争力越高的企业其财务杠杆也相对较高，公司规模越大其估值越低。

3. 从业经验与企业竞争的分析

表 5 显示了 CEO 的从业经验对企业竞争力的影响，其中 GOS、Tobin Q 的其他公司高管的回归结果分别是 0.067 （3.772） 和 0.066 （7.731），均为正并显著，这说明具有其他公司高管从业经验的 CEO 能够显著提高一个企业的销售竞争力和估值，但是高管经验对 ROS 的回归结果却并不显著，这显示出具有高管从业经验的 CEO 在提高企业盈利能力方面的表现不如其对提高企业销售方面能力的表现。同时表 5 还显示出 GOS、ROS、Tobin Q 的技术经验、行政管理经验的回归结果并不显著，但是通过对不同行业的回归结果比较后我们发现技术经验并不能提高制造业的竞争力，这与 Maidique （1980） 的研究结果不符，这说明具有技术工作从业经验的 CEO 并不能提高制造业企业的竞争力，但是，我们的研究发现公司规模与行政经验相关系数为正，这与我们的假设符合，即具有行政经验的 CEO 在管理大公司方面更出色。

GOS、ROS、Tobin Q 的技术非行政、技术非高管、高管非行政的回归系数均不显著，但总的说来 Tobin Q 的高管非行政为 0.059 （5.93） 为正并且相对其他回归系数最高，ROS 的技术非行政为 -0.035 （ -0.899）， t 值也相对较高但不显著，这说明，总的说来，高管非行政经验能提高一个企业的估值，同时技术非行政经验为负说明总的说来行政从业经验相对于技术从业经验更能提高一个企业的利润水平，但这些回归结果并不显著。

（三） 企业 CEO 背景对企业竞争的影响差异分析

表 6　CEO 特质对企业融资能力与资本结构的影响分析

Variable	Borrow	Leverage
教育水平	-0.075(-4.16[c])	0.059(1.372)
政治背景	0.011(0.732)	0.165(15.661[c])
技术经验	0.018(0.952)	0.008(0.013)
行政管理	0.009(0.537)	0.017(0.536)
其他企业高管	0.126(7.712[c])	0.039(0.975)
技术非行政	0.029(1.536)	0.015(0.431)
技术非高管	0.031(1.630)	0.014(0.429)
高管非行政	0.092(6.916[c])	0.062(1.502)
Intercept	2.085(14.12[c])	0.109(9.06[c])
R - square	0.706	0.661
Obs	1796	1796

a、b、c 分别表示 10%、5%、1% 的显著水平

为了进一步说明 CEO 的特质背景是如何影响一个企业的竞争力的，我们分别采用回归方程（10）、（11）来研究 CEO 特质与企业融资能力和资本结构之间的关系。

1. CEO 背景对融资能力的影响

表 6 显示教育水平对 Borrow 的影响 -0.075（-4.16）为负并显著，其他企业高管和技术非高管的回归系数分别为 0.126（7.712）和 0.031（1.630），这说明我国上市企业的融资能力与企业 CEO 的教育水平成反比，对这一与直觉相违背的结果的解释可参见本文第四部分（二）中 1.2 小节的分析。回归结果显示具有其他企业高管经验的 CEO 具有较高的融资能力，我们认为，首先具有其他企业高管经验的 CEO 在其他企业担任高管期间与银行建立了相互之间比较信任的关系，因此在筹资能力方面较其他 CEO 表现出色。其次在新企业上任之初通常其信心比较高，因此更倾向于借款融资，在融资难度相对较小的情况下，结果是企业对外借款增加。表 6 的结果并未显示出技术经验与行政经验对企业融资能力存在显著关系。这说明 CEO 的技术从业经验或行政从业经验并不能对 CEO 的融资能力产生影响。

2. CEO 背景对资本结构的影响

企业融资能力与企业的资本结构之间可以看做是存量和流量的关系，因此直觉上我们认为对企业资本结构的回归结果应该与对融资能力的回归结果一样，至少不会存在太大的差异。但是表 6 的回归结果违反了直觉。首先，教育水平与 Leverage 的回归结果为 0.059（1.372）为正且不显著，同时其他企业高管经验的回归结果为 0.039（0.975）不显著，但 CEO 政治背景的回归系数为 0.165（15.661）并显著。这说明具有政府背景的 CEO 更倾向于负债经营。但是在上任之初，具有政府背景的 CEO 并不倾向于负债经营，这可以通过政府背景与企业融资能力的回归结果看出。

五、结　　论

通过本文的研究，我们发现企业家特质的三个方面对企业的影响各不相同，首先教育背景对企业市场表现的影响呈现一种负相关关系，即学历越高的 CEO 企业市场表现越不好，即“高分低能”现象，这一现象出现在除金融行业以外的所有行业，我们对此作了相关的解释，其次，政治背景对企业市场表现的影响是不显著的，这与国外一些学者对政治联系的研究结果相矛盾，这说明在中国，具有政治背景的 CEO 并不能给企业带来更好的市场表现，但是我们的研究发现，具有政治背景的 CEO 从长期看增加了企业的负债，但短期融资能力不强，而低学历的 CEO 中存在“新官上任三把火”现象，即低学历的 CEO 在上任之初更倾向于借款，但长期来看却并不倾向于借款。“新官上任三把火”现象同样存在于具有其他企业高管从业经验的 CEO 身上，而“技术经验”和“行政管理”经验对企业的影响却并无差异，均不显著。

参考文献

[1] 苏启林，朱文. 2003，上市公司家族控制与企业价值.《经济研究》，第 8 期。

[2] 夏立军，方逸强. 2005，政府控制、治理环境与公司价值——来自中国证券市场的经验证据，《经济研究》，第 5 期。

[3] 吴文锋，吴冲锋，刘晓薇. 2008，中国民营上市公司的政府背景与公司价值.《经济研究》，第 7 期。

[4] Adler, P. S., 1989. Technology strategy: A guide to the literature. In: R. S. Rosenbloomand R. A.

[5] Ben-David, I., J. Graham, and C. Harvey, 2008, Mangerial Overconfidence and Corporate Policies, *working paper*, *Duke University*.

[6] Campello, Murillo, 2003, Capital Structure and Product Market Interactions: Evidence from Business Cycles, *Journal of Financial Economics* 68, 353-378.

[7] Fisman, Raymond, 2002, Estimating the value of political connections, *American Economic Review*, 91: 1095-1102.

[8] Graham, J., C. Harvey, and M. Puri, 2008, Managerial Attitudes and Corporate Actions, *working paper*, *Duke University*.

[9] Hermalin, B. E., Weisbach, M. S., 1988, The determinants of board composition. *Rand Journal of Economics* 19: 589 - 606.

[10] Kaplan, Klebanov and Soreensen, 2008, Which CEO Characteristics and Abilities Matter? *working paper*, *University of Chicago*.

[11] Lefebvre, Lefebvre and Ducharme, 1989, Introduction and use of computers in small business: Astudy of the perceptions and expectations of managers, Department of Communications, Governmentof Canada, MCC-CWARC-DLR-85/S-009: 105.

[12] Murphy, Kevin J., and Jan Zabojnik, 2004, CEO Pay and Turnover: A Market Based Explanation for Recent Trends, *American Economic Review Papers and Proceedings* 94: 192-196.

[13] Maidique, 1980, Entrepreneurs, champions and technological innovation, *Sloan Manage*, *Rev.*, Winter: 59-76.

[14] Miller, E., 1977. Risk, uncertainty, and divergence of opinion. *Journal of Finance* 32, 1151-1168.

[15] Miller, D, JM Toulouse, 1986, Chief Executive Personality and Corporate - Strategy and Structure in Small Firms, *Management Science* 32 (11): 1389.

[16] Michael E. Porter, 1997, How Much Does Industry Matter, Really? *strategic management journal*, 18: 15-30.

[17] Pennings, J. M., 1987, On the nature of new technology as organizational innovation, *New Technology as OrganizationalInnovation*. Cambridge, MA.

[18] Rosen, Sherwin, 1981, The Economics of Superstars, *American Economic Review*, 71-5: 845-858.

关于我国银行广告语的思考

陈银博

广告语是银行文化的高度概括，是银行文化最好的代言人，是客户了解银行最快捷的方式。广告语关系到客户对银行的第一印象，关系到银行的内部凝聚力和外部竞争力。研究银行广告语，意义十分重要。

一、我国银行优秀广告语的主要特点

改革开放以来，我国一些银行推出了一大批顺应市场经济发展、符合时代转型要求、突出本行特色的优秀广告语，为银行业的发展作出了贡献。优秀的银行广告语呈现出如下特点：

（一）以人为本，饱含真诚

改革开放后，我国银行业走上了一条以人为本求发展的路子。银行认识到，人才是经济建设的主体，只有以参与者的利益为基础，才能调动人们的积极性，促进经济创新、进步和发展。银行以人为本的理念主要体现在善待员工和关注客户两个方面，广告语也体现了银行以员工为主力、以客户为中心的经营风格。

光大银行的“超越需求，步步为赢”注重对员工的要求，通过对员工的激励来表达企业积极向上的文化精神，传递给顾客进取、踏实、可信赖的印象。招商银行的“招商银行，为您而变”和工商银行“您身边的银行，可信赖的银行”通过对客户的关注给人以朋友般的亲切感，以绝对的尊重来吸引客户。兴业银行的“服务源自真诚”和交通银行的“交通横流，诚信永远”则给客户以真诚开放的印象，符合银行作为通货中心、信息中心和信用中心的形象要求。

（二）依托传统文化，缔造归属情感

银行作为吸收存款发放贷款的信用中介，关键在于给人以忠厚踏实的长者形象，而我国古老深厚的传统文化元素恰能满足这一需求。传统文化凝练且韵味深厚的语言，一方面体现有德者般的成熟，独具特色便于记忆，另一方面给人一种文化归属感，有一石多鸟的功效。

建设银行的“善建者行，行者建行”，语出老子《道德经》中“善建者不拔，善抱者不脱”，是指善于做某件事的人，由于经常做而对这类事的完成非常有把握，也是所谓“在行、专业”之意。经文中更深层次的意思是有道有德之人不会动摇不会丧失信心。建行借用老子此语，表达了本行对业务精益求精，充当“行家”的自许；体现了该行不断前行的自我激励；倾注了建行善于建设自身道德，给人绝对诚信的理念。“行者建行”还道出“坐而论道，不如起而践行”的精神。道家思想作为在我国积淀最为深厚的传统文化之一，很容易唤起国人的文化归属感，给人一种传承古典、稳重踏实的良好印象。

（三）夹带本行名称，强化广告印象

广告语的初衷，是为了让人们快速记住所宣传的对象，并在有限的时间内了解所宣传的对象的特征。如果广告语中能巧妙地嵌入银行名称，则能起到既宣传品牌形象又强化广告印象的双重效果。

交通银行的“交流融通，诚信永恒”不仅包含“交通银行”名称中的“交通”二字，也表达了银行作为经济运行的“润滑剂”融通资金的作用。建设银行的“善建者行”、“中国建设银行，建设现代生活”也巧妙地体现了本行名称，既宣传理念，又方便记忆。

（四）立足环境变化，顺应国情要求

不同的时期，国家有不同的政策偏向，构成银行经营不同的环境条件。为争取国家的支持，各银行的业务方向也顺应了国情的要求，这从广告语可见一斑。顺应我国对“三农”问题的扶持，中国农村信用社打出了“面向农村，服务三农”的广告语；顺应国家西部大开发战略的实施，西安商业银行打出“西安商业银行，与您共创西部辉煌”，等等。

不同的金融产品，也常常需要面对不同的客户对象，构成银行经营不同环境条件的另一个侧面，围绕其打出的广告也因人而异。农业银行在面对农村居民文化水平较低的实际情况时，以直白的口语化语言打出了“购车又购房，农行帮你忙”、“握住农行手，永远是朋友”的广告语；而在面对受教育程度较高的城市居民信贷消费者时，则打出“金钥匙消费信贷，开启您的幸福之门”、“手持金穗卡，潇洒走中华”等更为书面化的广告语。

（五）突出自身特点，明确市场细分

大中型银行往往力图覆盖市场的各个层面，而以区域银行为主体的小型“焦点”银行则必须通过各自的经营特色，重点经营某些细分市场的业务。它们都必须突出对细分市场的诉求，广告语也应体现出独有的针对性。

台湾储蓄银行针对本行主要经营储蓄业务的特点，打出“年终奖金何处去”的广告语，生动有趣；广州商业银行针对自身特点，提出“政府的银行，市民的银行”的广告语，语义鲜明；郑州市商业银行的“服务地方经济，服务中小企业，服务城市居民”的广告语则明确地指出了自己的服务对象，符合北方人直率爽快的性格特征。

（六）坚持与时俱进，诉求不断改进

我国处于经济转型时期，很多方面都在不断地改变。处在这个时期的企业，必须具有不断探索和改革的精神。广告语也体现出了坚持与时俱进、诉求不断改进的特点。

农业银行的广告语按照需求的变化不断改进。当农民客户生活水平较低时，提出了“选择农业银行，生活更有保障”的广告语；根据农民客户四季劳作追求致富的时代特征，提出了“无论春夏秋冬，农行助您成功”的广告语。后来，农民经济收入不断增长、经营活动和资金往来逐渐频繁时，提出了“塑农行形象，铸金穗辉煌”。建设银行根据当初人们急切拥有住房的心情，推出“要住房，找建行”的诉求；后来，人们进入小康生活，想改善住房了，又推出“住好房，到建行”的广告语，不断发掘人们的新需求。

（七）突出品牌定位，抢占理念高点

随着我国加入 WTO，银行间的竞争日益激烈，银行利用广告语突出品牌定位，抢占理念制高点的现象不断涌现。因为，要争取更多的客户资源，就必须打造属于本行独有的品牌理念，构造具有本行形象特色的广告识别系统。深入人心的广告语能成为一种观念，代表一类事物，还能使后来者为之作嫁，起到海纳百川、湖聚千沟的功效。

招商银行为了突出其以卡业务为专长、塑造卡业务先行者的形象，围绕其具有多种业务办理功能的储蓄卡打出了“一卡通天下”的广告语，极大地突出了该行的品牌定位。此后，凡是能够进行特定的区域性综合业务办理的银行卡，不管是哪个银行发行的，几乎都被人们统一称作“一卡通”。于是，招商银行的“一卡通”之语便成为一种理念，为招商银行发展卡业务带来了持久的宣传效果。交通银行将“交流融通”的经营理念成功地广而告之后，便构造了交行独特的企业形象。而后虽有地区银行模仿打出“行通九省，福达八方”等广告语，却不能再与已经先入为主的交行广告语相提并论，反而加深了人们对交行的印象，无异于为他人作嫁衣裳。

二、部分欠妥广告语的主要表现

严格意义上说，我国银行广告语发展不到 30 年，能够涌现出一大批优秀的广告语确实不易。但是，在发展过程中也出现了许多欠妥的广告语，值得我们关注。

（一）创作风格雷同，广告思路单一

从四大国有银行到各地方银行，风格不鲜明，难以独树一帜的广告语确实不少。用词不是“成功”、“幸福”，就是“更好”、“卓越”，或者都强调自己是“可信赖的”，内容同一，底蕴不足。广告语跟风的情况也很普遍，似“抄袭”而非“创作”。自从交行“百年之交，心心相通”的广告语为人们认可后，各银行便掀起了在广告语中强加本行名称之风，与没有特点的通用词汇组合起来，似乎广告语都写成祝福语了。“中国农业银行，祝您事业兴旺”、“招商银行，为您成就未来”、“选择中国银行，实现心中理想”、“中国建设银行，幸福千万家”等，除了银行的名字不同外，鲜有区别于竞争对手的亮点。

（二）用词过空过泛，表达不够准确

广告语作为语言的一种运用方式，自然要遵循语言的运用规律。实践证明，语言表达越是精确具体就越能给人留下深刻印象。一般而言，凡是高度概括的词，因其宽泛具有普遍适用性而难以具有恰当表达的作用。类似于“真诚，所以信赖”、“诚信，创新，效率”、“尊重，责任”等广告语，实在不能让顾客看过之后留下什么特别的印象，远不如“假如没有巴克雷，您恐怕要迷路”之类好。须知每家银行都在向顾客宣传自身“真诚、安全、可靠”，而实际上每家银行在流动性、营利性、安全性和服务水平等方面又各有差别，很少有银行能够用简短的语言具体形象地来向顾客解释为什么可靠，幸福在哪里，安全又在哪里。广告语应当向人们说明其服务的出众之处。

（三）口号使用频繁，给人压迫感

恰当地运用少量的口号能发挥强调的作用，使经典的理念、凝练的思想根植于人们内心深处，并起到激励作用。汇丰的广告语“环球金融，地方智慧”就成功地将自己的特色“喊”了出来。但是，过于频繁地喊口号不仅不能突出特色，而且给人过于强调自我诉求、不尊重客户需求的印象。广告语要给人一种开放的、亲切的感觉，口号多了就会给人以压迫感，甚至激起反感。“用心服务，方便快捷”、“贴心满意，和谐发展”、“质量第一，效率为先”、“顾客至上，创造卓越”、“以人为本，创新求实”、“开拓进取，团结奉献”之类，把亲切地为人们服务的银行理念变成了死板的军营教条。

（四）附庸风雅、牵强附会

在广告语中加入传统文化元素使人印象深刻，但若使用不当则适得其反，容易造成没有银行特色、只有中国风格的现象。农业银行的“大行德广，伴您成长”，前半句用了庄子《天地·第十二》中的古文，后半句是一句现代白话文，色调不相

匹配。意义上，“大行德广”既指高善的德行，也指刚过世而未定谥号的帝王或皇后，易被从反面误解。中国银行“止，而后能观。风动，竹动，心动；有节，情意不动”的广告语，似乎很有文言文的节奏美，暗藏我国佛教禅宗的风格，很有文化底蕴。但禅宗的基本理念是“万物无常，而心念有常；风动旗动，而仁者心不动”，与中国银行的经营理念不是很匹配，给人晦涩难懂、附庸风雅的感觉。

哲理性强的句子如果能不着痕迹地放在广告语中确实能达到良好的效果，但生硬地套用也会产生牵强附会的感觉。某银行储蓄存款的广告语“求人不如求己”看似很有道理，但给人狭隘偏执的印象。其实，该行是想鼓励顾客把钱存到银行里去，等到需要用钱的时候就不必求助别人了。这是用主观片面的解释生硬地替代客观大众的理解，产生歧义在所难免。

（五）不够简短凝练，难以朗朗上口

纵观我国历来诗词，其中流芳千年者，无不贴近生活、朗朗上口。虽有平直、婉约，还须合辙、押韵，有平仄有节奏，才能广泛流传。广告语也有脍炙人口的需求，故亦应具备如此特征。我国银行广告语中能做到在百姓中流传的不多，用语粗糙者却有不少。“真诚相伴，携手理财”的“伴”和“财”放在一起在读音上就十分不协调。某地区银行的“离您更近，与您更亲”，虽不拗口，但节奏不清晰。香港汇丰银行的“今日汇丰，祝您成功”，虽较为押韵、语调清晰，但语义宽泛不鲜明，难以持久流传。前述中国银行的“止，而后能观。风动，竹动，心动；有节，情意不动”的广告语看似凝练实则杂琐。

（六）过度使用专业术语，使人云里雾里

广告语面对的是普通大众，专业术语的使用有时会使人不得其解，效果犹如水过鸭背。杭州商业银行的“商业银行，绿色银行，开放银行，钻石银行”就让人觉得冗长乏味，似懂非懂。普通人能懂得“绿色银行”是指以注重金融服务项目安全、关注客户理财健康和实现经济与环境和谐发展为目标的银行经济的不多；能理解“钻石银行”是指服务于高档客户、提供高水平服务的银行的更少。兴业银行的“绿色的和谐，绿色的希望，绿色的金融，中国首家赤道银行——兴业银行”更让普通人讷闷：“兴业银行开到赤道上去了？”因为极少有人明白这是指在项目融资中采纳赤道原则，即使知道，也显枯燥。

（七）带有偏见，令人心冷

人类社会是一个整体，各个组成部分之间有着千丝万缕的联系。广告语不能通过冷落一部分顾客来取悦另一部分顾客。带有偏见的广告容易伤害公众的感情。一方面，被冷落的顾客可能与该广告的目标受众之间存在某些关系（如：朋友、亲人等）并经常交换意见；另一方面，偏见性的广告语给人不可信任的印象，因为人人都害怕下一个受到偏见待遇的会是自己。“北京市商业银行，北京人心中的银行”便有失公平，带有排外的嫌疑。“成都市商业银行，成都人自己的银行”还兼有虚情假意之嫌，因为成都市商业银行根本不可能是每个成都人“自己的”银行。另外，我国大部分人口都是农民，区域银行说自己是“某某市民自己的银行”便也带上了歧视农民的色彩。

三、国外知名商业银行广告语经验借鉴

（一）画面感强，色彩鲜明

西方国家的广告语给人很强的画面感。如果说我国银行的“高山篇”、“麦田篇”和“河流篇”中的广告犹如意境幽远的山水泼墨画，西方国家的许多广告就像一幅幅色彩鲜明的油画。可贵的是，国外银行许多广告语本身就具有画面感。

美国国家银行的“All the cars converge in front of our door”（街上所有的汽车都在我们门前汇合），就构造了该银行门庭若市的画面，体现出其可信赖的特点；美国联邦储蓄银行的“Your money has never gone this way”（你的钞票不会如此消散），让人想象银行阻止金钱消散、为客户积少成多的画面；美国保险公司的“You are in good hands”（你在慈祥双手的呵护之中），使人想起温暖的双手给人以支撑和力量的画面。

（二）对话式表达，平易近人

在广告语中运用对话式表达，是西方文艺复兴时期个性解放和平等自由思想的传承。所谓对话，即平等的双方运用语言自由交流的过程。以对话的方式做广告，银行转瞬间成了顾客的朋友，自然容易取得顾客的信赖。

巴尔克莱银行的“Today you don’t have to pay property taxes, but tomorrow? Berkeley bank, please ask the experts”（今天你可以不交财产税，但是明天呢？巴尔克莱银行，请向专家询问），巴克雷银行的“Without Buckley, you may probably get lost”（假如没有巴克雷，您恐怕要迷路哦），就如一位朋友在与顾客讨论关于理财问题的处理方法，并给顾客提出建议。美国运通银行黑卡的广告语“Don’t leave home without it”（出门别忘了带上它），像是家人的叮嘱，很容易使人在脑海中浮现一个人拿上卡然后出门的画面。

（三）突出重点，雁过留声

为了在观看者脑海中留下鲜明的印象，广告语应当突出重点，切不可因面面俱到而显得空泛平庸。突出重点就是要达到雁过留声、余音绕梁的效果。

花旗银行的广告语“Every night you sleep. But your dreams are widely awake, because ambitions never sleeps; aspirations never sleep; goals never sleep; hopes never sleep; opportunities never sleep; the world never sleeps. That's why we work around the world; that's why we work around the clock. To turn dreams into realities, that's why Citi never sleeps"（每个夜晚您都会休息。但您的梦想却依然清醒，因为抱负从不歇息；激情从不歇息；目标从不歇息；希望从不歇息；机会从不歇息；这个世界也从不歇息。所以，我们不分国界、不分昼夜地工作着。为您全力实现每个梦想，所以，花旗从不歇息）。这则广告语以诗歌的形式表达了花旗银行每时每刻都在毫不停歇地为顾客服务的特点，用字虽多、表述虽长，但却能通过重复强调的方式使人牢牢记住"Citi never sleeps"的"口头禅"，牢牢地构筑了花旗银行的形象标志。

（四）多用修辞手法，引起思想共鸣

修辞是语言表述的常用手法之一，其好处主要在于能通过对现实的联想引起人们的思想和情感共鸣。广告语用上修辞手法，还能使受众加深记忆。广告语中使用修辞，是国外银行宣传的常用方式。

美国储蓄联合会的"Your dollars will be more hard-working here , and will also grow more quickly"（ 你的美元在这里会更加努力地工作，也会增长得更多更快）和美国泽西银行的"The bank shouldn't let people wait"（银行不应让人久等）等语，用上了拟人的方法，赋予金钱和银行以生命力，形象生动的表现了美国联合储蓄会勤奋工作、竭心尽力为人理财的特点。美国储蓄银行的"The best book in the world-your own bankbook."（世界上最好的书——你自己的存折）、美国城市银行的"The first city bank of America, the driving engine of global progress"（美国第一家城市银行，全球进步的推动器）和泽西银行的"Value your time as your money"（珍惜你的时间，如你的金钱），用了比喻的方法，使人将存折和书、银行和推动器、时间和金钱加以联想，激起人们的思想共鸣，从而巧妙有趣地宣传了储蓄银行储蓄业务的专业性、城市银行热衷于创新和泽西银行的工作效率。

（五）坚持主题鲜明，做到无可替代

银行定位准确清晰，拥有其他银行不能代替的经营特色，是创作主题鲜明的广告语的基础条件。反过来，主题鲜明的广告语，也使银行的独特形象迅速地获得人们认可。

渣打银行的"Historic and reliable bank"（历史悠久的，安全可靠的银行）便是一例。渣打银行建行于1853年，拥有150多年的历史，而"渣打"的英文原意是指维多利亚女皇特许的银行，这则广告通过强调悠久的历史和深厚的业务功底，打造了一个稳重踏实的银行形象。新加坡大华银行根据自身主要服务于华夏子孙且其创始人是来自福建的特点，打出"大华誉海外，谨记陶朱训；华夏开分行，未忘轩辕志"的广告语，树立了大华银行意志坚定、绝不忘本的忠诚形象，从而获得了顾客的尊重和信任。

（六）转换视角，另辟蹊径

在市场竞争中，所有的参与者都在想方设法地使自己与众不同，转换视角就成为取胜的可行办法。当所有人沿着同一条思路摸索的时候，有人转换一下视角，会得到意想不到的效果。

美国第一国家银行的“Depression is an opportunity of true investors”（萧条对真正的投资者来说也是一种机遇），当人们正在为萧条发愁的时候，这条广告给予人们信心，促使人们化危为机，体现了灵活的思考方式；又如美国国家银行的“As safe as the United States of America”（像美利坚合众国一样安全），尽然用美国政府来形容银行的安全性，这一大胆的表述使人耳目一新；再如花旗银行的“A new perspective”（一种新视角），虽然没有具体给出是哪些新视角，但它不断地提醒人们关注花旗银行的创新之举。摩根大通的“If god will also seek financing, Morgan Stanley”（如果上帝要融资，他也要找摩根士丹利），则是从神的视角来拟人化思考的优秀代表。

四、几点建议

我国银行广告语应当根据自身实际情况，广泛吸收中西方文化要素，博采众长、自成一家，形成创意不断、百花齐放、各有特色的局面。笔者提出以下几点建议供参考：

（一）竭力营造闲侃气氛，让银行形象融入百姓生活

改革开放以后，我国银行渐渐脱离了计划经济银行官本位、员工大锅饭的思想束缚。此前，居民存款没有选择，企业融资无其他门道，银行是万事不求人，银行人人求。改革开放后的30多年，银行又变成了业务高度垄断、待遇相对奢华、掌控人间财富的财神爷，形象高高在上。数十年间，我国银行几乎不需要与顾客平等相待，比国外银行更需要人性化的形象改造。从目前的情况来看，我国银行广告语还有很多广告语体现出银行家们教训、教育、教说顾客的企图心。这些广告语不是想方设法发掘消费者的内在需求，而是强制性地推销银行单方面的业务愿望，形象改进的空间很大。

形象改造的重要途径是竭力营造闲侃气氛，让银行形象融入百姓生活。平等对话式、轻轻诉说式以及幽默诙谐式的广告语，只要贴近银行与消费者需求互动的生活细节，贴近银行带给服务对象的生活体验，都是再造银行形象的上佳广告语。银行为大众服务的特殊方式、与顾客交流的独特风格、为消费者提供财富增值方式的具体环节，都是创造此类广告语的素材。

（二）着重突出禀赋特征，努力触动受众内心情素

虽说禀赋特征与生俱来，但也是银行长期发展过程中逐步形成的，只要我们着

意发掘，也是能够把握的。禀赋特征寓于品牌形象之中，而品牌形象又是银行文化的长期积淀。一方面，我国银行应当利用每个机会塑造自身独特的品牌形象；另一方面，要努力发掘银行品牌形象中的禀赋特征，将其体现到广告语之中，打动消费者的内心情素。银行的品牌定位十分重要，它来源于银行服务市场的细分和定位，来源于银行满足顾客需求的能力和愿望，来源于银行业务规划中未来产品和服务在顾客心中所应有的位置。准确把握银行的品牌定位，才能准确把握广告诉求的定位。广告诉求的定位是广告语在银行未来顾客的心智上下功夫的着力点。银行广告语创作只有吃透银行文化，把准银行品牌定位，才能找出与顾客心智沟通、交流的形象语言，触动顾客的内心情素。

（三）勇于跳出思维定式，让新颖的视角创造吸引力

广告语创新包括形式和内容等多个方面，经常的视角转换是创新的重要途径。不断地进行视角创新，还能延续广告语的生命力。银行广告语的视角创新，主要体现在顾客对银行的逆向思考、银行对产品和服务的拟人化构思、静态事物的动态化表达、银行对顾客需要的代位表达、银行为顾客解决问题和难题的反向策略等等。在信息海量化的今天，具有新视角的广告语最能吸引人们的眼球，收到事半功倍的广告效应。

（四）努力增强语言画面感，让生动的形象创造感召力

形象思维最能激发人类心中的情感。人们总是喜欢看电影电视胜过看书看符号。而银行的产品和服务基本上是抽象的活动，有的时候还难以为人解读，更需要通过广告语使之形象化。这就要求广告语具有画面感。广告语具有画面感，与在广告语上配一幅背景画不是一回事。广告语本身就应该具有画面感，而不是需要配一幅画来加以注释。这样的广告语使人一读或一听就能在脑海里出现应有的画面感，因而心动情动。就像李白的诗句“床前明月光，疑是地上霜”，不需要配画就有画面感。广西北部湾银行最近在公开征集广告语，如果能有一句让人一读就想起该行服务北部湾经济发展和北部湾人们生活的广告语，应会成为上乘之作。

（五）果断摆脱传统和专业的桎梏，通俗简练创造语感美

我国是文明古国，文化渊源很深，广告语的创作很容易借助传统文化。为能恰当利用传统文化的神韵，应当创造性地引用古文。一是要引用人皆周知的古语，使人一读就明白；二是要引用不会引起歧义的古文，不至于使广告语产生负面影响；三是要借助而不是照搬古文，使人读起来妙趣横生，而不至于产生牵强附会的感觉；四是要敢于改造流行广泛的古语为我所用，创造传统文化新视角。还要果断摆脱专业素养的桎梏。许多人觉得没有专业术语，就难以精确表达广告诉求，走入了钻牛角尖的死胡同。广告语最重要的是打动受众感情，只要准确表达理念就好，不必死纠专业含义不放。死纠专业术语的结果，当然是只有专业人士才懂，广大受众不懂。

这就不是广告了，而是专告。

摆脱传统的和专业的桎梏，还要创造通俗、简练、易懂的广告语，并在广告语的节凑感、流畅感、韵味感上反复比选、斟酌，力求做到朗朗上口、过目难忘、经口生香。可以适当运用修辞手法，使广告语生动活泼。银行经营的是货币，既具体又抽象，关涉到老百姓的生活理财，影响面很大。引入修辞手法，对强化广告语的语言识别功能是很有必要的。特别是运用拟人、比喻和重复的方式突出重点，能给顾客带来轻松愉快的体验，顾客好像看到了银行和蔼可亲的形象，听到了银行甜美有趣的声音，能加深银行与顾客之间的情感共鸣。

（六）精心策划组合广告，众口烁金表达诉求

不同的诉求，需要不同的广告语来表达。银行至少有两种客户，一种是存款人，一种是贷款人。因此，银行广告语的诉求应有两种以上。既要吸引存取款人的眼球，使银行成为其忠实的生活理财伙伴，又要借贷款人离不开银行的支持，使其成为银行的发展伴侣。在我国，利率还没有成为商业银行自主创新的工具，否则，银行的广告语必须表达的诉求还要多出数十倍。但是，我国银行还是有很大的创新业务的空间，需要针对性的广告语来表达诉求。应该精心策划广告语组合来达到表达多元诉求的目的。

广告语组合既可以按产品类别来分别创作，也可以按银行形象的不同侧面特征来分别创作，还可以按市场细分来分别创作。但无论怎样，广告语组合必须在银行品牌定位的大前提下进行统合，保持银行形象的一致性。虽然，银行公众形象本身也是动态变化的，但是，这种变化应是业务创新的结果，而不是相互矛盾的广告语所产生的行为冲突。在这个大前提下，不同的广告语优化组合在一起，才能向不同的顾客或者向顾客需求的不同侧面进行立体式的表达，起到众口铄金的效果，进一步强化品牌的影响力。

参考文献

[1] 宋艳萍. 商业银行形象塑造浅探. 河南金融管理干部学院学报，2003（3）：52－53。
[2] 刘华熙，冯焕军. 浅谈商业银行形象设计与文化营销. 海南金融，2008（4）：38－40。
[3] 王志诚. 说说美国银行广告. 国际金融报，2000. 08. 25。
[4] 迟智广. 好酒也怕巷子深. 海南金融，2002（1）：21－22。
[5] 高丽华. 中外银行广告语点评. 中国市场，2008. 08. 18。
[6] 杨汉武. 商业银行营销广告攻略. 企业研究，2009. 09. 01。
[7] 谭海. 我国商业银行广告策略浅析. 成都大学学报（社会科学版），2006. 10. 30。
[8] 胡法根. 银行广告为什么不能通俗点. 现代商业银行，2002. 06. 10。

中美货币政策协调性的理论与实证研究

王　彬

一、引　言

开放经济下国家之间的相互依存性越来越强，各国货币政策之间的相互影响日益加深，每个国家在运用货币政策实现各自的宏观经济目标的同时，也必然会对别国产生积极或消极的溢出效应。因此，国家之间货币政策协调特别是经济危机时期的政策协调便成为国际货币经济学领域的一个重要议题。源自美国次贷危机的全球性金融危机全面爆发以来，世界各国加大了经济、金融领域国际协调的力度与合作范围，纷纷采取“救市”计划。货币政策方面，连续降息的“传统调控手段”一度被各国频繁使用，同时西方国家又推行了所谓“定量宽松”的货币政策，进一步向市场注入流动性，这一举动在国际社会引起强烈反响，凸显了政策协调背后国家利益之间的博弈与竞争。中国在一系列经济刺激计划的有效实施下，已经率先摆脱了经济下滑的局面，宏观经济呈现整体企稳向好的态势，其中货币政策的积极作用功不可没。整体上看，全球经济复苏前景谨慎乐观，而后危机时代各国应如何继续有效地协调其政策以巩固经济向好的局面成为当前急需关注的一个现实问题。

中美作为对全球经济有重要影响力的两个国家，其庞大的经济规模决定了两国货币政策在一定意义上具有全球意义。随着经济全球化和金融一体化进程的不断深入，中美经济的依存性在深度和广度上得到了前所未有的延伸，两国经济政策间的溢出效应日益增强。两国货币政策在影响本国经济运行的同时，也会通过多种传导渠道影响另一国的经济运行，进而在一定程度上对方该国货币政策的实施。事实上，中美两国在货币政策协调等方面有着广泛的合作空间和共同利益，建立两国货币政策协调的长效机制，加强货币政策领域的信息交流，不仅有利于促进中美经济和谐发展，也对世界经济稳定意义重大。而就中美两国的货币政策实践看，利率已成为当前美联储引导美国金融市场和调节宏观经济的最主要的货币政策工具；在中国，随着近年来利率市场化进程的推进和利率传导渠道的逐渐通畅，我国货币政策操作的中介目标将逐渐转变为调控利率这一价格型的政策工具。利率作为货币政策的重要组成部分，与实体经济和虚拟经济有着紧密联系，具有多维度政策传导途径，对国内外经济运行构成了深远的影响，利率政策在中美两国货币政策实践中均占据了日趋重要的地位。

基于以上认识，本文将考察中美利率的联动性，对比次贷危机前后两国利率协动性的变化特征。在实证方法上结合 VAR 模型和 Agren 提出的非对称 GARCH - ABEKK 模型，在一个完整的模型分析框架内探讨中美两国利率在一阶矩（均值）和二阶矩（方差）上的关联性，即均值溢出和波动溢出效应。此外，一国利率上升或下降对两国利率协动性的影响可能存在差异，具有不对称性，本文还将通过以上模型考察美国利率变动对中美利率协动性（协方差）的非对称冲击效应。本文安排如下，第二部分通过一个理论模型揭示货币政策协调的必要性，第三部分建立计量模型对中美货币政策的协调性进行实证分析，第四部分为结论和政策建议。

二、货币政策协调的积极意义——基于理论模型的分析

本节将基于 Walsh 的研究建立一个简化形式的两国模型，以此来阐述货币政策协调发挥的重要作用。模型中假定经济体之间的联系主要体现在贸易和资本流动两方面，中央银行以名义利率作为货币政策工具对经济进行调控，模型引入总需求冲击和总供给外生冲击，这些扰动的均值为零且互不相关。其中，E_t 为 t 时期的预期算子，π_t 为通货膨胀率，i_t 为利率，代表本国货币政策，y_t 为产出，ρ_t 为实际汇率，所有经济变量的系数均为正值。方程(1) 为扩展的菲利普斯曲线，描述本国总供给，产出 y_t 决定于非预期通货膨胀($\pi_t - E_t - 1\pi_t$) 和直接标价法的实际汇率 ρ_t，实际汇率贬值使进口原材料价格上涨，造成通货膨胀和本国总供给减少。方程（2）描述了决定本国总需求的三个重要因素，国外产出上升将导致对本国的需求增加，本国货币贬值有利于净出口进而带动国内需求，本国利率提高则对总需求构成负面影响。同理，方程(3)、(4) 描述了外国的总供给与总需求（以 * 表示外国的经济变量）。方程（5）给出了简化的利率平价方程，当国内实际利率高于国外时，资本流入使本币升值。模型对比可以分析有无货币政策协调的两种情况，也即国际政策的合作博弈与非合作博弈。考察政策绩效时沿用包含产出和通货膨胀的损失函数进行评价，该函数体现了政策制定者希望稳定产出、减少通胀波动的观点。方程如下：

$$y_t = -b_1\rho_t + b_2(\pi_t - E_{t-1}\pi_t) + e_t \tag{1}$$

$$y_t = a_1\rho_t - a_2(i_t - E_t\pi_t) + a_3 y_t^* + u_t \tag{2}$$

$$y_t^* = b_1\rho_t + b_2(\pi_t^* - E_{t-1}\pi_t^*) + e_t^* \tag{3}$$

$$y_t^* = -a_1\rho_t - a_2(i_t^* - E_t\pi_t^*) + a_3y_t + u_t^* \quad (4)$$

$$\rho_t = (i_t^* - E_t\pi_t^*) - (i_t - E_t\pi_t) + E_t\rho_{t+1} \quad (5)$$

用国内总需求方程（2）减去国外总需求方程（4），利用利息平价方程（5）消去 $[(i_t - E_t\pi_t) - (i_t^* - E_t\pi_t^*)]$，从而得到一个关于 $y_t - y_t^*$ 的表达式。接下来用国内总供给方程（1）减去国外总供给方程（3），得到 $y_t - y_t^*$ 的第二个表达式。令这两个表达式相等，可以得到该模型中的均衡实际汇率：

$$\rho_t = [b_2(1+a_3)(\pi_t - E_{t-1}\pi_t - \pi_t^* + E_{t-1}\pi_t^*) + (1+a_3)(e_t - e_t^*) - (u_t - u_t^*)]/B \quad (6)$$

$$B = 2a_1 + a_2 + 2b_1(1+a_3) > 0$$

将均衡实际汇率分别代入（1）（3），得到：

$$y_t = -b_2A_1(\pi_t - E_{t-1}\pi_t) + b_2A_2(\pi_t^* - E_{t-1}\pi_t^*) + A_1e_t + A_2e_t^* + A_3(u_t - u_t^*) \quad (7)$$

$$y_t^* = -b_2A_2(\pi_t - E_{t-1}\pi_t) + b_2A_1(\pi_t^* - E_{t-1}\pi_t^*) + A_2e_t + A_1e_t^* - A_3(u_t - u_t^*) \quad (8)$$

$$A_1 = [2a_1 + a_2 + b_1(1+a_3)]/B > 0, A_2 = b_1(1+a_3)/B > 0$$

本文将考察两国货币政策协调和不协调时的福利损失情况。首先，考虑两国货币政策协调的情形，此时两国共同目标为最小化包含两国福利在内的损失函数（9）：

$$\min\{(\lambda y_{t+i}^2 + \pi_{t+i}^2)/2 + (\lambda y_{t+i}^{*2} + \pi_{t+i}^{*2})/2\} \quad (9)$$

将方程（7）、（8）带入（9）后对 π_t，π_t^* 求导并依据 t－1 时期信息作相应预期，得到一阶最优条件：

$$(1 + \lambda b_2^2A_1^2 + \lambda b_2^2A_2^2)\pi_t + 2\lambda b_2^2A_1A_2\pi_t^* + \lambda b_2\varepsilon_t = 0 \quad (10)$$

$$(1 + \lambda b_2^2A_1^2 + \lambda b_2^2A_2^2)\pi_t^* + 2\lambda b_2^2A_1A_2\pi_t + \lambda b_2\varepsilon_t = 0 \quad (11)$$

对方程（10）、（11）求解可以得到货币政策协调时的均衡通货膨胀率：

$$\pi_{c,t}, \pi_{c,t}^* = -(\lambda b_2/(1+\lambda b_2^2))\varepsilon_t$$

将以上结果代入方程（6）、（7）、（8），得到货币政策协调时的均衡产出和实际汇率：

$$y_{c,t}, y_{c,t}^* = \varepsilon_t/(1+\lambda b_2^2), \rho_t = 0$$

将其代入方程（3）（4），得到货币政策协调时的最优名义利率：

$$i_{c,t}, i_{c,t}^* = [(1-a_3)/a_2 - \lambda b_2]/(1+\lambda b_2^2)$$

就国内经济体而言，此时货币政策协调时的福利损失为：

$$L^c = \lambda\sigma_\varepsilon^2/2(1+\lambda b_2^2)$$

以上考虑了两国货币政策协调时的情形，下面对两国货币政策不存在协调时的情况进行求解。此时货币政策的目标损失函数不再包括国外产出或通货膨胀的因素，两国货币政策目标函数分别为：

$$V_t = \sum_{i=0}^{\infty} \beta^i (\lambda y_{t+i}^2 + \pi_{t+i}^2), V_t^* = \sum_{i=0}^{\infty} \beta^i (\lambda y_{t+i}^{*2} + \pi_{t+i}^{*2})$$

与之前的推导过程类似，得到无协调时两国最优名义利率以及福利损失为：

$$i_{c,t}, i_{c,t}^* = [(1 - a_3)/a_2 - \lambda A_1 b_2]/(1 + \lambda A_1 b_2^2)\ L^N = \lambda \sigma_\varepsilon^2 (1 + \lambda A_1^2 b_2^2)/2(1 + \lambda A_1 b_2^2)^2$$

比较两国货币政策有无协调时福利损失的大小可见，政策协调将有利于减少本国福利损失。该模型揭示了国际政策协调的重要性，体现了国际货币政策协调的积极意义。

三、计量模型框架的建立和分析

（一）数据的选取与统计性描述

本节结合上述理论分析，建立相关计量模型实证研究中美利率政策的协调性。采用日度中国银行间同业拆借利率（简称中国利率 r_1）和美联储基金利率（简称美国利率 r_2）数据作为中美两国利率政策的代理变量，数据来源于中经网数据库和美联储网站。美国于次贷危机发生后的2007年8月开始大幅度调整利率，本文以2007年8月1日为界，分别考察危机前后中美利率的关联性，其中危机前的时间范围从2005年11月17日到2007年7月31日，危机后为2007年8月1日到2009年3月17日。

表1　各个时间序列的统计描述

	次贷危机前的中美利率		次贷危机后的中美利率	
	r_1	r_2	r_1	r_2
均值	5.022437	2.433172	2.430477	3.01933
标准差	0.375833	0.714748	1.686814	1.441300
偏度	-1.421340	1.213712	0.175258	1.678521
峰度	3.684128	5.343463	1.770899	8.141357
JB 统计量	141.7685 ***	188.7881 ***	27.08973 ***	625.2460 ***
Q(10)	3478.8 ***	754.63 ***	3665.5 **	800.47 ***
Q^2(10)	3504.4 ***	533.42 ***	3606.5 ***	361.06 ***
ADF 检验形式	(c,0,2)	(c,0,1)	(c,t,0)	(c,0,1)
ADF 统计量值	-3.215285 ***	-6.247812 ***	-4.431511 ***	-5.606672 ***

注：(1) ***、** 分别代表在1%显著性水平下和5%显著性水平下拒绝零假设。(2) Q (10)，Q^2 (10) 分别代表着序列和序列平方的 Ljung - Box Q 统计量。

表1给出了时间序列的统计量。次贷危机后，中美利率的均值水平明显靠近，波动水平明显上升。偏度和JB统计量显示两国利率均为非正态分布，其中次贷危机前中国利率呈现左偏，其余均为右偏。各序列峰度均不等于3，说明序列呈现非正态的尖峰厚尾分布。序列自身及平方的Ljung－Box Q统计量表明所有序列均自相关且具有波动集聚性。ADF检验说明1%显著性水平下所有序列均平稳。

（二）VAR－MVGARCH（1，1，1）－ABEKK模型的分析框架

本文对Agren的模型进行拓展，构建二元VAR－ MVGARCH－ABEKK模型，均值方程：

$$r_{1,t} = \mu_1 + \sum_{i=1}^{p} \gamma_{1,i} r_{1,t-i} + \sum_{i=1}^{p} \bar{\omega}_{1,i} r_{2,t-i} + \varepsilon_{1,t} \tag{12}$$

$$r_{2,t} = \mu_2 + \sum_{i=1}^{p} \gamma_{2,i} r_{1,t-i} + \sum_{i=1}^{p} \varphi_{2,i} r_{2,t-i} + \varepsilon_{2,t} \tag{13}$$

$$\varepsilon_t = (\varepsilon_{1,t}, \varepsilon_{2,t})', \ u_t = (u_{1,t}, u_{2,t})', \ u_t = H_t^{-1/2}\varepsilon_t, \ \varepsilon_t \mid I_{t-1} \sim N(0, H_t)$$

我们假定方差方程Ht是一个二元GARCH（1，1，1）过程：

$$H_t = C'C + A'\varepsilon_{t-1}\varepsilon'_{t-1}A + B'H_{t-1}B + G'\eta_{t-1}\eta'_{t-1}G \tag{14}$$

其中，ε_t为均值方程残差项矩阵，η_t为均值方程中小于零的残差项矩阵，u_t为标准化后残差项矩阵，均服从标准正态分布。H_t为ε_t在信息集I_{t-1}下的条件方差与协方差矩阵。C为2×2上三角矩阵，A、B、G均为2×2矩阵，A的主对角项α_{ii}反映了利率i自身波动的ARCH效应，非主对角项α_{ij}反映了利率i对利率j的ARCH型波动溢出效应；B的主对角项β_{ii}反映了利率i自身波动的GARCH效应，非主对角项β_{ij}反映了利率i对利率j的GARCH型波动溢出效应；G中的元素则反映了利率负向变动时的非对称冲击效应。各矩阵元素均为待估参数：

$$H = \begin{pmatrix} h_{11} & h_{12} \\ h_{21} & h_{22} \end{pmatrix}, C = \begin{pmatrix} c_{11} & c_{12} \\ 0 & c_{22} \end{pmatrix}, A = \begin{pmatrix} \alpha_{11} & \alpha_{12} \\ \alpha_{21} & \alpha_{22} \end{pmatrix}, B = \begin{pmatrix} \beta_{11} & \beta_{12} \\ \beta_{21} & \beta_{22} \end{pmatrix}, G = \begin{pmatrix} g_{11} & g_{12} \\ g_{21} & g_{22} \end{pmatrix}$$

最大似然函数：

$$L(\Delta) = -T\log(2\pi) - (1/2)\sum_{t=1}^{T}(\ln|H_t| + \varepsilon_t' H_t \varepsilon_t) \tag{15}$$

均值溢出检验基于均值方程，实质是单方程系数联合显著性检验，对应F统计量，服从F分布：

假设1：中国利率对美国利率无均值溢出效应（H0：$\gamma_{2i}=0$）；

假设2：美国利率对中国利率无均值溢出效应（H0：$\varphi_{1i}=0$）。

波动溢出效应检验基于方差方程，采用似然比检验法，对应统计量LR服从卡

方分布：

$$LR = -2(L_{restricted} - L_{unrestricted}) \sim \chi^2(n)$$

其中，$L_{restricted}$和$L_{unrestricted}$分别代表着无波动溢出效应模型和原模型的对数似然值，

假设3：中国利率对美国利率无单向波动溢出效应（H_0：$\alpha_{12} = \beta_{12} = g_{12} = 0$）；

假设4：美国利率对中国利率无单向波动溢出效应（H_0：$\alpha_{21} = \beta_{21} = g_{21} = 0$）；

假设5：中国利率与美国利率无双向波动溢出效应（H_0：$\alpha_{12} = \beta_{12} = \alpha_{21} = \beta_{21} = g_{12} = g_{21} = 0$）。

Kroner 和 Ng 对一元 GARCH 的新闻曲线进行了改进，提出了多元 GARCH 的新闻冲击曲面，本文将采用该方法来考察美国利率变动对中美利率协动性的非对称冲击效应，其计算方法为：

$$f(\varepsilon_{1,t},\varepsilon_{2,t}) = (a_{11}a_{22} + a_{21}a_{12})\varepsilon_{1,t}\varepsilon_{2,t} + (g_{11}g_{22} + g_{21}g_{12})\eta_{1,t}\eta_{2,t} \tag{16}$$

（三）VAR－MVGARCH（1，1，1）－ABEKK 模型的估计结果

1. 均值方程 VAR 的估计

表2 VAR 模型的参数估计结果

	次贷危机前的中美利率 VAR 方程		次贷危机后的中美利率 VAR 方程	
	$r_{1,t}$	$r_{2,t}$	$r_{1,t}$	$r_{2,t}$
常数项	0.111324***	−0.834887***	−5.78E−06	0.520334***
$r_{1,t-1}$	0.608847***	0.148998	0.850675***	−0.343893
$r_{1,t-2}$	0.128073**	0.160648	−0.039503	0.350308
$r_{1,t-3}$	0.158583***	−0.367899	−0.004547	0.200784
$r_{1,t-4}$	0.082250*	0.398633	0.060156	0.064564
$r_{1,t-5}$			0.061810	−0.469695
$r_{1,t-6}$			0.066880	0.321651
$r_{2,t-1}$	0.002799	0.441705***	0.002763	0.566041***
$r_{2,t-2}$	0.001467	0.182654***	0.005444	0.178243***
$r_{2,t-3}$	−0.006481	0.051537	−0.001069	−0.067698
$r_{2,t-4}$	0.004691	−0.032475	−0.006348	0.129087**
$r_{2,t-5}$			−0.020021	−0.184834***
$r_{2,t-6}$			0.015534	0.104908*
对数似然值	381.4626		−402.3706	
均值溢出检验	假设1：F＝1.32，Chi＝5.28 假设2：F＝0.59，Chi＝2.39		假设1：F＝1.01，Chi＝5.05 假设2：F＝0.96，Chi＝5.81	

注：表中略去了 t 统计量仅给出显著性水平，其中 *、**、*** 代表在10%、5%、1%显著水平下拒绝零假设。下表同。

依据 AIC 和 SC 信息准则，选取 VAR 模型的最优滞后阶数。表 2 为次贷危机前后中美两国利率均值方程的估计结果。结果显示：中美利率均受到其自身滞后项的显著影响，其中，次贷危机以前的 VAR 模型中，中国同业拆借利率的滞后 1 期到 4 期均对当期有显著影响，美国联邦基金利率的滞后 1 期、2 期对当期有显著影响。次贷危机以后的 VAR 模型中，中国同业拆借利率的滞后 1 期对当期有显著影响，美国联邦基金利率的滞后 1、2、4、5 和 6 期对当期有显著影响，这说明两国利率均存在序列自相关性，这与表 1 的描述性统计结果一致。VAR 模型的交叉滞后项均不显著，均值溢出效应检验结果表明，次贷危机前后，中美两国利率之间不存在任何方向的均值溢出效应。

2. *波动方程 MVGARCH（1，1，1）– ABEKK 的估计*

表 3 为两变量非对称 VAR – MVGARCH（1，1，1）– ABEKK 模型的估计结果。实证结果显示：次贷危机前后 VAR – MVGARCH（1，1，1）– ABEKK 模型相比原 VAR 模型对应的最大对数似然值均有所增加，说明考虑异方差能更好地刻画数据特征，模型设定合理。次贷危机发生以前的矩阵 A、B、G 中，对角元素除 α_{11}、β_{22} 和 g_{11} 以外均在 1% 水平下显著，说明两国利率序列均存在条件异方差，波动具有集聚性，这与表 1 的统计特征一致；矩阵 A、B、G 的非对角项中元素 α_{12}、α_{21}、β_{12}、β_{21} 和 g_{21} 均在 1% 水平下显著，表明两国利率之间普遍存在 ARCH 型、GARCH 型的波动溢出效应以及负向新闻的非对称冲击效应。次贷危机发生以后的矩阵 A、B、G 中对角元素均在 1% 水平下显著，说明此时两国利率序列均存在条件异方差，波动具有集聚性，这与表 1 的统计特征一致；矩阵 A、B、G 的非对角项中元素同样均在 1% 水平下显著，表明危机后的两国利率之间同样普遍存在 ARCH 型、GARCH 型波动溢出效应以及负向新闻冲击效应。波动溢出效应的检验结果显示，次贷危机前后中美利率之间存在显著的波动溢出效应。需要指出的是，次贷危机发生后的矩阵 A、B、G 非对角元素无论数值大小还是显著项的个数均显著大于危机前的情形，这说明次贷危机以后两国利率之间波动溢出效应明显加强，体现了危机后在各国政府货币政策趋同的大背景下，中美两国利率联系进一步加深。

表 3 波动方程的参数估计结果

	次贷危机前的波动溢出模型			次贷危机后的波动溢出模型		
参数	估计值	t – 统计量	概率	估计值	t – 统计量	概率
c_{11}	0.01425	604.34	0.00	−6.99E−09	−16.895	0.00
c_{12}	0.16041	21.99	0.00	−9.68E−09	−0.01	0.50
c_{22}	0.34316	18.06	0.00	0.56433	40.225	0.00
α_{11}	0.16351	0.39	0.35	−0.05400	−6.5539	0.00
α_{21}	0.00206	134.93	0.00	0.01701	192.89	0.00

续表

	次贷危机前的波动溢出模型			次贷危机后的波动溢出模型		
参数	估计值	t-统计量	概率	估计值	t-统计量	概率
α_{12}	0.49826	15.84	0.00	0.11608	2.4915	0.01
α_{22}	0.88586	182.01	0.00	0.87936	1117.3	0.00
β_{11}	0.04218	8.22	0.00	0.01331	59.802	0.00
β_{21}	-0.00013	-16.24	0.00	-0.00124	-370.55	0.00
β_{12}	0.82774	40.82	0.00	0.97804	6283.9	0.00
β_{22}	-0.00006	-0.01	0.50	-0.08040	-13.188	0.00
g_{11}	4.5178E-07	0.00	0.50	-0.29434	-23.666	0.00
g_{21}	0.000001464	13.75	0.00	0.01014	49.359	0.00
g_{12}	0.000039515	0.00	0.50	-0.23781	-9.9638	0.00
g_{22}	0.01425	604.34	0.00	-6.99E-09	-16.895	0.00
最大似然值	427.98			-140.05		
波动溢出效应检验	假设3：LR = 1711.2*** 假设4：LR = 1711.4*** 假设5：LR = 1710.2***			假设3:LR = 18.822*** 假设4:LR = 38.961*** 假设5:LR = 58.105***		

3. 中美利率变动对中美利率协动性的非对称冲击效应

图1和图2给出了中美利率变动对其协方差（协动性）的新闻冲击曲面。图1显示，次贷危机以前，中美利率同时处于上升通道（标准残差项为正）时中美利率的协动性最大，这实际上是这段时期内中美两国同处于加息周期的具体体现。当两国利率同时下降，协动性明显降低，而当两国利率水平分别处在上升或下降通道时则呈现负的协动关系。事实上，2005年7月21日中国汇改以来，中国有意保持中美两国的利差以避免国际“热钱”的过度涌入，维护汇率稳定。美国爆发次贷危机之前的一段时间内，中美两国利率持续走高，整体上呈现同方向变动，且联动性不大。美国爆发次贷危机后，为缓解市场信贷紧缺、刺激经济，美联储曾在短时期内连续多次大幅度降息。而我国在2007年为防止通货膨胀进一步加剧以及经济过热，央行在2007年连续6次上调基准利率，中美利差一度“倒挂”。而2008年下半年以来，随着国际金融危机对我国经济的影响日渐加深，央行适时调整货币政策，连续多次下调利率以维护经济平稳运行。图2表明，次贷危机以后，中美两国利率的协动关系特征与之前相类似，但这时两国利率同时上升或下降对其协动关系的影响已经十分接近，可能的原因是中美利率变化并不像危机前那样在整个事件区内一直处于上升通道，而是先反向后同向变动，由此部分抵消了美国利率上升对中美利率协动性的冲击效应，从而使得两国利率同向变化（同时上升或下降）时带来的冲击效应趋同，差异减小。此外，通过比较次贷危机发生前后冲击曲面的坐标大小可知，

危机后中美两国利率的协方差出现明显的加强，这体现出危机爆发后特别是 2008 年下半年以来，我国利率与国际利率的联动性和协调性得到了显著增强。

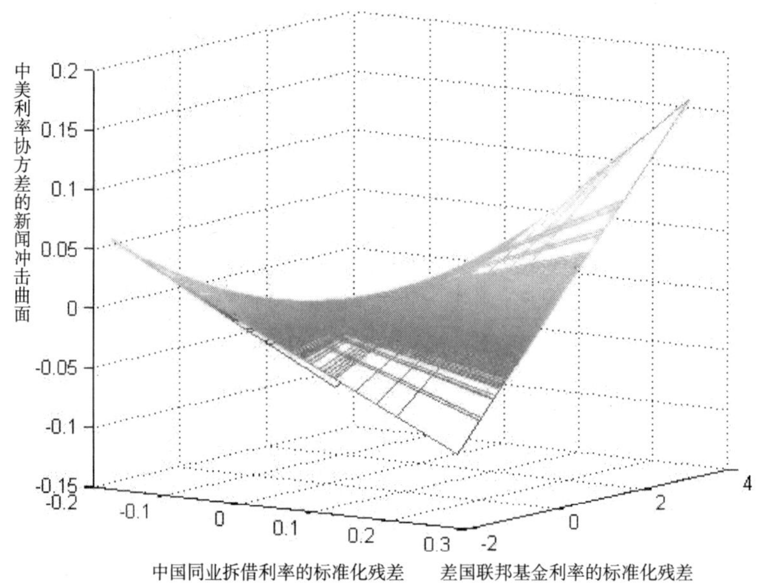

图 1　次贷危机前中美利率协方差的新闻冲击曲面

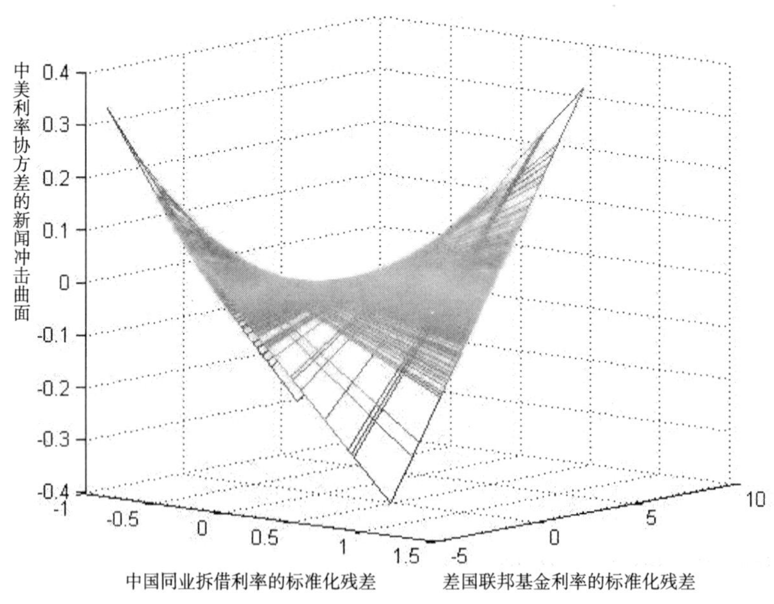

图 2　次贷危机后中美利率协方差的新闻冲击曲面

四、结论与政策建议

本文首先通过理论模型说明了国际货币政策协调有利于减少本国的福利损失，论证了政策协调的必要性，而后以中美两国利率政策为例，采用两变量非对称VAR-MVGARCH（1，1，1）-ABEKK模型实证分析了次贷危机前后，中美货币政策之间的溢出效应以及协动性的特征。总体来看，中美两国利率在危机前后均不存在均值溢出效应，但都存在显著的波动溢出效应，并且这种联系在危机以后得到了明显的加强。本文还利用新闻冲击曲面研究了美国利率上升和下降时对中美利率协动性的非对称影响，结果发现，次贷危机发生之前中美利率同时上升时两者协动性更大，而危机后中美利率同向变动时对两者之间协动性的影响几乎等同。且危机以后，中美利率的协动性均得到明显加强，体现出危机后国际货币政策协调性的增强。

经济全球化背景下国家间经济关联性日益加深。开放经济条件下货币政策传导的溢出效应使得一国货币政策不能仅以本国经济状况为依据来制定，也需要兼顾国际经济因素的影响，这凸显了各国在货币政策上进行协调与合作的必要性。目前，全球已步入后危机时代，多数经济体已开始逐步步入复苏的轨道，但还没有实现真正意义上的复苏，全球经济形势还存在不确定性，未来全球经济复苏过程极有可能出现全球性通胀风险，考虑到各国经济复苏基础尚不稳固，全球宽松货币政策的退出进程应当慎重对待，在着力推动全球经济复苏和增长的同时也要兼顾通货膨胀问题。如果未来各国政策实施和退出计划不同步，将对全球经济产生诸多不利影响，引起一系列负面的连锁反应。例如2009年10月澳大利亚对利率率先加息，预示着世界各国刺激政策的退出可能不会同步，这必将对全球经济恢复产生消极影响。因此，各国协调好货币政策对于确保全球经济稳定复苏和健康运行有着极为重要的意义。目前，各国货币政策总体来看步调基本保持一致，这在一定程度上显示了各国对政策协调性和一致性的重视。应当看到，美国作为世界最大的发达国家，其货币政策尤其是利率政策有更多自主性，并且对其他国家货币政策的实施有着重要的制约作用。因此，美国货币政策的制定不仅应该考虑自身经济的改善，也要考虑对全球其他国家的影响，要加强和其他经济体货币政策的协调，尤其应该加强和一些新兴市场经济国家和发展中国家的货币政策协调。中国作为世界最大的发展中国家和负责任的大国，在全球的地位与日俱增，金融危机期间中国对美国的大力支持和帮助有目共睹，中国领先摆脱经济衰退，对全球经济企稳回升的作用功不可没。中美作为两个影响力巨大的国家，其货币政策调整具有全球意义，因此双方应当共同采取前瞻性的货币政策，并积极关注货币政策对国际经济的影响，进一步加强货币政策协调，这对双方货币政策的有效实施和中美乃至世界的经济发展都是有利的。

参考文献

[1] Mundell, R. A. Theory of Optimum Currency Areas [J]. American Economic Review, 1961, (51): 657 - 675.

[2] Corsetti, G., Pesenti, P. The International Dimension of Optimal Monetary Policy [J]. Journal of Monetary Economics, 2005, (52): 281 - 305.

[3] Hamada, K. The Political Economy of International Monetary Interdependence [M]. Cambridge: MIT Press, 1985.

[4] Agren, M. Does Oil Price Uncertainty Transmit to Stock Markets [Z]. Working Paper Series No. 23, Uppsala University, Department of Economics, 2006.

[5] Walsh, E. Monetary Theory and Policy [M]. Cambridge: MIT Press, 2003.

[6] Kroner, E., Ng, K. Modeling Asymmetric Co - movements of Asset Returns [J]. Society for Financial Studies, 1998, (11): 817 - 844.

基于最优货币状况指数的政策评估：方法与应用

李子联

一、文献回顾

货币政策规则的设计及其应用一直是学界关注的重点。虽然在实践中政策制定者为了获得更高的经济增长率有可能违背诺言实行更高的通货膨胀率（Kydland & Prescott，1977），但是声誉模型（Backus & Driffill，1985；Barro，1986）和委托模型（Rogoff，1985）的提出表明时间非一致性及通胀偏差问题是可以解决的，这为政策制定者寻求一种简单且最优的政策操作模式提供了理论基础。基于此，Taylor（1993）提出了一种工具规则，认为中央银行应根据当期的产出缺口、当期通胀与目标水平的偏差和均衡实际利率三个变量来调整实际利率，这一思想被 Sveensson（1997）和 Ball（1997）的理论模型所证明。应当说，在封闭经济条件下，泰勒规则是有效的货币政策工具；但在开放经济条件下，除非对该规则进行修正，否则便是次优的（Ball，1998）。为此，Ball（1998）建议在开放经济条件下，一国应使用基于货币状况指数的货币政策规则，用该指数校正通货膨胀率与目标通胀率、经济增长率与潜在增长率之间的偏离。这是因为在开放经济条件下，利率和汇率都是影响经济增长和通货膨胀目标的重要传递渠道，因此将两者综合在货币状况指数这一简单的政策指示器中或许能更好地反映政策的整体状况。

货币状况指数（Monetary Conditions Indices，MCI）是指在选定一个基准时期后，国内利率和汇率相对于基期水平的百分点变化的加权平均数。如果以 r_t 表示利率，q_t 表示汇率指数的自然对数（采用间接标价法，即其值增加表示货币升值），r_b 和 q_b 分别为基期的相应数值，A_R 和 A_Q 分别是对利率和汇率的权重，则时刻 t 时的标准货币状况指数可以写为：

$$MCI_t = A_R(r_t - r_b) + A_Q(q_t - q_b) \tag{1}$$

对于（1）式所描述的货币状况指数，Kannan，etc.（2006）指出它在货币政策中可以有三种用途：一是可以作为货币状况的指示器，如当期利率和汇率相对于基期的数值越大，则货币状况指数越高，表明此时的货币政策是偏紧的；而当期利率和汇率相对于基期的数值越小，则货币状况指数越低，表明此时的货币政策相对宽松。二是可以作为货币政策的目标，由于货币状况指数能够反映当时的货币状况松紧程度，因此使用有效的货币政策工具以实现最优或较优的货币状况是可能的。三是可以作为货币政策的规则，货币状况指数中的权重反映了利率和汇率变化在一定时期内对总需求的影响程度，而权重比例表明利率上升 A_Q 个百分点和汇率升值 A_R 个百分点对总需求的影响程度是一样的，因此货币政策的制定者可以按照权重比例制定相应的利率政策和汇率政策。目前货币状况指数尚没有被引入货币政策规则中，但加拿大、新西兰等国中央银行已把它列为政策操作目标，更多国家的中央银行则把货币状况指数当作反映货币政策松紧程度的指标，看成是制定货币政策的重要依据之一。

对于货币状况指数中利率和汇率的权重计算，学界使用的方法各异，因而就同一时间样本内的相同数据由于方法不同也有可能得出不同的权重值。基于所选择的变量，学界在估计利率和汇率在货币状况指数中的权重时使用的方法有 VAR 脉冲响应法（Goodhart & Hofmann，2001）、多方程估计法（Batini & Turnbull，2002）以及单方程估计法。其中单方程估计法在现实中运用得最为普遍，它主要有两类：一类是总需求曲线估计法，即以总产出作为因变量，以利率和汇率等其他变量作为自变量进行回归分析后，将所得系数视为相应变量的权重（Duguay，1994；Mayes & Viren，1998；Tobias，2005）；另一类是菲利普斯曲线估计法，这种方法与估计总需求曲线的基本原理是一样的，但其因变量采用的是通货膨胀率（Hataiseree，1998）。在现实中，以上两种估计方法均具有各自的合理性，它取决于政策制定者的政策目标；但在理论中，单独使用一种方法进行估计是有失偏颇的，必须将两种方法进行综合考虑（Abdul，2002）。一般地，将由总需求曲线估计得到的货币状况指数称为实际货币状况指数，而将由菲利普斯曲线估计得到的货币状况指数称为名义货币状况指数（卜永祥和周晴，2004；卞志村，2008）。

通过对相关文献进行回顾我们发现，已有研究主要侧重于两点：一是货币状况指数的构建，各国学者根据本国的具体情况构建适合于该国的货币状况指数，并将该指数作为衡量货币政策松紧程度的指示器；二是货币状况指数权重计算的计量探讨，学者们在构建货币状况指数时均寻求计算方法上的创新，使得现有的权重估计方法包罗万象。客观地说，已有研究对于完善货币状况指数理论具有非常重要的学术价值和现实意义，特别是在这一理论刚兴起不久时更是如此。但在如此庞杂的研究中，诸如“按照何种方法计算的货币状况指数是有效的？是否存在最优的货币状况指数？最优货币状况指数在政策效果评估上如何应用？”这些问题似乎并没有论述，本文试图在中国转型经济背景下就此展开理论分析。

二、理论依据及政策评估思路

（一）货币状况指数的构建依据

标准的货币状况指数综合了利率和汇率在货币政策中的调控作用，这一构建法则的依据是：利率和汇率的变化将分别对总产出和物价水平产生直接或间接的影响。

首先，对于利率变化对总产出的影响，传统的凯恩斯主义经济学认为利率的传导机制是当货币当局紧缩货币政策后实际利率上升，投资成本提高，投资额下降，最终导致总需求和总产出下降。而对物价水平的影响其传导渠道则是利率上升后，储蓄增加，信贷减少，货币市场上的货币需求大于货币供给，在流通速度不变的情况下，追逐同样数量商品的货币量将减少，从而导致价格下降，通货膨胀率降低。

其次，对于汇率变化对总产出的影响，传统的凯恩斯主义经济学认为汇率的传导机制是当货币当局紧缩货币政策后，国内实际利率上升，本国货币标价的金融资产收益率高于外币资产，本国货币升值，国内进口增加，出口减少，净出口下降，最终也导致总产出下降。汇率变化对本国物价水平的影响则主要是通过对外贸易渠道来进行传递的：在产品具有一定需求弹性的前提下，本币升值将导致本国出口产品变得相对昂贵，进口产品则相对便宜，同时部分出口产品转为内销后供给增加，导致价格下降；在大量进口低价外国产品时，本国物价指数将因此产生结构性下滑，通货膨胀率降低。

在全球自由化趋势下，利率市场化和汇率浮动化进程将加大步伐，这使得利率和汇率变化在一国特别是新兴工业化国家总产出和物价水平中的作用将越来越凸显，因此对利率和汇率的变化就应特别加以关注。

在我国现阶段中，除应关注利率和汇率的变化外，还应考虑货币供应量或信贷总量在货币政策中的调控作用。这是因为：第一，我国长期实行利率管制，利率市场化虽然取得了一定进展，但利率仍然主要由央行决定，利率传导渠道尚不通畅。第二，我国金融资产结构相对单一，企业债券和股票在金融资产总量中的比例很低，而银行贷款仍然是企业最主要的资金来源。第三，我国证券市场（尤其是股票市场）存在严重扭曲，投机性远远超过投资性，证券价格在很大程度上不能体现资产价格和财富效应的变化，无法传导货币政策的意图。第四，我国实行的是有管理的浮动汇率制，人民币没有实现完全可自由兑换，资本流动受到限制，汇率对货币政策的传导受到阻碍。在这些因素下，我国信贷渠道便发挥了货币政策传递的主要作用。因此，不同于（1）式所描述的标准货币状况指数，我国 t 时刻的货币状况指数应添加货币供应量作为加权数之一：

$$MCI_t = A_R(r_t - r_b) + A_Q(q_t - q_b) + A_M(m_b - m_t) \tag{2}$$

其中 r_t 是利率，q_t 为汇率指数的自然对数（采用间接标价法，即其值增加表示货币升值），m_t 表示货币供应量的自然对数值；r_b、q_b 和 m_b 分别为基期的相应数值；A_R、A_Q 和 A_M 分别是对利率、汇率和货币供应量的权重，满足 $A_R > 0$，$A_Q > 0$，$A_M > 0$。在货币状况指数中，相对于基期而言，利率越高、汇率越大以及货币供应量越少，则货币状况指数越大，表明货币政策是紧缩的；反之则表明货币状况是宽松的。

（二）最优货币状况指数在政策评估应用中的思路设计

如何利用货币状况指数来评估货币政策的实施效果呢？一种方法是考察经济增长与所构建的货币状况指数的关系。如果得出的结果显示两者之间存在大体富有规律性的变化关系，而个别阶段呈现出逆规律行事的特征，即噪音性质，那么可以认为这些噪音阶段的政策是无效的。另一种方法的原理与前述是类似的，不过它所考察的是通货膨胀与货币状况指数的关系，同样将结果作为判断货币政策有效性的依据。实际上，上述关于货币政策实施效果的评估方法具有一定的局限性，表现在这一方法对货币政策的效果评估只是粗略的判断，即它只能定性地判断效果是“有效”还是“无效”，而至于“有效”或“无效”的程度为多大，该方法并不能涉及。

这一缺陷对我们的启示是：如果能以一种基于各阶段特征计算的最优货币状况指数作为衡量标准，而将一般货币状况指数（指依据各阶段实际宏观变量计算的货币状况指数，与最优货币状况指数相对，下同）与其比较，那么这一问题便可以通过两者之间的差额得到解决。何为最优货币状况指数呢？Pei - Tha & Kian - Teng（2008）将最优货币状况指数定义为偏离基期利率和汇率的目标值的加权，即：$MCI_t^{opt} = b_1\Delta r_t^{tar} + b_2\Delta e_t^{tar}$（其中左边项为最优货币状况指数，右边项为偏离基期利率和汇率的目标值的加权和）。在这一定义中，目标值的取值决定了最优货币状况指数的大小，而利率和汇率的权重是不变的。与一般的货币状况指数相比，这一方法的不同之处在于它实际上只是将目标利率和汇率进行了加权，并不能反映货币政策选择的意图，因而不具有货币政策优化的性质。

最优货币状况指数（Optimal Monetary Conditions Indices，OMCI）应是以最优货币政策下所选择的各政策工具的实施力度之比作为相应权重而构建的货币状况指数。它同样是国内利率、汇率或其他变量相对于基期水平的百分点变化的加权平均数，不同在于各工具变量的权重是依据最优货币政策规则计算出来的。在实证研究中，运用这一定义评估货币政策实施效果的基本思路分为两个步骤：第一步是将各个阶段的一般货币状况指数与相应的最优货币状况指数进行比较，若某个阶段的一般货币状况指数与最优货币状况指数不符，则说明该阶段的政策不是最优的，两者之间的差额说明了无效的程度，但最优不一定是无效的，若要具体考察政策是否有效，则宜进入下一步骤；第二步是考察一般货币状况指数与经济增长或通货膨胀的关系，并将具有噪音性质的个别阶段视为政策无效，而符合规律性变化的阶段视为政策有效。

三、模型构建及政策评估应用

由于最优货币状况指数是以最优货币政策下所选择的各政策工具的实施力度之比作为相应权重而构建的货币状况指数，因此指数的构建关键在于求出最优货币状况指数中各工具变量的最优权重。本文采用 Kydland & Prescott （1977） 动态不一致性分析中的一般框架。其基本思想是：在构建约束方程和状态方程并设定一个福利函数作为政策制定者和个人偏好的目标函数后，运用拉格朗日函数求解政策制定者的最优选择。

（一）基本模型

为建立一个既能反映政策制定者的偏好，又能反映代表性个人偏好的目标函数，Kydland & Prescott （1977） 假设社会福利同时是产量和通货膨胀的二次函数，将其作为损失函数：

$$L = \frac{1}{2}(y - y^*)^2 + \frac{1}{2}a(\pi - \pi^*)^2 \tag{3}$$

其中 y 是产量的自然对数值，π 为通货膨胀率；y^* 和 π^* 则分别为相对应的目标值；a 反映了产量和通货膨胀在社会福利中的相对重要性，满足 $a > 0$ 。政策制定者的目标即在于使损失函数最小。将该函数作为我国社会福利的目标函数具有一定的适用性：首先我国央行货币政策的目标是在保持物价稳定的前提下促进经济的发展，这就是说我国货币政策兼顾了经济发展和通货膨胀两个政策目标，而对于孰轻孰重，则视（3）式中参数 a 的大小而定；其次物价稳定和经济平稳增长是居民安定和谐的经济生活中最重要的反映指标，因而将（3）式列为社会福利函数也能反映居民的偏好。

对于状态方程的构建，Ball （1998） 建立的后顾性（Back - looking）菲利普斯曲线和 IS 曲线，以及卞志村（2008）给出的小国开放经济条件下的前瞻性（Forward - looking）菲利普斯曲线、IS 曲线以及未抵补的利率评价模型，对本文具有启示意义。但不同于这些方程，本文建立静态的状态方程，即静态的供给方程和需求方程，分别以 IS 曲线（4）和菲利普斯曲线（5）表示。具体形式如下：

$$y = -\alpha r - \beta q + \theta m \tag{4}$$

$$\pi = \delta y - \mu(q - q_{-1}) + \varphi m \tag{5}$$

其中 y 、π 、r 、q 和 m 与上述意义相同，q_{-1} 表示前期汇率指数的对数值；参数 α 、β 、θ 和 δ 、μ 、φ 分别为产出 y 和通货膨胀率 π 对各变量的冲击反映程度，满足 $\alpha \geqslant 0$ ，$\beta \geqslant 0$ ，$\theta \geqslant 0$ ，$\delta \geqslant 0$ ，$\mu \geqslant 0$ 和 $\varphi \geqslant 0$ 。将产出 y 和通货膨胀率 π 对各变量一阶取偏导后有：

$$\frac{\partial y}{\partial r} = -\alpha , \frac{\partial y}{\partial q} = -\beta , \frac{\partial y}{\partial m} = \theta ;$$

$$\frac{\partial \pi}{\partial r} = -\alpha\delta , \frac{\partial \pi}{\partial q} = -(\beta\delta + \mu) , \frac{\partial \pi}{\partial m} = \theta\delta + \varphi$$ ①

上述一阶偏导的取值符号进一步反映了产出 y 和通货膨胀率 π 与各变量的变化关系。以货币供应量的冲击为例，增加一单位货币供应量，将增加 θ 单位的产出，同时通货膨胀率也将上升 $\theta\delta + \varphi$ 各单位。从结果可以看出货币供应量变化对通货膨胀率的影响主要有两条渠道：一是通过产出变化间接影响通货膨胀率，这一传递途径可以描述为货币供应量的增加使得银行可贷资金相对宽裕，企业获得贷款的机会增加，因此企业在获得大量贷款后将增加投资，从而产出增加，实现经济增长；经济增长的结果是总需求扩张，而货币供应量的增加为需求的实现提供了基础，这将导致商品价格上升，进而通货膨胀率上升，货币供应量变化的这一间接影响力度为 $\theta\delta$ 。另一条渠道是货币供应量增长过快直接提升通货膨胀率，这一传递渠道在我国现阶段表现得尤为突出：由于货币供应量增长较快（包括外汇占款），我国历年累计的过多的货币供给造成了流动性过剩，这一结果直接导致了我国资产和商品的价格上升，表现为较高的通货膨胀率。因此不同于利率，我国货币供应量对通货膨胀的影响不仅有间接效应，还有直接效应，且直接影响力度为 φ 。

将拓展的货币状况指数（2）作为约束方程，联立目标方程（3）与状态方程（4）和（5）后，最优货币政策即转化为：

$$\min. L = \frac{1}{2}(y - y^*)^2 + \frac{1}{2}a(\pi - \pi^*)^2 \tag{6}$$

$$s.t. MCI = A_R(r - r_b) + A_Q(q - q_b) + A_M(m_b - m) \tag{7}$$

构建拉格朗日函数有：

$$Lg = \frac{1}{2}(y - y^*)^2 + \frac{1}{2}a(\pi - \pi^*)^2 + l[A_R(r - r_b) + A_Q(q - q_b) + A_M(m_b - m) - MCI] \tag{8}$$

将菲利普斯曲线和 IS 曲线代入（8）式后，r 、q 和 m 的一阶条件为：

---

① 这里通货膨胀率 π 对 r 、q 和 m 的偏导是通过如下变换得到的：由于 $\pi = (y,q,m)$ ，因此将 IS 曲线代入菲利普斯曲线经化简合并后可得，$\pi = -\alpha\delta r - (\beta\delta + \mu)q + (\theta\delta + \varphi)m - \mu q_{-1}$，将上式对各变量求一阶偏导即可得到所要的结果。

$$\frac{\partial Lg}{\partial r} = -\alpha(y - y^{*}) - a(\alpha\delta)(\pi - \pi^{*}) + lA_{R} = 0 \tag{9}$$

$$\frac{\partial Lg}{\partial q} = -\beta(y - y^{*}) - a(\beta\delta + \mu)(\pi - \pi^{*}) + lA_{Q} = 0 \tag{10}$$

$$\frac{\partial Lg}{\partial m} = \theta(y - y^{*}) + a(\theta\delta + \varphi)(\pi - \pi^{*}) - lA_{M} = 0 \tag{11}$$

分别将（9）、（10）和（11）中的 lA_R 、lA_Q 和 lA_M 项移至另一边，再将所得到的结果进行对比，经整理后可得如下：

$$\frac{A_R}{A_Q}^{opt} = \frac{\alpha[(y - y^{*}) + a\delta(\pi - \pi^{*})]}{\beta[(y - y^{*}) + a(\delta + \frac{\mu}{\beta})(\pi - \pi^{*})]} \tag{12}$$

$$\frac{A_R}{A_M}^{opt} = \frac{\alpha[(y - y^{*}) + a\delta(\pi - \pi^{*})]}{\theta[(y - y^{*}) + a(\delta + \frac{\varphi}{\theta})(\pi - \pi^{*})]} \tag{13}$$

$$\frac{A_Q}{A_M}^{opt} = \frac{\beta[(y - y^{*}) + a(\delta + \frac{\mu}{\beta})(\pi - \pi^{*})]}{\theta[(y - y^{*}) + a(\delta + \frac{\varphi}{\theta})(\pi - \pi^{*})]} \tag{14}$$

以上各式即为货币状况指数的最优权重之比，由这些比例为权重组成的货币状况指数即为最优的货币状况指数。由各式可知，最优货币状况指数受两方面因素的影响：一是组合参数值，不同于一般货币状况指数只受单一参数的影响，最优货币状况指数组合了所有能影响它的参数；二是偏离目标值的差额，对总产出和通货膨胀目标值的偏离额直接影响着最优货币状况指数的取值。因此，该指数对 Pei - Tha & Kian - Teng（2008）的定义进行了拓展和深化。那么，如何运用最优货币状况指数进行政策评估呢？

（二）政策评估应用

我们知道，在不考虑最优货币状况指数的情况下，一般货币状况指数的权重值可通过计量模型（4）和（5）得到，其中根据计量模型（4）得到的权重系数组成的货币状况指数为实际货币状况指数，而根据（5）得到的则为名义货币状况指数。根据计算可得实际和名义的货币状况指数权重分别如（15）和（16）示：

$$\frac{A_R}{A_Q}^{rea} = \frac{\alpha}{\beta}；\frac{A_R}{A_M}^{rea} = \frac{\alpha}{\theta}；\frac{A_Q}{A_M}^{rea} = \frac{\beta}{\theta} \tag{15}$$

$$\frac{A_R}{A_Q}^{nom} = \frac{\delta\alpha}{\delta\beta + \mu}；\frac{A_R}{A_M}^{nom} = \frac{\delta\alpha}{\delta\theta + \varphi}；\frac{A_Q}{A_M}^{nom} = \frac{\delta\beta + \mu}{\delta\theta + \varphi} \tag{16}$$

在此前提下，我们考虑：

第一，在（12）中，当 $\delta = \delta + \frac{\mu}{\beta}$ ，即 $\mu = 0$ 时，$\frac{A_R}{A_Q}^{opt} = \frac{A_R}{A_Q}^{nom} = \frac{A_R}{A_Q}^{real} = \frac{\alpha}{\beta}$ ；当

$\delta \neq \delta + \frac{\mu}{\beta}$，比如 $\mu > 0$ 时，$\frac{\delta\alpha}{\delta\beta + \mu} = \frac{A_R}{A_Q}^{nom} < \frac{A_R}{A_Q}^{opt} < \frac{A_R}{A_Q}^{rea} = \frac{\alpha}{\beta}$。

这一结论的背景是，汇率对一国物价水平或通货膨胀的影响有两条渠道：一条是通过外贸产品价格直接影响该国的物价指数；另一条是通过总需求渠道间接影响物价指数。$\mu = 0$ 实际上表示汇率的变化并不直接影响该国物价水平即通货膨胀，出现这一现象的原因很可能在于进口产品无或几近于无需求弹性，从而使得进口产品价格进而本国物价指数对汇率变化不敏感。基于此，我们得出的结论是：

结论 1　在一国进口产品无或几近于无需求弹性因而汇率变化对一国通货膨胀并不产生直接作用时，基于货币状况指数权重制定的利率和汇率政策总是有效且最优的，信贷政策则视具体情况而定。

这就是说，在这种情况下，不管是基于名义货币状况指数还是实际货币状况指数，只要政策制定者按照货币状况指数所确定的方向和权重大小制定利率和汇率政策，那么其政策不仅总是有效的，而且还是最优的；而对于信贷政策而言，则还需视其对通货膨胀的影响情况而定。但是一般而言，在一国开放经济中，一国进口产品无或几近于无弹性的条件过于严格，而汇率的变化或多或少总是直接影响一国的通货膨胀，这时按照名义和实际货币状况指数权重制定的利率政策和汇率政策就不是最优的，其中以名义货币状况指数制定的政策将更看重汇率而不是利率的作用，即汇率具有更大的调控力度；而以实际货币状况指数制定的政策则将更看重利率而不是汇率的作用，即利率具有更大的调控力度。

第二，在（13）中，当 $\delta = \delta + \frac{\varphi}{\theta}$，即 $\varphi = 0$ 时，$\frac{A_R}{A_M}^{opt} = \frac{A_R}{A_M}^{nom} = \frac{A_R}{A_M}^{real} = \frac{\alpha}{\theta}$；当 $\delta \neq \delta + \frac{\varphi}{\theta}$，比如 $\varphi > 0$ 时，$\frac{\delta\alpha}{\delta\theta + \varphi} = \frac{A_R}{A_M}^{nom} < \frac{A_R}{A_M}^{opt} < \frac{A_R}{A_M}^{rea} = \frac{\alpha}{\theta}$。

这一结论的背景是，货币供应量的增加即信贷政策对通货膨胀的影响也有两条渠道：一条是通过制造过剩流动性直接影响物价指数；另一条则是通过影响总需求间接影响物价指数，但这一渠道所传递的作用只是暂时的。$\varphi = 0$ 实际上表示信贷政策并不直接影响一国物价水平，这一现象的原因在在于货币市场上存在供给不足，极端的情况是存在“流动性陷阱”。在这一情况下，我们得出的结论是：

结论 2　在一国存在货币供给不足因而信贷政策并不直接影响通货膨胀时，政策制定者依据货币状况指数权重所制定的利率政策和信贷政策总是有效且最优的，汇率政策则视具体情况而定。

这就是说，在这种情况下，不管是基于名义货币状况指数还是实际货币状况指数，只要政策制定者按照货币状况指数所确定的方向和权重大小制定政策，那么其制定的利率和信贷政策不仅总是有效的，而且还是最优的；而对于汇率政策而言，则还需视其对通货膨胀的影响情况而定。但是一般而言，由于货币发行能使发行者获得“铸币税”和“通货膨胀税”，因而货币市场上供给不足的情况是较少出现的。货币供应量的增加总是倾向于直接影响一国的物价水平，这时根据货币状况指数权重制定的信贷政策和利率政策则不是最优的，其中以名义货币状况指数权重制定的政策总是更加看重信贷而不是利率政策的作用，即信贷政策具有更大的调控力度；而以实际货币状况指数权重确定的政策则更加看重于利率而不是信贷政策的作用，即利率政策具有更大的调控力度。

第三，在（14）中，当$\delta+\frac{\mu}{\beta}=\delta+\frac{\varphi}{\theta}$，即$\frac{\mu}{\beta}=\frac{\varphi}{\theta}$时，$\frac{A_Q}{A_M}^{opt}=\frac{A_Q}{A_M}^{nom}=\frac{A_Q}{A_M}^{real}=\frac{\beta}{\theta}$；当$\frac{\mu}{\beta}>\frac{\varphi}{\theta}$时，$\frac{\beta}{\theta}=\frac{A_Q}{A_M}^{rea}<\frac{A_Q}{A_M}^{opt}<\frac{A_Q}{A_M}^{nom}=\frac{\delta\beta+\mu}{\delta\theta+\varphi}$；而当$\frac{\mu}{\beta}<\frac{\varphi}{\theta}$时，$\frac{\delta\beta+\mu}{\delta\theta+\varphi}=\frac{A_Q}{A_M}^{nom}<\frac{A_Q}{A_M}^{opt}<\frac{A_Q}{A_M}^{rea}=\frac{\beta}{\theta}$。

在（4）和（5）中，定义$\frac{\mu}{\varphi}$为汇率政策相对于信贷政策在通货膨胀中的相对作用力度，则$\frac{\beta}{\theta}$为汇率政策对总产出的相对作用力度，$\frac{\mu}{\beta}=\frac{\varphi}{\theta}$表明汇率政策在这两种政策目标下的相对作用力度是相同的，即汇率具有同等干预力度，在这种情况下，我们得出的结论是：

结论3 在汇率政策对通货膨胀和经济增长具有同等的相对干预力度时，根据货币状况指数权重制定的汇率政策和信贷政策总是有效且最优的。特别地，在汇率和信贷政策均不直接影响通货膨胀时，政策制定者根据任何货币状况指数权重制定的利率政策、汇率政策和信贷政策总是有效且最优的。

也就是说，在这种情况下，不管是基于名义货币状况指数还是实际货币状况指数，只要政策制定者按照货币状况指数所确定的方向和权重大小制定政策，那么其制定的汇率和信贷政策不仅总是有效的，而且还是最优的。而政策制定者一旦偏好于使用其中一种政策（汇率政策和信贷政策）来实现其中一种目标（通货膨胀和经济增长），则此时依据名义或实际货币状况指数权重制定的政策都不是最有效的。比如政策制定者更偏好于用汇率政策而不是信贷政策治理通货膨胀而不是增加产出时，以名义货币状况指数权重为依据的政策制定者将更加看重汇率政策的作用，而以实际货币状况指数权重为依据的政策制定者则认为信贷政策具有更大的调控力度；而若政策制定者更偏好于用信贷政策治理通货膨胀时，以名义货币状况指数权重为依据的政策制定者将更加看重于信贷政策的作用，而以实际货币状况指数权重为依据的政策制定者则认为汇率政策具有更大的调控力度。

四、主要结论

最优货币状况指数是以最优货币政策下所选择的各政策工具的实施力度之比作为相应权重而构建的货币状况指数，它是国内利率、汇率或其他变量相对于基期水平的百分点变化的加权平均数。基于这个定义，本文采用货币政策优化分析的一般框架，即通过构建目标方程、约束方程和状态方程解出最优货币政策下各工具变量的取值，并以其比值作为权重构建最优货币状况指数。通过模型构建及其在货币政策评估上的应用分析，得出以下主要结论：

第一，不同于一般货币状况指数，最优货币状况指数除受原指数中相关参数的组合影响外，还受政策目标变量（文中指总产出和通货膨胀）实际值与目标值偏离额的影响。

第二，最优货币状况指数可以作为衡量货币政策实施效果的判断标准。在政策评估中，其基本思路是：将一般货币状况指数与相应的最优货币状况指数进行比较，若两者一致或基本一致，则说明该阶段的政策是有效且最优的；若两者相差甚大，则政策不是最优的，两者之间的差额说明了无效的程度。

第三，汇率和信贷政策与通货膨胀的关系决定了名义或实际货币状况指数权重下货币政策的实施效果。当一国汇率变化对一国通货膨胀并不产生直接作用时，基于货币状况指数权重制定的利率和汇率政策总是有效且最优的，反之则不是最优的；当一国信贷政策并不直接影响通货膨胀时，政策制定者依据货币状况指数权重所制定的利率政策和信贷政策总是有效且最优的，反之则不是最优的。

第四，汇率和信贷政策在政策目标中的相对干预力度也决定了政策的实施效果。在汇率政策对通货膨胀和经济增长具有同等的相对干预力度时，根据货币状况指数权重制定的汇率政策和信贷政策总是有效且最优的。特别地，在汇率和信贷政策均不直接影响通货膨胀时，政策制定者根据任何货币状况指数权重制定的利率政策、汇率政策和信贷政策总是有效且最优的。

参考文献

[1] 卞志村（2008）：《开放条件下的最优货币政策、MCI及在中国的检验》，《数量经济技术经济研究》，第4期。

[2] 卜永祥，周晴（2004）：《中国货币状况指数及其在货币政策操作中的运用》，《金融研究》，第1期。

[3] Abdul, Q. (2002): "Monetary Conditions Index: A Composite Measure of Monetary Policy in Pakistan", *The Pakistan Development Review*, 41, 551 – 566.

[4] Backus, D. and Driffill, J. (1985): "Inflation and Reputation", *American Economic Review*, 75, 530 - 538.

[5] Ball, L. (1997): "Efficient Rules for Monetary Policy", Working Paper, National Bureau Economics Research (NBER) NO. 5952.

[6] Ball, L. (1998): "Policy Rules for Open Economies", Research Discussion Paper NO. 9806, 1 - 23.

[7] Barro, R. (1986): "Reputation in a Model of Monetary Policy with Incomplete Information", *Journal of Monetary Economics*, 17, 3 - 20.

[8] Batini, N., and Turnbull, K. (2002): "A Dynamic Monetary Conditions Index for the UK", *Journal of Policy Modeling*, 24, 257 - 281.

[9] Duguay, P. (1994): "Empirical Evidence on the Strength of the Monetary Transmission Mechanism in Canada", *Journal of Monetary Economic*, 33, 39 - 61.

[10] Goodhart, C., and Hofmann, B. (2001): "Asset Prices, Financial Conditions, and the Transmission of Monetary Policy", Working Paper, Stanford University, March 2 - 3.

[11] Hataiseree, H. (1998): "The Roles of Monetary Conditions and the Monetary Conditions Index in the Conduct of Monetary Policy: The Case of Thailand under the Floating Rate Regime", Working Paper, Economic Research Department, Bank of Thailand, 1 - 22.

[12] Kannan, R., Siddhartha, S., and Binod, B. (2006): "Monetary Conditions Index for India", Reserve Bank of India Occasional Papers, 27, 57 - 86.

[13] Kydland, F. and E. Prescott (1977): "Rules rather than Discretion: the Inconsistency of Optimal Plan", *Journal of Political Economy*, 85, 473 - 491.

[14] Mayes, D., and Viren, M. (1998): "Exchange Rate Considerations in A Small Open Economy: A Critical Look at the MCI as A Possible Solution", CCBS Workshop, Bank of England, November.

[15] Pei - Tha, G., and Kian - Teng, K. (2008): "Estimating Monetary Policy Rules: An Optional Monetary Conditions Index for Malaysia", *International Research Journal of Finance and Economics*, 14, 196 - 211.

[16] Rogff, K. (1985): "The Optimal Degree of Commitment to an Intermediate Monetary Target", *Quarterly Journal of Economics*, 100, 1169 - 1189.

[17] Svensson, L. (1997): "Inflation Forecasting Targeting: Implementing and Monitoring Inflation Targets", *European Economic Review*, 41, 1111 - 1146.

[18] Taylor, J. (1993): "Discretion versus Policy in Practice", Carnegie - Rochester Conference Series on Public Policy, 39, 195 - 214.

[19] Tobias, K. (2005): "Estimating the Monetary Conditions Index for South Africa", Paper to Be Presented at the "Exchange Rate Econometrics" Conference, Luxembourg, April, 1 - 15.

扩大内需、生产率和实际汇率
——基于巴拉萨—萨缪尔森效应拓展模型的分析

毕燕君

一、引　　言

由次贷危机引发的全球金融危机对各国经济产生了巨大的冲击，人民币汇率作为连接我国内外经济的桥梁和我国对外经济战略的重要组成部分，再一次成为国内外学术界、商界和政府部门关注的焦点。人民币是贬值还是升值主要取决于实际汇率是被低估还是被高估，这是因为实际汇率是体现国家基本面因素变动，同时又对内外部经济关系加以调节的基本价格变量。

对实际汇率的研究最早可以追溯到卡塞尔的购买力平价理论（*PPP*）。根据*PPP*理论，实际汇率在均衡意义上等于1。然而，这一命题并没有得到经验研究的广泛支持。一些经验研究表明，在短期和中期内，实际汇率偏离*PPP*的幅度大而且剧烈，而在长期内，实际汇率趋向收敛于*PPP*，但收敛速度非常缓慢①。

鉴于此，巴拉萨和萨缪尔森分别于1964年发表论文，② 从理论上阐述产生这一现象的原因，形成了著名的巴拉萨—萨缪尔森效应（$B-S$效应）。$B-S$效应包括以下两层含义：首先，即使长期内一价定律成立于贸易品部门，发达国家和发展中国家的双边名义汇率和购买力平价下的实际汇率之间也会出现系统性偏差，即实际汇率会偏离1；其次，由于贸易品部门与非贸易品部门之间的劳动生产率差异是使实际汇率产生系统性偏离的原因，所以贸易品部门相对劳动生产率增长较快国家的实际汇率具有升值趋势。$B-S$效应为观察开放经济成长时期实际汇率走势提供了一个理论视角，并成为研究经济增长与实际汇率之间关系的基本分析框架之一。

自改革开放以来，我国经历了长期快速的经济增长，构成大国开放型经济追赶

---

① 实际汇率的这种持续性质被Rogoff（1996）称为“PPP之谜”，参见Kenneth Rogoff（1996）。

② 参见Bela Balassa（1964）和Paul A. Samuelson（1964）。

的最重要案例。虽然近期受到全球金融危机的影响，使我国经济增长面临严峻挑战，但我国政府出台的一系列扩大内需政策，已经取得了显著效果，根据世界银行的预测，2009 年中国经济增长速度将达到 8.4%；2010 年，该增速将进一步加快，达到 8.7%。① 因此，我国的现实条件与 $B-S$ 效应的假设背景大致吻合，从 $B-S$ 效应视角研究人民币实际汇率走势也成为近年来的新兴研究课题。

通过对以往文献的梳理，我们发现大部分研究只关注影响实际汇率变动的供给面因素，本文结合当前全球金融危机和我国政府扩大内需政策的背景，在 $B-S$ 效应的基础上引入需求方因素——投资需求，并利用该拓展模型对人民币汇率进行经验分析，从供求两方面研究人民币实际汇率的影响因素，以求更加客观地反映我国汇率变动和经济发展的实际。

二、引入投资需求的巴拉萨—萨缪尔森效应拓展模型②

在进行拓展模型分析之前，我们首先回顾一下 $B-S$ 效应的原模型。截至目前，Egert 模型是最完整的 $B-S$ 效应原模型。③ Egert 模型共分为三大部分，分别为基于非贸易品相对价格的均衡实际汇率决定模型、基于两部门相对劳动生产率的均衡实际汇率决定模型和基于两部门相对全要素生产率增长率的均衡实际汇率决定模型。其中，第一个模型为基础模型，后两个模型分别是对第一个模型从不同角度的衍生。

基于非贸易品相对价格的均衡实际汇率决定模型表示如下：

$$q = q^{T} - [(1-\alpha)(p^{NT} - p^{T}) - (1-\alpha^{*})(p^{NT*} - p^{T*})] \quad (1)$$

其中，q 表示实际汇率，p 表示价格，α 表示贸易品在整体经济中的比重，T 表示贸易品部门，NT 表示非贸易品部门，* 表示外国。④ 上式表明，均衡实际汇率由贸易品的实际汇率、本国非贸易品相对价格以及外国非贸易品相对价格三部分组成。(1) 式右边的最后一项即为 $B-S$ 效应，它表明如果本国非贸易品的相对价格上升，则均衡实际汇率将相对由贸易品价格定义的实际汇率升值。

拓展模型的假设条件如下：①存在三种基本产品：非贸易品 NT，出口品 X 和进口品 M。本国经济生产 NT 和 X，并消费 NT 和 M。两种贸易品价格（P^{X} 和 P^{M}）由世界市场给定。假定资本品恒等于进口品，且将进口品价格（P^{M}）标准化为 1。②存在四种要素：资本、劳动和两类技术。除资本 K^{i} 和劳动 L^{i} 外，产出 i（其中 $i = NT, X$）的生产要求投入各种技术 J^{i}，每类技术仅能用于一个部门，因

① 数据来源：世界银行，《中国经济季报》，2009 年 11 月。

② 该模型根据 Christoph Fischer (2002) 整理而成。

③ 参见 Balazs Egert (2004)。由于篇幅所限，具体推导过程不在此赘述。

④ 小写字母表示相关变量的对数形式，下同。

此，这两类技术的回报可以不同。③资本可跨国流动，这意味着利率是外生给定的。技术和劳动不能跨国流动，但可在国内跨部门流动，其收益由国内决定。

利用柯布—道格拉斯生产函数：

$$Y^i = A^i(K^i)^{\lambda^i}(L^i)^{\theta^i}(J^i)^{1-\lambda^i-\theta^i} \tag{2}$$

其中，λ 表示资本投入的产出弹性，θ 表示劳动投入的产出弹性，且 $0<\lambda^i$，$\lambda^i+\theta^i<1$。

利用利润最大化条件，并将生产函数进行对数差分处理，可得部门 $i(i=NT,X)$ 各种对数差分条件要素需求，进而得到部门 i 的对数差分供给函数为：

$$\hat{p}^i = -\hat{a}^i + \beta^i\hat{w} + \lambda^i\hat{r} + (1-\lambda^i-\theta^i)\hat{h}^i \tag{3}$$

现假定 p^{NT} 由需求给定，并将非贸易品消费（C^{NT}）纳入模型中，由于各种结果并不依赖于其存在，所以假定 C^{NT} 反向取决于 P^{NT}。为方便起见，忽略影响 C^{NT} 的其他因素，那么能够决定 P^{NT} 的非贸易品市场出清方程可表述如下：

$$Y^{NT}(P^{NT};A^X,A^{NT},P^X,R) = I^{NT}(P^{NT};A^X,A^{NT},P^X,R) + C^{NT}(P^{NT}) + G^{NT} \tag{4}$$

其中，I^{NT} 表示对非贸易品的投资需求，G^{NT} 表示外生的政府对非贸易品的需求。

现假定 $\frac{dI^{NT}}{dP^{NT}}$ 和 $\frac{dY^{NT}}{dR}$ 这两个符号未定的导数都比较小，令 $\Delta = \frac{\partial C^{NT}}{\partial P^{NT}} + \frac{\partial I^{NT}}{\partial P^{NT}} - \frac{\partial Y^{NT}}{\partial P^{NT}} < 0$，那么，各基本因素将通过以下路径影响小国开放经济的非贸易品价格：

$$\frac{dP^{NT}}{dG^{NT}} = \frac{-1}{\Delta} > 0 \tag{5}$$

$$\frac{dP^{NT}}{dA^X} = \left(\frac{\partial Y^{NT}}{\partial A^X} - \frac{\partial I^{NT}}{\partial A^X}\right)\frac{1}{\Delta} > 0 \tag{6}$$

$$\frac{dP^{NT}}{dA^{NT}} = \left(\frac{\partial Y^{NT}}{\partial A^{NT}} - \frac{\partial I^{NT}}{\partial A^{NT}}\right)\frac{1}{\Delta} \tag{7}$$

$$\frac{dP^{NT}}{dP^X} = \left(\frac{\partial Y^{NT}}{\partial P^X} - \frac{\partial I^{NT}}{\partial P^X}\right)\frac{1}{\Delta} > 0 \tag{8}$$

$$\frac{dP^N}{dR} = \left(\frac{\partial Y^{NT}}{\partial R} - \frac{\partial I^{NT}}{\partial R}\right)\frac{1}{\Delta} < 0 \tag{9}$$

（5）式表明，若政府增加对非贸易品的需求（如扩张性财政政策），那么非贸易品价格将提高。这与 $B-S$ 效应的结论不同，在 $B-S$ 效应中，政府对非贸易品的需求对非贸易品价格没有影响，即 $\frac{dP^{NT}}{dG^{NT}}=0$。（6）式和（7）式表明，生产率变动通过改变非贸易品价格影响小国实际汇率的路径，除了 $B-S$ 供给渠道 $\left(\frac{dY^{NT}}{dA^i}\right)$ 外，还有投资需求渠道$\left(\frac{dI^{NT}}{dA^{i}}\right)$。

（6）式和（7）式的区别在于，（6）式中 $\frac{\partial Y^{NT}}{\partial A^{X}}<0$ 且 $\frac{\partial I^{NT}}{\partial A^{X}}>0$，所以，当出现贸易品部门生产率冲击的情况下，非贸易品投资需求效应将加强 $B-S$ 供给渠道对非贸易品价格的影响。然而，（7）式中 $\frac{\partial Y^{NT}}{\partial A^{NT}}>0$ 和 $\frac{\partial I^{NT}}{\partial A^{NT}}>0$，所以，当出现非贸易品部门生产率冲击的情况下，非贸易品投资需求效应将削弱 $B-S$ 供给渠道对非贸易品价格的影响，其净效应的大小取决于这两种力量的相对大小。

（8）式表明，出口品价格与非贸易品价格呈同方向变化，这可以用（6）式来解释。需要注意的是，出口品价格对非贸易品价格的影响不一定与其对实际汇率的影响相一致。这是因为，两国的整体物价指数可分别表示为 $(P^{M})^{\alpha}(P^{NT})^{1-\alpha}$ 和 $(P^{X})^{\alpha^{*}}(P^{NT^{*}})^{1-\alpha^{*}}$，$P^{X}$ 上升的直接效应是通过提高外国整体物价水平引起实际汇率贬值，而其间接效应却是通过提高 P^{NT} 引起实际汇率升值，这两种相反的作用使得 P^{X} 对实际汇率的影响是不确定的。

三、人民币巴拉萨—萨缪尔森效应拓展模型的经验分析

1. 拓展模型的设定基础

（1）出于对 $B-S$ 效应分析逻辑和数据可得性这两方面的考虑，本文将劳动生产率作为研究人民币 $B-S$ 效应拓展模型的出发点。

（2）根据近五年我国同各国（地区）海关进出口总额数据，本文采用双边贸易份额指标对我国主要贸易伙伴国贸易往来的密切程度进行了分析，最终选取美国为基准国，相应地，基准货币为美元。

（3）关于贸易品部门和非贸易品部门的划分，国内外学者有诸多不同见解。为了保证统计上的准确性和可比性，本文将贸易品部门定义为第二产业中的工业，其他行业相应地被划归为非贸易品部门。

（4）对于基期和不变价格，本文认同陈志昂和方霞（2004）的观点，① 并选择 1995 年的人民币汇率水平作为基准汇率，相应地采用 1995 年的价格水平作为不变价格。

2. 数据定义和数据来源

（1）中美贸易品部门相对劳动生产率偏差（$\text{Ln}CA_{LX}$）。先利用两部门 1995 年不变价 GDP 和两部门就业人数计算得到两部门劳动生产率；再用贸易品部门劳动生

① 陈志昂和方霞认为，1994 年人民币汇率调整严重低估了人民币币值，而且经济波动很大，不符合基期选择的要求。参见《浙江社会科学》2004 年第 1 期。

产率减去非贸易部门劳动生产率得到贸易品部门相对劳动生产率；最后从中国贸易品部门相对劳动生产率中减去美国贸易品部门相对劳动生产率。

（2）中美非贸易品投资需求偏差（$\mathrm{Ln}CI^{NT}$）。先利用联合国统计司提供的现价支出法国内生产总值数据，将其中的资本形成总额与GDP总额的比值作为调整比例，对1995年不变价非贸易品部门GDP进行调整，近似得到非贸易品投资需求的替代变量；再从中国非贸易品投资需求中减去美国非贸易品投资需求。

（3）中美非贸易品相对价格偏差（$\mathrm{Ln}PX$）。先利用现价和1995年不变价GDP得到全社会和两部门GDP缩减指数，并将全社会价格水平向两部门价格水平进行划分；再用非贸易品价格减去贸易品价格得到非贸易品相对价格；最后从中国非贸易品相对价格中减去美国非贸易品相对价格。

（4）贸易品的实际汇率（$\mathrm{Ln}Q^{T}$）。利用名义汇率（S）和中美两国贸易品部门的绝对价格水平，根据 $q^{T} = s + p^{T*} - p^{T}$ 直接计算得到贸易品的实际汇率水平。

本文的数据来源为联合国统计司数据库（UNSD Statistical Databases）、《中国统计年鉴》和美国人口普查局（U. S. Census Bureau）网上数据库。

3. 人民币基于非贸易品相对价格的均衡实际汇率测算

根据中美两国1985—2008年的相关数据，利用累计平均的方法，可得到中国贸易品部门价格篮子权重为0.3989，美国贸易品部门价格篮子权重为0.1890。根据Egert模型计算得到基于非贸易品相对价格的均衡实际汇率（$\mathrm{Ln}Q^{PX}$）。同时，将全社会GDP缩减指数作为整体价格水平的替代变量，并结合名义汇率数据，即可求得各年具有现实意义的实际汇率水平（见图1）。

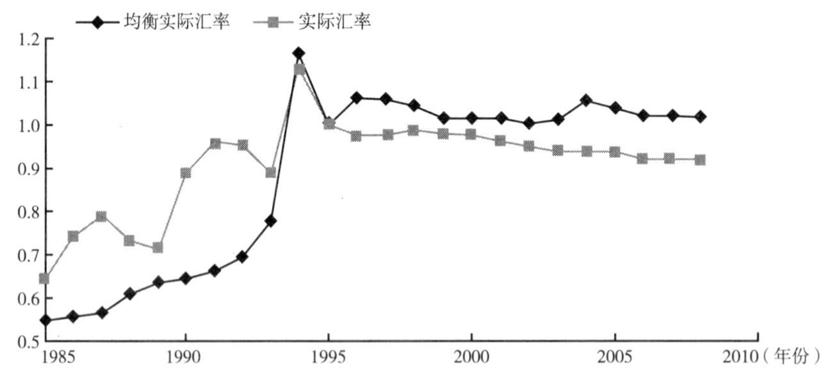

图1　1985—2008年人民币基于非贸易品相对价格的均衡实际汇率和实际汇率

基于非贸易品相对价格的均衡实际汇率测算表明，如果以1995年的人民币汇率水平作为基准汇率，那么均衡实际汇率除了在1994年出现贬值（约为13%）以外，其余年份均表现出升值趋势（平均升值幅度约为10.47%）。然而对照实际汇率的现实水平，1994 年和 1996—2008 年间人民币实际汇率均大于 1，呈现出不同程度的贬值（平均贬值幅度约为 3.8%）。上述测算结果表明，人民币实际汇率在一定程度上偏离其均衡水平，由此可以推断，人民币实际汇率确实存在低估，这就为 2002 年以来人民币名义汇率面临的升值压力提供了合理解释。①

4. 拓展模型下人民币均衡实际汇率决定因素的回归分析

本文先对各变量进行单位根检验，② 所有变量的检验结果汇总在表 1 中。由表 1 可知，除了基于非贸易品相对价格的均衡实际汇率在 1% 的显著水平上拒绝零假设，其余变量均在 5% 的显著水平上拒绝零假设。这表明所有变量均为平稳变量，无须再进行协整检验。

表 1 各变量单位根检验结果

变量	符号	截距	时间趋势	滞后阶数	ADF 统计量	临界值
基于非贸易品相对价格的均衡实际汇率	$\mathrm{Ln}Q^{PX}$	无	无	0	−2.736194	−2.669359*
贸易品的实际汇率	$\mathrm{Ln}Q^{T}$	无	无	0	−2.208169	−1.956406**
中美非贸易品相对价格偏差	$\mathrm{Ln}PX$	有	有	0	−3.719462	−3.622033**
中美贸易品部门相对劳动生产率偏差	$\mathrm{Ln}CA_{LX}$	有	无	2	−3.168130	−3.012363**
中美非贸易品投资需求偏差	$\mathrm{Ln}CI^{NT}$	无	无	2	−1.965481	−1.958088**

注：** 表示显著性水平为 5%，* 表示显著性水平为 1%。

人民币均衡实际汇率决定的回归模型检验结果如下，

$$\mathrm{Ln}Q^{PX} = -0.142048 + 0.870173LnQ^{T} - 0.237953LnCA_{L}^{X} - 0.045451LnCI^{NT}$$

$$(-5.169265)\ (8.285466)\qquad(-3.912747)\qquad(6.294270)$$

$$R^2 = 0.939704 \qquad F = 67.29369 \qquad DW = 2.094537$$

上式表明，在 1985—2008 年人民币均衡实际汇率变化过程中，中美贸易品部门相对劳动生产率偏差与人民币均衡实际汇率变动呈反向关系，且中美贸易品部门相对劳动生产率偏差增大 1%，将使人民币均衡实际汇率升值 0.237%。同时，中美非

① 在样本区间内，人民币均衡实际汇率总体上保持升值趋势，但直到 2002 年人民币才出现升值压力，这是因为，在 2005 年 7 月人民币汇改以前，人民币一直实行盯住美元的汇率制度，所以，尽管人民币名义汇率不变，但人民币名义有效汇率伴随美元名义有效汇率的升值而升值，均衡实际汇率升值对名义汇率所形成的压力并不明显。但是自 2002 年以后，随着美元贬值，均衡实际汇率升值对名义汇率的压力便凸现出来。

② 本文使用的计量软件为 Eviews5.0。

贸易品投资需求偏差与人民币均衡实际汇率变动也呈反向关系，且中美非贸易品投资需求偏差增大1%，将使人民币均衡实际汇率升值0.045%，这一经验结果与B-S效应拓展模型的结论相一致。而且，与中美非贸易品投资需求偏差相比，中美贸易品部门相对劳动生产率偏差对人民币均衡实际汇率走势的影响较大。这表明，贸易品部门相对劳动生产率的提高是引起人民币均衡实际汇率升值的主要影响因素。

四、结　论

尽管受全球金融危机的影响，当前我国经济面临很多困难和挑战，但从长期来看，我国经济发展的基本面和长期趋势并没有改变。而且，制造业作为我国主导产业发展速度很快，同时，由于我国拥有巨大的市场和较廉价的劳动力，世界制造业向我国转移的趋势是坚定不移的。这一过程必然伴随着我国以制造业为代表的贸易品部门劳动生产率的较快增长，所以，根据本文的经验分析结果，这将不断给人民币均衡实际汇率带来新的升值空间。

因此，本文得到以下几点政策建议：（1）从体制和政策配套性角度看，有必要逐步深化人民币汇率形成机制的市场化改革，建立更具弹性的市场化汇率制度，特别是要进一步发挥市场供求在汇率形成中的基础性作用。首先，政府应增加汇率制度的透明度，强调干预的可公开性和合理性，降低市场的不确定性预期。其次，培育和发展外汇衍生品市场也是促进汇率形成市场化的重要手段。（2）在以制造业为代表的贸易品部门生产率将大幅提高的情况下，大力提高以服务业为代表的非贸易品部门的生产率，降低贸易品部门与非贸易部门之间的相对劳动生产率是在长期内缓解人民币升值压力的最有力措施。如大力培育服务业市场主体，优化服务业组织结构；深化体制改革，积极营造有利于服务业发展的良好环境；加强服务业人才培养和从业人员职业技术培训，为加快发展服务业提供人才保障；积极发展农村服务业等。

参考文献

[1] Bela Balassa. The Purchasing - Power Parity Doctrine: a Reappraisal [J]. Journal of Political Economy 72, 1964: 584 - 596.

[2] Paul A. Samuelson. Theoretical Notes on Trade Problems [J]. The Review of Economics and Statistics, Vol. 46, No. 2, 1964: 145 - 154.

[3] Kenneth Rogoff. The Purchasing Power Parity Puzzle [J]. Journal of Economic Literature, June 1996: 647 - 668.

[4] Christoph Fischer. Real currency appreciation in accession countries: Balassa - Samuelson and

investment demand. Economic Research Centre of the Deutsche Bundesbank. Discussion paper 19/02. July 2002.

[5] Balazs Egert, Assessing Equilibruim Exchange Rates in CEE Acceding Countries: Can we have DEER with BEER without FEER? A Critical Survey of the Literature. BOFIT Discussion Papers, 2004 (1).

[6] 陈志昂、方霞，人民币购买力平价和实际汇率分析——兼评巴拉萨—萨缪尔森假说 [J]，浙江社会科学，2004 年第 1 期。

[7] 张晓军、吴明琴，巴拉萨—萨缪尔森假说的实证检验——来自亚洲的证据 [J]，南开经济研究，2005 年第 5 期：72 - 79。

[8] 卢锋、刘鎏，我国两部门劳动生产率增长及国际比较（1978—2005）——巴拉萨—萨缪尔森效应与人民币实际汇率关系的重新考察 [J]，经济学（季刊），2007 年 1 月：357 - 380。

[9] 唐旭、钱士春，相对劳动生产率变动对人民币实际汇率的影响分析——哈罗德—巴拉萨—萨缪尔森效应实证研究 [J]，金融研究，2007 年第 5 期：1 - 14。

城市金融产业集聚形成原因的实证研究

——基于我国35个大中城市的面板数据

李大垒

一、问题的提出

20世纪70年代以来，在经济金融全球化、市场化及信息化不断发展的时代背景下，金融机构的区域集聚现象日益明显，金融产业集聚已成为现代金融产业组织的重要表现形式。如今，不仅在许多发达国家的城市，而且在一些发展中国家和地区的城市，金融产业集聚现象已经表现得非常突出，比如美国纽约、英国伦敦、加拿大多伦多、中国香港、印度孟买等城市。一个城市内的金融企业集聚成群，通过其固有优势“集群效应”的释放（陈佳贵、王钦，2005），使其经营的整体优势得以发挥并有效促进了该城市的经济发展。我国城市的金融产业集聚现象在北京、上海、广州、深圳等经济发达城市已经比较成熟，在其他城市表现还不明显。那么，金融产业集聚这种现象是如何形成的？哪些因素推动了城市金融产业集聚的形成呢？

目前，国外经典的产业集聚研究文献主要是针对制造业集聚现象的，针对服务业的产业集聚研究文献相对较少，而专门针对金融业这种现代服务业的产业集聚研究文献就更少见了。对金融产业集聚最早的研究可以追溯到20世纪初经济学家Powell（1915）对金融业空间演化的研究，他详细描述了银行集聚并集中在伦敦的金融机构演进过程，之后相当长的一个时期里，金融产业集聚的研究基本上处于停滞状态，直到20世纪90年代才不断发展起来。对于金融产业集聚现象的形成原因，相关研究主要包括：克鲁格曼（Krugman，1991）首先提出金融服务业的集聚现象比制造业更为明显的观点，认为技术外溢导致的几乎纯粹的外部性，是引起伦敦的金融服务业空间集聚的重要原因；Leyshon（1995，1997，1998）认为居民收入和层次、已有的银行分支机构及其溢出效应、居民的金融素养、金融文化是导致金融机构集聚的主要因素；Taylor等（2003）认为经济行为的社会根植性才是导致金融集聚的根本原因；Zhao 等（2004，2005）以北京和上海为实证，研究表明信息不对称是引起金融企业地理集聚的重要原因；司月芳等（2008）对上海陆家嘴进行了调研分析，发现邻近金融中心市场、共享知名品牌、金融友善型政府、良好的政策法规是促进其金融集聚的主要动因。可以看出，国内外学者对金融产业集聚的形成原因存在着不同观点，他们的研究结论具有一定的片面性，而且他们的研究仅针对某个或少数几个城市，对国家范围内的金融产业采用集聚式发展的借鉴价值不是很好，因此有必要从全国的范围内对城市金融产业集聚的形成进行全面的定量分析，这正是本文要着重解决的问题。

二、文献综述和研究假设

国内外学者关于金融产业集聚成因的研究结论虽然有一定片面性，但把这些观点综合起来，就可以作为本文实证分析的理论基础。在借鉴这些研究者已有观点的基础上，提出本文的五个基本假设。

诺贝尔经济学奖获得者克鲁格曼（Krugman，1991）首先提出金融服务业的集聚现象比制造业更为明显的观点，他对产业地方化的分析表明，在当今世界，最突出的集聚的例子事实上是基于服务业的，而不是制造业的，东京和伦敦云集的基本上不是制造商，他认为技术外溢导致的几乎纯粹的外部性，是引起伦敦的金融服务业空间集聚的重要原因。根据其观点，提出以下假设：

假设一：工业技术外溢的外部性影响金融产业集聚的形成

Leyshon（1995，1997，1998）通过连续发表的三篇同主题论文，采用政治经济学方法来分析金融业地理集聚的形成原因，认为居民收入和层次、已有的银行分支机构及其溢出效应、居民的金融素养、金融文化是导致金融机构集聚的主要因素。由此，提出以下假设：

假设二：居民的需求动机等内在因素影响金融产业集聚的形成

连建辉等（2005）对金融产业集群的经济性质、效率边界与竞争优势进行了分析，认为金融产业集群所具有的区域金融创新优势、风险缓释优势以及生产经营效率优势，能够为区域经济金融发展提供强劲的成长动力。根据其观点，提出以下假设：

假设三：效率和创新等内在优势影响金融产业集聚的形成

Taylor 等（2003）从产业集群的视角出发，认为经济行为的社会根植性才是导致金融集聚的根本原因。司月芳等（2008）对上海陆家嘴的金融集聚动因进行了实地调研分析，结果发现，邻近金融中心市场、共享知名品牌、金融友善型政府、良好的政策法规是促进其金融集聚的主要动因。根据他们的观点，提出以下假设：

假设四：社会和政策等外在因素影响金融产业集聚的形成

Zhao 等（2004，2005）通过调查跨国公司区域总部空间集聚的信息不对称效应，认为跨国公司区域总部的区位选择是引起金融企业地理集聚的重要原因，随着中国的金融市场对外国公司更加开放，北京比其他城市更有优势成为全国性的金融中心。由此，提出以下假设：

假设五：跨国公司的投资决策影响金融产业集聚的形成

三、研究设计和变量选择

本文以我国大陆 35 个大中城市（包括直辖市、省会城市和计划单列市，因拉萨市数据难以获取，未包括在内）为实证分析对象，金融产业集聚程度和形成原因各因素的基础数据来源于《中国城市统计年鉴（1999—2008）》，运用 EViews6.0 软件对计量经济学模型进行估计。

（一）被解释变量的选择

关于产业集聚程度测度的主要方法有区位熵、行业集中度、赫希曼—赫佛因德指数、哈莱—克依指数、空间基尼系数、空间集聚指数等，本文采用区位熵 LQ（Location Quotient）来判断某个地区某产业集聚存在的可能性。区位熵又称地区专业化指数，它能够测度某个地区生产结构中某个产业与全国水平相比所具有的相对优势，其计算公式为：

$$LQ = (E_{ij}/E_j)/(E_i/E)$$

若 LQ 大于 1，表明该产业在该地区的专业化水平较高，超过全国水平，即该产业在该地区具有集聚优势。本文用各城市的金融产业就业人数比例除以全国的金融产业就业人数比例来计算区位熵，以测度 35 个城市的金融产业集聚程度，即 E_{ij} 为 j 城市金融产业的就业人数，E_j 为 j 城市的总就业人数，E_i 为全国金融产业的就业人数，E 为全国的总就业人数。

（二）解释变量的选择

根据前文提出的五个基本假设，提出相应的解释变量如下：

1. 假设一的相应解释变量设为工业总产值（IND）

工业技术的发展程度，体现在工业企业的生产经营状况上，金融企业是为工业企业提供资金服务的，某个城市的工业企业生产经营状况越好，工业总产值越高，对金融资源的需求也就越大，进而会推动金融企业向该城市流动，其金融产业集聚程度也就越高。

2. 假设二的相应解释变量设为居民储蓄（DEP）和高校学生数（STU）

一个城市的居民收入和层次，直接决定了其金融储蓄和消费投资的需求，一个城市的居民收入越多，就会在更高层次上进行消费和投资，收入中用于储蓄的比例会减少，用于生产经营投资的比例会增加，这样金融企业也会得到更多的投资，金融产业集聚程度也就越高；居民的金融素养和金融文化是由该城市居民所受的教育状况决定的，高校是人们接受教育的最高层面，高校学生数越多的城市，居民的金融素质会越高，金融企业也就越发达，金融产业集聚程度也就越高。

3. 假设三的相应解释变量设为金融业从业人员（LAB）

金融业从业人员是劳动力要素在金融产业集聚中的作用，一个城市的金融业从业人员越多，规模经济和规范化管理会带来劳动力素质的提高，其生产经营效率和金融创新能力会越高，金融企业就会愈加繁荣，金融产业集聚程度同时也就提高了。

4. 假设四的相应解释变量设为地区生产总值（GDP）和园林绿地面积（GRE）

金融企业的发展状况，在某种程度上受该城市经济发展的影响，即金融产业根植于该城市经济发展水平，政府的政策制度对城市经济发展起到了直接的引导与推动作用，地区生产总值则是经济发展水平的最直接体现；金融企业的发展也受到城市环境状况的影响，环境质量越好的城市，越能吸引金融企业投资发展，园林绿地面积则是城市环境状况的重要决定因素。

5. 假设五的相应解释变量设为外商实际投资额（FOR）

随着中国的金融市场越来越国际化，跨国公司投资对一个城市金融企业发展的影响越来越大，跨国公司投资越多的城市，往往是开放度越高经济越发达的城市，该城市的金融业就会越繁荣，金融产业集聚程度也就越高，因此外商实际投资额也是金融产业集聚的动因之一。

（三）模型的建立

根据以上对城市金融产业集聚形成原因七个因素的分析，建立以金融产业集聚度为被解释变量的双对数面板数据模型如下：

$$\begin{aligned}\ln LQit = {} & \beta_0 + \beta_1 \ln IND_{it} + \beta_2 \ln DEP_{it} + \beta_3 \ln STU_{it} + \beta_4 \ln LAB_{it} \\ & + \beta_5 \ln GDP_{it} + \beta_6 \ln GRE_{it} + \beta_7 \ln FOR_{it} + \varepsilon_{it}\end{aligned}$$

其中，i 和 t 分别表示城市和年份，LQ_{it}表示 i 城市 t 年的金融产业集聚度，β_0 为常数项，IND_{it}表示 i 城市 t 年的工业总产值，DEP_{it}表示 i 城市 t 年的居民储蓄，STU_{it}表示 i 城市 t 年的高校学生数，LAB_{it}表示 i 城市 t 年的金融业从业人员，GDP_{it}表示 i 城市 t 年的地区生产总值，其数据取实际地区生产总值，以 1998 年为基期用 CPI 指数（消费者物价指数）进行换算，GRE_{it}表示 i 城市 t 年的园林绿地面积，FOR_{it}表示 i 城市 t 年的外商实际投资额，ε_{it}为随机误差项。各变量的描述性统计如表 1 所示。

表 1 变量的描述性统计

变 量	定 义	均 值	最大值	最小值	标准差
LQ	金融产业集聚度	1.1761	2.45	0.29	0.3378
IND	工业总产值	16435050	220958064	360950	26329580
DEP	居民储蓄	10648822	94802800	594254	14414686
STU	高校学生数	188426	693480	4779	154523
LAB	金融业从业人员	2.9185	20.84	0.66	2.8785
GDP	实际地区生产总值	12168537.6	114771873.3	512631	15357517.0
GRE	园林绿地面积	12945	116516	879	21132
FOR	外商实际投资额	93997	791954	0.0001	130056

注：有几个城市的外商实际投资额为 0，为便于下文取对数进行回归分析，本文以 0.0001 代替，所以造成极小值有 0.0001。

四、实证分析及结果

本文选取的变量相对较多，横截面单位数量众多，远远大于时间序列跨度。因此，基于所选取数据的特征和计量模型设定，同时参考相关经典文献的实证方法选取，确定以广义矩估计（Generalized Method of Moments，GMM）方法来进行实证检验，力求增强模型检验结果的可信性和有效性。

（一）参数回归结果

为避免工具变量涵盖多重经济含义以及与其他解释变量的共线性，本文直接选择各解释变量的一阶滞后项作为其本身的工具变量。运用 EViews6.0 软件对前文的计量模型进行参数估计，得到的结果如表 2 所示。

表 2 模型参数回归结果

解释变量	参数估计值	样本标准差	t 统计值	收尾概率 p 值
C	7.315459	1.765898	4.142628	0.0000
lnIND	0.785328	0.334867	2.345193	0.0197
lnDEP	-0.261381	0.151909	-1.720640	0.0864
lnSTU	0.005259	0.070207	0.074904	0.9403
lnLAB	1.142322	0.170313	6.707195	0.0000
lnGDP	0.973944	0.459641	2.118922	0.0350
lnGRE	-0.107855	0.048545	-2.221758	0.0271
lnFOR	-0.021024	0.025846	-0.813417	0.4167

由表2可以看出，有四个变量在5%的显著性水平上显著（p值<0.05），五个变量在10%的显著性水平上显著（p值<0.10），只有高校学生数和外商实际投资额两个变量不显著（p值>0.10），这说明一个城市的教育水平和跨国公司投资对金融产业集聚的形成影响不明显。究其原因，其一，教育会造成人才的流失，教育水平高的城市并不能保证人才留在本地工作，比如西安的教育水平比深圳高，但西安高等教育的人才很容易流向深圳等经济发达城市，所以造成了深圳的金融产业集聚度比西安要高；其二，跨国公司投资会选择制造业、服务业等多种产业，有的会偏重制造业，有的会偏重服务业，金融业只是服务业的一部分，这就造成了一个城市的外商投资额对金融产业集聚的形成影响不显著。因此，本文剔除这两个变量后重新对模型进行估计，结果见表3。

表3 剔除不显著变量后的参数回归结果

解释变量	参数估计值	样本标准差	t统计值	收尾概率p值
C	7.706943	1.462592	5.269373	0.0000
lnIND	0.809098	0.286313	2.825920	0.0051
lnDEP	-0.290106	0.118523	-2.447677	0.0150
lnLAB	1.216392	0.174928	6.953679	0.0000
lnGDP	1.016952	0.414733	2.452066	0.0148
lnGRE	-0.089835	0.039624	-2.267216	0.0242

从表3可以看出，剔除以上两个变量后的模型总体上是非常显著的，所有变量都在5%的显著性水平上显著（p值<0.05）。其中，工业总产值、金融业从业人员和实际地区生产总值与金融产业集聚度正相关，居民储蓄和园林绿地面积与金融产业集聚度负相关，各变量的影响程度从大到小依次为金融业从业人员、实际地区生产总值、工业总产值、居民储蓄和园林绿地面积，五个变量取对数作为解释变量的影响系数分别为1.216392、1.016952、0.809098、-0.290106和-0.089835。

（二）模型检验

为了评价GMM模型回归结果和滞后阶的稳健性，需要对模型的回归残差进行面板单位根检验（Panel Unit Root Test），如果残差序列不是面板单位根过程而是平稳过程，则可以认为参数估计量不是伪回归结果，滞后阶的选择也是合适的（Engle和Granger，1987）。为此，本文采用LLC检验、Fisher-ADF检验、Fisher-PP检验三种方法来检验残差序列的面板单位根，其结果见表4。

表 4　残差单位根检验结果

检验方法	统计值	p 值	结论
LLC	-11.6452	0.0000	平稳
Fisher - ADF	-4.92981	0.0000	平稳
Fisher - PP	-5.09501	0.0000	平稳

由表 4 可以看出，三种单位根检验方法的 p 值均为 0.0000，在 1% 的显著性水平上三种检验方法都能够拒绝残差存在单位根的原假设，即残差序列是平稳序列。因此，变量之间存在长期稳定的协整关系，滞后阶的选择具有稳健性，面板数据模型的设定是合理的。

五、结论与建议

（一）实证分析结论

通过实证分析结果可以看出，前文提出的假设一、假设三和假设四获得完全验证，假设二获得部分验证，假设五未能检验通过，其中工业总产值、金融业从业人员和地区生产总值三个变量对城市金融产业集聚的形成具有正向影响，居民储蓄和园林绿地面积两个变量对城市金融产业集聚的形成具有负向影响，各变量的影响程度从大到小依次为金融业从业人员、实际地区生产总值、工业总产值、居民储蓄和园林绿地面积。

1. 金融业从业人员越多，越有利于城市金融产业集聚的形成

从表 3 的回归结果可以看出，金融业从业人员取对数后（lnLAB）的回归系数为 1.216392，表明金融业从业人员对城市金融产业集聚形成的正效应非常明显。金融业从业人员是劳动力要素在金融产业集聚中的作用，一个城市的金融业从业人员越多，会使得其金融产业的经营规模越大，规模经济会吸引更多的金融企业到该城市投资，随着金融企业数量和从业人员的逐渐增多，也就推动了该城市金融产业集聚现象的形成。

2. 地区生产总值越高，越有利于城市金融产业集聚的形成

由表 3 的回归结果，实际地区生产总值取对数后（lnGDP）的回归系数为 1.016952，表明地区生产总值对城市金融产业集聚形成的正向带动作用非常明显。一个城市的金融产业根植于其经济发展水平之上，政府的政策制度对城市经济发展起到了直接的引导与推动作用，地区生产总值则是经济发展水平的最直接体现。地区生产总值越高的城市，经济发展基础越好，地方政府就会有充足的财力和物力支

持其金融业发展，进而会吸引金融要素向该城市流动，最终会推动其金融产业集聚现象的形成。

3. 工业总产值越高，越有利于城市金融产业集聚的形成

由表3的回归结果，工业总产值取对数后（lnIND）的回归系数为0.809098，表明工业总产值对城市金融产业集聚形成的正向影响非常明显。金融企业是为工业企业提供贷款等资金服务的，某个城市的工业总产值越高，对金融资源的需求也就越大，进而会影响金融企业向该城市流动，金融企业和金融要素发展到一定规模后，该城市金融产业集聚现象也就形成了。

4. 居民储蓄越多，越不利于城市金融产业集聚的形成

从表3的回归结果可以看出，居民储蓄取对数后（lnDEP）的回归系数为-0.290106，表明JP居民储蓄对城市金融产业集聚形成具有比较明显的负向影响。一个城市的居民储蓄越多，用于生产经营性投资的资金就会越少，这样金融企业发展得到的投资也会越少，这不利于金融企业的进一步发展，对该城市金融产业规模的扩大起到了阻碍作用，对其金融产业集聚的形成也起了负面的影响。

5. 园林绿地面积越多，越不利于城市金融产业集聚的形成

由表3的回归结果，园林绿地面积取对数后（lnGRE）的回归系数为-0.089835，表明园林绿地面积对城市金融产业集聚形成具有一定的负效应。前文选择变量时曾假设环境质量越好的城市，越能吸引金融企业投资发展，从实证分析结果来看这个假设不符合现实情况。可以这样分析其原因，因为金融产业集聚需要一定的地域范围，一个城市的园林绿地面积越大，剩余的可供金融企业开发建址的面积会越少，这在一定程度上会阻碍新的金融企业在该城市投资，也就阻碍了城市金融产业集聚的形成。

（二）政策建议

根据以上实证分析结论，为推动城市金融产业集聚的形成，本文从金融企业、工业企业、地方政府和城市居民四个层面提出以下政策建议：

第一，金融企业要提高从业人员素质，创新业务能力。金融企业应加大对内部员工业务技能的培训力度，鼓励他们创新业务能力，培养一批懂得国际惯例、精通最新业务的专门人才，探索提高服务效率的方法与技巧，同时改善服务态度，真正树立为客户服务的意识，这对国有金融机构尤为重要。只有这样，才能改善金融企业的外部形象，才能促进城市金融产业的进一步发展壮大，才能推动城市金融产业集聚的逐渐形成。

第二，工业企业要充分利用金融企业的融资能力，加强资金合作。一方面，工业企业要扩大生产规模，必须有充足的资金，向银行等金融机构贷款是一种快捷的筹资方式，应保持良好的信用记录，与金融企业建立资金合作关系，为后续

的筹资与还贷奠定良好的基础；另一方面，金融企业在全面考核工业企业信用记录与偿还能力的前提下，积极地向有需要的工业企业提供贷款业务，特别是加大对中小企业的资金支持力度，最终形成金融企业和工业企业良性互动、相互促进、共同提高的局面，使一个城市里集聚的不仅有工业企业，更有金融企业及配套服务机构。

第三，地方政府应加大对城市金融产业集聚的政策引导和支持。地方政府应制定有利于城市金融业集聚式发展的政策法规，可以划定特定的区域重点培育和发展金融企业，促成金融企业之间更加便捷高效的交流合作，这一点可以借鉴上海陆家嘴金融贸易区和北京西城区金融街的先进经验。在新的金融企业选址问题上，地方政府应努力促成其选择该特定区域，可以在简化审批手续、税收优惠等方面对这些金融企业进行政策支持。同时，积极主动地与国际惯例接轨，遵循审慎开放原则，吸引跨国金融公司来我国城市建立地区总部或设立分公司，全面提升我国城市金融产业在全球网络中的层级地位，促进金融产业集聚的形成与蓬勃发展。

第四，城市居民应增加对金融企业的投资，把更多的资金注入流通领域。城市居民既是金融企业的消费者，也是金融企业的投资者。在购买消费性金融产品的同时，城市居民更应该购买金融机构自身发行的股票、债券、基金等投资工具，把证券投资当成自己的事业去经营，把投资作为一种习惯，将投资行为由被动执行变成主动执行，实现城市居民和金融企业的互利共赢，既壮大了投资群体又繁荣了金融市场，这样就保证了金融产业集聚所需的市场消费群体与投资群体，最终会推动城市金融产业集聚现象的形成。

参考文献

[1] 陈佳贵，王钦. 中国产业集群可持续发展与公共政策选择［J］. 中国工业经济，2005（9）：5－10。

[2] 连建辉，孙焕民，钟惠波. 金融企业集群：经济性质、效率边界与竞争优势［J］. 金融研究，2005（6）：72－82。

[3] 司月芳，曾刚，樊鸿伟. 上海陆家嘴金融集聚动因的实证研究［J］. 人文地理，2008（6）：84－88。

[4] Andrew Leyshon. Geographies of Money and Finance：I［J］. Progress in Human Geography，1995，19（4）：531－543.

[5] Andrew Leyshon. Geographies of Money and Finance：II［J］. Progress in Human Geography，1997，21（3）：381－392.

[6] Andrew Leyshon. Geographies of Money and Finance：III［J］. Progress in Human Geography，1998，22（3）：433－446.

[7] Paul Krugman. Geography and Trade［M］. Cambridge，MA：MIT Press，1991.

[8] Peter J. Taylor, Jonathan V. Beaverstock, Gary Cook, Naresh Pandit, Kathryn Pain and Helen Green Wood. Financial Services Clustering and its Significance for London [M]. London: Corporation of London, 2003.

[9] Powell, Ellis T. The Evolution of the Money Market, 1385 - 1915 [M]. London: Financial News, 1915.

[10] Robert F. Engle and Clive W. J. Granger. Co - integration and Error Correction: Representation, Estimation, and Testing [J]. Econometrica, 1987, 55 (2): 251 - 276.

[11] Simon X. B. Zhao, Jianming Cai, Li Zhang. Asymmetric Information as a Key Determinant for Locational Choice of MNC Headquarters and the Development of Financial Centers: A Case for China [J]. China Economic Review, 2005, 16 (3): 308 - 331.

[12] Simon X. B. Zhao, Li Zhang, Danny T. Wang. Determining Factors of the Development of a National Financial Center: The Case of China [J]. Geoforum, 2004, 35 (5): 577 - 592.

中国银行业的效率现状及动态效率分析

文玉春

银行业在一国经济命脉中起主导作用，其效率水平的高低制约着整个金融体系的效率。近几年我国银行业整体质量有了大幅度的提高，资产运营日趋规范，各项制度日益完善，市场竞争力逐渐提高。尽管我国银行业的改革发展取得了一定效果，但也要认识到，国内各大商业银行在一些指标方面很不理想，经营效率和国外银行相比也存在相当大差距。效率水平的高低直接体现整个银行业的核心竞争能力。在借鉴国外已有研究的基础上，国内一些学者也对我国银行业效率进行探究。总的来说，如今对我国现阶段银行业效率的研究深度还相对比较浅显，简单的统计分组和单一的样本指标无法全面、系统地反映银行业整体效率，尤其对我国银行业动态效率的变化问题研究远远不够。本文尝试着通过建立数据包络分析（DEA）模型，对1999—2008年十年来中国银行业的生产效率在地理分布、规模、银行类型等角度进行多方位的分析；进一步通过计算Malmquist生产力指数对银行业的效率变动进行动态研究。

一、文献综述

银行效率是银行在业务活动中投入或成本与产出或收益之间的比率，它体现了银行配置资源的有效性，是衡量银行市场竞争力、投入—产出能力以及可持续发展能力的核心要素。国外学者在研究银行业效率时用到的方法有两类。一类是参数方法（Parametric Method）。譬如，利用多元线性回归法构造银行业效率评价模型（Shun and Stephen，1999），银行业效率的格兰杰（Granger）因果关系检验（Richard，2003），利用路径分析法探讨银行业的经营效率（Louis，2004），Kerester（2005）利用企业生产产品周期模型来分析银行业的绩效，Jason－Jiang（2006）对银行业的全要素生产率进行了系统测算。另一种是非参数方法（Non－Parametric

Method)。通过在一定的生产有效性标准下找出位于生产前沿包络面上的相对有效的大量的实际生产点，主要有数据包络（DEA）分析法。与传统分析方法相比此方法最大的特点是，DEA 方法不需要设定投入—产出函数方程就可以分析具有多种投入和产出的复杂关系，这正好适应于商业银行绩效评估。Worthington（1998）分别利用数据包络的 CCR 和 BCC 模型测算了 1990—2005 年期间澳大利亚的九大商业银行的效率值。Maudos and Zenios（2000）系统分析了银行规模、组织结构、市场集中度、资本化程度等因素对银行效率的影响程度。Yong and Chen（2004）采用 DEA 中许多模型，对美国各州银行业效率水平以及效率改进程度进行了对比研究。据 Berger and Mester（2004）统计，在 2003 年前利用前沿效率进行分析研究的 184 个案例中，采用参数模型和非参数模型进行分析的比例基本相当。

从研究银行效率的具体内容上来看，先后经历了两个阶段：早期的研究集中在银行规模经济以及范围经济的研究上；近期的研究倾向于生产效率的研究。生产效率研究最早由 Farrell（1957）从微观角度研究企业效率，并首次引进前沿面生产函数的概念开始。Clark and Keeley（1965）对美国银行业的微观经营效率进行了开创性研究，而后大量经济学家对此产生了兴趣。Demsetz（1987）测算了 1970—1985 年间欧洲货币市场上前 50 名银行的效率，发现欧洲各大银行的整体效率逐步提升，金融创新促使效率以递增的速度提高。Gonzalez（1996）研究认为技术进步，如计算机互联网的运用，在银行业效率提高过程中起到重要的作用。Anthony and Bruce（1999）系统评估了影响银行效率的各个因素，并从多个角度分析造成银行效率差异的原因。国内这方面的研究主要在 2000 年以后，归纳起来大体上集中在两个领域：一是关于我国商业银行综合效率测度。王丽和魏熠（2000）实证分析了我国 13 家商业银行的经营效率，结果显示我国银行业效率水平整体上是递增的，而技术效率呈下降趋势。沈军（2003）对比研究了各家银行在行业内的效率排名，发现银行之间存在较大的效率差异，国有商业银行效率要低于股份制商业银行。二是对影响我国银行业效率的因素分析，黄宪（2003）认为银行内部管理水平和经营策略的差异是导致各大银行效率差异的主要原因。陈敬学（2004）认为所有制结构形式造成了银行效率的差异，产权主体多元化可以增强银行的核心竞争力。

国内学者利用 DEA 方法研究银行业效率的有陈刚（2002），他利用 1994—1999 年各大商业银行的经营数据，分析了银行生产有效性的动态变化情况。庞瑞芝（2004）利用 Malmquist 指数对我国商业银行 2000—2004 年间的全要素生产率变动进行了测算，结论是银行业全要素生产率在此期间呈现上升趋势，未能找出我国商业银行效率指数变动的根本原因，分析没有说服力。王付彪、阚超和沈谦等（2006）对我国商业银行 1998 年至 2004 年的技术绩效进行了实证研究，认为银行业的技术损失率主要源自规模效率损失，缺乏系统、全面的研究。

以上对银行业效率问题的研究存在着不足：首先，多数文献对商业银行绩效评价时采用截面数据或时间序数据，应用面板数据进行分析的相对很少。其次，样本结构以及数据分组不合理。我国的银行业，从地域分布情况来看，各大商业银行及其分支机构在东部经济发达地区的和中西部经济欠发达地区分布情况存在较大的差别；从企业的隶属关系来看，既有国有性质的银行，也有股份制银行；从银行规模和资产总量看，既有经营规模、资产总额较大的银行，也有中小型银行。这些因素都会影响到整个银行业的生产效率。本文试图克服以上缺陷，系统、全面地评估我国银行业的效率问题及效率变动情况。

二、模型、变量与数据

效率水平的高低是由企业生产过程投入—产出关系的技术状态所决定的。数据包络分析一般分为产出导向（Output Orientated）模型和投入导向（Input Orientated）模型两种。本文利用投入导向型模型来研究我国银行业的效率问题，即在给定各个商业银行一定产出量的条件下，实现最小的要素投入量，以此来分析各个银行的经营效率

（一）实证模型

1. 数据包络分析（DEA）

Data Envelopment Analysis（简称 DEA）方法最早是由 Charnes、Cooper and Rhodes（1978）提出，其利用线性规划的知识及对偶定理构造一个非参数生产前沿，各个商业银行的效率值与前沿面上的效率值进行计算测度，从而得到给定样本中各个单位的相对效率，然后就可以对样本银行的经营绩效进行排名，评价各自运行的有效性。在规模报酬不变的情况下，DEA 模型被叫做 CCR 模型。银行业投入导向型的 DEA 方法求解过程如下：

$$\begin{aligned} &\min\theta,\lambda\theta\ , \\ &s.\ t.\ -yi+Y\lambda \geqslant 0,\ \theta X_i - X\lambda \geqslant 0\ ,\ \lambda \geqslant 0 \end{aligned} \tag{1}$$

这里，x_i 和 y_i 各自代表第 i 个商业银行的投入和产出向量，x 和 y 分别是 K × N 矩阵和 M × N 矩阵，具体表示为所有研究银行的总投入和总产出指标。经过对线性规划（1）式求解，得出 θ 的值就是第 i 个银行的效率值。若 $\theta=1$，表明该研究银行具有十分完美的技术效率；$\theta<1$ 说明银行的效率值位于生产前沿之下，技术效率损失率为 $1-\theta$。上述方法假设所有银行都是在最优规模上进行生产的，但实践中由于受市场竞争程度、资金以及制度等方面的约束，银行不可能都在最优规模上进行生产，即使处于最优规模状态也是短暂的，这就会造成一定的规模效率损失，因此，Banker and Chames（1984）放开了 CCR 模型中规模报酬不变的条件，提出了 BCC 模型。BCC 模型还进一步把规模效率和纯技术效率区别开来，衡量所研究的银

行在一定生产技术水平上，是否处于最适生产规模状态。计算出线性规划（2）式的解，就可以得到各大银行的技术效率值：

$$\begin{aligned} & \min\theta,\lambda\theta, \\ & \text{s. t.} \quad -yi + Y\lambda \geqslant 0,\ \theta X_i - X\lambda \geqslant 0 \\ & N1'\lambda = 1,\ \lambda \geqslant 0 \end{aligned} \tag{2}$$

除 N1 代表 N×1 向量外，其他各个变量的含义和（1）式相同。BCC 模型能得到一个包络各个银行效率值在内的恒截面凸包，与 CRS 方法得到的圆锥包相比更紧（Donald and Crisa，1986），从而使各个银行技术效率测度值 θ 更加接近现实。

进而，把 CCR 模型下测度出的各个银行技术效率值除以 BCC 模型中相对应的纯技术效率值，就能得到银行的规模效率值。

2. Malmquist 生产率指数

该指数是通过距离函数来定义的，表示为第 t 期和第 t+1 的曼奎斯特生产率指数的几何平均数（Caves et al，1982）。如果假设（x^t，y^t）和（x^{t+1}，y^{t+1}）分别表示银行第 t 期和第 t+1 期的投入－产出关系，投入导向型的银行业生产率指数就是投入－产出关系由（x^t，y^t）向（x^{t+1}，y^{t+1}）的变化，如（3）式所示。

$$M_i^t(x^{t+1},y^{t+1},x^t,y^t) = \left\{\left[\frac{D_i^t(x^t,y^t)}{D_i^t(x^{t+1},y^{t+1})}\right]\left[\frac{D_i^{t+1}(x^t,y^t)}{D_i^{t+1}(x^{t+1},y^{t+1})}\right]\right\}^{\frac{1}{2}} \tag{3}$$

银行生产率的变化由技术效率水平和综合技术效率水平两部分的变化组成。综合技术效率是银行利用生产技术的效率，在距离函数中表示为生产前沿面和实际产出量之间的距离。假设 EC 代表银行综合技术效率变动，则有式子（4）：

$$EC = \frac{D_i^t(x^t,y^t)}{D_i^t(x^{t+1},y^{t+1})} \tag{4}$$

银行技术效率的变动就是生产前沿面的移动。如果假设银行技术进步用 TC 表示，则有：

$$TC = \left[\frac{D_i^{t+1}(x^{t+1},y^{t+1})}{D_i^t(x^{t+1},y^{t+1})} \times \frac{D_i^{t+1}(x^t,y^t)}{D_i^t(x^t,y^t)}\right]^{\frac{1}{2}} \tag{5}$$

联合式（3）、（4）和（5），得到（6）式，即银行业 Malmquist 生产率指数可以分解为综合技术效率变动和技术进步的乘积。进一步银行技术效率可以分解为规模效率及纯技术效率。

$$M_i^t(x^{t+1},y^{t+1};x^t,y^t) = EC(x^{t+1},y^{t+1};x^t,y^t) \times TC(x^{t+1},y^{t+1};x^t,y^t) \tag{6}$$

若银行综合技术效率 EC>1，表示效率改善，意味着银行管理方式与决策正确、得当；反之，EC<1，效率低下，管理方式与决策不当。银行技术进步 TC 表示银行

业从第 t 期到第 t+1 期的生产技术变化率，由银行第 t+1 期的生产技术变动量和第 t 期的生产技术变动率的几何平均数计算得到。在生产函数中表示为两个时期内生产前沿面的移动。如果 TC>1，表明银行业的生产技术呈现上升趋势，实现了金融创新；反之，表示银行的生产技术有所衰退。

（二）资料说明

本文研究的银行，主要指经营吸收公众存款、发放贷款、办理结算等业务，以利润为主要经营目标的金融机构，而不包括政策性银行。样本区间为 1999—2008 年 10 年的经营数据，研究对象包括 4 家国有商业银行和 10 家全国性股份制商业银行①，分布在全国各省会的各大银行的分行作为具体研究的决策单位。所有数据来源于 2006—2009 年《中国金融年鉴》。

（三）投入产出变量选择

输入、输出指标的选取直接影响到 DEA 模型的检验效果。投入—产出变量的选择必须能够反映被比较样本的竞争环境（Oral and Yolalan，1990）。考虑到银行作为特殊的企业，其投入—产出与其他企业存在很大的不同，数据选取恰当与否至关重要。本文在综合考虑生产法、中介法及资产法的基础上，采用了王付彪、阚超和陈永春等（2006）的研究方法，把银行贷款、净利润及存款作为银行生产的产出变量，把银行固定资产净额、利息支出及各种经营费用作为投入变量。文章之所以将存款列为银行的产出变量：第一，存款是银行发放贷款的主要资金来源，具有产出功能；第二，把吸收来的存款贷放出去获得的利息收入要远远大于吸收本笔存款所支付储户利息，有增加收入的功能。

三、实证结果与分析

把样本中的各个商业银行分别看做一个生产决策单位，利用投入—产出数据，通过上述模型对其经营效率进行系统、全面的测度。

（一）我国银行业基本效率分析

1. 总体的规模效率、技术效率分析

这里主要采用基于投入的 BCC 模型，在此模型下，银行的效率值可以进一步分解为综合技术效率、纯技术效率以及规模效率。把 14 家银行 10 年的投入—产出数

① 由于城市商业数量多达 112 家，难以统计其数据，且在整个银行业当中所占较小比重，这里忽略各种城市商业银行。

据，利用DEA统计分析软件DEAP2.1，运行得到的综合效率值、纯技术效率值和规模效率值进一步整理，就能得到我国银行业年度各相应效率的平均值，如表1所示。

表1　1999—2008年我国银行业的平均效率值

年份	综合效率平均值	纯技术效率平均值	规模效率平均值
1999	0.6328	0.7914	0.8849
2000	0.6450	0.7632	0.8124
2001	0.6109	0.6378	0.7696
2002	0.5543	0.6745	0.7349
2003	0.6965	0.7152	0.7207
2004	0.6376	0.7243	0.7075
2005	0.7105	0.8162	0.7317
2006	0.7248	0.8461	0.6843
2007	0.7384	0.9046	0.6548
2008	0.7021	0.8713	0.6354

从表1可以看出，尽管我国银行业综合效率平均值呈现增长的趋势，但还是一直徘徊在相对较低的水平上，2006和2007年达到最高的水平，也只有0.7248和0.7384。我国银行业综合技术效率低的主要原因是规模效率相对较低。具体到本文而言，主要表现为追求粗放式经营，各大银行将发展重点放在规模快速扩张上，战略多有模仿的倾向，银行功能趋于同质化；缺乏市场竞争力，理财产品和资本运营没有优势；缺乏浮动性的、针对高端客户的产品，网上银行的经营效率低。规模效率从1999年的最高值下降到2008年的最低值。纯技术效率在1999—2001年间出现了下降，但从2002年起表现出了上升趋势。规模效率跟纯技术效率相比在这十年中平均低7个百分点左右。银行的纯技术效率是指既定规模下产出最大时，最少的投入要素成本。实证数据显示我国商业银行整体技术效率呈现改进趋势，这一结果与在1999年至2008年间，信息技术的应用和普及，积极推广业务电子化和网络化的事实相符合，由此带动了我国银行业的整体效率改进。尽管我国银行业改革力度不断加大，尤其是在加入世贸组织后，银行业改革进入加速阶段。但在资金规模、技术创新、盈利水平方面与发达国家相比，仍然存在较大差距。据英国《银行家》杂志2005年度对世界1000家大银行排名，我国四大国有商业银行按照一级资本排名均排在前30名以内，按资产总额排名均排在前40名以内。但是按照代表效率的经营指标（如资本利润率或者资产收益率）排名，则都排在730名以后，都属于经营最差的30%之列。2009年，进入世界500强的全球银行有68家，美国有9家，日

本有6家，中国只有5家（工商银行、建设银行、中国银行、农业银行、交通银行），并且几乎都是国有银行，政府扶持在其规模的形成、行业的发展过程中起到了重要的力量，我国银行业离真正依靠市场自由竞争和自身规模经济优势来提升市场竞争力还有相当远的路程。

2. 各大银行的效率分析

（1）综合技术效率。利用CRS模型测算出14家银行1999—2008年间的综合技术效率分值，由表2所示。

表2　1999—2008年14家银行的综合技术效率

年份	工商银行	农业银行	中国银行	建设银行	交通银行	中信银行	光大银行	华夏银行	民生银行	广发展	招商银行	深发展	兴业银行	浦发展
1999	0.427	0.575	0.683	0.183	0.479	0.567	0.437	0.931	0.802	0.864	0.596	0.336	0.591	0.821
2000	0.538	0.506	1	0.427	0.506	0.653	0.579	0.692	0.759	1	0.734	0.685	0.864	0.704
2001	0.606	0.389	0.479	0.390	0.551	0.690	1	0.735	0.638	0.731	0.729	0.349	0.685	0.690
2002	0.742	0.607	0.405	0.203	0.310	0.732	0.702	0.866	1	0.648	0.604	0.486	0.733	0.634
2003	0.789	0.731	0.599	0.487	0.473	0.708	0.674	0.703	0.843	0.609	0.589	0.602	0.904	0.720
2004	0.846	0.411	0.637	0.179	0.518	0.842	0.831	0.654	1	0.714	0.703	0.376	0.612	0.740
2005	0.703	0.596	0.492	0.532	0.276	0.584	0.654	0.542	0.732	0.566	0.680	0.297	0.727	0.767
2006	0.647	0.606	0.577	0.215	0.719	0.735	0.595	0.719	1	0.675	0.832	0.406	0.618	0.865
2007	0.532	0.642	0.541	0.383	0.642	1	0.489	0.684	0.860	0.802	0.489	0.618	0.810	0.921
2008	0.589	0.703	0.650	0.287	0.579	0.893	0.508	0.560	0.935	0.674	0.847	0.365	0.684	1
平均	0.714	0.574	0.637	0.394	0.465	0.746	0.635	0.771	0.873	0.689	0.648	0.428	0.716	0.806

由表2可以看出，民生银行绩效表现相对最高，其平均综合技术效率值为0.873，该行在2002、2004和2006年的绩效表现很好，综合技术效率到达最优1，但是其效率值也有起伏。浦东发展银行的综合技术效率从2003年0.720上升到2008年的1，从2003年起，其一直处于效率前沿，但由于1999—2002年效率值呈现出较大的波动性，它的平均综合技术效率值为0.806，位居第二。华夏银行在1999—2003年综合技术效率稳定在较高的水平，但是在其余年份综合效率值从0.654下降至0.560，它的综合效率平均值为0.771，居于第三。工商银行的综合效率值变化趋势呈现两个阶段，第一阶段由1999年的0.427上升至2004年的0.846；第二阶段由2005年的0.703下降到2007年的0.532，在考察期的最后一年达到0.589，它的综合效率平均值为0.714，列居第六位。建设银行的综合效率值只是在2005年达到0.532，其余年份的综合效率值在0.179—0.487之间波动，其综合效率平均值为0.394，位居最后。

从各大银行综合技术效率平均值的先后排名顺序来分析，股份制商业银行的平均效率值普遍高于国有商业银行。在前六强当中，只有工商银行是国有银行且排名靠后。其他三家国有银行在总排名当中也都相对靠后，分别在第九、第十一和第十四位。且逐一年度进行比较，股份制商业银行的优势也比较明显。这说明国有商业银行在综合技术效率方面还存在很大的提高空间。

（2）纯技术效率。银行业纯技术效率分析不需要考虑规模因素，为此我们采用VRS 模型，测算结果统计在表 3 中。不管是国有银行还是股份制银行它们的纯技术效率都处在相对较高的水平上，两类银行纯技术水平的差距很小。需要特别指出的是，2002—2009 年间，我国银行业的纯技术效率几乎都处于效率有效区域，这与此期间我国银行业扩大了技术投入力度、银行业技术边界持续扩张的事实相吻合。表中各个银行的排名顺序与表 2 相比变化不大，除了华夏银行和浦发展、建设银行和深发展排名分别换位以外，其他银行的纯技术效率平均值与它们的综合技术效率的排名顺序相一致。在国有商业银行内部，工商银行的效率较高，在考察期内，平均效率值为 0. 749，有一年是处于生产前沿面上。股份制银行内部，民生银行表现非常突出，有三年处于生产前沿面上，应该是目前在技术效率上国内最好的银行。

表 3　1999—2008 年 14 家银行的纯技术效率

年份	工商银行	农业银行	中国银行	建设银行	交通银行	中信银行	光大银行	华夏银行	民生银行	广发展	招商银行	深发展	兴业银行	浦发展
1999	0. 633	0. 489	0. 548	0. 536	0. 417	0. 696	0. 579	0. 742	0. 751	0. 606	0. 792	0. 478	0. 605	0. 726
2000	0. 592	0. 613	0. 486	0. 629	0. 532	0. 795	0. 735	0. 725	1	0. 694	0. 649	0. 389	0. 765	0. 731
2001	0. 658	0. 576	0. 776	0. 405	0. 538	0. 717	0. 547	1	0. 746	0. 791	0. 654	0. 689	0. 642	0. 684
2002	0. 819	0. 537	0. 738	0. 732	0. 608	0. 702	0. 637	0. 803	1	0. 893	0. 743	0. 636	0. 791	1
2003	1	0. 712	0. 605	0. 679	0. 715	0. 658	0. 608	0. 785	0. 780	0. 874	0. 723	0. 719	0. 716	0. 774
2004	0. 854	0. 705	0. 851	0. 697	1	0. 748	0. 695	0. 786	0. 815	0. 854	0. 764	0. 597	0. 839	0. 658
2005	0. 717	0. 574	0. 629	0. 625	0. 711	0. 823	0. 852	0. 809	0. 874	0. 718	0. 861	0. 847	0. 728	0. 789
2006	0. 937	0. 771	0. 834	0. 844	0. 784	0. 839	0. 730	0. 931	0. 943	0. 735	0. 902	0. 506	0. 952	1
2007	0. 806	0. 833	0. 903	0. 715	0. 816	0. 963	0. 936	0. 837	1	0. 915	0. 827	0. 744	0. 803	0. 807
2008	0. 936	0. 842	0. 815	0. 834	0. 827	0. 956	0. 807	0. 906	0. 897	0. 926	0. 708	0. 802	0. 920	0. 927
平均	0. 749	0. 688	0. 707	0. 638	0. 656	0. 793	0. 692	0. 841	0. 894	0. 736	0. 712	0. 620	0. 755	0. 838

（3）规模效率。银行的纯技术效率值比上对应的综合技术效率值，就能得到它们的规模效率值。由表 4 可以发现，我国商业银行在规模效率方面不是很理想。浦发展的规模效率值在考察期末较低，但其余绝大多数年份接近于 1，规模效率平均值为 0. 883，此银行在观察期内的规模效率平均值最大。中信银行的规模效率表现与浦发展呈现出相似的趋势，也是接近考察期末效率值降低，其他年份的规模效率维持在 0. 7 左右，它的规模效率平均值为 0. 795，排名第二。民生银行与光大银行

的规模效率都只是在近期才达到规模效率前沿，而在其他年份规模效率上下变化幅度较大，它们的规模效率平均值各自是 0.737 和 0.689，分别居于第三和第四位。中国银行的规模效率值在 0.275—0.427 区间内徘徊，平均规模效率值是 0.385，规模效率指最低。分析表明，我国银行的现有规模与其效率值两者的关系并不完全相匹配。

在规模报酬方面，只有极少数商业银行在考察期内的个别年份处于规模报酬递增区域，其经营效率可以通过扩大自身规模进一步提高，而绝大部分的银行一直处于规模报酬递减或规模报酬不变区域。这就充分反映，造成我国银行业整体规模效率值不高的主要原因是：过大的资产规模，超出了银行现有的经营管理水平，结果导致规模无效。

表 4　1999—2008 年 14 家银行的规模效率和规模报酬

年份	工商银行 SE RTS	农业银行 SE RTS	中国银行 SE RTS	建设银行 SE RTS	交通银行 SE RTS	中信银行 SE RTS	光大银行 SE RTS	华夏银行 SE RTS	民生银行 SE RTS	广发展 SE RTS	招商银行 SE RTS	深发展 SE RTS	兴业银行 SE RTS	浦发展 SE RTS
1999	0.542D	0.707D	0.275D	0.378D	0.766D	0.657C	0.612C	0.514D	0.631C	0.616C	0.750C	0.574D	0.558C	0.895C
2000	0.539D	0.634C	0.380D	0.421D	0.571I	0.611C	0.745I	0.751D	0.578C	0.734C	0.643C	0.621C	0.713C	1C
2001	0.676D	0.529D	0.427D	0.346D	0.692D	0.820C	0.538C	0.678C	0.732C	0.609C	0.579C	0.706C	0.635C	0.723C
2002	0.397C	0.650C	0.294D	0.578D	0.702D	1D	0.664D	0.735C	0.690C	0.887C	0.504I	0.493C	0.729C	0.816C
2003	0.478D	0.496D	0.336D	0.519D	0.589D	0.782C	0.537D	0.813C	0.539C	1C	0.587C	0.547C	0.597C	1D
2004	0.515D	0.588C	0.415D	0.362D	0.641D	0.665C	0.596D	0.670D	0.706C	0.524D	0.735D	0.478C	0.648C	1C
2005	0.631D	0.642C	0.326D	0.451D	0.749I	0.714C	0.771C	0.597C	0.788C	0.533C	0.684C	0.602C	0.652D	0.710I
2006	0.588D	0.593D	0.413D	0.358C	0.597D	1C	0.695C	0.784D	0.816C	0.717D	0.743D	0.557D	0.438C	0.969C
2007	0.642C	0.726I	0.370D	0.315D	0.741C	0.871D	1I	0.752C	1I	0.695C	0.648C	0.481C	0.729C	0.891C
2008	0.390D	0.459D	0.404D	0.420D	0.605C	0.603C	1D	0.581I	0.921C	0.660C	0.546C	0.625C	0.694C	0.832C
平均	0.591	0.543	0.385	0.451	0.648	0.795	0.689	0.672	0.737	0.670	0.638	0.564	0.636	0.883

注：SE 和 RTS 分别代表规模效率和规模报酬；I、C、D 分别是 IRS、CRS 和 DRS 的简写，表示规模报酬递增、不变和递减。

鉴于综合效率、纯技术效率和规模效率三者之间的关系，既然各个商业银行的纯技术效率值都比较高，那么经营效率损失主要来源于规模效率损失。根据管理学的思想，如果生产规模过大，就会造成平行部门之间的协调、上下部门之间的配合难度增大，自然会出现内部管理水平滞后，造成效率损失。这表明我国银行业在过去几年非理性快速规模扩张导致效率损失，尚未形成符合发展要求的合宜经济规模。纵观世界各国金融体系的成长经验，银行业的发展不能一味地追求规模扩张，而应该提高自身的核心竞争力。

3. 不同区域的商业银行效率分析

各个商业银行在东部、中部和西部地区都设有分行，为了简化问题研究，我们把位于不同省会的各个分行分别作为一个独立核算经营单位，试图从地域分布层面来考察我国银行业的效率问题，探讨区域因素对银行效率的影响程度。软件输出的计算结果经整理后列在表5。

表5 不同区域的商业银行效率

年份	东部			中部			西部		
	TE	PTE	SE	TE	PTE	SE	TE	PTE	SE
1999	0.6785	0.7542	0.6752	0.6235	0.7542	0.5937	0.7042	0.7432	0.6381
2000	0.7029	0.7803	0.7243	0.5741	0.7807	0.6217	0.6489	0.7520	0.5603
2001	0.6368	0.6387	0.7735	0.6975	0.8256	0.5683	0.5741	0.8148	0.6146
2002	0.6077	1	0.7902	0.5842	0.6684	0.6437	0.6169	0.6857	0.7248
2003	0.5801	0.8326	0.6851	0.7057	1	0.6085	0.6873	0.6906	0.7071
2004	0.6763	0.7783	0.7349	0.5321	0.7348	0.4670	0.7158	0.7347	0.8139
2005	0.7312	0.8589	0.6317	0.6127	0.8251	0.6115	0.5329	1	0.5326
2006	0.7625	1	0.6456	0.5058	0.8357	0.5549	0.6237	0.8671	0.6327
2007	0.6940	0.9246	0.6899	0.6935	0.9115	0.6237	0.6721	0.7932	0.6406
2008	0.7257	0.8933	0.7402	0.6211	0.8327	0.5972	0.5856	0.8854	0.6113
平均	0.7314	0.8652	0.7108	0.5759	0.8218	0.5489	0.6631	0.8475	0.6274

注：TE、PTE 和 SE 分别代表综合技术效率、纯技术效率和规模效率。下同。

表5显示，位于不同区域的银行效率值并不一样。位于东部地区的银行平均综合技术效率值最高，中部地区的最低，西部地区的处于中间。而且，位于东部地区的银行，其平均规模效率水平也是最高的。东部地区经济基础比中西部都要雄厚，资金流动性、配备人员的能力也比较强，它的银行业效率水平也较高；而中西部地区缺乏相应的许多优势，造成效率相对较低。这在很大程度说明了，一个国家经济发展的不平衡带来了金融业发展的不平衡。位于西部地区银行的综合技术效率平均水平虽然低于东部地区，但高于中部地区，这符合于自1999年国家推出西部大开发政策，大力支持西部地区发展的事实。三个区域的银行纯技术效率平均值基本上一样，几乎不存在差距，表明各个银行之间的工作方法、管理手段存在一定模仿性，通过计算机互联网采用相同的办公操作系统，提高了整体效率，体现了信息技术发展在我国银行业效率水平提高过程中起到的重要作用。

4. 不同规模的商业银行效率分析

根据2009年各大银行的年度公司报表，依据资产总量把我国的银行分为大中小三种类型①，以此来考察不同规模的银行效率，结果如表6所示。

表6　不同规模的商业银行效率

年份	大型			中型			小型		
	TE	PTE	SE	TE	PTE	SE	TE	PTE	SE
1999	0.5856	0.7891	0.5829	0.5973	0.8052	0.6541	0.7943	0.8319	0.7075
2000	0.7127	1	0.6538	0.8012	0.8174	0.7428	0.6795	0.7947	0.7364
2001	0.6082	0.8168	0.6724	0.7275	0.6957	0.7615	0.6637	0.6435	0.7132
2002	0.5398	0.7803	0.7813	0.6328	1	0.6402	0.7643	0.8809	0.7813
2003	0.5425	1	0.5742	0.5487	0.9063	0.5738	0.6462	0.8217	0.6942
2004	0.6074	0.7465	0.5427	0.6685	0.8446	0.5346	0.7204	0.8462	0.7217
2005	0.4961	0.9046	0.4136	0.7129	1	0.5742	0.7538	0.9036	0.6535
2006	0.6705	1	0.5704	0.7683	0.7539	0.6345	0.7537	1	0.7403
2007	0.7366	0.8931	0.5861	0.5869	0.9124	0.6017	0.6843	0.8135	0.5937
2008	0.6840	0.8264	0.6438	0.7462	0.8394	0.6740	0.7470	0.7968	0.7604
平均	0.5633	0.8649	0.5806	0.6275	0.8511	0.6351	0.7089	0.8391	0.7243

由表6看出，除了纯技术效率在大中小型银行中相差无几且大型银行稍占优势以外，综合技术效率平均值和规模效率值在大中小型银行当中依次升高。这说明大型银行的综合技术效率平均值和纯技术效率平均值比中型企业差，中型银行比小型银行的差。分析具体原因：一是中小型银行及其分支机构主要集中在经济发达的城市，经营能力相对较强，管理环境宽松，与大型银行的行政等级制度相比，更有利于开展金融产品创新活动和协调内部资源提高管理效率；二是银行自身资产规模的原因，与大型银行相比，中小型银行资产和存款投入规模相对较小，且由于所在城市比较发达，因此其产出指标相对较高，进而以投入—产出指标来衡量的技术效率也就比较高。这进一步说明，规模是影响我国商业银行效率的主要因素。

① 根据中国人民银行对大中小型银行的划分方法，依据资产总额、从业人员数和利润额三项指标对银行进行了划分。根据这一办法，但从资产总额来看，大型银行的标准是指资产总额达到5万亿元人民币以上；中型银行资产总额在1—5万亿元人民币；小型银行资产总额在1万亿元人民币以下。本文把建设银行、农行、中国银行和工商银行划分为大型银行，交通银行、浦发展、中信银行、兴业银行、民生银行和光大银行为中型，华夏银行、招商银行、深发展和广发展为小型银行。

5. 不同经济类型的商业银行效率分析

各个银行经济类型的不同属性，也会影响到整个银行业效率水平。按照掌握银行资本控制权主体构成现状，将 14 家银行划分为国有银行和股份制商业银行两大类。由 DEAP2.1 计算得到两种不同经济类型的银行效率值，列于表 7。

表 7　不同经济类型的商业银行效率

年份	国有			股份制		
	TE	PTE	SE	TE	PTE	SE
1999	0.5976	0.8179	0.6432	0.6067	1	0.6278
2000	0.6208	0.8627	0.6127	0.7271	0.8819	0.6359
2001	0.5027	0.8033	0.7308	0.6825	0.8264	0.6275
2002	0.5390	0.7925	0.8825	0.5478	0.7037	0.7714
2003	0.6413	1	0.6247	0.5812	0.7546	0.6731
2004	0.7146	0.8168	0.6186	0.7407	1	0.7243
2005	0.4875	0.9276	0.5037	0.5619	1	0.5892
2006	0.6258	0.8931	0.6103	0.5026	0.9035	0.6873
2007	0.7114	1	0.6315	0.7461	0.8806	0.5907
2008	0.5713	0.8378	0.7289	0.6407	0.8158	0.8316
平均	0.5975	0.8563	0.6124	0.6352	0.8601	0.7265

表 7 显示，不同类型的银行对生产效率影响程度存在较大差异，在规模效率和综合技术效率两方面，都是股份制商业银行高于国有银行；股份制商业银行在纯技术效率方面的优势并不明显。在 1999—2008 年这十年里，股份制银行的平均综合技术效率比国有银行高出 3.77%。这主要是由于股份制银行具有经营管理较为规范、生产规模较为适度的良好发展基础，同时机制灵活，部门之间的协调更加便利，易于形成商业合作，无论是服务体系的支撑，还是网点、渠道（电子渠道、物理渠道）等，股份制银行都比国有银行反应快、转得快。

（二）我国银行业动态效率分析

动态效率研究的是银行业在生产技术逐步升级过程中其经营效率变动的情况，为此引入银行业生产力变动的 Malmquist 指数，可以通过两个曼奎斯特生产力指数 EC 和 TC 的几何平均值来计算。其中，EC 这个指数测度时期 t 到 t+1 各个样本银行到最优实践边界的追赶程度；TC 指数测度银行技术边界由时期 t 向 t+1 的移动情况。软件 DEAP 运行结果如表 8 所示，Mi 是 Malmquist 生产率指数的缩写形式，该指数是否能大于 1，是判断银行经营绩效相对改善还是退步的标准。

表 8　1999—2008 年我国银行业 Malmquist 生产率指数及其各项效率变动①

时期	2004—2005			2005—2006			2006—2007			2007—2008		
变量	Mi	EC	TC	Mi	EC	TC	Mi	EC	TC	Mi	EC	TC
工商银行	1.012	1.010	1.000	1.034	1.027	1.034	1.042	1.020	0.917	1.039	1.017	1.014
农业银行	0.895	1.000	1.021	1.328	1.009	1.012	1.013	0.986	1.042	0.967	0.979	0.926
中国银行	1.124	0.931	1.010	1.119	1.104	1.099	1.235	1.216	1.089	1.201	1.172	1.145
建设银行	1.058	1.037	1.049	1.061	1.038	1.046	1.068	1.045	1.036	1.124	1.122	1.086
交通银行	1.107	1.067	1.051	1.108	1.089	1.103	1.116	1.107	1.100	1.128	1.089	1.047
中信银行	0.993	1.000	0.985	1.050	1.037	1.026	1.063	1.045	1.029	1.017	1.014	1.005
光大银行	1.015	1.014	1.007	0.971	0.968	0.887	1.028	1.017	1.015	1.034	1.028	1.015
华夏银行	1.018	1.051	1.016	1.019	1.015	1.014	1.035	1.024	1.020	1.021	1.019	0.974
民生银行	1.046	1.000	1.039	1.057	1.042	1.038	1.066	1.048	0.942	1.073	1.062	1.035
广发银行	1.063	1.043	1.011	1.071	1.035	1.046	1.084	1.067	0.895	1.088	1.056	1.037
招商银行	0.847	0.910	0.856	0.906	0.896	0.847	0.892	1.032	0.856	0.934	0.983	0.762
深发展	0.984	1.084	0.995	1.005	1.004	0.982	0.992	1.010	1.003	1.015	0.967	0.858
兴业银行	1.126	1.067	1.137	1.139	1.126	1.125	1.122	1.115	1.096	1.104	1.102	1.089
浦发展	0.679	0.832	0.712	0.734	0.695	0.589	0.705	0.876	0.925	0.891	0.747	0.735
国有银行平均	1.077	1.017	1.069	1.079	1.032	1.156	1.108	1.084	1.093	1.101	1.106	1.079
股份制银行平均	1.058	1.045	0.973	1.062	1.045	1.055	1.052	1.067	1.105	1.067	1.085	1.048
总体平均	1.062	1.033	1.035	1.063	1.039	1.084	1.068	1.072	1.102	1.073	1.094	1.057

通过分析表 8 中的数据，可以归纳出我国银行业动态效率变化的三个特征：首先，总体上来看，自 1999 年以来整个银行业的效率呈现出积极的发展趋势，年平均增长率达到 1.063，银行效率平均每年提高 6.3 个百分点，其中效率的相对改善为 1.8 个百分点，技术进步为 4.5 个百分点，商业银行效率的提高主要由技术进步带动的，说明在这期间，我国银行业大量先进技术的引入和推广产生了积极效应，如数据集中和各种计算机操作程序的运用和大量金融衍生工具的开发，大大地促进了商业银行效率的改进；其次，两大类银行对比分析，与综合效率水平恰好相反，我国国有商业银行的效率改进幅度远远超过股份制商业银行，在十年考察期内，国有商业银行平均效率水平升高了 11.3%，股份制银行提高了 4.7%。并且这两类银行效率改善的绝大部分同样来自于技术水平的提高；最后，从单个银行来考察，除深圳发展银行和招商银行在考察期 Malmquist 指数小于 1 效率出现了恶化外，其余 12

① 限于篇幅，这里只列出 2004—2008 年间的变动指数，其他年间的数据从略。

家银行效率都得到了改善。同时，大多数银行的效率改进过程中伴随着程度大小不一的波动性，产生波动性的绝大部分原因来自于规模效率损失，剩余部分可能是经济运行情况或宏观环境的冲击。

四、结　论

研究结果显示：第一，我国银行业整体上效率较低，规模低效率和纯技术高效率同时并存。商业银行在借鉴吸收国外银行先进操作技术和经营方式来提高综合效率水平上还存在很大的改进空间。当前国内银行业还处于不断扩张外延规模的阶段，内部管理水平、经营理念和发展方式相对滞后，制约了综合经营效率水平的提高，这是造成国内商业银行规模无效率的根源。第二，比较每一家商业银行的效率发现，各家银行的效率水平和效率改进程度并不均衡，且在效率提高过程中出现规模效率损失，伴有一定的波动性。第三，从地理区位对银行业效率的影响看，位于东部地区商业银行的平均效率水平都要高于位于中西部的银行，三个区域的银行在技术效率水平上相差甚微，区域经济发展的不平衡带来了东中西部商业银行经营效率发展的不平衡。第四，对银行规模的效率比较来分析，大型银行除了在纯技术效率上和中小型银行水平相当外，总体效率和规模效率全部低于中小型银行，充分说明了当前我国银行业过大的经济规模。第五，两种不同经济类型的银行效率不同。国有商业银行总体经营效率水平比股份制银行低 3.77 个百分点。第六，我国银行业效率改进来源主要是技术水平的提高，而不是来自效率的改善。商业银行现有的管理能力、技术水平滞后于自身规模的发展，资源得不到有效的利用，规模效率变化指数出现下降趋势是造成银行业综合效率损失和呈现波动性的主要原因。因而，为推动我国银行业的进一步发展不仅要积极鼓励生产技术的自主创新、大力开发运用金融衍生产品，更为重要的是通过在业务扩张时及时提高管理能力、规模调整时及时提升市场竞争力来提高银行业的综合效率。

参考文献

[1] Berger A, W. C. Hunter and S. G. Tinune. The Efficiency of Financial Institution: A Review and Preview of Research Past, Present and Future [J]. Journal of Banking and Finance, 1993, 17 (2): 221 - 249.

[2] Leigh Drake, Maximilian J. B. Hall. Efficiency in Japanese banking: An empirical analysis [J]. Journal of Banking and Finance, 2003, (27): 891 - 917.

[3] Demsetz, R., Saidenberg, M., Strahan, P. Banks with something to lose: The disciplinary role of franchise value [J]. Federal Reserve Bank of New York Economic Policy Review,

1996, 11 (5): 39 - 42.

[4] Federico A. Guala. Measuring Economies of Scale and Scope for the Argentine Bank Industry: A Comparative Analysis, 1996 - 1999 [R]. UIUC Department of Economics Working Paper, 2002.

[5] George J. Benston, Gerald A. Hanweck. Scale Economies in Banking: A Restructuring and Reassessment [J]. Journal of Money, Credit and Banking, 2005, 23 (5): 415 - 417.

[6] Keeley, M. C. Deposit insurance, risk, and market power in banking [J]. American Economic Review, 1990, 9 (4): 101 - 105.

[7] Ihsan Isik, M Kabir Hassan. Techical, Scale and allocative efficiencies of Turkish banking industry [J]. Journal of Banking and Finance, 2002, (26): 719 - 766.

[8] Moshe Kim. Scale Economies in Banking: A Methodological Note [J]. Journal of Money, Credit, and Banking, 1985, 17 (5): 87 - 91.

[9] Banker, R. D., A. Charnes, and W. Cooper. Some Models for Estimating Technical and Scale Inefficiencies in Data Envelopment Analysis [J]. Mananement Science, 1994, 30 (9): 1078 - 1092.

[10] Noulas, Athanasios G., Miller Stephen M. Return to Scale and input Substitution for Large U. S. Banks [J]. Journal of Money, Credit, and Banking, 1990, 24 (8): 1039 - 1042.

[11] Hellmann T., Murdock. Liberalization, Moral Hazard in Banking, and Prudential Regulation: Are Capital Requirements Enough? [J]. American Economic Review, 2000, (90): 147 - 165.

[12] Sathye, Milind. Efficiency of Banks in a Developing Economy: the Case of India [J]. European Journal of Operational Research, 2003, (3): 662 - 671.

[13] Hunter, W. C. and S. G. Timme. Technical Change, Organization Form, and the Structure of Bank Production [J]. Journal of Money, Credit, and Banking, 1996, (18): 152 - 166.

[14] 阚超，王付彪，沈谦，陈永春. 我国商业银行规模经济实证研究（1992—2003）[J]. 金融研究，2004，(11)：46 - 48。

[15] 徐传谌，郑贵廷，齐树天. 我国商业银行规模经济问题和金融改革策略透析 [J]. 经济研究，2002，(10)：66 - 71。

[16] 姚树洁，冯根福，姜春霞. 中国银行业效率的实证分析 [J]. 经济研究，2004，(8)：24 - 28。

[17] 刘宗华. 中国银行业规模经济的实证检验 [J]. 统计研究，2003，(11)：5 - 9。

[18] 魏煜，王丽. 中国商业银行效率研究：一种非参数的分析 [J]. 金融研究，2000，(3)：34 - 36。

[19] 陈刚. 评价我国商业银行生产有效性动态变化的 Malmquist 指数 [J]. 决策借鉴，2002，(11)：78 - 80。

[20] 张健华. 我国商业银行效率研究的 DEA 方法及 1997—2001 年效率的实证分析 [J]. 金融研究，2003，(3)：18 - 22。

[21] 汪祖杰. 商业银行生产函数的定义与规模效应的方法论研究 [J]. 金融研究，2004，(7)：9 - 13。

[22] 赵旭. 国有商业银行效率的实证分析 [J]. 经济科学，2000，(6)：51 - 53。

金融三等奖

JINRONG SANDENGJIANG

3

权衡理论下我国BOT项目资本结构对项目公司价值的影响

沙叶舟 赵昊辰 周 湛

一、引 言

BOT（Build - Operate - Transfer）项目公司的现金流主要来自于特许期限内政府让渡的项目经营权。政府通过让渡公共物品或服务固定期限的经营权，使之成为俱乐部商品或某种程度的准公共物品，而BOT项目投资方通过项目公司建设并经营特许权对象获得投资回报。特许期满后政府收回项目经营权，项目公司特许权终止，移交项目资产。

传统上基于项目在特许经营期内计算公司价值的净现值分析方法体现了BOT项目的三个财务基本特点：第一，项目特许期是由项目的投资回收期加上建设期组成。第二，BOT项目的资本结构中以负债融资（通常为银行或银团贷款）为主，因此债务利息对企业的经营现金流估计提出了较高要求。第三，财务上每年对项目固定资产价值进行计提。项目特许期截止时，项目工程的固定资产净现值为0。基于上述三点，计算特许期内某一年NPV为BOT项目的企业价值评估数据成为目前投资企业广泛使用的基本工具。此外，基于NPV思想的其他修正计算如CAPM或WACC等财务工具在特定领域的应用价值也在理论界的探讨之中。

然而基于NPV等财务工具的计算结果在BOT项目中原本是评估项目经营能力的指标，而经营能力只是影响公司价值的一个因素。NPV等工具在方法的适用性上不能很好满足前述BOT项目公司资本结构的特性，为考察BOT项目公司的真实价值，本文基于BOT项目公司前文中描述的三个特点，特别是第二点分析BOT项目公司债务对项目公司价值的影响。

二、研究方法

（一）研究思路

Modigliani 和 Miller（1963）在对 MM 理论进行修正中，将公司所得税引入到资本结构理论，对考察公司价值的模型进行了进一步推进，并指出由于公司利息的税盾效应公司价值将随负债的增加而增加。其后，权衡理论引入了破产成本，进一步完善了资本结构理论。该理论认为，由于负债增加而带来的破产成本将降低企业的市场价值，因此企业存在最优的资本结构，最优资本结构由利息的免税利益与债务带来的破产成本共同决定。

MM 定理对资本结构与公司价值的关系提供了创造性的思路，但严格的前提假设局限了该定理的运用与实证分析。随着学界对财务理论的不断深入了解，MM 理论片面强调负债带来的税盾效应，却忽视了负债同时会给企业带来财务风险一面被广泛关注。而创立在 20 世纪 70 年代权衡理论认为，虽然企业增加负债能够产生税盾收益，通过增加负债来增加企业的市场价值。但是随着企业负债的不断上升，企业所面临的财务风险也在增大，即企业陷入财务危机的概率也在增加，甚至导致企业破产。随着负债增加而提高的风险和各种费用增加而提高企业的额外成本，从而使企业的市场价值降低。因此，企业的最佳资本结构的确定是在负债带来的税收利益与因企业陷入财务危机概率上升导致的各种成本之间进行权衡。

考察我国当前项目融资环境，可以发现限制条款使影响 BOT 项目公司价值的指标减少，令以各种模型分析 BOT 项目可行性和经营能力的方法可使 BOT 模型不断接近项目的真实运营情况。特别是目前我国尚不允许 BOT 项目资本证券化，使项目公司价值可以不受证券市场短期波动的影响，为使用权衡理论下评估企业价值的方法提供可能。

（二）模型建立

目前我国 BOT 工程项目的主要融资渠道来自于股本融资、信贷融资、银行（团）贷款。

权衡理论下考察公司资本结构对公司价值的影响，一般采用如下模型：

$$V = V_u + TD - C \tag{1}$$

式中：V 代表负债企业的市场价值；V_u 代表无负债企业的市场价值；TD 代表负债的税收利益；与所得税率 K 有关；C 代表财务困境的成本。

在实际运行当中，BOT 项目的融资对公司价值的影响还受银行（团）贷款的利率 i_d、项目投资方自身投资回报率 r_1 的影响。若不考虑负债条件下项目总资产价值

V_u 固定，债务利率为 i_d 下产生的利息费用则为债务融资的交易成本，而负债情况下筹集的资本额越大，项目投资方需要提供的自有资本比重越小。当 $i_d > r_1$ 时，项目负债融资的成本大于占用自有自有资本损失的价值，此条件下不考虑债务融资；当 $i_d \leq r_1$ 时项目公司会采用债务融资的方法筹集债务金额 D，其余的资本通过投资方自有资本满足，设债务资本占公司未负债时总资本的比率为 a，有 $a = D/Vu$。当债务金额产生的利息费用等于占用项目投资方自有资金的投资回报价值，即 $i_d D = r_1(1-a)V_u$ 时，项目不会再进行进一步的债务融资，形成固定的资本结构。在此条件下，负债 BOT 项目公司可能存在有银行（团）的息差优惠，即 $V_1 = D(i - i_d)$；和投资方通过投资获得高于运作自有资本取得的投资效益 $V_2 = (1-a)V_u(r - r_1)$，而支付的债务利息和占用资金的效益成为融资选择过程中的机会成本。

假设存在某种资本结构，该结构下债务资本占公司未负债时总资本的比率为 a，以权衡理论下计算企业价值 $V_{(a)}$，存在如下关系：

$$V_{(a)} = V_u + TD + V_1 + V_2 - C \tag{2}$$

其中 TD 可表示为：

$$TD = aV_u i_d K \tag{3}$$

当存在 n 个债权人，向项目分别以 i_{d1}、i_{d2}、i_{d3}、的利率向项目提供 D_1、D_2、D_3……的债务融资金额时，以权衡理论下计算企业价值 $V_{(a)}$，存在如下关系：

$$V_{(a)}(i_{d1}, i_{d2}, i_{d3}\cdots) = V_u + TD + V_1 + V_2 - C \tag{4}$$

则：

$$aV_u = D = D_1 + D_2 + D_3 + \cdots + D_n \tag{5}$$

$$V_u = D_1(i - i_{d1}) + D_2(i - i_{d2}) + D_3(i - i_{d3}\cdots D_n(i - i_{dn}) = \sum_{n=1} D_n(i - i_{dn}) \tag{6}$$

同理可以计算当存在 m 个投资方，向项目分别提供 S_1、S_2、S_3……的项目股本金额，各公司的资本利润率分别是 r_1、r_2、r_3…时，对投资效益 V_2 存在如下关系：

$$(1-a)V_u = S_1 + S_2 + S_3 + \cdots + S_m \tag{7}$$

$$V_2 = S_1(r - r_1) + S_2(r - r_2) + S_3(r - r_3)\cdots + S_m(r - r_m) = \sum_{n=1} S_m(r - r_m) \tag{8}$$

$$V_{(a)}(r_1, r_2, r_3\cdots) = V_u + TD + V_1 + V_2 - C \tag{9}$$

综合式（2）（4）（9），则可以得到特定资本结构下的企业价值 V（a）的评估模型：

$$V_{(a)}(i_{d1}, i_{d2}, i_{d3}\cdots, r_1, r_2, r_3\cdots) = V_u + TD + V_1 + V_2 - C \tag{10}$$

（三）财务困境成本估计

由图 1 可知，在权衡理论下，基于式（10）的企业价值模型中限制企业无限借贷以增加企业价值的主要经济动因，在于随着债务比率增长，负债额增加的影响下企业财务困境成本的增长。但财务困境成本是否存在以及如何计算国内外学者进行了大量研究。大多数财务学文献认为财务困境是有成本的，对于这一成本的估算Altman在1984年通过度量破产企业在重组或清算的过程中产生的破产成本提出了具有影响力的计算方法。但这一估计方法并没有厘清财务困境与公司赢利损失之间的关系，因此对于财务困境成本的估计实际上多采用经验估计值。章之旺（2006）通过对比简介和直接财务困境成本的经验估计文献得出间接财务困境成本的估计主要针对破产企业，估计难度较直接破产成本要大。陈剑洪（2009）通过对MM定理的修正，给出了在风险债务条件下不考虑财务困境成本时企业最优资本结构的计算方法，证明了财务困境成本可以通过债务利率id的变化体现出来。

在我国BOT项目的实际运行当中，由于法律法规对BOT的破产并没有详细的规定，在实际上计算BOT项目的破产成本没有合适的会计准则。姜秀山（2008）通过分析铁路运输企业的权衡理论应用，认为在转轨经济中，财务困境成本表现的函数对负债额的反应迟钝，即财务困境成本函数表示的财务风险成本约束力度不强。使企业破产目前成为不可能的事实，就削弱了财务困境成本的约束力量。

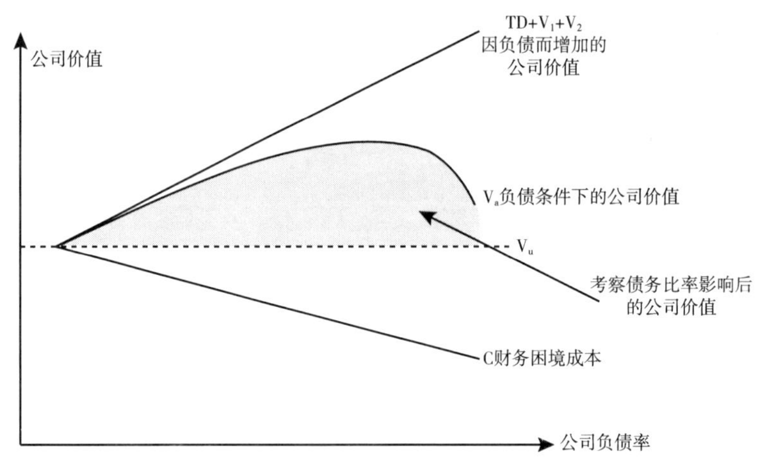

图1 基于式（9）模型下公司负债率对公司价值的影响

三、模型的应用与理解

（一）BOT项目是否存在最佳资本结构

考察当n=1，m=1的简化条件下：

$$V_{(a)}(K,i,i_d,r,r_1) = V_u + aV_u i_d K + D_1(i - i_{d1}) + S_1(r - r_1) - C$$

$$= V_u + aV_u i_d K + aV_u(i - i_d) + (1 - a)Vu(r - r_1) - C \quad (11)$$

在变量C对于实际中公司融资时对债务资本比例a反应迟钝的情况下，C做常量处理。此时对a求一阶导函数，有：

$$\frac{dV_{(a)}}{da} = V_u i_d k + V_u(i - i_d) - Vu(r - r_1) = V_u(Ki_d + i - i_d - r + r_1) \quad (12)$$

可知在 V_u、K、i、i_d、r、r_1 已知的条件下，$\frac{dV_{(a)}}{da}$ 为一个常数。考虑 $\frac{dV_{(a)}}{da}$ 的性质：

(1) 当 $\frac{dV_{(a)}}{da} > 0$ 时，函数 $V(a)(K,i,i_d,r,r_1)$ 是关于a的增函数，当 $a = \max(a)$ 时有 $\max\{V(a)(K,i,i_d,r,r_1)\}$；

(2) 当 $\frac{dV_{(a)}}{da} < 0$ 时，函数是关于a的减函数。当 $a = \min(a)$ 时，有 $\max\{V(a)(K,i,i_d,r,r_1)\}$；

(3) 当 $\frac{dV_{(a)}}{da} = 0$ 时，说明函数为一个定值，与a无关。

即在情况（1）、(2）时存在最佳资本结构，使项目公司价值最大化。

在 $n>1$，$m>1$ 的情况下，可以通过加权多个债权人的债务利息率和多个投资方的资本利润率以得出参考值 i_d 和 r_1，再代入式（12）进行计算。

（二）如何理解BOT项目运营期间债务比重

近年来一些基于上市公司主营业务类型的公司分析也证明建筑业上市公司普遍存在较高的负债比率。而BOT的应用领域多为市政基础设施的融资、管理与建设，其中大型市政工程项目由于投资期长、投资额、项目所有权属于政府的公共设施，依靠举债融资历来是项目融资的主要途径。

在我国，BOT项目的资本结构中债务资本为主的现象不仅基于一般意义上项目工程融资的特点。由于项目资产证券化（ABS）一直在我国处于试行阶段，国内BOT项目接受国际银团融资的资质也缺少认可，导致项目融资渠道有限。而通过抵押支持证券（MBS）进行的次级债融资又被广泛认为是2008—2009年全球金融危机的主要媒介，长期来看在我国ABS还将处于小范围的试点阶段。因此BOT项目的负债比率高，银行贷款融资为主的现象主要是由目前国内项目融资的现状决定。

四、结　　论

目前，我国多数BOT项目公司存在早于项目融资阶段设计提前清还债务的现象。从动因上分析可知，提早还债的因素主要有：（1）受国家政策影响，贷款利率提高；（2）BOT 项目经营效益高于预期；（3）提高项目公司的财务表现。

在第一种因素的影响下，根据已有模型（9）可知清偿债务可以减少未来项目运营期公司的偿债压力，传递出公司面临财务困境的几率与困境发生时产生的成本 C 均少于偿债前。但提前偿债也会减少税盾效应为公司带来的利益，股本金出资方该年的项目利润也会减少。如果第二种因素的存在明显，则提前偿债亦不会对项目公司的现金压力产生较大影响。此外，项目公司管理层存在通过美化公司财务指标使投资方提高对项目短期运营评价的激励。在项目公司的财务分析中，如流动比率、速动比率、资产负债率和已获利息倍数等指标均与当年债务比重 a 和债务额 aVu 关联。在没有明确的经营战略下，提前偿还债务以改善财务指标的行为应该进行更加谨慎的操作。通过模型可以得知，当偿债减少的利息支付等于由此减少的税收遮蔽和投资方投资效益时，达到理论上当期最大的偿债规模。而超过这一规模的债务清偿行为虽然使公司的短期财务状况更加完备，但损失的税盾效应对于投资方而言是不利的，这在实际上降低了项目公司的实际价值。相当于投资方与项目公司管理层之间的委托—代理关系中存在有公司经营目标不一致的现象。戴大双等就相关问题通过建立模型考察了 BOT 项目公司与政府之间存在的道德风险，其中考虑到信息不对称假设下项目方与政府的博弈和最优解（2009）。但项目投资方对 BOT 项目管理层之间信息不对称程度与可能的代理人成本考察目前尚没有具体研究，不能排除项目管理层出于短期绩效评价动机提前偿债的可能。因此 BOT 项目投资方应当慎重考虑项目公司管理层提出的任何缺少有效论证的提前偿债建议。

参考文献

[1] 马勇. 公路 BOT 项目经济评价指标体系研究［D］. 北京交通大学，2007。

[2] 王长峰，林则夫，马蒙蒙等. 现代项目管理前沿［M］. 北京：机械工业出版社。

[3] 刑菲，税盾价值研究发展透析. 企业家天地下半月刊（理论版）［J］，2007（4）：135 - 136。

[4] Myers & Majluf. Corporate financing and investment decisions when firms have information that investors do not have. Journal of Financial Economics. 1984（13）：205.

[5] 章之旺，吴世农. 财务困境成本与实证研究综述. 会计研究［J］，2006（5）：73 - 79，96.

[6] 陈剑洪，风险债务条件下 MM 定理的修正. 财会月刊［J］，2009（3）：10 - 13。

[7] 姜秀山，洪雁. 我国铁路运输企业权衡理论研究［J］. 社会科学，2008（8）：57 - 63。

[8] 车艳华，资本结构与企业价值相关性研究——基于 A 股上市公司的实证性研究［D］. 大连交通大学，2008。

[9] 戴大双，黄巫琳，石磊. BOT 项目运营期内项目公司道德风险博弈分析［J］. 技术经济，2009（10）：47 - 50。

关于完善我国商品房预售制的思考

——借鉴美国经验

陈泳杏

商品房预售制度自20世纪末从香港地区引入我国内地，为繁荣我国商品房市场立下了汗马功劳，但随之产生的众多问题也值得我们深思，诸如侵害消费者权益、加剧金融风险等。对此，许多专家学者以及一些社会人士呼吁取消商品房预售制。但笔者通过探讨我国商品房预售制度的现状及存在的问题，认为在目前房地产市场尚未具备取消预售制的条件，并在参照美国商品房预售的成功模式的基础上，提出相应的对策。

一、预售房制度定位

商品房预售制即商品房预售许可制度，指房地产开发企业将已兴建或即将兴建但尚未竣工的商品住宅，与购房者约定，由购房者交付定金或预付款，而在未来某一时期拥有所购房屋的一种房产交易行为。根据《城市商品房预售管理办法》第二条的规定，商品房预售是指房地产开发企业将正在建设中的房屋预先出售给承购人，由承购人支付定金或房价款的行为。有的学者认为，正在建设中的房屋和虽已建成但尚不具备交付房屋和移转产权的商品房均是商品房预售的客体。

商品房预售许可制度的确立，与我国房地产市场发展进程紧密联系。随着房屋商品化、土地有偿使用等制度的推行，各地房地产开发企业开发建设资金除贷款以外，主要仍然是购房者预付的购房款，商品房预售也逐步成为主要的销售方式。1994年出台的《城市房地产管理法》在总结各地经验和借鉴一些国家及地区做法的基础上，建立了预售许可制度，并对预售条件、监管作出了原则性规定。目前各主要城市商品房预售比例普遍在80%以上，部分城市甚至达90%以上。

二、我国商品房预售制的评价

（一）肯定之处

随着我国社会主义市场经济体制的不断深化，房地产市场正以惊人的速度发展着，其中1994年确定的房屋预售制度成为房地产市场发展的有力推手，具体表现为以下两点：

1. 增加开发商的融资途径

住房预售制度是一种有利于房地产市场健康稳定的融资制度，在加速整个建设资金周转、提高了资金使用效率的同时，也降低了资金使用成本。根据测算，以预售方式销售的项目比现售方式销售的项目，开发动态回收周期约缩短10个月。从图1可以看出，预售资金占房地产企业资金来源很大一部分，具有举足轻重的地位。它使得使开发企业，特别是新的开发企业在建设项目初期就解决了资金问题，通过回笼资金为下一步发展保驾护航。

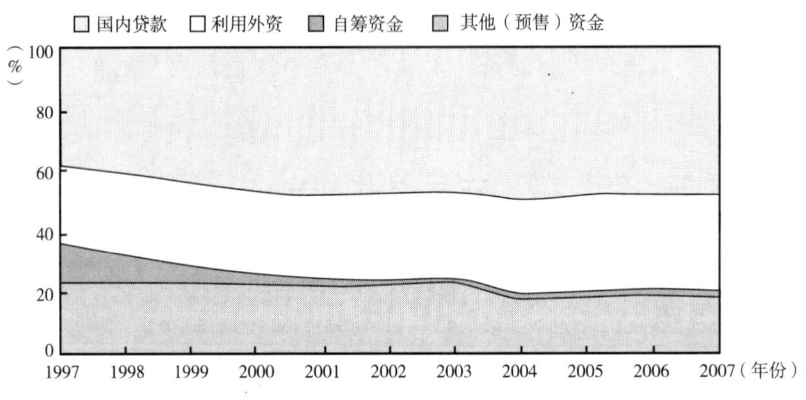

图1　房地产开发企业资金来源构成

注：原始资料来自国家统计局网站中国统计年鉴，以上图表系笔者整理。

2. 缓解紧张的住房需求

商品房预售制度自1994年制定之日起就为培养房地产市场立下汗马功劳。由于历史欠账多，我国房地产市场一直以增量市场为主，房地产开发项目大多是成片和滚动开发，但在我国资本市场发育不全的情况下，完全靠开发企业自有资金是很难进行滚动开发的。而商品房预售价格一般比现房销售价格低10%—20%，交房期为1—2年，相对现房销售具有一定优势，刺激了消费者的购买欲望，将潜在需求转化为有效需求，为房市带来增量，有效缓解了紧张的住房需求。除此之外，它还具有发现市场的功能，在房屋成本没有完全投入时，通过预售能够及时发现市场的需求情况，为以后开发打下基础。

（二）不足之处

由于在房屋商品化、土地有偿使用的过程中尚缺乏足够的管理经验，使得原本优点突出的房屋预售制度出现若干问题：

1. 为开发商非法集资和转嫁风险提供便利

商品房预售制度的存在，使购房人几乎变成了房地产开发商的“提款机”。通常，开发商只需投入有限的一部分资金，从政府部门拿到土地，然后用土地到银行抵押启动项目。而真正的建设资金除了由中标的建筑商垫付，开发商要做的，就是取得预售许可证，将融资和销售融为一体，利用商品房预售圈钱，这样不仅大大减少了成本费用，而且把风险也转嫁到了消费者身上。商品房预售制度将开发商的融资和销售合为一体，为其非法集资和转嫁市场风险提供了便利，开发商实际上成为这一制度的最大受益者。

2. 缺乏第三方监管

国外的房屋预售制度，更多的仅仅是一种销售模式，而不是一种融资手段。但在我国，购房者的银行按揭贷款没有经过监管程序就一次性无条件划拨给开发商，虽然规定了必须用于房屋工程，但开发商具体怎么使用这笔资金则缺乏第三方的监管。开发商把购房者的银行按揭贷款作为主要的融资渠道，并且利用制度漏洞，把风险完全转嫁给了消费者和银行，有的甚至通过假按揭套取银行贷款充当开发资金，为企业“空手套白狼、以小博大”提供了可乘之机，导致商业银行蕴涵的金融风险不断加大。据相关统计数据显示，我国房地产开发商通过各种渠道获得的银行资金占其资产的比率在70%以上，潜藏着巨大的道义风险和资本风险，为房地产市场和银行业敲响了警钟。

3. 易造成房地产价格泡沫

期房交易类似于期货交易，购买期房的人当中，不乏基于保值、投机等目的的。房地产商也常通过虚假紧缺、浮夸囤积等手段哄抬楼价，导致价格过分偏离真实价值，从而为房价暴跌埋下祸根，成为国家房地产宏观调控的绊脚石，催生泡沫。

4. 政府监管缺位

据相关数据显示，在房地产官司中，70%—80%都与期房有关。房地产市场在利用房屋预售制度来快速融资的时候却忽略了严格监管。我国虽然已经立法采取了一些监管措施，但可操作性不强，在实践中不能到位，这必然导致消费者对开发商的履约能力和诚信度等信息难以掌握，使得开发商更容易利用私有的隐蔽信息优势侵害消费者的合法权益，降低市场运行效率。而且在法律制度不完善的情况下，消费者通过法律程序维护正当权益时调查取证和执行的成本也很高。

三、对“取消预售制”的评价

针对预售制存有的问题，很多学者偏激地建议应当取消商品房预售制度，但笔者认为这并不能从根本上解决商品房预售中所存在的问题，而且还将带来较大的市场震荡，不利于房地产市场持续健康发展，总体上弊大于利。

（一）中小企业退出导致房地产市场垄断状况加剧

中国市场很大，房地产需求旺盛，80%的供应是由中小开发商完成的。如果取消商品房预售，对开发商自有资金要求将大大提高，资金实力较弱的中小企业则被淘汰出局或者投靠有实力的开发商，最终可能导致行业垄断的出现。而且仅靠大开发商提供产品会导致消费者的双重福利损失：首先会造成供不应求、房价暴涨的局面，使消费者剩余大大降低，丧失福利；其次还会因为竞争程度降低，放松对产品质量和服务的要求，使消费者福利再次受损。①

（二）房市供应量减少导致房价上升

取消商品房预售，期房不能进入流通领域，而由于目前资本市场发展滞后，除银行贷款外基本没有太多可供选择的融资方式，所以房地产开发将出现资金荒，甚至一部分开发商被迫离开，那么商品房供给将趋紧，在一定时间内将出现供小于求的局面，置业者选择房地产产品的范围将缩小，对于更多的普通购房者而言，现房的成本相对更高，可能超出其承受范围，房价上升应为必然。

（三）房地产投资额降低导致国民经济发展减缓

房地产是国民经济的支柱产业，其对就业、人们生活的改善和国民经济发展的拉动作用应当肯定。取消商品房预售将使房地产业成为资金密集型行业，入行门槛大大提高，导致全国房地产投资额进一步下降，而且取消预售制会更容易导致房屋供应短缺引起房价高涨，不仅无利于购房者，更会影响国民经济的健康发展。另外，根据制度经济学的解释，只有取消商品房预售制度的预计边际收益等于完全推行现房销售制度的边际成本时，取消商品房预售制度才是可行的。

四、美国经验的参考和借鉴

世界上许多发达国家和地区都有商品房预售制度，美国也不例外。据美国人口

① 董藩．中小开发商的末日到了吗？城市开发，2008．（4）。

普查局统计，预售量占新建房屋销售量的比例已由1963年的53.9%上升到2004年的76.6%。

（一）购房者的订金由第三方保管

在美国，建房必须取得工作许可，销售要有楼宇销售计划书，开发商到司法局申请批准销售计划书，方可预售该楼。但开发商在预售时与消费者签订的仅仅是临时契约，不是正式的合同。收取定金的金额也只有房价的2%—10%，而且只需提前3—5个月支付，根据工程进度付款，完工时清算。①

这部分订金并不直接交给开发商，而是由第三方来保管，第三方包括具有合法执照的律师事务所、房地产经纪公司、保险公司、能够提供担保服务的政府有关部门等等。而且，如果买房者改变了购房意愿，这部分由第三方保管的订金必须无条件退回。因此，美国“预售”的实质是基于现房的交易。所谓现房和期房销售体系的区别，并不是开发商是不是在房子盖好之前开始卖，而是开发商是不是在房子盖好之前就拿到购房者交来的钱，并用这笔钱去盖房子。也就是说，是否将预售融资作为融资的主要渠道才是现房和期房销售体系的根本区别所在。

（二）通过有效的法律手段进行监管

美国房地产销售中，最重要的是通过法律手段进行监管。双方通过合同来定义商品的属性、各自的责任义务，并严格遵照合同执行。根据美国法律的规定，住房在没有正式竣工、没有经过验收的情况下，还没有形成真正法律意义上的不动产，而未成形的不动产在许多州都是不允许交易的。在交房之前，美国开发商不能从购房者那里拿到钱，购房者所交付的首付款被存在一个特殊的账户上，开发商只有拿到入住证才可以和客户签订正式合同，收取商品房的销售款，购房者才开始按揭。②

五、完善的措施和建议

（一）切实加强对预售资金监管，设立预售款“专用账户”

尽管目前取消房产预售制的条件还没具备，但切实加强对预售资金监督管理却刻不容缓。现在商品房预售制的困境在于没有能力约束开发商专款专用。开发商几乎都在运用预售款进行滚动式开发和多元投资，而这种借助预售款实现利益最大化的资本投机，存在巨大的金融风险。我国可借鉴美国的经验，今后房地产开发商要

---

① 田文．美国：商品房如何预售．中国地产市场，2006.（3）。

② 周金海．美国的预售制保护消费者利益．江南晚报，2007-04-12。

在银行设立一个预售款“专用账户”，划拨这个账户的资金，必须先递交相关申请和证明文件等，开发商不得挪用，降低银行风险，保障消费者权益。

（二）强化政府主管部门监督，完善房地产市场信息系统

1. 政府必须尽早出台新的措施加强预售资金方面的管理，制定出合理的监管商品房预售款方面的政策，通过合理的监管体系对房屋预售进行监督，加大商品房销售透明度，减少购房风险，建立严密的房地产市场监管体系，努力将房地产预售的直接融资功能向间接融资功能转变。

2. 充分发挥信息系统监控市场活动的作用也十分必要。建立健全商品房预售合同网上联机登记备案系统，实现对每套商品房预售全过程的跟踪管理，扭转市场信息不对称的局面，形成政府监管、社会监督的环境，及时发现和制止预售中的不良行为。同时，通过信息资源共享，银行也可以便捷地查询到商品房交易情况、权属状况、抵押、查封等信息，降低放贷风险。①

（三）加快金融产品创新，拓展房地产融资渠道

控制房地产信贷风险的根本出路，在于加快金融产品创新。当前，应当大力发展房地产信托、投资基金、企业债券等融资方式，拓宽非银行融资渠道，既满足房地产业发展的合理需要，也能有效控制和分散信贷风险。一方面，建立一个更为多元、成熟的地产融资环境，加快发展房地产信托投资基金（REITs）及其他金融工具，拓展房地产企业融资渠道；另一方面，提高银行自身的管理水平，严格管理，减少银行对房地产企业的不良贷款率。

（四）完善相关法律法规，营造房地产行业发展氛围

要实现商品房预售制的顺利发展，就要建立一个十分完善的法律体系。房产预售制存在着难以克服的缺陷，导致种种现实风险和潜在危机。因此修改《城市房地产管理法》的有关条款，降低房地产业存在的潜在风险势在必行。

结　　语

商品房预售制是一把双刃剑，对房地产市场发挥的作用积极与消极并存，如果只是由于仅因为其消极影响而取消的话，它的积极作用就无法发挥，最终会影响房产市场的发展。其实，商品房预售制度在世界各国都普遍存在并广泛运用，我国目前所出现的问题只是在执行中存在误区，它的积极作用还没有得到充分发挥。一味

① 锋晓．商品房预售制度的比较分析及政策建议．城市开发，2005.（9）。

建议取消预售制只是对房产市场中所出现问题的消极应战，对房地产长远利益不利。与其花时间讨论要不要取消，不如用更多的精力研究如何将其完善，寻找一条可持续发展的道路。

参考文献

[1] 锋晓. 商品房预售制度的比较分析及政策建议［J］. 城市开发，2005.（9）。

[2] 董藩. 中小开发商的末日到了吗？［J］. 城市开发，2008.（4）。

[3] 罗怀中. 论商品房预售制度的完善［J］. 经济体制改革，2006.（3）。

[4] 田文. 美国：商品房如何预售［J］. 中国地产市场，2006.（3）。

[5] 李科. 刍议我国商品房预售制度［J］. 四川经济管理学院学报，2006.（4）。

[6] 张泓铭. 不要病急乱投医——略论商品房预售制度需要完善［J］. 中国房地产，2007.（9）。

[7] 肖元真. 我国取消商品房预售制度的利弊分析和对策措施［J］. 学习论坛，2006.（1）。

[8] 王小霞. 香港地产模式在内地执行不到位 土地批租制单一［N］. 中国经济时报，2007-06-27。

[9] 周金海. 美国的预售制保护消费者利益［N］. 江南晚报，2007-04-12。

江苏省金融发展与经济增长的实证研究

——基于协整分析和误差修正模型

王正顺

一、研究成果综述

迈入21世纪以来，经济金融化已成为世界各国经济发展的必然趋势，现代金融业强大的杠杆功能正推动着日益庞大的实体经济迅猛发展。随着我国经济的高速发展和金融体系改革的不断深入，金融发展对经济增长的作用问题日益引起国内外学者的关注。

（一）国外方面

金融发展与经济增长关系研究中，国外学者一直走在前面，Goldsmith 开创了实证研究的先河。他使用金融中介体资产的价值与 GNP 的比率作为一国金融发展指标，通过检验35个国家在103年间（1860—1963年）的数据，发现金融发展与经济增长一般是同时发生的，经济增长迅速的时期总是伴随着金融的快速发展。但是不足的是，他并没有能够指明两者何为因果。Robert N. Collender（2001）的研究表明，即使在金融发达的国家，家庭住户和大部分中小企业的金融交易主要依赖地方性的金融机构，这可能意味着地方性的金融发展状况与当地的经济发展水平是紧密相关的；Luigi Guiso 等（2002）研究了地方金融发展和经济绩效的关系。

（二）国内方面

国内学者的研究主要集中于对西方学者提出的观点和分析方法在中国环境下的检验和应用。谈儒勇（1999）和曹啸等（2002）效仿 Levine 的模型，考察了存款货币机构与经济增长、股票市场与经济增长以及存款货币机构（商业银行）与股票市场的关系。此外，有学者在金融发展与经济增长关联机制计量模型基础上，强调技术进步与制度创新的作用（韩廷春，2001）。王景武（2005）的研究发现区域金融发展与经济增长关系之间存在密切的关系：东部存在正向因果关系，而西部则相互抑制。还有学者倾向于区域金融发展对经济增长具有积极作用的观点，认为二者关系中存在明显的“门槛效应”和“时滞效应”（姜春，2008）。

本研究通过考察金融发展对经济增长作用的长、短期不同，以及当短期的均衡发生偏离时，长期均衡对偏离的作用等。本研究在这样的背景下，以江苏省为例进行实证研究，分析江苏省金融发展与经济增长的关系。

二、指标的选取和数据来源

（一）指标的选取

研究中选取了以下指标对经济增长和金融发展进行了度量：

1. 区域经济增长（Growth of Regional Economic）

常采用国内生产总值来衡量一个地区经济的发展状况。本研究沿用该做法，以江苏省人均国内生产总值（GDP）为计量标准 。在数据的处理上，对人均 GDP 取自然对数，以消除数据的非平稳性和异方差，即 DRE = Ln（人均 GDP）。

2. 金融相关率（Financial Interrelations Ratio）

本研究借鉴前人研究的成果（Goldsmith，1969），将金融相关比率纳入研究的模型中。多数学者在研究过程中都强调了金融机构在融资方面的作用，因此在数据处理上，本研究选取江苏省金融机构存贷款余额的均值与该地区该年的名义 GDP 的比值作为该指标的度量，即 FIR = ［（金融机构存款余额 + 金融机构贷款余额）/2］/名义 GDP。

3. 金融效率（Financial Efficiency）

该指标衡量金融机构资金投放和运用的效率。银行向非国有企业贷款可以较好地反映金融中介的效率，虑及中国长期计划经济体制的情况，本研究认为该指标不可缺少。基于数据可获性，本研究以江苏省历年金融机构对商业企业的贷款作为该指标的度量，即 FE = 金融机构对商业企业的贷款/名义 GDP。

4. 股票市场发展程度（Development of Stock Market）

股票市场对于金融的发展起着至关重要的作用。在数据的处理上，本研究将其与名义 GDP 的比值作为衡量股票市场发展水平的度量，即 DSM = 股票筹资额/名义 GDP。

5. 保险市场发展程度（Development of Insurance Market）

保险市场是金融机构的重要组成部分，在金融的发展过程中保险市场发挥着重要作用。本研究认为保费收入的多少，可以很容易很直观地看出该地区保险市场的发展水平，即 DIM = 保费收入/名义 GDP。

（二）数据的来源

根据数据的可获得性，江苏省 GDP，人均 GDP，金融机构存贷款余额，金融机构对商业企业的贷款，股票筹资额（2000—2008 年），保费收入均来自 1992—2008 年的《江苏统计年鉴》，另外 1992—1999 年的江苏企业在股票市场筹资额由本人通过炒股软件统计得来。

三、建立模型

基于以上所选取的指标及前人研究的基础上，本研究建立了以下模型：

$$GRE = \alpha_0 + \alpha_1 FIR + \alpha_2 FE + \alpha_3 DSM + \alpha_4 DIM + u_t \tag{1}$$

同时，为反映金融发展对经济增长作用的短期作用，本研究还引入了误差修正模型（ECM）：

$$\Delta GRE = \beta_0 + \beta_1 \Delta FIR + \beta_2 \Delta FE + \beta_3 \Delta DSM + \beta_4 \Delta DIM + \beta_5 u_{t-1} + \varepsilon_t \tag{2}$$

其中，

$$u_t = GRE - (\alpha_0 + \alpha_1 FIR + \alpha_2 FE + \alpha_3 DSM + \alpha_4 DIM) \tag{3}$$

（1）式反映了金融发展对经济增长的长期作用，而（2）式中的差分项则是该作用的短期反映。各式中 GRE 代表区域经济增长，FIR 代表金融相关变量，FE 代表金融的效率变量，DSM 代表股票市场发展变量，DIM 代表保险市场的发展变量，β_0 为常数项，u_t，ε_t 代表随机扰动项。

四、实证分析

（一）数据整理

本文研究选取了 1992—2008 年数据，主要来源于江苏省统计年鉴，下表是进行统计分析前的原始数据的处理结果（见表 1）。

表 1　江苏省统计分析数据

year	GRE	FIR	FE	DSM	DIM
1992	8.041091	0.558089	0.224839	0.000648	0.010136
1993	8.371147	0.488018	0.180537	0.001344	0.009573
1994	8.665841	0.449991	0.147693	0.001140	0.006401
1995	8.898282	0.618387	0.143485	0.000997	0.005627
1996	9.044385	0.711759	0.148238	0.002298	0.008771
1997	9.145337	0.758000	0.157495	0.004855	0.012420
1998	9.215184	0.808504	0.154596	0.001747	0.014460
1999	9.277502	0.844757	0.136682	0.004621	0.015287
2000	9.372920	0.839895	0.110564	0.010359	0.015424
2001	9.463593	0.865639	0.103028	0.004505	0.018758
2002	9.574701	0.948244	0.090682	0.005072	0.026786
2003	9.730901	1.072022	0.081524	0.003911	0.030800
2004	9.914565	1.056147	0.063953	0.001481	0.027923
2005	10.108867	1.021488	0.054268	0.000911	0.023891
2006	10.268617	1.024378	0.051639	0.002511	0.023231
2007	10.431996	1.020596	0.046548	0.007348	0.022419
2008	10.587140	1.042111	0.038405	0.003272	0.025582

（二）平稳性的 ADF 单位根检验

在研究中对数据进行处理主要采用 Eviews5.1，在用 ADF（Augmented Dickey Fuller Test）检验方法对进行处理后的数据 时间序列平稳性检验，检验结果如表 2 所示。从表中可以看出，各变量在 5% 的显著性水平下拒绝零假设，是平稳的。

表 2　单位根检验

变量	检验类型(C,T,P)	ADF 统计量	对应 P 值	检验结果
GRE	111	-6.02757	0.0012	平　稳
DGRE	000	-2.34679	0.0228	平　稳
D2GRE	003	-2.45610	0.0196	平　稳
FIR	110	-1.51954	0.7784	不平稳
DFIR	111	-5.98837	0.0016	平　稳
D2FIR	111	-5.09686	0.0073	平　稳
FE	111	-5.39794	0.0034	平　稳
DFE	000	-2.97401	0.0058	平　稳
D2FE	002	-4.05657	0.0007	平　稳
DSM	100	-2.84386	0.0744	不平稳

续表

变量	检验类型(C,T,P)	ADF 统计量	对应 P 值	检验结果
DDSM	100	-4.83274	0.0020	平　稳
D2DSM	101	-5.57174	0.0008	平　稳
DIM	111	-4.06599	0.0302	平　稳
DDIM	111	-4.12101	0.0297	平　稳
D2DIM	003	-3.21015	0.0044	平　稳

注：D 代表一阶差分，D2 代表二阶差分；C 代表常数项，C 对应的 1 代表有常数项，0 表示无；T 代表先行趋势，T 对应的 1 代表有线性趋势项，0 表示无；P 代表滞后阶数，相应的数字表示滞后阶数，Eviews5.1 自动选取最大滞后阶数 3。常数项和线性趋势项的选择根据该序列的曲线图而定，滞后阶数的选取根据以 AIC 和 SC 值最小的原则，在 Eviews5.1 中由软件自动选择完成。

（三）时间序列的多元线性回归模型

对上述时间序列用最小二乘法进行线性回归，Eviews 中得到如下回归结果：

$$GRE = 9.345576 + 2.050040 * FIR - 9.645561 * FE - 2.502632 * DSM - 30.00728 * DIM + u_t \quad (4)$$

$$t = (21.34640) \quad (3.824555) \quad (-7.398332) \quad (-0.176711) \quad (-2.661819)$$

$$R^2 = 0.972619 \quad \overline{R^2} = 0.963493 \quad F = 106.5666 \quad DW = 0.825581$$

从上面得回归结果可以看出，拟合优度还是可以的，整体效果的 F 检验通过。但重要变量 DSM 的 t 检验不显著，可能存在多重共线性。

（四）基于多重共线性对回归模型的修正

1. 简单相关系数的检验法

利用 Eview 计算解释变量 X2，X3，X4，X5 的简单相关系数矩阵如下：

表 3　相关系数矩阵

	X2	X3	X4	X5
X2	1.000000	-0.873826	0.344554	0.923910
X3	-0.873826	1.000000	-0.290814	-0.814091
X4	0.344554	-0.290814	1.000000	0.241713
X5	0.923910	-0.814091	0.241713	1.000000

由相关系数矩阵可以看出，各解释变量之间确实存在着一定的相关性，特别是 X2、X5 之间高度相关，证实解释变量之间存在多重共线性。

2. 多重共线性模型的修正

多重共线性是一个程度问题而不是存在与否问题，下面我将通过逐步回归法来减少共线性的严重程度而不是彻底地消除它。

步骤如下：

（1）运用 OLS 方法分别求 Y 对各解释变量 X2，X3，X4，X5 进行一元回归，结果进行对比分析，依据调整后的可决系数$\overline{R^2}$最大原则，选取其中的一个变量进入回归模型的第一个解释变量，形成一元回归模型。

（2）以此类推，把剩余的解释变量加入上一个回归模型，逐步回归得到二元回归模型，三元回归模型……

（3）直到包含变量尽可能的多，调整后的可决系数尽可能高的时候就是我们所要的修正后的回归模型。

我们发现，在 X2，X3，X5 的基础上加入 X4 后，X4 的参数 t 检验变得不显著并且模型的可决系数略有下将，说明 X4 引起多重共线性，应予以剔除。因此，我们可以写出修正后的回归模型：

$$GRE = 9.352601 + 2.023041 * FIR - 9.649041 * FE - 29.58354 * DIM + u_t \quad (5)$$

$$t = (22.29797) \quad (4.092990) \quad (-7.694080) \quad (-2.791725)$$

$$R^2 = 0.972548 \quad \overline{R^2} = 0.966213 \quad F = 153.5187 \quad DW = 0.823622$$

（五）协整检验

所谓协整，是指多个非平稳经济变量的某种线性组合是平稳的。由前面的变量的平稳性检验可以看出，该时间序列组合中的各个时间序列均为一阶单整，这也是下面基于回归残差的协整检验的前提条件。

对上面的回归方程（5）的残差序列进行单位根检验后，我们得到如下结果：

在 5% 的显著性水平下，t 检验统计量值为 -3.208311，小于相应临界值，从而拒绝原假设，表明残差序列不存在单位根，是平稳序列，即序列 GRE，FIR，FE，DIM 之间存在协整关系，从而上述回归方程是有意义的，不是“伪回归”。

（六）误差修正模型

以上分析可知，序列 GRE，FIR，FE，DIM 之间存在协整关系，表明变量之间有长期均衡关系。但从短期来看，可能会出现失衡，为了增强模型的精度，可以通过建立误差修正模型（ECM）把经济增长的短期行为与长期变化联系起来。误差修正模型的结构如下：

$$\Delta GRE = 0.119176 + 0.328137 * \Delta FIR - 3.340118 * \Delta FE - 11.47855 * \Delta DIM - 0.137950 * u_{t-1} + \varepsilon_t \quad (6)$$

$$t = (3.968437) \quad (0.924588) \quad (-2.187267) \quad (-1.886038) \quad (-0.825575)$$

$$R^2 = 0.509531 \quad \overline{R^2} = 0.331179 \quad F = 2.856882 \quad DW = 0.484609$$

我们发现误差修正模型回归的系数存在不显著的情况，调整后的可决系数不高，于是，本文采用加权最小二乘法（WLS）进行修正，权重为 $e_1 = 1/u_t$，修正后的回归结果如下：

$$\Delta GRE = 0.054195 + 0.495073 * \Delta FIR - 7.203253 * \Delta FE - 18.60584 * \Delta DIM - 0.801795 * u_{t-1} + \varepsilon_t \quad (7)$$

$$t = (1.959449) \quad (0.956877) \quad (-5.674509) \quad (-3.226944) \quad (-7.434093)$$

$$R^2 = 0.981794 \quad \overline{R^2} = 0.975174 \quad F = 45.24175 \quad DW = 0.840156$$

通过修正，部分回归系数的显著性的提高，与此同时，调整后的可决系数为0.975174，回归方程的解释力增强，方程显著性检验的 F 值也提高很多，方程更显著。

上述估计结果表明，区域经济的增长的变化不仅取决于金融相关率、金融效率，以及保险市场的发展程度的变化，而且还取决于上一期区域经济的增长对均衡水平的偏离，误差项 u_{t-1} 估计的系数 -0.801795 体现了对偏离的修正，上一期偏离越远，本期修正的量就越大，即系统存在误差修正机制。

五、实证分析的基本结论和政策含义

总结以上实证分析我们可以看出，金融发展的各变量系数在模型中有正有负，所以金融发展对经济增长既有促进作用，也存在负向作用。

对比回归模型（5）和误差修正模型（7）相应变量的系数，我们发现金融发展对经济增长的长期效应大于短期，当金融发展对经济增长作用的短期波动偏离长期均衡时，系统存在一个误差修正机制，使得短期非均衡状态向长期均衡转化。通过实证分析我们得到如下结论和政策建议：

1. 江苏金融相关率促进经济的增长

金融相关率（FIR）指标用来衡量一国金融结构和金融发展水平，模型得出江苏省的金融发展程度越高，对经济增长的促进作用越大，这与实际情况也是相符的。当区域金融更多地为区域经济提供资金的支持，那么区域经济就能做大做强，产生规模经济效应。

2. 金融效率与区域经济的增长呈现负相关

由于中国长期处于计划经济时期，国有经济在国民经济中占据主导地位，非国有经济对 GDP 的贡献相对较小。国有四大银行的大部分贷款都投向国有企业，然而国有企业效率低下。在中国由计划经济向市场经济转变的过程中，非国有经济的比重提高，我们更应该重视整个金融体系效率的提高，从而促进经济的增长。

3. 江苏的保险市场发展程度与经济增长呈负相关

中国的保险业起步较晚，发展较为缓慢。江苏省从 1992—2003 年呈现快速增长势头，之后发展较为缓慢。相对于我省经济的全面快速发展，保险滞后的步伐已不能充分发挥为国民经济建设保驾护航、开拓新增长点的作用。2006 年，江苏省政府下发了《关于推进保险业改革发展的意见》，明确提出要加快推进保险公司法人机构建设，出台鼓励政策，吸引各类资本在江苏设立保险公司法人机构。2009 年 5 月，紫金财产保险股份有限公司在南京宣布正式开业。随着紫金财险的成立，成为江苏本土的第一家保险法人机构。

4. 股票市场的发展对区域经济的增长作用不明显

股票市场发展和经济增长关系的这种特殊性是有其深刻原因的。首先，股市成立时间不长，许多地方有待完善；其次，股票交易行为和股票价格还受其他非经济因素的影响，国内政治因素、股民心理因素等很可能在股票价格变动中起着决定性作用；再次，股票政策时松时紧、缺乏连贯性和透明度；最后，有些上市的公司筹措的资金不是用于生产性项目或指定项目，而是转用他途。

5. 金融发展对经济增长的长期作用大于短期，且当短期均衡偏离时，长期均衡将以较大力度使非均衡回到均衡状态

中国的金融发展滞后于经济增长。该结论为中国加快金融深化和金融体制改革提供了决策依据，尽量减少制度变量的作用，建立合理高效的资本市场竞争机制，将有助于推动经济的高速增长。

参考文献

[1] 庞皓. 计量经济学 [M]，科学出版社，2009。

[2] 易丹辉. 数据分析与 Eviews 应用 [M]，中国统计出版社，2002。

关于央行继续实行适度宽松的货币政策的实证分析

林裕宏　张慧祯

一、背景介绍

2008年下半年以后，随着金融危机全面爆发，中国人民银行货币政策迅速掉头，从实行适度从紧的货币政策转变为扩张性的货币政策。从2008年9月开始至12月，短短的3个月内中国人民银行先后4次下调金融机构人民币存款准备金率，5次下调金融机构存贷款基准利率；与此同时金融机构的信贷量不断扩大，2009年人民币各项贷款增加9.59万亿元，同比多增4.69万亿元。在央行扩大货币供应量的同时，为了刺激经济的回升扩大居民消费，国务院先后出台扩大内需十项措施确定4万亿元一揽子计划和汽车家电“以旧换新”的惠民政策。

在适度宽松的货币政策和积极的财政政策的宏观调控作用下，自2008年第四季度以来，我国经济运行增速下滑得到初步遏制，经济呈现企稳回升的迹象。2009年以来，一方面，全国规模以上工业企业增加值同比去年呈不断上升的趋势，1—12月份累积同比增长11%；另一方面，宏观经济景气指数也不断走高，消费者对经济向好势头发展信心不断增强。

从GDP运行走势来看，今年第一季度GDP同比增长6.1%，第二季度同比增长7.9%，第三季度同比增长8.9%，第四季度同比增长8.7%，经济呈现出止跌回升之势，经济“保八”目标得以实现。

二、适度宽松的货币政策引发的思考

（一）放松银根会不会引发通货膨胀

2009年央行每月的货币供应量不断增多，广义货币供应量货币供应量高达

6714278.88 亿元，M2 同比去年月平均涨幅高达 26.4%。与此同时金融机构积极配合央行适度宽松的货币政策大幅扩大信贷规模，每月的各项贷款总量不断增长，2009 年金融机构的放贷量高达 4807813.45 万亿元。

虽然通过商业银行的信用创造作用，派生出的货币供应量将远远大于 4807813.45 万亿元，但是流动性的大幅释放并没有引起物价普遍的上涨，2008 年 7 月至 2009 年 12 月，我国居民消费物价指数（CPI）和工业品出厂价格指数（PPI）总体走低，图 1 显示了 CPI 连续 9 个月负增长平均跌幅为 1.46%，PPI 连续 12 个月负增长平均跌幅为 5.56%。

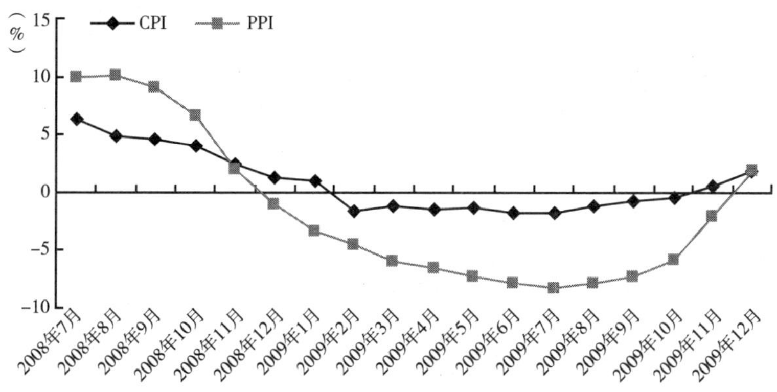

图 1　2008 年 7 月—2009 年 12 月 CPI 和 PPI

数据来源：中国国家统计局 2009 年月度数据。

虽然经济的复苏会导致资产类和资源类价格的进一步攀升，但从总体来看，当前的价格水平仍处于低位，短期内我国无通货膨胀压力。

（二）当前货币政策目标如何确定?

虽然短期内我国不会爆发通货膨胀，但从长期来看，由于货币政策存在时滞，当前过快过多地放松银根对于未来币值的稳定会产生较大的影响，央行已经调整通胀预期并于 2009 年 1 月 18 日上调存款类金融机构人民币存款准备金率 0.5 个百分点。当“保持币值稳定”和“促进经济增长”的政策目标发生冲突时，央行应当选择以“经济增长”为货币政策目标的侧重点，这是由当前的经济形势决定的。

一方面，2009 年以来，在“双松”政策的作用下，虽然我国已经慢慢地走出了经济危机的阴影，但是经济复苏之路才刚刚起步。首先，目前的经济形势只能说是暂时性稳定，还有着相当的脆弱性；其次，“家电下乡”和“以旧换新”等惠民政策对内需的拉动作用毕竟有限；再者当前我国出口总量大幅下降，外贸摩擦不断，外需面临大量萎缩的局面。因此宏观经济政策的方向不能变，实行积极的财政政策的同时，还必须辅以适度宽松的货币政策以减少挤出效应来延续中国经济增长的基本速度，央行制定当期货币政策目标应该侧重以促进经济增长为主。

另一方面，从 AD－AS 模型可知（见图 2），货币政策能够通过变动货币供给推动总需求曲线（AD）的移动进而影响经济。如图 2 所示，当货币供应量增加时，需求曲线由 AD1 向右移动至 AD2，于 AS 曲线相交至新的均衡点 E2。此时，价格总水平由 P1 上升为 P2，产出水平由 Q1 提高到 Q2，但是价格上升的幅度小于产出增加的幅度，也就意味着适度宽松的货币政策可以以较小的通货膨胀的代价换取较高的经济增长率。

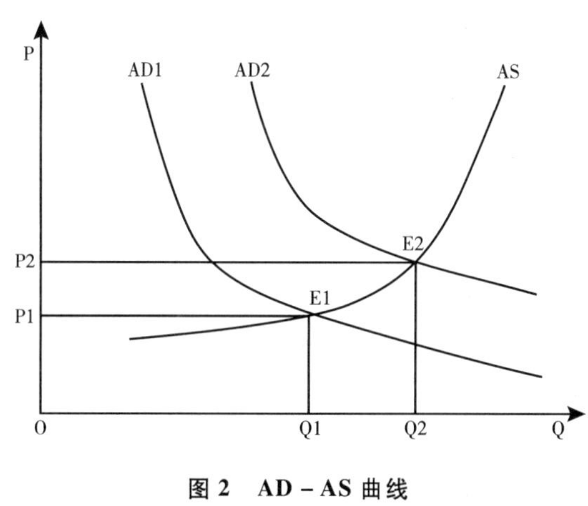

图 2　AD－AS 曲线

三、货币政策对于经济增长的促进作用

（一）定性分析——央行运用货币政策工具调节经济

从货币政策的传导机制来看，央行主要是通过改变基础货币、存款准备率和货币结构比率来调节货币供应量，继而影响消费和投资，最终对经济产生作用。自金融危机发生以来，央行审时度势及时调整政策方向，综合运用各种货币政策工具扩大货币供应量，对于遏制经济下滑发挥了积极的作用。

1. 运用存款准备金政策和利率政策降低基准利率

2008 年 9 月以来，中国人民银行先后 4 次下调存款准备金率，5 次下调金融机构存贷款基准利率。其中，1 年期存款的基准利率 由 4.14% 下调至 2.25%，累计下调 1.89 个百分点；1 年期贷款基准利率 由 7.47% 下调至 5.31%，累计下调 2.16 个百分点。2008 年 10 月 8 日，央行同时降低存款准备金率 0.5 个百分点和降低一年期存贷款利率 0.27 个百分点，此次“双率齐动”，更是我国多年来没有过的举措。

2. 通过公开市场业务，调节银行体系的流动性

2008 年 9 月开始，受金融危机影响，央行票据的发行量由第三季度的 9810 亿元下降为第四季度的 3710 亿元；并且暂停发行 3 年期央行票据，调减 1 年期和 3 个月期中央银行票据发行频率，适合增加短期正回购品种，保证流动性供应。

3. 运用再贴现政策调节信贷结构

一是增大贴现额 346 亿元，主要用于支持“三农”信贷投放和中小企业融资；二是两次下调贴现率共 2.52 个百分点，支持金融机构进一步扩大票据融资。

总的来说，央行通过运用“三大法宝”，多管齐下，既从总量上扩大流动性又从结构上调节信贷方向，对于经济产生了积极的调控作用。

（二）定量分析——建立 M2 和 GDP 模型进行实证分析

1. 建模思路

本文试图建立 M2 与 GDP 之间的计量回归模型，通过分析货币政策的有效性，从而论证适度宽松的货币政策对经济增长具有促进作用。

（1）选择变量。本文的模型中是以我国国内生产总值的自然对数值 ln（GDP）作为被解释变量，以货币和准货币的自然对数值 ln（M2）作为解释变量，以此来分析货币供应量和经济增长之间的关系。

（2）数据来源。本文的原始数据 M2 和 GDP 均来源于国家统计局统计年鉴，时间区间为 1990—2007 年，模型中的变量是通过对原始数据取自然对数值获得的。

2. 数据分析

（1）考虑因变量与解释变量是否存在线性关系，绘出 ln（GDP）和 ln（M2）的散点图（见图 3），可知两者之间具有显著的线性关系。

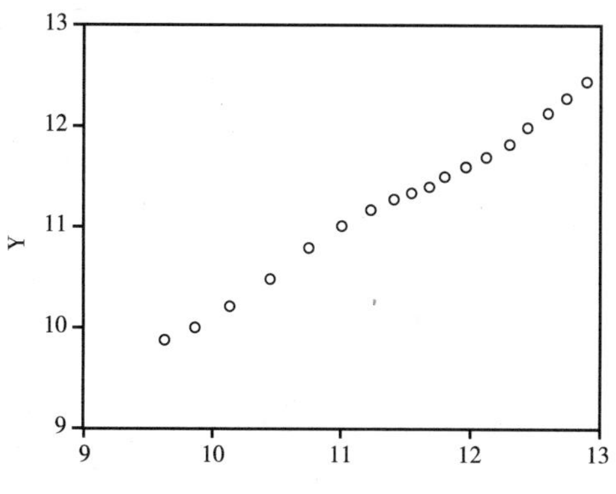

图 3　ln（GDP）ln（M2）散点图

（2）考虑所选取的时间序列数据是否平稳性，对 ln（GDP）和 ln（M2）进行单位根检验。由表1可知 ln（GDP），ln（M2）均为平稳时间序列，则由这一组变量构造的模型不是“伪回归”。

表1 ADF 检验结果

变量	检验类型	ADF 值	1% 临界值	5% 临界值	10% 临界值	结论
ln(GDP)	(c,t,0)	-5.9874	-4.6712	-3.7347	-3.3086	ln(GDP)平稳
ln(M2)	(c,t,0)	-4.8734	-4.6712	-3.7347	-3.3086	ln(M2)平稳

注：检验形式（c，t，m）中 c、t、m 分别代表 ADF 检验中包含的常数项、时间趋势项和滞后阶数；时间序列平稳是在显著性水平为1%时的结论。

3. 建立模型

（1）根据经济理论构造模型

$$Ln(GDP) = a + bLn(M2) + \mu \tag{1}$$

其中 Ln（GDP）代表对国内生产总值取自然对数，a，b 代表线性回归系数，Ln（M2）代表对货币供应取自然对数，μ（1）为回归残差，以此模型来分析货币供应量对国内生产总值的弹性。

（2）用普通最小二乘法进行估计，估计结果为

$$Ln(GDP) = 2.4687 + 0.766\ Ln(M2)$$
$$(15.853)\quad(56.702)$$
$$R^2 = 0.9950\quad \overline{R}^2 = 0.9947\quad F = 3215.158\quad S.E = 0.055702\quad DW = 0.45$$

（3）模型检验

M2 的符号为正，体现了货币供应量的增加对社会总产出的促进作用，符合经济理论。由 $R^2 = 0.9950$，$\overline{R}^2 = 0.9947$ 可知样本回归线对于样本观测值的拟合程度高；当显著性水平 a = 0.05 时，F 统计值为 3215.158 远远大于临界值 F（1，16）= 8.53，方程总体显著性好；a 和 b 的 t 检验值均大于 $t_{0.025}$（16）= 2.12，解释变量具有显著性；此时 DW ∈（0，dl）dl = 1.36 范围内，猜测随机误差项存在自相关。

1）自相关检验

运用 LM 检验滞后期为2时，LM = TR2 = 13.487 大于 X20.05（2）= 5.991，拒绝原假设。可知该模型存在二阶自相关。

Breusch-Godfrey Serial Correlation LM Test:			
F-statistic	20.92039	Probability	0.000062
Obs * R-squared	13.48717	Probability	0.001178

2）自相关修正

首先建立辅助回归式求出 ρ1 = 1.3145，ρ2 = −0.6762

$$e_t = 1.3145e_{t-1} - 0.6763e_{t-2} + v_t$$

令 $\ln(GDP)_1 = \ln(GDP) - 1.3145\ln(GDP)_{(-1)} + 0.6762\ln(GDP)_{(-2)}$，

$\ln(M2)_1 = \ln(M2) - 1.3145\ln(GDP)_{(-1)} + 0.6762\ln(GDP)_{(-2)}$，

建立新的模型，运用广义差分法消除自相关，回归结果为

$$Ln(GDP)_1 = 0.9612 + 0.75\ Ln(M2)_1$$

(30.70)　(9.284)

$R^2 = 0.9854$　$\overline{R}^2 = 0.9843$　F = 942.6623　S.E = 0.028407　DW = 2.2767

修正后的 DW 值显著提高可知模型的自相关问题已经得到解决。

3）异方差检验

运用 white 检验，由 WT（2）= TR^2 = 0.99964 小于临界值 $X^2_{0.05}$（2）= 5.991，可知模型中不存在异方差，结果如下：

White Heteroskedasticity Test:			
F-statistic	0.433167	Probability	0.657478
Obs * R-squared	0.999640	Probability	0.606640

4）最终模型

$$Ln(GDP) = 2.6574 + 0.75ln\ Ln(M2)$$

(30.70)　(9.284)

$R^2 = 0.9854$　$\overline{R}^2 = 0.9843$　F = 942.6623　S.E = 0.028407　DW = 2.2767

修正后的模型解释变量的符号和大小符合经济理论，模型不存在异方差和自相关问题，从各项数据来看无论是结构分析还是统计检验都说明了进一步修正后的回归线性模型是一个很好的模型。

（4）结论

修正后的回归结果 Ln（GDP）= 2.6574 + 0.75Ln（M2），表明货币供应量（M2）每增长 1 个百分点，国内生产总值（GDP）增加 0.75 个百分点。由此可见，运用货币政策调控宏观经济，能够较大程度地促进国民经济的增长。综上所述，货币政策是有效的，这与现实中，货币供应量与经济增长的同方向变化是相符的。

四、当前货币政策的选择和建议

综上所述，虽然当前中国经济回升向好的趋势不断得到巩固，但仍然面临不少

困难和问题。在经济企稳回升的关键时刻，货币政策作为国家的宏观经济政策不宜剧烈调整，央行应当以“促进经济增长”为目标灵活地运用货币政策工具调节货币供求关系，充分发挥货币供应量（M2）对经济的促进作用。因此，为了保持经济平稳较快地发展，央行应当继续实行适度宽松的货币政策。

在央行贯彻适度宽松的货币政策过程中，有两点是应该注意的：

第一，引导金融机构合理增加信贷投放。2009 年金融机构的天量信贷已经“偏离了”适度宽松的货币政策，为今后经济调整埋下隐患。随着经济的进一步回升，投资者对于资金的需求会不断增加，利益的驱动可能会导致金融机构盲目地扩大信贷规模，导致不良贷款的激增，最终酿成流动性困境。因此，央行应当加强对金融机构的风险管理，引导金融机构信贷流向和流量，防止金融机构过度放贷。

第二，防范通货膨胀预期。一方面，2009 年全年人民币各项贷款增加 9.59 万亿元，同比多增 4.69 万亿元，在货币乘数的作用下，货币供应量将成倍增长；另一方面，经济企稳回升的同时，货币供应量会不断增加，而宽松的货币政策采取的低利率和低存款准备金率政策又加大了流动性释放的幅度。过度的货币发行势必会引发新一轮的通胀，因此央行应该采取有效的措施防范预期通货膨胀的发生，保持币值稳定。

参考文献

[1] 吴少波. 适度宽松货币政策对扩大内需的影响分析［J］. 武汉金融：2009 年第 8 期：26－28。

[2] 韩曙平，李平. 2007 年以来中国货币政策问题分析［J］. 淮海工学院学报（社会科学版），2009（9）：71－72。

[3] 王广谦. 中央银行学［M］. 第二版. 北京：高等教育，2006.2：195－198。

[4] 张凯，廖慧杰，刘启峰. 我国货币政策有效性研究［J］. 湖南财经高等专科学校学报：第 23 卷第 107 期，2007（6）：36。

[5] 王一鸣. 当前的经济形势和宏观经济形势. 2009.12.16.［EB/OL］. http://www.lrn.cn/stratage/macroscopicalcontrol/200912/t20091216_444054.htm。

民间金融扩张的内在机理及对经济金融的影响

——以南京为例

耿冬梅　肖传崚

一、民间金融存在的理论依据重要性

民间金融亦称民有金融，是指主要由民间资本构成并掌握着控制权的各种金融机构，通过资金的融通活动或资金的借贷活动，主要为居民和非公有制经济提供各种金融活动的金融形式。从民间金融主体来看，它主要是以民间资本为主体构成的，也就是说这里并不强调必须完全由民间资本组成，也可以有其他少量资本介入，如可以有少量的国有资本参与，但重要的是，必须由民间资本掌握控制权，而不是国有资本掌握。从民间金融客体来看，主要是居民和中小企业。

民间金融存在的理论依据是著名的麦金农—肖的金融深化理论。麦金农认为，发展中国家的经济是“被分割的”。经济分割使大量经济单位互相隔绝，他们所面临的生产要素与产品价格不一，所得的资产报酬率不等，出现“市场不完全”。在金融领域表现为现代与传统并存的“二元”状态，现代化的大银行及其分支网络与传统的钱庄、当铺、高利贷组织并存。这种市场不完全把大量的企业和客户排斥在有组织的资金市场外。他们要想投资，只能依靠自身的内部融资，只能在一个时期的内部积累后跳跃式地间接地进行投资。另外，麦金农还认为，发展中国家经济之所以欠发达，是由于“金融抑制”，既可能是利率被人为地压低，或过高的通货膨胀；或二者兼而有之。对问题的解决只能通过金融深化，即政府要放弃对金融业过多的干预，允许非国有化、非银行的金融机构进入，培养一个竞争性的金融体系，让市场发挥资源配置的作用。肖认为，金融部门与经济发展是息息相关的，一国金融业处于金融深化状态还是金融抑制状态，直接会成为经济发展的动力和障碍。在落后经济中，没有统一的市场价格，信息流通不畅，投资风险迭生，收益既不稳定，经济活动中异质性较强，生产要素呈现极大的不可分割性，金融业处于抑制状态，政府的经济政策是对所有市场实施价格控制。在金融市场上，政府干预的程度似乎达到了顶峰，导致金融市场不完善，储蓄者的资金选择范围较小，外源融资较为困难，内源融资占主导地位。肖认为要使落后的经济走上稳定健康的发展之路，必须放弃利率限制，消除人为因素对金融市场的分割，打破金融体系内部行业垄断，大力发展各种形式的金融。由此才能促进各类金融机构之间的竞争，形成一个竞争性的金融体系。

发展民间金融是金融深化的应有内容：（1）从消除金融产品价格扭曲来看，没有民间金融就不可能形成真正的市场化利率。金融压抑往往主要表现为实际利率被压得太低，金融深化要求利率能真正反映金融产品的的稀缺程度和供求状况，这就首先要求消除各种人为因素的利率压制，允许利率的自由浮动。此外，要让各种金融机构特别是非国有金融机构参与市场进行交易。非国有金融机构的参与能够充分发挥市场机制的作用，实现有效竞争以形成均衡市场价格。否则，价格扭曲难以消除，无法形成金融深化。（2）从消除金融结构单一来看，开放民间金融有助于金融结构优化。金融结构可以用金融工具和金融机构来反映。金融机构单一抑制了金融工具的发展，储蓄和信贷成为最主要的金融工具；金融机构单一，多为政府所有并经营，资本市场缺乏并受严格控制。金融深化要求金融机构多元化并发展各种金融工具。金融机构不仅可以有各种国有形式，也可以有各种非国有形式，这有助于实现金融机构之间的真正竞争。各种形式的金融机构并存，可以优化金融结构，有助于整个金融体系的健康发展。（3）从消除金融市场分割来看，民间金融有利于消除“金融的二元性”。在金融抑制经济中，一方面存在着正式的有组织的或官方的金融机构，如中央银行、商业银行等；另一方面又存在着传统的无组织的非正式的或非官方的金融机构，如钱庄、高利贷、私人银行等。金融深化就是消除市场分割，尽可能形成统一的完善的金融市场。这就需要发展民间金融，使其以正式的有组织的形式出现，可以有效抑制非正式的无组织的传统金融机构的存在，有助于消除“金融的二元性”。

民间金融的存在和发展对于民营经济的发展具有十分重要的作用。民间金融是我国经济体制转轨下民营经济存在以及发展的根据，可以说没有与民营经济制度组织结构相同的民间金融，民营经济的发展只会寸步难行。从《中国统计年鉴》可以看出自我融资是中国民营企业的主要融资方式。作为民营经济微观主体的绝大多数为中小企业，规模较小，分布较为分散，实力相对较弱，信用程度不高，只能与中小金融机构发生联系，因为只有中小金融机构才有动力、有能力去搜集中小企业的信息，尽量减少信息不对称，减少金融贷款风险。而作为国有金融机构本身实力雄厚，其只对大额的贷款有兴趣，这样能够有效地降低成本实现规模经济效益。可见民间金融是一个内生性的金融制度，是由于经济自身发展内生出的对金融需求而形成的。内生的金融制度一般都包含较为完备的金融激励、约束、创新机制，从而具有较高的效率，对金融发展起到持久的内在推动作用。因此，一味地抑制、排斥民有金融的做法是不可取的，这样只会影响民营经济的进一步发展，对经济发展无益。

二、当前经济大背景下南京市民间金融发展现状

（一）银行放款减少催热民间借贷

伴随着较强的通胀和升息预期，央行分别于2010年1月18日和2月25日两次上调金融机构存款准备金率0.5个百分点，上调后，金融机构存款准备金率为16.5%，银根收紧。由此出现了两方面的问题：（1）资金持有者找不到投资项目。一是由于2009年A股市场的明显上涨，致使当初的A股投资者们普遍收获了30%的年收益；而2009年投资楼市的投资者们也普遍都收获了近20%的收益，所以大家对2010年的投资收益预期普遍提升。一旦存款准备金提高，货币供应量就会减少，流入房市与股市的资金必然收缩，对2010年投资收益的预期必然大打折扣；二是2010年的通胀和升息预期都很强，传统的年收益3%—4%的金融产品已经无法吸引投资者。至2009年9月底，南京市居民储蓄存款余额3058.7亿元，同比增长32.14%，比年初增加553.4亿元，同比多增189.85亿元。而把这些钱存在银行吃利息，显然跑不赢CPI。（2）城市中小企业以及个人贷款难度无形加大。就南京而言，根据市统计局的相关数据显示，2009年12月份的金融机构人民币存款余额10886.92亿元，那么这两次上调相当于一共冻结资金106.58亿元，而南京2009年前三季度的金融机构人民币各项贷款余额8871.6亿元，这样一来贷款量将近减少1.2%。这给本来“就差钱”的中小民营企业无形增加了贷款难度，再加上近日银监会正式发布了《个人贷款管理暂行办法》，同时提高了个人贷款的门槛，也无形当中增加了个人贷款难度。有关调查结果显示，民企创业资金和创业初期的融资途径主要是内源融资，几乎没有获取贷款，南京172家民企的启动资金除了自有资产外，绝大部分都是亲戚和朋友的借款，其中86家企业自有资金比例超过50%，有7家企业自有资金比例达到100%。这样一个普遍存在的现状，两个相互矛盾的问题，一边是民间资金找不到合适的投资方式，一边是国家收紧信贷，中小企业融资难。这使得民间金融成为解决问题的最佳方式。

央行研究局研究表明，目前民间金融规模的总量可观，但相比金融机构信贷总量仍是个小数目，不到后者总量的十分之一。目前通过民间金融融得资金占中小企业及乡镇企业融资总量的10%左右。这些民间借贷资金主要用于生产经营，这一比重已达80%以上。这对中小企业和农村经济发展起到重要作用。这更说明了国家应该对有效合理利用民间金融持有积极、鼓励的态度。

民间金融的形式多种多样，包括小额贷款、贷款担保、民间拆借、风险投资等。

根据调查发现，南京市民间金融的主要表现形式是一种小额担保贷款公司，主要从事抵押担保金融服务，它们实际上是一种服务于中小企业以及个人融资的创新组织，这类机构成为中小企业及个人和正规金融机构之间的桥梁，但近年由于利益的驱动，这类公司似乎正在转变为正规金融机构贷款的转贷组织，甚至直接开展贷款发放，其中隐含着一定的信用风险。

最新统计显示，截止到2009年底，南京有该类小额担保贷款公司200多家，其中专业中小企业担保机构已达35家、注册资金总额达24亿元，较2008年末的10亿元翻了一番以上，但是注册资金过千万只有不足20家，上亿元却只有3家，可见发展水平还存在良莠不齐，有待健康合理引导发展。

（二）南京市小额担保贷款公司的发展现状

我们对南京市内的4家小额担保贷款公司进行了调查，了解到他们的运作模式以及面临的困境，这4家公司的具体情况见表1。

表1　4家案例小额担保贷款公司概况表

项目 公司名称	注册成本（万元）	成立时间	股东身份、数目、自然人持股比例	员工数	董事、监事及经理人数
南京市六合区恒兴小额担保贷款公司	10800	2009－2－1	自然人(6人、100%)	6人	6人
南京市栖霞区中小企业贷款担保有限责任公司	3019	2005－12－26	全民所有制(1个)、事业法人(1人)、自然人(0人,0%)	未获得	7人
江苏方正小额贷款及投资担保有限公司	1000	2008－12－22	自然人(2人、100%)	2人	2人
江苏金诚信投资贷款担保有限公司	3000	2003－11－18	有限公司(自然人控股)、自然人(3人,43.3%)	62人	4人

注：数据来源于调查整理，由于商业原因部分公司名称有所改动。

1. 四家小额担保贷款公司的特征

我们调查的这4家小额担保贷款公司具有如下的特征：

（1）经营业务多元化。所谓贷款担保就是公司代企业或个人向协作银行进行担保申请贷款，自己收取相关的担保品，而自己要在协作银行存入一定数量的风险准备保证金；而实物投资和小额贷款是企业直接抵押担保向公司进行融资，即贷款。我们调查的四家公司上述业务都存在。说明我市的小额担保贷款公司已经不局限于担保业务，还涉及部分小额贷款的业务。

（2）发起人多样化。其中有1家为区政府事业法人发起；1家为当地民营骨干企业发起；另外2家均为具有境内中国公民身份的自然人发起。这说明了从政府到民间对有效合理利用民间资本都相当重视。

（3）自然人持股比例高。在这4家公司当中除了栖霞区中小企业贷款担保有限责任公司全部为事业法人持股外，另外3家中，两家为自然人持股比例100%，最少的一家也达到了43.3%。这既说明自然人掌握了相当一部分经营控制权，个人投资者收益率较高，又在某种程度上意味着公司的自身信用风险比较大。

（4）组织结构比较完善。每个公司当中都有相应的由选举产生的董事、监事以及聘用的专业的经理人。董事由于公司规模的不同从2—6人不等。可以看出各个公司在自身的监督、监管、内部控制方面还是比较重视的。

（5）企业信用等级高。在4家被调查的公司中，除了六合区恒兴小额贷款公司由于成立于2009年，其余的三家在2008年的全市贷款担保公司评级中，都获得了较高的A级企业信用等级（在BBB以上则被认为是投资级的企业，信誉良好），这是考虑到他们的注册资本是在千万元的水平，已经相当的不错了。

（6）公司从业人员的业务素养都比较高。所调查的4家公司里面，主要的经理人员、投资人员，有的有相关金融行业的多年从业经验，还有的有一定的律师从业经历。所以，在贷款、担保过程中，公司都有相当娴熟的操作水平及相关法律支持，这样为公司的风险防范带来便捷。

（7）受益当地政府鼓励扶持。在4家当中，有两家直接受到南京市政府重点扶持，剩余的两家也得到了区一级政府不同程度上的扶持，并且都与相关的开户银行进行协作担保业务。

2. 四家小额担保贷款公司的经营状况

（1）作为贷款担保的方式较为单一。《担保法》中明确规定了，担保的方式包括保证、抵押、质押、定金、置留与违约金等六种方式。而在我们所调查的小额贷款投资担保公司当中，特别是自然人股东比例较大的公司，为降低风险都是采取抵押方式进行担保或发放贷款，而且一般以房产抵押为绝对多数。这使得受益群体只限定在经济条件优越的客体上，真正困难想贷资金的群体依然被排斥在组织之外。

（2）平均贷款期限较短。通常来说，小额贷款、投资担保公司所发放的贷款不超过1年。事实上，根据目前的运作经验来看，小额贷款的平均贷款期限为4个月。这与它们所面对的贷款对象大多是一些资金链脆弱的中小民营企业或是个体工商户有关。

（3）贷款发放速度快、效率高。一般来说，有相关抵押的贷款（以房产抵押为主）在贷款人申请之后的2至3天内，经过相关手续就可以发放到贷款人手中。

（4）投资担保、小额贷款的需求量很大。以六合区恒兴小额贷款公司为例，2009年2月份开业，仅用了4个月时间就把注册资金全放贷出去了。2月份又向国家开发银行申请贷款，以应收账款作为质押，贷到了2000万元，并且这笔钱1个月内就贷出去了。

（5）贷款集中度有较为明显的上升趋势。在4家公司当中，最小的一笔贷款授信额度仅为5万元，而大多数额度都在100万到200万之间，集中度较为明显，而一些几千元个人业务几乎没有。

（6）利率管理较为灵活、多梯位运行。根据《关于人民法院审理借贷案件的若干意见》的第六条规定，民间借贷利率最高不应该超过同期银行同类贷款利率的4倍，超过的部分不受法律保护。在我们所调查的公司当中，根据贷款时间的长短，利率有所不同，平均达到16.37%。超过法律规定部分的利率，直接计入发放贷款金额当中进行处理。

三、南京市民间金融存在的问题及其评价

根据调查，目前南京市的小额担保贷款公司的问题大致可以归为以下几类：

（一）生存风险问题

1. 第一没有持续性的资金来源

①根据法规规定，公司要在相关协作银行存取一定的担保风险准备金，防止出现坏账以便银行从中弥补损失；另外，公司自己进行的小额贷款业务对资金需要也相当可观。导致注册的资本金，短时间内就会全部用光，持续的经营产生了困难。许多小额担保贷款公司在创立短短几月就由于没有钱放贷而捉襟见肘。②国家《小额贷款原则》第13条明文规定，小额贷款公司不得吸收社会存款，不得进行任何形式的非法集资。这种限制使得这类民间金融得不到合理的利用和发展，也使一些潜在的投资者望而却步，从而不能真正地制止非法集资及高利贷的存在。据了解，针对国家这样“只贷不存”的政策，我市的一些比较懂法律的公司经营者会以一种“即贷即转”的方式进行应对，即一旦要发生贷款业务，就从一群固定“金主”那里筹集资金不作停留，立即贷出。这样合理避免了吸收社会存款的过程，加快了资金周转速度。然而，这也带来了相当大的挑战，首先，要求小额担保贷款公司的业务人员有相当的法律知识和意识，并且存在一群固定的“金主”，能够随时应对一定的贷款需求。这两点，不是大多数的小额担保贷款公司能具备的，何况这样是不是还有“变相吸储”之嫌，所以我们想，在规定不得吸收公共存款这一项上，地方政府应该有因地制宜的政策和监管机制，符合本地区的民间金融的发展，不然，这将成为我市小额担保贷款公司发展的瓶颈。

2. 与商业银行的竞争、“融合”

关于竞争，事实上只要有高利润的地方，自然就会有人要来分一杯羹。我国的商业银行也不例外，南京银行是国内最早从事知识产权质押贷款业务的银行，也是

迄今南京地区做知识产权质押贷款业务最被认可的银行，早在2007年，南京道及天软件系统有限公司就以软件著作权，成功从南京银行获得了全国首笔纯知识产权质押贷款，即企业无任何抵押物担保、完全用计算机软件著作权（经评估）进行质押。“科技型小企业的特点是，资金需求急，但每一次所需的资金数额不很大。为拓展科技型企业融资渠道，促进科技小企业加速发展，我们与江苏省技术产权交易所专门签订了合作协议”，南京银行相关负责人介绍。这样一来，在一些优质的小额担保贷款对象面前，小额担保贷款公司和商业银行成了竞争对手，对于自身的高利润追求以及发展又是一种相当大的挑战。至于“融合”，我们现在还不能说这样一个词语恰不恰当，因为它可能是一种被吞并，在目前这一个阶段还不是很明显，然而随着我国金融市场的开放，像南京市这样定义成为长三角区域金融中心的环境里，我国商业银行与国际接轨以及外资银行的介入，必然会将银行的职能扩大化、完善化，到时候银行的业务将深入到方方面面，面对各个阶层有各种各样的先进、开放、合理、有效的一系列控制制度，那么中小企业、个人创业等等的贷款将不再是难事，那么小额担保贷款等等这类形式、追求高于银行回报的民间金融资本还有没有它的用武之地，还是乖乖地浮出水面，进入银行纳入正规的金融体系健康、高效、透明地运转，造福于金融市场稳定、国民经济发展，相信答案是肯定的。

（二）信用风险问题

这个问题体现在两个方面，公司自身的信用风险，即债权人风险，我们从调查的4家公司以及了解的其他一些情况可以看到，在公司的股东方面，自然人投资者占了相当大的一部分，有的公司甚至就是纯个人投资。个人因素，如个人的素养、身体、经济、道德等因素对公司的经营状况影响很大，这一定程度上加大了对协作银行担保的风险以及发放贷款的连续性，使一些银行不能充分信任相关小额担保贷款公司，与其开展合作，还使一些民营的、贷款较难、资金链薄弱的小型企业不敢轻易向这些公司贷款，使它们的发展进一步恶化。以上这点还是对这种小额信贷及担保公司的投资经营者的业务素养和水平提出了很高的要求。公司的外部风险，即还款人风险，因为这类公司一般面对的是一些达不到银行信贷门槛的借款人及需担保的人，风险程度本来就相对而言较高，而作为补偿小额信贷及担保公司的投资人必将追求更高的利率，当然这也是民间资本追求高利润的必然性，这样一来，可以说是加重了其所承受的风险。为了尽量地规避一些风险，小额信贷及担保公司在2009年楼市大好的情况下，一般采取房产抵押，当然由于2009年的股市牛市的情况下，也有采取证券抵押的，但绝大多数是房产抵押且对房产要求较高，如个人申请，作为抵押的房产须是二套住房，无贷款、无按揭，出具房产局资料，且贷款额度一般为房产市价的40%—50%，满足条件就能放款。这样一来在一定程度上既减小了公司的外部风险，又给一些急需周转资金的民营企业的老板打开了方便之门。

然而对贷款者较高的经济条件要求又使那些更需要资金的人被排斥在外。

（三）实际服务群体与政策目标不一致性

本来小额担保贷款公司的出现就是国家想利用民间大量的闲置资金去发展一些下岗人员自主创业、小民营企业以及一些非传统产业的发展，一方面使民间资本合理有效配置，另一方面给市民一个合法的收益渠道，但这些产业的贷款人员，可能在创业初期基本拿不出任何的抵押品，由于这种风险控制方式的缘故，不要说是在银行贷不到款，就是在这一类的初衷旨在扶持它们发展的小额担保贷款公司里也贷不到款。2008 年南京相关部门出台的小额担保贷款新政策明确表示要更好地促进下岗失业人员就业再就业和自主创业，对下岗失业人员合伙经营和组织起来就业的小企业，担保基金提供贷款额度由 10 万元放宽至 20 万元；对于可以出具南京市市民身份证的、有相关证明其下岗且经过劳动保障部门创业培训的个人可申请最高 10 万的贷款。可是据调查得知，大多数小额担保贷款公司的投资者们根本没有将钱贷给下岗职工以及其他一些没有资产抵押的借款人，他们觉得一些几万元甚至几千元的贷款实在不是很合理，因为这样一来，他们的利润率大大降低了，而投资成本和面临的风险却增加了，这从一个理性的投资人的角度来讲是不合理的，他们往往希望做一些贷款额度较大且贷款对象有一定经济实力做基础的项目，既赚钱又省事，这也是民间资金追逐高利润的必然性，导致了与国家、地方政府的相关政策目标的不一致。这一点在 2008 年时，著名的经济学家茅于轼先生就提出过该观点，这就有待政府出台相关的激励机制与优惠政策来改善这一问题。

（四）发展水平的良莠不齐

在前面的数据可以看到，截至 2009 年底，南京市的相关注册的小额担保贷款公司有 200 多家，然而其中经过 2008 年度评级认定为专业的只有 35 家。最为关键的原因，据有关业内人士透露，在公司注册过程中，最为重要的一环——注册资本金上，有不少公司存在一些不规范的操作，最为典型的就是找相关的注册中介公司进行资本金注册，即交给相关中介一定的费用，中介帮你在短期内筹集几百几千万中的相当一部分资金以通过临时的注册金审批，待注册成功后，抽走资金。换句话说，这给了一些本来资质并不好的民间金融投资者“转正”打开了方便之门，所以这也就是在今天仍有不少的相关注册的合法公司是披着合法外衣的“高利贷”，财务纠纷不断的深层次原因，我们认为相关政府审批部门和监管部门应该出台持续长效的注册金监管机制，大浪淘沙，让真正资质高、实力强的民间金融投资者加入小额担保贷款业务发展的行列，淘汰那些只是为了获取暴利的投机者。

四、实施及政策建议

（一）从小额信贷担保公司的资金来源、经营风险等因素入手，解决小额担保贷款公司持续经营困难的问题

1. 加入征信系统并且借助与商业银行系统数据安全级别完全一致的全面信息管理系统以降低小额贷款担保公司的经营风险

小额贷款担保公司由于刚起步，行业处于初创期，专业工作人员不足，造成公司业务对象、营销手段过于狭窄、风险评估与控制能力不足，内部控制制度还不够完善。在应用小额信贷专业技术方面缺乏经验，信贷产品和市场开拓方面简单复制商业银行模式。此外小额贷款担保公司的主要服务对象为中小企业，而中小企业的信贷需求特点主要表现为“额度小、要得急、频率高、周转快”。为了满足中小企业的这种特殊需求，相比于银行，小额贷款公司的贷款业务普遍具有“额度小、期限短、效率高”的特征，因而增加了产生操作风险的可能性。加入征信系统可以使小额信贷担保公司直接获得客户信用资料，降低经营成本，提高盈利能力；同时可以使信贷员的判断更加科学，降低信用风险及操作风险，从而在整体上降低公司的经营风险，使公司有能力持续发展。

2. 放松资金来源限制，开通更多小额信贷公司融资渠道

根据中国人民银行上海总部邢早忠的调查，80%以上的小额贷款公司把融资限制作为未来发展的主要障碍。小额信贷担保公司作为经济发展需求的产物，其发展好坏将直接制约经济的发展。开通便利的小额信贷担保公司的融资渠道将直接为经济的发展服务。国际经验表明，小额信贷运作往往受到后续资金来源的制约，各国监管层或鼓励私人资本进入，或者允许一部分运作良好的小额信贷组织吸收公共存款，以此保障小额信贷组织的持续经营。从20世纪80年代起，小额信贷机构开始从当地储蓄和商业银行寻找资金来源。印度尼西亚人民银行甚至于2003年11月在纽约证交所成功上市，融资渠道多样化。

借鉴国外经验，在对小额信贷担保公司的严格监管，风险能有效控制的情况下，逐步放宽资金来源限制，如根据评级状况，允许经营状况良好的公司获得指定银行的批发资金（这里需要说明一下，批发资金就像批发市场那样，假设有人拿100元想批发出去这钱（如批发出去水果），如果你要拿这100元，就得提供他一样东西，作为一种交换），或上市融资等，来缓解“只贷不存”“只贷无负债”的无米下炊的局面。

（二）从贷款利率、政策支持角度入手，有利于资金流向政策目标服务群体

1. 放松利率管制，使资本收益率达到合理水平

根据《关于人民法院审理借贷案件的若干意见》第六条规定，民间借贷利率最

高不应该超过同期银行同类贷款利率的4倍，超过的部分不受法律保护。在实际操作中，许多小额贷款担保公司根据贷款时间的长短，利率有所不同，平均达到16.37%。超过法律规定部分的利率，直接计入发放贷款金额当中进行处理。这种办法虽然逃避了法律的监管，暂时获得了较高的收益，但毕竟不是长远之计，存在较大的信用风险。此外由于利率限制，将资金借给政策目标服务群体，公司所承担的风险与成本与收益不一致。根据调查，急需用钱的借款人对利率的敏感程度很低。因此可以适当放松利率管制，使其适当商业化，这样对于急需资金的经济条件较差的人群，贷款人将不会封闭资金。

2. 在公平的原则下，地方政府对于达到一定政策目标的公司可以给予适当的政策支持，有利于资金流向政策目标服务人群

小额信贷担保公司是以商业化为其经营原则，但就政策层面而言，它在一定程度上是一个扶贫项目，只是与之前相比，只是项目的制度产权更多为民有。因此，作为地方政府有责任在确保项目的持续有效运营，而政策支持如补贴、税收减免，技术支持，人才支持等度是最直接的鼓励形式。

参考文献

[1] 袁萌萌. 发展民间融资模式——小额贷款公司的对策建议研. 金融与保险。
[2] 李娜. 浅析小额信贷公司——民间金融走向阳关地带. 金融观察。
[3] 张海峰. 微型金融：财富之源，还是危机之源. 金融博览，2008.11。
[4] 高金刚，刁硕文，小额贷款公司加入征信系统研究基层论坛。
[5] 杜晓山. 商业化、可持续小额信贷的新发展. 中国农村经济，2003.10。

城市商业银行承兑票据发展困境分析及路径选择

——对河北省城市商业银行承兑票据发展的分析报告

叶旭廷

一、银行承兑汇票概述

银行承兑汇票是由出票人签发，由银行承兑，委托付款人在指定日期中按照票面确定的金额支付给收款人或者持票人的商业信用票据，是一种设权债券。即通过创设权利而非用以证明已经存在的权利，以此来区分作为已经存在之权利的证权证券。在签发流程上分为出票、背书转让、贴现、提示付款、付款等环节。同时具有要式性、无因性、流通性、无义性、占有性与提示性的特征。在我国，银行承兑票据以其信用度高、资金杠杆效应明显（支付差额保证金而签发足额承兑汇票）、融资费用较低等优点而备受融资企业的青睐。

二、城市商业银行票据承兑业务的发展现状

2008 年统计显示，我国银行票据余额突破 15000 亿元，占我国总体信贷投放规模的 17.36%，同比增幅 28.74%。其中五大商业银行与包括民生银行、渤海银行在内的十二家股份制商业银行为主体，签发比例高达银行票据余额的 94.57%，业已成为支撑其贷款规模，增加中间业务收入，提高银行综合竞争力的重要组成部分。

与国有银行和股份制商业银行等银行承兑票据呈几何级增长的趋势不同，城市商业银行在银行承兑票据业务在绝对增长数量与发展质量上仍处于较低水平。以河北省银行系统票据发展为例，2009 年河北省城市商业银行系统各项贷款余额 911.37 亿元，比上年增长 243.53 亿元，同比增幅 26.72%；票据贷款融资余额 102.8 亿元，仅占贷款融资比重的 11.06%，远远低于全国平均水平（见表 1）。

表1　河北省城市商业银行票据贷款占总贷款比例

单位：万元

	资金来源	各项贷款	票据贷款	库存现金	票据占比(%)	库存占比(%)
河北省	18881371	9294891	1028798	99625.29	11.06	0.53
石家庄市	5186321	2486589	401162	28921	16.13	0.56
唐山市	2239261	952727	147240	8440	15.45	0.37
秦皇岛市	1134534	586076	24026	9023	4.09	0.80
邯郸市	1265658	755624.4	234628.5	8385.51	31.05	0.66
邢台市	1172409	537906	258000	2872	47.96	0.25
保定市	953336	217654		4942		0.52
张家口市	1673631	980793	208875	11496	21.29	0.69
承德市	1244151	552997.6	12268	3978.78	2.21	0.32
沧州市	1659784	930008	599	9597	0.01	0.58
廊坊市	1396639	694163	180000	8285	25.93	0.59
衡水市	1087402	600353	101300	3685	18.67	0.34

数据来源：人民银行石家庄市中心支行。

三、商业银行承兑融资业务优势分析

在我国，商业银行票据自1998年银行体制改革后大范围推向市场以来，历经十余年的发展，已成为企业重要的融资工具。尤其在2008年以来，以银行承兑汇票为主体的票据融资业务呈现出井喷式发展，票据融资占各项贷款的比重，以及新增票据融资相当于新增贷款的比重急剧上升，流动性明显增强。票据业务增长快、波动大，对货币信贷总量的影响日渐突出，对企业融资、经济发展、商业银行经营以及货币政策传导的影响也越来越大。银行票据的以下特点也使得其在金融危机影响下，企业经营风险加大的情况下优势更加明显。

（一）签发行风险小，收益稳定

首先，银行承兑票据业务经营基础是银行信用，我国银行信用在一定程度上受到国家保护。因此只要商业银行严格按规程操作，票据业务的风险实际是比较低的。其次，在银行承兑环节，由于我国的票据业务要求具有真实贸易背景，与传统贷款相比，全额保证金比率可以全额覆盖风险（只要资金有合法来源）。而能够签发差额保证金银行承兑汇票的企业又均与银行有长期合作关系，银行对其经营状况、现金流量与应收账款回收周期等有较充分的了解，因而其风险也属于可以控制的范围内。在贴现环节，由于有银行信用为基础，因而风险容易控制。

再有在发行流通环节，由于承兑汇票具有银行担保兑付功能，使得其在一定程度上可以作为替代货币使用。同时由于我国银行承兑期限只有三个月与六个月两种，俱属于短期承兑债券，流动性相对较强。而汇票贴现率又有国家统一管定，因此预期收益率一定，属于无风险票据。

（二）开展承兑业务有利于降低银行风险资产

根据《巴塞尔新资本协议》要求，商业银行资本充足率不得低于8%，核心资本充足率不得低于4%。同时还规定了包括现金资产在内的各项资产的风险权数。

新资本净额/新加权风险资产 * 100% = 资本充足率 （1）

新资本净额 = 资本净额 - 呆账准备金不足部分 - 长期未处置的抵债资产 - 风险不明确的投资资产 （2）

新加权风险资产 = 加权风险资产 - 长期未处置抵债资产 ×50% - 风险不明确的投资资产 ×10% （3）

表2 中国人民银行关于资本成分和资产风险权数的暂行规定

0	10%	20%	50%	100%
现钞	存放同业现金	其他银行担保贷款	居住楼抵押贷款	信用贷款及透支贷款
存放人民银行款项	国家投资企业的债权	地方政府企业债权	外资金融机构同业	其他企业担保贷款
对中央政府的债权	商业银行担保贷款	其他银行承兑贴现	地方金融企业同业	商业承兑汇票贴现
对人民银行的债权	政策银行担保贷款	金融公司同业拆放	其他债券可转让权利	其他抵押贷款
国债抵押	现汇抵押			融资租赁协议
商业银行同业拆借	金融债券抵押		非银行金融机构担保贷款	区县级金融公司同业拆放
	商业银行承兑贴现			
	政策银行承兑贴现 其他银行同业拆放		对市以下政府投资的公共企业的债权	

而根据《巴塞尔新资本协议》对各项资产权数的规定，商业银行票据风险权数仅为20%，而贷款资产风险权数高达100%（如表2所示）。根据公式（1）规定，银行可以通过现金贷款与银行票据贷款的相互转换来实现对银行资本金的及时有效管理，有效降低银行风险资产。

（三）可以增加保证金存款，有效解决城市商业银行吸储难题

与国有银行与股份制商业银行相比，城市商业银行无论在资产规模、管理模式、网点数量与品牌效应等方面都与其有很大差距。以河北省2009年12月份统计显示，国有商业银行与股份制商业银行网点数量共计3207个，而全省城市商业银行机构数量仅为342个，数量仅为其10.66%。从存款规模看2009年全省城市商业银行存款余额仅为1723.83亿元，仅占全省存款比例7.66%；存款不足已成为制约城市商业

银行发展的重要瓶颈。

根据中华人民共和国票据法规定，银行承兑汇票在签发过程中，必须由付款人支付一定比例的保证金（从30%至100%不等）并且该保证金存于银行对公活期账户，银行原则上不支付任何利息。而根据2009年河北城市商业银行统计，票据贷款融资余额共计102.8亿元，按照银行业承兑保证金平均比例60%计算，其保证金存款金额应在60亿—70亿元，将成为补充银行储蓄存款的重要手段。

（四）有利于扩大企业营运规模，减少企业资金占用比率，降低经营风险

银行承兑汇票由于其性质的特殊性（可以通过资金杠杆效应扩大营运资金规模）而备受企业用户的青睐。其中尤其以资金需求量较大的商贸流通企业对银行承兑汇票的需求更为迫切，对于购买方来说，利用远期付款，以有限的资本购进更多货物，最大限度地减少对营运资金的占用与需求，有利于扩大生产经营规模，获得规模经济效益。

对于资金量有限的中小企业，通过运用承兑汇票等现代结算工具，可以有效节约企业可用资金，增强企业流动性，提高流动比率，降低企业经营风险，实现一举多得。

（五）开展承兑业务可以为企业提供便捷、廉价的融资服务

相比于一般性银行贷款，承兑票据业务的融资成本较低。根据我国人民银行最新公布的银行贷款基准利率，6个月利率为4.86%，1年期利率为5.31%，企业融资实际成本往往在该基准利率条件下上浮多个百分点，而使用承兑汇票融资银行仅收取票面金额万分之五的手续费，大额承兑甚至可以使用固定手续费制度。两相比较，使用银行承兑汇票融资可以大大降低企业融资成本，降低企业融资负担。

同时与传统信贷投放不同，票据融资贷款具有提前性、迅捷性与高效性的特点。尤其在国家信贷规模突然收紧的情况下，企业经营恐陷入困境，出现流动性紧张，生产销售受到极大影响。如果此时企业掌握一定的票据资产，可以快速贴现融资，实现融资的连续性与有效性。而避免因货币政策收紧，旧贷款收回或新贷款不能发放，从而影响企业经营。

四、城市商业银行票据贷款业务发展中困境及原因

作为地区金融业发展的重要支柱，城市商业银行在地区经济发展中占有重要地位，并为促进地方金融事业又好又快发展作出了突出贡献。但在金融创新与新型结算方式的使用上，城市商业银行与国有商业银行或股份制银行相比还有很大差距：

（一）城市商业银行票据业务发展严重不足

以河北省为例，全省 2009 年各项存款余额 22502.40 亿元，同比增幅 26.11%。城市商业银行存款余额 1723.83 亿元，同比增幅 45.84%。相对全省增幅多增 19.73%；全省贷存比 59.03%，城市商业银行贷存比 53.17%，相对全省少增 5.86%。从整体发展规模、经营业绩与银行内部风险管理程度来看，城市商业银行与国有银行、股份制银行相比，差距更为明显。以代表银行业现代发展趋势的中间业务收入与承兑业务发展规模为例，据 2009 年统计数据，国有商业银行河北分行系统实现承兑余额 506.30 亿元，同比增长 48.74%；实现承兑收入 2.57 亿元，同比增长 44.51%；全口径统计实现中间业务收入 72.31 亿元，同比增长 31.64%；实现拨备前利润 214.82 亿元，同比增长 35.12%。而全省 11 家城市商业银行合计实现承兑余额仅 229.17 亿元，实现承兑收入 3037.13 万元，并表实现中间业务收入 26125.03 万元，实现拨备前利润 35.20 亿元（见表 3）。虽然相比前一个会计年度，其在增长幅度上都有大幅上升，但从绝对数上相比国有商业银行差距明显，甚至有逐步拉大的趋势。

表 3　河北城市商业银行承兑业务相关经营数据

	承兑余额（亿元）	增长幅度（%）	承兑收入（万元）	增长幅度（%）	中间业务收入（万元）	增长幅度（%）	拨备前利润（亿元）	增长幅度（%）
沧州银行	8.49	83.56	108	111.76	967	72.99	2.82	18.55
邯郸市商行	25.5	74.70	983	58.55	4581	123.79	2.58	18.06
秦皇岛市商业银行	2.08	47.42	24.01	42.44	429.3	31.18	2.03	26.70
张家口市商业银行	10.47	26.78	56	-47.66	10279	1132.49	5.09	52.13
唐山市商业银行	2.50	-17.10	52.27	-67.68	1138	183	3.04	424.14
邢台市商业银行	25.8	59	129	73	303	22	2.40	128
河北银行	55.11	191.23	561.25	160.33	5716.57	133.45	8.04	44.60
廊坊银行	70.2	3.40	890	28.20	1635.95	68.03	2.88	17.25
承德银行	8.89	123.23	83.8	178.33	248	111.57	3.52	14.22
衡水市商业银行	20.13	14.24	149.8	2.28	224.21	79.45	1.72	39
保定市商业银行	未开展		未开展		603	10.64	1.08	83.45

数据来源：河北省金融工作办公室。

（二）城市商业银行资产规模过小，票据支付能力有限

据 2009 年统计，河北城市商业银行存款余额总计 1723.83 亿元，仅为全省银行存款总额的 7.66%（见表 4）；城市商业银行权益资本总额仅为 126.79 亿元，占全

省银行业净资产比重更是微乎其微。在有限的存款规模下，使得各城市商业银行无法提供充足的备用金用以支付承兑的贴现与到期支付金额。因此导致承兑汇票延期、缓付等情况时有发生，全面影响了城市商业银行票据的公信程度，使得城市商业银行票据流通性严重受限。

表4　河北省城商行2009年金融指标完成情况

单位：亿元

	各项存款余额	去年存款余额	存款新增	各项贷款余额	去年贷款余额	贷款新增	增幅（%）	存贷比（%）	新增存贷比（%）
石家庄市	478.16	345.00	133.16	248.66	196.70	51.96	26.42	52.00	39.02
沧州市	152.79	106.80	45.99	93.00	58.20	34.80	59.80	60.87	75.67
张家口市	177.74	101.60	76.14	98.08	65.40	32.68	49.97	55.18	42.92
唐山市	209.25	117.80	91.45	95.27	63.40	31.87	50.27	45.53	34.85
邯郸市	124.15	81.40	42.75	75.56	46.00	29.56	64.27	60.86	69.15
秦皇岛市	105.62	82.40	23.22	58.61	39.70	18.91	47.63	55.49	81.43
邢台市	100.34	56.70	43.64	53.79	35.90	17.89	49.83	53.61	41.00
廊坊市	126.00	92.20	33.80	69.42	54.50	14.92	27.37	55.09	44.13
承德市	104.94	73.60	31.34	55.30	41.50	13.80	33.25	52.70	44.03
衡水市	102.29	80.20	22.09	60.04	50.30	9.74	19.35	58.69	44.08
保定市	66.06	44.00	22.06	21.77	16.10	5.67	35.19	32.95	25.69

数据来源：河北省金融工作办公室。

（三）城商行对客户评级授信制度不建全，难以对需求方进行及时有效的承兑签发

在我国现行的承兑业务体系中，银行承兑汇票因有较高的资金杠杆效应而备受企业的青睐，最低只需企业缴纳30%的保证金便可由银行签出足额的承兑票据供企业使用，但同时也对银行的风险管理提出了更高要求。

在我国银行业的发展历程中，城市商业银行大多是在2000年左右由城市信用社转制为城市商业银行的，经历时间不长，业务流程相对简单，现代银行经营管理体系尚未完全建立，风险评估机制尚不健全。加之监管部门对银行经营管理的要求较高，对出现不良贷款的处置极为严厉。使得目前不少商业银行甚至不敢发放信用贷款，更不敢进行有效的票据签发投放。

（四）城市商业银行经营理念单一，多倾向于短期贷款投放

由于受权益规模影响，加之国际银行业通行的《巴塞尔新资本协议》的限制，使得城市商业银行的业务范畴相对狭窄，开展金融创新业务的动力相对不足，票据业务发展较为缓慢。以河北省城市商业银行为例，全省城市商业银行信贷资产占整个城商行可用资金的49.22%。而在各项贷款中，城市商业银行又普遍青睐周期较短、贷款利率较高的企业短期经营性贷款。据统计全省城商行贷款平均持续时间为6.7个月，平均贷款利率（含中长期贷款）7.87%/年。具体数据见表5：

表5　河北城市商业银行贷款分类比重

单位：万元

	各项贷款	短期贷款	长期贷款	短期贷款比重(%)	长期贷款比重(%)
河北省	9294891	5130914	3134934	55.20	33.72
石家庄市	2486589	1043100	1042082	41.94	41.94
唐山市	952727	300469	505018	31.54	53.00
秦皇岛市	586076	213517	348533	36.43	59.46
邯郸市	755624.4	434280.1	86715.82	57.47	11.47
邢台市	537906	313037	224869	58.20	41.80
保定市	217654	120868	96786	55.53	44.47
张家口市	980793	487440	284478	49.70	29.00
承德市	552997.6	362415.4	178314.2	65.53	32.25
沧州市	930008	645852	283557	69.44	30.49
廊坊市	694163	667948	26215	96.22	3.77
衡水市	600353	541987	58366	90.27	9.72

数据来源：人民银行石家庄市中心支行。

从表5中不难看出，全省城市商业银行短期贷款比重高达55.20%，其中比重最高达到96.22%。与之相比较全省票据贷款比重仅为11.06%，最高比率仅为31.05%。而从收益层面分析，全省城市商业银行2009年利息收入高达71亿元，而承兑汇票收益按签发金额面值万分之五计算，全省不过数千万元。二者悬殊巨大，使得城市商业银行普遍对开展承兑业务缺乏动力。

五、城市商业银行票据业务发展路径选择

银行承兑汇票作为一种新兴的结算工具，在银行未来经营发展过程中具有重要地位。尤其对于中小商业银行而言，通过开展银行承兑业务，对其有效扩大业务范围、增加银行中间收入、加大银行储蓄规模、发展银行创新能力等方面都有重大意义。而在中小银行承兑业务中，如何保证票据信用，做到及时足额兑付将成为中小型银行承兑汇票业务能否顺利开展的关键。同时，在以城市商业银行为主的中小银行体系中，规模有限、备用金不足等问题都直接制约着其承兑业务的顺利开展。对此，笔者认为，发展中小银行承兑汇票业务，应当从以下几个方面着手：

（一）加强政策引导，鼓励企业运用银行承兑进行结算

具体而言就是根据《中华人民共和国票据法》的相关规定，由人民银行、银监会、各城市商业银行出台相关激励政策，在手续费金额、承兑额度、贴现续费上给予优惠。同时简化签发、议付流程，为企业开展承兑汇票业务提供方便。

各商业银行也应出台相关规定，规范银行承兑业务管理。同时在商贸流通、流动资金贷款领域引导企业使用银行承兑。设立与贷款授信同等信用条件的承兑授信规模，鼓励企业使用承兑汇票进行结算。

（二）积极培育票源，完善票据评价机制，维护票据市场环境

积极探索稳健创新与大力拓展票据业务，通过各种方式有针对性地向重点客户宣传银行票据的知识，让企业更全面地了解银行票据的品种、功能，熟悉相关规定、办法和操作程序。对重点客户、优质客户和有授信额度的客户实行优惠政策。在票据风险得到有效控制、业务操作规范的前提下，对一些资信良好的城市商业银行的票据贴现，在保留追索权的前提下开辟“绿色通道”，采取“先贴后查”方式，提高效率。同时对不能按期支付票据余额的企业要通过降低信用等级、取消贷款授信、向社会公众公布等手段，坚决予以打击。维护票据信用市场的稳定。

提高职业敏感性，随时捕捉央行的政策导向和市场信息。要十分注意研究央行政策动向，加强同业合作，广泛搜集各地的利率水平利息，利用地区间、行业间的利差，在合规前提下灵活经营。

（三）设立区域银行承兑汇票结算市场，实现对区域内银行承兑的及时结算

以城市商业银行为主的中小型商业银行开展银行承兑业务的主要瓶颈在于资产规模有限、备用金普遍不足，难以及时兑付已签发票据。而通过银行同业拆借市场借款第一不能及时有效获得资金，第二受制银行间拆借利率影响，抬高企业贴现成本。而对城市商业银行承兑资信的普遍质疑也使得各国有银行很难对各城市商业银行进行有效的存款拆借。

对此，笔者认为可以参考反担保中心的运作模式。由区域内各城市商业银行共同发起投资设立区域内银行承兑结算中心。该结算中心负责贴现、到期支付区域内银行所有到期未能支付或贴现时因备用金不足而不能按时支付的票据。该市场一方面为交易双方牵线搭桥，充当中介作用；另一方面，利用自有资金充当市场维护者，调剂余缺，还可以有效地增强票据市场的流动性和活跃程度，在各商业银行资金周转正常后，再由该结算中心对所得票据进行转贴现或持有到约定期到签发行进行兑付，维护市场信用。而区域内各商业银行则可借助该结算中心平台实现本行承兑在区域内自由流通，扩大使用范围，实现票据的区域内完全覆盖。

（四）设定承兑汇票评级机制，规范城商行承兑汇票管理

即以票据结算市场为平台，以票据业务各个子系统为支撑围绕信息服务交易和监测四大重点为纽带，实现对城市商业银行票据签发、贴现、兑付的无间断监控。同时依据该平台实现商业银行内部经营信息、监管信息与集合信息的共享，并通过对上述信息的综合评价，对系统内所有银行签发票据进行评级。

表 6　2009 年河北省城市商业银行主要监管指标

	资本充足率(%)	核心资本充足率(%)	拨备覆盖率(%)
沧州银行	14.40	12.44	259.05
邯郸市商业银行	13.24	12.00	236
秦皇岛市商业银行	11.52	11.53	179
张家口市商业银行	15.58	12.93	492.47
唐山市商业银行	15.60	14.19	150
邢台市商业银行	17.10	14.80	257
河北银行	13.93	12.81	152
廊坊银行	12.60	11.61	256
承德银行	16.13	15.12	150.04
衡水市商业银行	11.98	11.36	151
保定市商业银行	26.55		150.32

数据来源：河北省金融工作办公室。

如表 6 所示，结算中心可通过对如资本充足率、核心资本充足率、拨备覆盖率、不良贷款率、超额准备金率与议付企业经营状况等评价指标来测度票据风险，并依据风险测度进行票据评级。而根据不同级别的票据，设立不同贴现率、转贴现率与持有票据周期并将票据评级向公众公布，利于用户选择合理的结算方式，便于公众对签发行的监督，实现企业与企业、企业与银行、银行与银行、银行与监管部门之间票据流、资金流、信息流的合理流动，最终达到经济资源的最合理配置。

参考文献

[1] 黄晓燕：《国内商业银行票据纠纷及处理》，对外经济贸易大学出版社 2007 年版。
[2] 张志锋：《我国票据市场发展滞后问题及对策研究》，西南农业大学出版社 2004 年版。

县域金融生态环境优化探索

——以英山“五点一线”信用建设为例

戢明锐

长期以来，县域金融机构积累了大量的不良贷款，严重制约了县域金融的发展。因此，推进信用体系建设，构建信用社会成为实现县域金融生态环境优化的必然要求。本文以英山模式为例分析，旨在为欠发达地区的金融生态优化提供借鉴。

一、英山模式介绍

“五点一线”信用体系建设模式是由人行英山支行发起的，在政府主导下，金融、司法、财政、税务、工商、宣传、教育等部门通力合作，依照英山县信用体系建设工作的实际，分步骤、分阶段、分重点、循序渐进的一种信用建设模式。（见图1）英山模式以求通过信用体系建设来达到金融生态环境的优化，促进地区经济的发展。

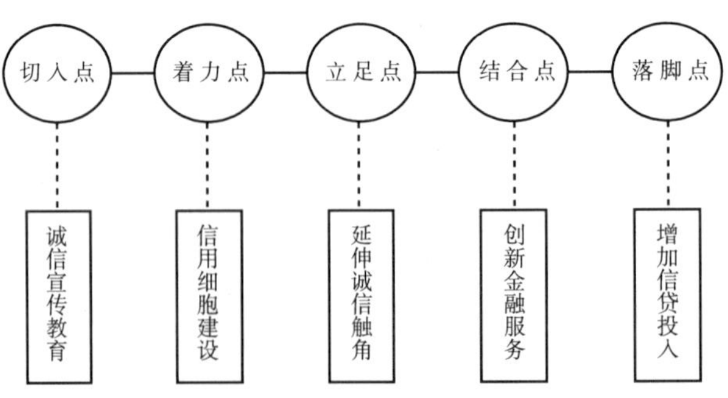

图1　英山模式简图

二、英山模式运行分析

（一）找准切入点，深入开展诚信宣传教育

信用在成为一个经济范畴之前首先是一个思想道德范畴，要想创造出良好的信用环境必须从思想上提升人们的诚信意识。

首先，开展诚信建设宣传月活动。英山电视台开通了信用宣传专栏，筹拍《信用英山》电视宣传片；政府筹建“英山县金融生态建设网站”，借助媒体和网络扩大模式建设的影响力，全力打造“信用名片”，使信用文化潜移默化为民众的整体意识。其次，创办“金融知识夜校”。夜校由各行、社轮流上课，分层次对干部群众及企业主进行金融知识宣传培训，提升信用观念。再次，实施诚信教育入校门。由英山金融生态办推动，县政府与教育局联合发文，在全县中小学开展“诚信教育入校门”活动，以主题班会、黑板报和读相关书籍的方式培养中小学生的诚信意识。

（二）抓住着力点，全面推进“信用细胞”建设

信用体系建设重在细胞建设，由成千上万个优质细胞构建起来的信用体系必将是一个优质的整体。

首先，以小额农贷为依托，开展“信用农户”建设。2006 年英山将 89916 户农户纳入创建评定范围，按照信用状况、经营能力、人品道德、与农社关系等条件进行培植和评定，持按调查建档、村委推荐、初评公示、评级发证四个环节为全县农户评级授信。其次，以化解村组债务为契机，加强“信用村”建设。通过租赁或拍卖部分集体房产、茶园、桑园、荒山、河道开采权方式使全县村组债务归还率达到 60.5%，使过半数的行政村获得“信用村”称号，有效促进了信用体系建设。再次，以形成金融安全区为目标，发起“信用乡镇”建设。英山县把创建“信用乡镇”建设纳入乡镇考核的重要内容，以分类清收、转班督收、以薪抵收等方式清收乡镇行政事业单位和公职人员拖欠贷款情况，使不良贷款回收率达到 68.7%。

（三）夯实立足点，不断延伸信用建设的触角

信用体系建设是一个系统工程，要想被社会各界认知，必须拓宽建设面，让各阶层、各部门广泛参与和支持，形成合力，使创建活动辐射到社会的每个角落。

首先，政府主导，扩大行政影响。英山县政府年先后四次发文就农村信用体系建设的方案、措施、要求、各职能部门和乡镇在创建活动中的职责等方面作出明确

规定，并要求各部门予以落实。其次，部门联动，发挥协同效应。人行英山支行与工商部门联合发文，加强征信管理，规定凡到工商部门办理等级的经济主体必须先到人行英山支行进行征信登记，之后方可办理营业执照。再次，联席会议，强化执法力度。人行英山支行组织金融部门与法院定期召开联席会议，定时通报金融胜诉案件执结情况，强化了金融案件的执结力度。最后，减免规费，降低价格排斥。英山县政府制定政策对信用评定部门、国土部门、中介部门、司法审计等部门规费收取进行了减免，另外农行、农信社也与相关部门签订了降低规费的协议，降低了各类贷款主体的融资成本。

（四）寻求结合点，积极创新金融服务方式

金融业的服务方式创新具有一定的时滞性，寻求适合英山特点的金融服务方式对模式的顺利运行至关重要。

首先，创新办法，开展信用等级评定。根据乡村企业和个体工商户等经营主体实际情况，同时参考国有商业银行对企业的评级条件，制定了《英山县乡镇企业、个体工商户信用等级评定办法》。其次，开拓思维，建立信贷联保制度。人行英山支行联合信用联社建立了村镇企业之间、个体工商户之间、农户之间三个层面的信用联保机制，为解决农村经济主体贷款、担保难指出了新路子。

（五）把握落脚点，切实加大新农村建设的信贷投入

建立在资源禀赋基础上的英山经济以农产品生产及初加工为主，旅游资源近年也得到初步开发。

首先，以项目为纽带，搭建信用融资平台。为把金融引回农村，在农村经济中找到县域金融业的发展空间，黄冈中支到杨柳湾奔走找项目，于政府部门间协调选项目，在金融行业内疏导促项目。短期内促成了杨柳湾镇温泉度假村等48个项目，黄冈中支的“主动出击”使窗口指导职能发挥到极致。其次，以需求为导向，支持支柱产业发展。为充分利用资源优势，英山县农行、建行、信用联社等加大对吴家山公园、桃花冲景区、南武当景区的信贷投入力度；英山县信用联社精心挑选有发展前景的项目，促成了茶叶生产的“十百千万工程”，即重点支持“十大茶叶生产基地”、“百个精制茶厂”、“千个茶叶销售网点”、“万个种茶大户”的建设。

以上“五点”相互独立，相互影响。在“五点”的基础上，围绕政府主导这根主线，初步形成由政府牵头多方联动的机制，推进信用体系建设，从而实现英山金融生态环境的优化。

三、县域金融生态环境优化的建议与对策

针对英山模式建设下金融生态优化的不足，我们提出如下建议及对策：

（一）政府应明确自身定位，防止越位现象发生

政府在经济发展中作为市场的有效补充。政府需要转变思维，做好市场的替补，平时应保持与银行、企业的长效沟通以保持信息通畅。同时金融机构也应保持自己决策的相对独立性，必要时可以通过司法途径应对政府的不当干预。

（二）引入竞争因子，规范民间借贷

竞争产生效率，效率促进公平。调查发现，四大行中，只有工行、建行和农行在英山设有支行，再加上农信社和邮政储蓄银行基本构成了英山金融机构的全部。工行、建行的主要放贷业务集中在大城市，邮储历来只存不贷，这样一来农行、农信社便成为服务英山的主力。然而，出于利润目标的考虑，农行的农性色彩逐步褪去，县域金融“抽水机”色彩却愈发浓重。因此可以尝试规范民间借贷组织，将其纳入监管体系，充分发挥其在融资方面的灵活性优势。

（三）区别对待中小企业申贷问题，进一步规范互助联保制度

中小企业之间的互助担保可以促使优质企业自发形成个担保联盟，从而更容易获取贷款，获取贷款后企业之间的相互监督又节省了金融机构的监督成本与执行成本，降低了道德风险，所以我们认为互助担保是解决中小企业融资难的一条有效途径，英山县已分层次建立的信贷联保制度，下一步应将其规范化运作以形成良性互动。

（四）建立和完善个人信用档案制度

县域个人借贷主体的资金需求具有小、频、急的特点，其贷方向多以非金融部门，表面来看是受传统观念影响，实则另有他因：长期以来个人借贷主体的贷款易得性都较低且手续复杂，致使借贷主体形成自我排斥而不愿意向金融机构借贷。基于此，我们建议金融机构尤其是农业银行和农村信用社应针对实际情况开发真正适合个人借贷的方案，农信社还可以利用其在广大农村地区点多面广的优势建立针对农户个人的特殊信用档案，对于已经建立档案的农户应保持长期追踪监测，以避免信息失真。

注：因受调查时间与统计时滞的限制，本文引用之数据以2009年7月调查所获

数据为主；另外因受区域发展水平限制，本文所指金融机构以银行业金融机构为主。

参考文献

[1] 徐诺金. 金融生态论——对传统金融理念的挑战［M］. 北京：中国金融出版社，2007，(1)。

[2] 中国人民银行德阳市中心支行. 中国县域金融生态评价指标体系研究［M］. 北京：中国金融出版社，2008，(3)。

[3] 吴少新，许传华. 中南协作区经济金融生态圈研究［M］. 武汉：湖北人民出版社，2007，(10)。

[4] 陈红玲. 谈欠发达地区金融生态环境的改善［J］. 经济观察，2006，(10)。

世界黄金储备的现状及对中国的启示

刘辰君

黄金既是商品又是货币。作为人类最后的支付手段，黄金的价值不以国家信誉和承诺变现为基础。作为一种不可替代的资产，即使已被人为取消了货币属性，但世界各国和国际性金融机构依然持有着大量的黄金实物。黄金作为储备的货币地位也在重新得到肯定：纽约证券分析师协会（New York Society of Security Analysts）在2010年的会议上将黄金重新定义为仅次于美元的全球第二大储备资产；欧洲18国在2009年8月签订的第三期售金协议（CBGA3）的同时也发布声明，强调黄金依旧是世界重要的储备资产。

一、黄金依然具有不可替代的储备地位

在最近的100年里，世界的货币体系从金本位制演变到了牙买加体系，黄金在货币体系中的地位也随之衰弱。如今推行的黄金非货币化使得黄金在制度上仅剩下了商品属性。

确实在非货币化后，世界黄金储备量的确存在下降的趋势，不过程度非常缓慢。以国际货币基金组织（IMF）为例，IMF减持黄金也是黄金非货币化计划的一部分，但在1980年后IMF就再也没有继续减持黄金，至今依旧保有3217吨的黄金储备①。世界黄金的总储量自1990年起逐步下降；2000年起各国黄金总储量也开始下降。但两者下降幅度非常缓慢，平均每年减少量仅为2%左右。时至今日，全世界和各个国家依然持有2.7万和3万吨的黄金储备。

如果将黄金储备转换成美元标价，我们还能对比发现黄金占官方储备②比重的情况。由于2000年开始的黄金价格的上升趋势，世界各国黄金储备的价格总量也在

---

① 资料来源：世界黄金协会（World Gold Council）。

② 官方储备（International Reserve），包括外汇储备、黄金储备、特别提款权和国家在国际货币基金组织（IMF）中的储备头寸。

不断上升：2000 年第一季度全世界和各国的黄金储量总价分别为 2963 亿和 2660 亿美元；而截至 2009 年第三季度，全世界和各国黄金储量总价已上涨到 9642 亿和 8573 亿美元，在不到 10 年的时间里分别翻了 3.25 和 3.22 倍①。

从近 10 年各国真实官方储备的变动情况来看，黄金储备占官方储备的比重非常稳定，始终保持在 10% 左右的稳定比例（见图 1）。可见在各国储备中，黄金储备的地位并没有变动。说明在当前的信用货币时代，黄金储备虽然在缓慢减少但总量相对稳定，在官方储备中依然占有非常重要的地位。

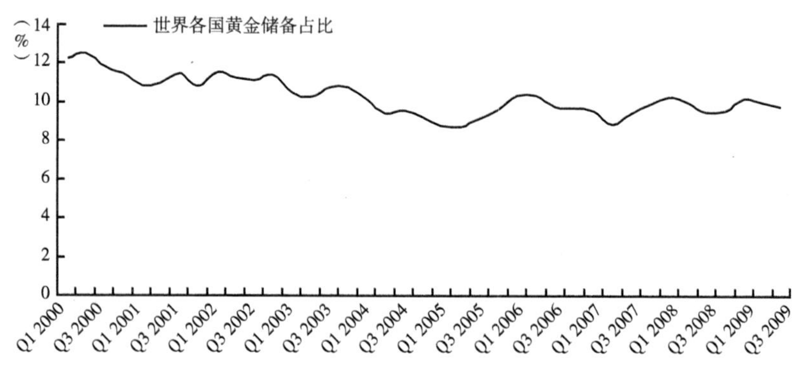

图 1　近 10 年黄金储备占官方储备比例

数据来源：世界黄金协会（World Gold Council）。

二、从四大货币看黄金储备对货币信用的支撑

按照牙买加会议的规定，各国之间不必再用黄金结算，并可自由按照市场价格买卖黄金。考虑到黄金的存储成本、管理成本和相对流动性的欠缺，卖出黄金换外汇作为储备对国家来说可能是更好的选择。

但是从各国央行出售黄金储备的情况来看，虽然央行每售金量很大，但是实际黄金储备减少量却很少。1994 至 2008 年，世界各国央行累计共出售黄金 6171 吨，但实际黄金储备减少量仅占出售量的 34%。说明在有央行减持黄金储备的同时，又有其他国家央行增持黄金储备。

美元、欧元、英镑和日元是当前的四大货币，但这些货币归属地区的储金情况差异巨大。如英国不断减持手中的黄金；美国的黄金储备基本保持不动；日本实施藏金于民的计划；而欧元区内黄金占官方储备的比重在上升。

① 数据来源：世界黄金协会 2009 年第三季度统计数据。

（一）英国

英国是所有国家中黄金储备量波动最大的国家之一（见图 2）。1954 年英国央行还曾拥有高达 2255 吨的黄金，在多次减持之后，现在仅持 310 吨左右，占官方储备不到 15%。

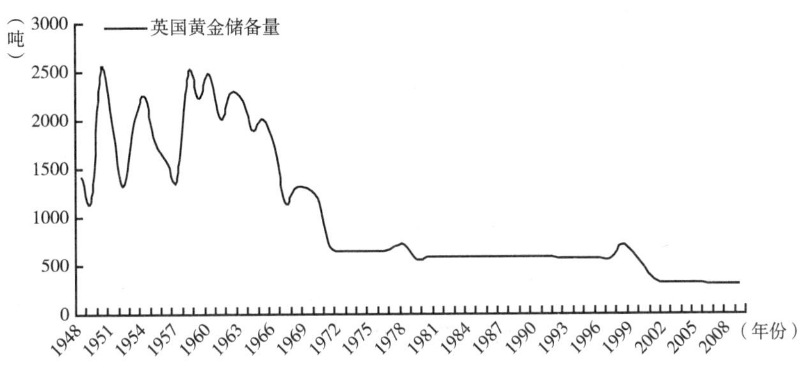

图 2　英国黄金储备量

数据来源：世界黄金协会（World Gold Council）。

英国的减持也是顺应了黄金非货币化，抛售手中的黄金以换取可生息、流动性更强的外汇资产。英国最近一次大规模减持黄金储备开始于 1999 年，为实现平衡政府财政，英国财政部宣布对官方储备进行结构调整，即将部分黄金换成外汇并投资于国外债券，以提高官方储备的营利性、减少储金的成本。在最近 10 年里，英国央行共计减少了 405 吨黄金储备。

英国减持黄金储备也伴随着英镑的地位的下降。作为曾经在美元之前独一无二的国际货币，英镑在现在的外汇交易市场、国际结算和全球外汇储备中的地位早已今非昔比。如今在全球外汇储备中，英镑仅占到 4.3%，远低于美元和欧元。

（二）美国

美国的黄金储备基本没有变动，一直保持有 8000 多吨。根据 IMF 在今年 3 月 31 日发布的数据，美元占到全球外汇储备总量的 62.14%，依然是当之无愧的国际货币。作为人类最后的支付手段，黄金是一国货币的信用支撑。美元如今的地位不仅有美国经济地位的保障，同样和美联储 8000 吨以上的巨额黄金储备作为支撑。

从美元的发展历史情况看也是这样。美国贸易总量早在 19 世纪末就已经超过了英国，但当时美元并未取代英镑成为世界最主要的流通货币。直到两次世界大战后，全世界的黄金都涌入美国，使美联储所拥有的实物黄金量占据世界黄金储备的

60%—70%，此时美元才取得了在国际上独一无二的地位。虽然随后为维护布雷顿森林货币体系的运作，美国被迫兑换了大量的黄金，但自1972年布雷顿森林货币体系崩溃后，美国一直握有8000吨以上的黄金（见表1）。

为了保持美元国际货币的地位，美国不会轻易减持手中储备的黄金。

表1 美国黄金储备量变动情况

单位：吨

年　份	1980	1985	1990	1995	2000	2005	2008	2009 Q3
黄金储量	8221.21	8169.26	8146.25	8139.84	8136.95	8135.08	8133.46	8133.46

数据来源：世界黄金协会（World Gold Council）。

（三）日本

和美国一样，日本的官方储金量变动也很小，仅在1999和2000年增持了少量的黄金储备，黄金储备量从754吨上升到765吨左右。日本是仅次于中国的世界第二外汇储备大国，外汇储备总额超过1万亿美元①，其黄金占官方储备的比重仅为2.3%。不过日本实际黄金存量远远超过其官方储金的量，这和日本国内已经进行了15年的全民藏金计划有关。这项计划的有效实施使得日本官方无须再增加储备黄金。

从1994年，日本就开始推行藏金于民的计划，由金融机构推出适合投资者的黄金产品，如黄金零存整取，同时结合储金与养老，推出黄金积存计划。规定投资者在固定的期限内存入资金；银行每月再从储户的账户上划款购买固定金额的黄金。合同到期时，客户累积的黄金可以兑现或者以金砖、金币或金首饰的形式交付。由于购买黄金作为养老和遗产继承不用缴纳遗产税，所以广受民众追捧。

日元也是当今四大货币之一，占到全球外汇储备构成的3%。日本经济已疲软了20多年，日元能保持现在的地位，离不开大量黄金储备的支撑。据世界黄金协会的统计，仅至2005年黄金积存计划已替日本在民间储存了190吨黄金。

（四）欧元区

如今欧元占到全球外汇储备总量的27.4%，仅次于美元。欧元区中的德国、法国、意大利和瑞士等国的黄金储备量非常可观，它们的储金量总和超过储量的三分之一。虽然近年欧元区的黄金储备在不断减少，但储金的总量依旧巨大。如今欧元区黄金储备量为10799吨，超过美国的8133吨，是全球黄金储量最多的统一货币地区。

值得关注的是欧元区黄金储备占官方储备总量的比例。自1999年欧元诞生至

① 资料来源：世界黄金协会（World Gold Council）截至2009年第三季度数据。

今，欧元区的黄金储备与官方储备占比一直保持上升态势：从2000年的30%提高到如今的50%至60%（见表2）。可见黄金在这一年轻货币区的地位在不断上升。欧元能在成立不久之后迅速成长为仅次于美元的第二大国际货币，正是有着充足黄金储量的支持。

表2 欧元区黄金占官方储备比例

年 份	2000	2002	2004	2006	2008	2009 Q3
占比(%)	31.16	35.92	44.49	53.95	58.13	54.80

数据来源：世界黄金协会（World Gold Council）。

三、对中国的启示

（一）我国储金总量依旧偏少

我国当前的黄金的储备量已达到1000多吨，成为世界第五大储金国。但千吨的黄金相对于我国的经济地位和高额的外汇储备依然略显单薄。

从绝对量上来说，1054吨与发达国家相比依然略显单薄。2009年中国GDP总量已经达到4.22万亿美元，仅次于美国、日本。预计2010年中国的GDP将超越日本，届时中国就将成为世界第二大经济体。但从黄金储量上看，我国黄金储备量只位居世界第五，这与我国在世界上的经济地位不符。黄金不仅是一国官方储备的重要组成部分，还是衡量一国经济实力的重要标志。西方发达国家都拥有高额的黄金储备（见表3），我国1000余吨黄金仅占到美国储备量的13%。这确实不能体现我国在世界上应有的经济地位。

表3 世界主要国家黄金储备量及占外汇储备比重

排名	国家(地区)组织	数量(吨)	黄金占官方储备%
1	美 国	8133.5	67.9
2	德 国	3412.6	64.0
3	法 国	2487.1	63.3
4	意大利	2451.8	62.3
5	中国大陆	1054.0	1.5
6	瑞 士	1040.1	28.0
7	日 本	765.2	2.3
8	荷 兰	621.4	50.1
/	世界各国	26780	9.8

资料来源：世界黄金协会2009年第三季度统计数据。

从相对量上来说，我国黄金储备的比例也相当低。世界主要自由兑换货币国家的黄金储备量巨大，都占其官方储备的60%以上，而我国黄金储备占官方储备的比重仅为1.5%，也远低于世界10%左右的平均水平（见表3）。外汇和黄金同为一国重要的储备资产，但外汇资产会随着汇率的波动而增值或缩水，易受外界影响，风险很大；黄金则不同，它不是任何国家的负债，更不受国家、地域和汇率的限制，能随时兑换成任何货币及物质。这是黄金不可替代的优势和作用，也是与外汇的主要区别。储备黄金不仅能降低一国持有外汇的风险，还能作为紧急情况下国家最终的支付手段。所以我国仅1.5%的比例也还远远不够。

（二）提高黄金储备有助于本国货币的国际化

黄金是国际结算的最终手段，这关系到货币的信用、币值稳定和国际支付能力。作为主权货币走向国际货币的物质基础，大量的黄金储备是建立信用货币能在国际上自由兑换的前提条件。

从货币发展的历史来看，国际上国货币在国际上广为流通的国家，都拥有较高的黄金储备。美国虽然在布雷顿森林体系崩溃之前有大量黄金外流，但现在依然保有8000多吨的黄金储备，这是美元地位的基础；在欧元诞生前，马克、法郎、里拉、瑞郎等货币都是世界主要的流通货币。德国、法国、瑞士、意大利等国曾经都拥有2500至4000多吨不等的巨额黄金储备作为本国货币的信用基础。

从当前最流通的四大货币来看也是如此。美国和欧元区的巨额黄金储备都是对美元和欧元信用的支撑；日本虽然经济常年不景气，但适时推出的藏金于民的计划和日本央行不减持黄金储备的做法都是对日元在全球流通的信用保障；而英镑的衰落也正伴随着20世纪60年代英国央行的黄金储备大规模减持。

同样，人民币的国际化离不开中国黄金储备的支持。预计人民币将在未来的20至30年成为继美元和欧元之后的第三大国际货币。这时仅千余吨的黄金储备显然满足不了人民币成为世界货币后对于人民币国际支付和结算能力的要求。所以应适时增加黄金储备以配合人民币国际化的进程。

四、结　论

黄金是唯一不以国家信誉和承诺变现的资产，同时也是人类最后的支付手段。虽然从制度层面上，黄金已经被推行非货币化34年了，但世界各国依然持有大量的实物黄金作为国家的战略储备。不管从世界黄金储备的绝对量还是从在各国官方储备中的相对量来看，黄金依然是一项重要的不可替代的储备资产。而从美国、欧元区、英国和日本四个国家和地区储备黄金的情况来看，我们能发现黄金储备对一国货币信用支撑的作用。作为最后的支付手段，黄金可以说是某一货币从主权货币走向国际货币的的物质基础，是世界对该货币信用认可程度的保障。

从以上两点来看，我国的黄金储备量还是略显单薄。不仅和我国的经济地位不匹配，也不足以弥补巨额外汇储备的缺陷；从我国人民币国际化的战略角度，当前的储金量还不能满足对人民币国际化进程的要求。所以有必要继续增加黄金储备。

参考文献

[1] 陈彪如. 国际货币体系［M］. 华东师范大学出版社，1990。
[2] 周洁卿. 黄金和黄金市场［M］. 学林出版社，2008。
[3] 阿尔贝托·夸德里约·库茨奥、万鹏华. 黄金问题［M］. 中国对外经济贸易出版社，1988。
[4] 刘辰君. 关于我国继续增加黄金储备的必要性探讨［J］. 金融与经济，2009（9）。

我国碳金融发展的障碍与政策支持

舒　丹

低碳经济是以低能耗、低污染、低排放为基础的经济模式，是人类社会继农业文明、工业文明之后的又一次重大进步。作为现代经济的核心，碳金融的形成并壮大是低碳经济发展的产物，也是金融业战略选择的必然。我国在促进碳金融的进程中，必须认识其发展障碍，并且剖析其障碍原因，进而提出推动其发展的政策建议，以确保我国碳金融稳健快速地可持续发展。

一、我国碳金融的发展特征

碳金融是在全球倡导低碳经济的背景下，在《京都议定书》设定的市场机制下而日益兴起的金融活动，其旨在服务于减少温室气体的排放，限制温室气体排放的相关金融活动。在中国，“碳金融”更多的是依托于CDM①而衍生出的金融活动，其主要特征如下。

一是以绿色信用为载体实施碳金融中介。碳金融中介，是指金融机构通过付费的方式向环境交易所购入碳排放额度，并注入到信用卡中进行金融交易，以中和在生产经营中排放的二氧化碳，进而实现环保。目前我国在碳金融中介中的突出个案是光大银行，其特征为：与北京环境交易所签订协议，赋予光大银行履行倡导节能减排、宣传和推广低碳生活的职能；通过付费的方式向北京环境交易所购入碳排放额度，直接进行碳交易；通过发行“绿色零碳信用卡”，该信用卡不仅具有其他信用卡的功能，还可以直接进行碳交易，并通过信用卡部不定期给客户发送短信或致电，邀请客户进行碳额度的购买，如果客户有意购买，在收到短信之后，可以回复需要购买碳的数量，在收到消费者回复之后，第一时间为消费者购碳，费用直接从

① CDM，Clean Development Mechanism，清洁发展机制，是《京都议定书》通过的，缔约方在境外实现部分减排承诺的一种履约机制，其核心是允许发达国家和发展中国家进行项目级的减排量抵消额的转让与获得。

信用卡中扣除。通过碳金融交易的绿色零碳信用卡，可以较好地从人们日常生活消费入手，培养大众环保意识，倡导低碳生活，实现消费者的自愿减排。

二是以绿色信贷为主体实施碳金融传导。绿色信贷的本质在于正确处理金融业与可持续发展的关系，主要表现形式为生态保护、生态建设和绿色产业融资，以构建新的金融体系和完善金融工具。我国目前在绿色信贷方面的突出代表是兴业银行。该行于2006年5月与国际金融公司签订协议，由国际金融公司为兴业银行分担2500万美元的本金损失，以支持兴业银行4.6亿元的绿色贷款，同时，兴业银行则以国际金融公司认定的节能环保型的企业和项目为基础发放贷款。经过两年的实践，兴业银行作为中国首家“赤道银行”获得丰厚的利润。首先，由于其产品的独特性、创新性使得产品的价值大幅度提升，贷款利率也随议价能力提高而攀升，从而带来较多的利差收入。其次，节能减排项目为兴业银行获取了一批忠实的客户，进而带动中间业务蓬勃发展。在“2009年银行业高峰论坛暨第二届中国最佳银行评选颁奖仪式”上兴业银行荣获了“绿色银行创新奖”。

三是以绿色理财为对象实施碳金融服务。将二氧化碳排放额相关的期货合同纳入个人理财产品，目前在我国较多的商业银行中得到推广。如上海浦发银行、中国农业银行、民生银行等，均开展了基于CDM的项目融资业务，而深圳发展银行和中国银行，更在2007年就先后推出了与二氧化碳排放额相关的期货合同的个人理财产品。

二、碳金融发展的障碍及其原因

尽管我国碳金融的发展势头较好，但与世界发达国家相比还有较大差距，碳金融发展仍然面临着一系列的问题，这给碳金融的未来带来了极大的不确定性。

一是企业和金融机构对碳金融的认识尚不到位。随着国际碳交易市场的兴起，“碳金融”逐渐步入我国市场。可是其在中国发展的时间较短，国内许多企业、机构还未曾意识到碳金融所蕴涵的巨大商机。与此同时，国内企业和金融机构对碳金融的操作模式、交易规则、项目开发等的认识和掌握仍处于起步阶段，现阶段仅有少数几家商业银行涉及该领域，并且从事的业务相对单一，依旧集中碳金融产业的下游，缺乏与此相关的金融衍生创新产品。

二是碳金融发展面临巨大的政策风险问题。碳金融蕴涵的风险是非常巨大的，包括有市场风险、信用风险、政策风险和操作风险，其中政策风险的表现尤为突出。目前金融机构等市场主体对政策风险和法律风险还缺乏足够的管控能力。首先，国际公约中蕴涵的延续性问题给市场未来的发展带来了极大不确定性。《京都议定书》的实施仅是指2008—2012年，因此目前实施的各项制度在2012年以后是否延续尚是个未知之数，这就给全球碳金融市场的建立产生不利的影响。其次，减排认证的相关政策风险也会阻碍市场发展。核证减排单位的发放认证必须符合有专门的监管部门既定的标准执行。即使项目获得成功，其能否获得核证减排单位的资格，仍具有不确定性。从以往的经验看，有关认证的标准会由于技术的发展以及政策的更新而处在不断的变化之中。而且，由于项目交易发生在不同国家之间，难免要受到东道国法律的限制，所以，碳金融交易市场发展面临的政策风险和法律风险是非常巨大的。且是市场交易主体无法控制的。

三是相关的中介市场发育不健全。碳减排额是一种虚拟商品，在 CDM 机制下，其拥有十分严格规范的交易规则，通常仅有专业的机构才具备此类项目的开发执行能力。在国外，CDM 项目评估及排放权购买大多是通过中介机构来完成的。而在我国尽管在 2008 年北京环境交易所、上海能源环境交易所及天津排放权交易所等在各地相继成立。但此类中介机构尚处于初始的阶段，还没有形成标准化的交易体系。

四是碳金融业务集中在附加值较低的环节。在过去的几年中，我国商业银行为推动碳金融的发展起到了不可忽视的作用，努力地参与到碳交易市场中并且取得了相应可观的进展，不断地开发创新产品，有效地降低开发项目的成本。可就整体上看，我国碳金融的业务品种仍相对单一，对于项目财务顾问、二级市场交易、创新开发金融衍生产品，我国商业银行依旧鲜少涉足。

三、推动碳金融发展的政策建议

为促进我国碳金融稳健快速地可持续发展，特提出如下政策建议。

一是加强对碳金融业务的政策扶持。国家应该在政策上给予商业银行适当的激励，调动商业银行办理碳金融业务的积极性，并采取优惠措施来更好的最大化收益和最小化风险。监管部门也可以为商业银行提供从事低碳金融的扶持政策，例如：减免税收、财政补贴等。大力发展国内碳排放权的交易平台，出台有关排放权的法律法规加快构建碳交易市场。

二是加快建立我国的碳交易市场机制和中介组织。首先，必须建立统一的碳交易平台，提供充分的供求信息，降低交易成本。近年来，我国政府已相继成立了北京环境交易所、上海能源环境交易所以及天津排放权交易所，但我国碳市场的发展潜力远远还未挖掘充分。我国应在借鉴国际碳市场的交易制度、定价规律的同时，加快制定本土的碳市场交易规则的步伐，建立类似于欧盟排放交易机制下的碳排放权交易市场。碳金融业务主要要求高耗能、高污染、资源性的行业项目提高能源使用效率，而金融机构在提供信贷时往往更偏向于流动性更好、收益更大的项目。因此，国家相关部门需要制定具体措施，加强金融机构对碳金融业务重要性的认识，并通过相关政策调动金融机构办理碳金融业务的积极性。另外，还可以通过推进人民币国际化进程，努力使人民币成为碳交易计价的主要结算货币，以增加中国在国际货币体系的发言权。

三是规范我国碳金融管理机制。金融机构在提供碳金融相关服务时，应遵守国内的相关规定。金融监管当局应建立碳金融业务的具体操作指导目录、环境风险评级标准等，使金融机构在开展业务时可以做到有章可循。金融机构还应遵守国际上的可持续发展规范。如联合国环境署的《金融机构关于环境和可持续发展的声明》和赤道原则，要求金融机构面对项目融资中的环境和社会问题时尽到谨慎的审核调查义务，肩负起银行在环境保护方面的社会责任。此外，金融监管当局还要借鉴和吸取国际上的先进经验，分析相关碳金融业务的具体风险因素，出台相关的风险控制标准，指导金融机构合理地开展碳金融业务。

四是积蓄储备相关综合性人才。相比传统的商业银行业务，碳金融业务对于综合性人才的依赖性更大，但是现今商业银行相关方面人才的储备和积累还不到位，这使得商业银行碳金融业务开展的内在动力不足。因此金融机构要具有碳金融意识和认识，在节能减排中发挥支持作用，帮助企业和消费者发现碳及其衍生产品的价值。要做好战略储备，吸取国外环境风险评估和管理的有利经验，培养 CDM 机制下碳金融领域的高素质团队。在招聘人才时，更多地吸收相关专业的战略性新兴产业发展人才，同时对于商业银行的内部员工进行综合培训，加大低碳经济高端人才的培养力度，以此来适应未来的变化，获取新的利润增长点和发展机会。

五是积极寻求碳金融业务创新。随着低碳经济时代的到来，碳金融已经成为全球竞相争夺的新领域，我国商业银行拓展碳金融业务已经是大势所趋。所以应该在已经开展的业务基础上积极拓展碳金融业务创新新模式。商业银行可以凭借自身的信息优势，将为参与碳排放交易项目提供咨询顾问作为参与“碳金融”业务的切入点。研发绿色信贷产品，为节能减排项目融资。通过设立专门的资金账户，有效管理 CDM 项目下的资金流动。并且适时推出碳交易衍生工具，以此提升我国在全球碳交易市场上的定价能力。

人民币升值及进出口企业的应对措施

钮辰青

一、引　　言

自2005年7月21日起，我国开始实行以市场供求为基础、参考一揽子货币进行调节、有管理的浮动汇率制度。近几年来的CPI指数、物价水平等方面都体现了人民币的对内价值其实是在贬值的，而其对外价值却在升值。如果按国际货币基金组织的测算，在IMF折算中国的GDP时，相同商品的价格在全球各地折算成美元应该一致，这就是所谓的“一价定律”，也是购买力平价理论的基础。如果人民币汇率按购买力平价理论（PPP：Purchasing Power Parity）进行调整，中国的GDP占全球的比重就会上升很多。《经济学家》杂志每年数次通过对全球各地的“巨无霸”汉堡包的价格进行统计，测算出各国的“汉堡包汇率”（Hamburger Rate），并据此推断各国货币对美元的高估或低估程度。在IMF的统计过程中，人民币对美元的汇率使用的值约为￥3.2/＄，远远高于目前￥6.8/＄的实际水平。因此正确估计人民币汇率是很有必要的。

我国作为巨大顺差国，人民币升值从理论上讲应该有利于进口，而不利于本国产品出口，从而可以扭转贸易顺差，但是不少学者认为我国的进出口需求弹性的绝对值要小于或接近于1，不符合马歇尔—勒纳条件，也有一些专家计算出我国进出口弹性之和绝对值要大于1，但是马歇尔—勒纳条件通常对贸易小国适用，而对像中国这样开放的经济大国却未必适用。

面对国际上和国内的升值压力，人民币汇率政策可以有三种选择：

分别是一次性实行较大幅度的升值，考虑让人民币盯住一揽子货币或者是保持现状。第一种措施能够较好打消市场上的升值预期，缓慢地升值会加剧升值预期，升值预期会导致热钱流入。不过，考虑到当前出口复苏乏力，政府采取一次性大幅升值的可能性较小。对于第二种措施如果正式盯住一揽子货币，对维护中国的贸易竞争力是最有利的，但是是以中国的对外贸易实行货币篮子中包括所有的主要贸易伙伴还是以盯住IMF特别提款权SDR（包括美元、欧元、日元和英镑四种货币）尚需定夺。国际金融危机之后，与其按兵不动，不如主动出击，寻找新的发展道路。在调整中国经济发展战略的所有方案中，汇率改革都将是不可缺的。人民币升值势不可挡，应当做好准备应对。升值是挑战也是机遇，如果可以发挥生产和管理潜力，运用科学的财务管理理念，这个障碍是完全可以逾越的。

二、人民币升值的必然性分析

2005 年 7 月 21 日，人民币汇率改革拉开了序幕，人民币汇率从 1 美元兑 8.2765 元人民币上升到了 2007 年 8 月份的 1 美元兑约 7.6 元人民币，一直到现在的 1 美元兑 6.8267。但是人民币升值后中国的贸易顺差和贸易额并未如国外预期的那样缓解国际上对中国贸易的巨大逆差，中美贸易和中欧贸易的不平衡问题也并未因人民币的升值而改善，如今，经济危机过后西方世界更将矛头指向了人民币，认为人民币汇率“失真”，又再一次掀起了要求人民币更大幅度的升值风潮。

为了进一步刺激本国出口，从中国的国内形势来看，升值的压力也不期而至。自 2005 年 7 月启动人民币汇改以来，截至 2008 年第二季度，人民币对美元名义汇率升值超过 20%。但从 2008 年下半年开始，人民币汇率的升值趋势突然停止，并转而回归事实上的盯住美元的汇率制度。在 2008 年下半年，人民币有效汇率随着美元的逆市反弹而继续升值。进入 2009 年后，人民币有效汇率随着美元的下挫而有所贬值。

（一）贬值现实下的贸易盈余

1998 年中国的贸易盈余为 435 亿美元，而 2003—2004 年在人民币跟随美元贬值后贸易盈余分别只有 255 亿和 289 亿美元，中国的贸易盈余并没有出现明显的方向性变化，人民币难以扭转我国贸易顺差，究其根源还是由内外因素共同作用的结果：

根据国际金融学的弹性理论，一国货币汇率变动对贸易收支具备改善效应的条件应满足马歇尔—勒纳条件：其进出口需求弹性之和大于 1，即 EX + EN > 1 时，其货币贬（升）值可使出口收入增加（减少），进口支出的减少（增加），贸易收支逆差（顺差）减少，从而改善一国贸易收支。否则，当 Ex + EM = 1 或 EX + EM < 1 时，一国货币汇率的变动对贸易收支不具备改善效应，它会分别导致一国贸易收支差额不变和贸易差额进一步扩大。

（1）我国劳动力等要素的低价格形成的比较优势：我国在劳动力、土地等要素价格方面，尤其是劳动力的价格上具有较强比较优势。2001 年，我国制造工人周工资为 22.35 元，是美国的 1/35，马来西亚和我国台湾地区的 1/5，有人估计我国劳动力价格廉价优势可保持 20 年，可见人民币升值很难抵消这种比较优势。

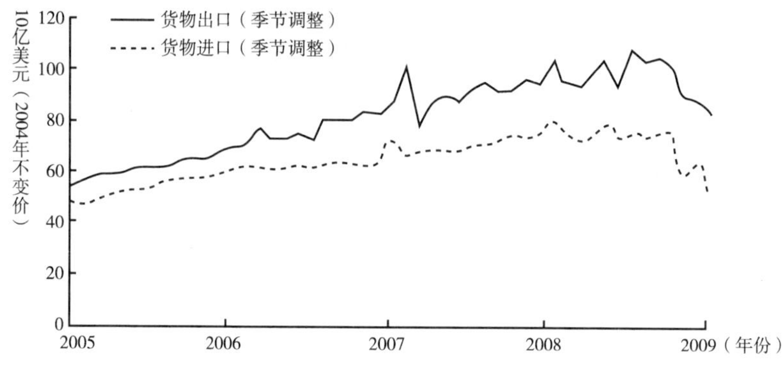

图1　2005—2009年的中国进出口总额

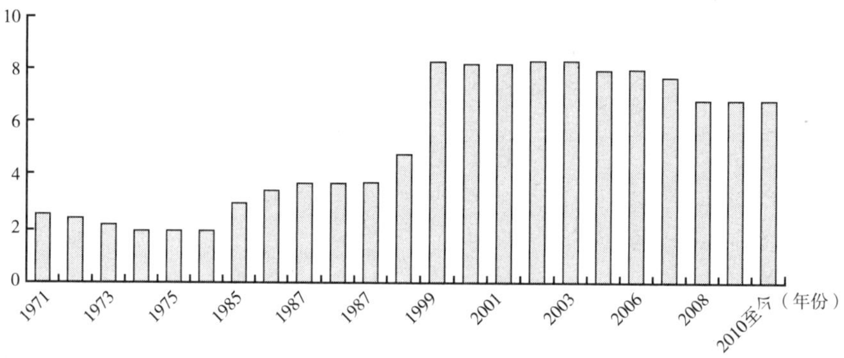

图2　人民币对美元的汇率变化情况

（2）国际产业布局转移形成的“迁移效应”：随着产业的升级，发达国家的劳动力密集型企业，加工贸易型企业纷纷转移到国外，如欧美等西方发达国家企业纷纷到亚洲进行对外直接投资（FDI），这种国际产业转移形成“亚洲加工，欧美消费”。全球贸易格局，在亚洲，中国不但具有强的劳动力要素价格比较优势，而且是个巨大的消费市场，这都使中国成为外国公司投资的首选目标国，根据联合国2004年版的《世界投资报告》，到2003年底中国吸引FDI为5015亿美元，2006年4月加工贸易和外商投资企业对华贸易顺差贡献分别达150%和64%，这种国际产业布局转移所形成的“迁移效应”短期内难以调整，所以中国贸易顺差的局面现在很难改变。

（3）国内外巨大的储蓄率差异：国内外储蓄率的巨大差异根据宏观经济学的理论，一国储蓄与投资之差等于出口与进口之差，储蓄过多会产生贸易顺差，资料显示，2005年中国储蓄率通常在5%以下，2005年第三季度就为－1.6%，中国的高储蓄率和欧美的低储蓄率，是导致中国对欧美高顺差的主要原因。

总之，中国日益扩大的贸易顺差及外汇储备的原因是极其复杂的，人民币升值很难扭转美欧对华贸易逆差的现状。事实上，汇率波动对进出口贸易影响度取决于汇率调整幅度、国内外市场通货膨胀率、进出口商品价格及相对价格弹性等多种因素。

（二）来自美国的压力

美国的贸易赤字近年来加速恶化，月度商品进出口逆差连创历史新高。市场上普遍做空美元，甚至有研究预测，美元再贬值 30% 以上方能使得当前的贸易赤字能够逐步改善或不至于进一步恶化。

虽然美中贸易逆差形成的原因较为复杂，但不管怎样，美元的贬值不仅没有缓解其贸易收支恶化的困境，相反却由于人民币汇率盯住美元使得美中贸易逆差逐月创新高，来自美国要求人民币汇率波动机制改革的压力是显而易见的。

（三）购买力平价夸大升值需要

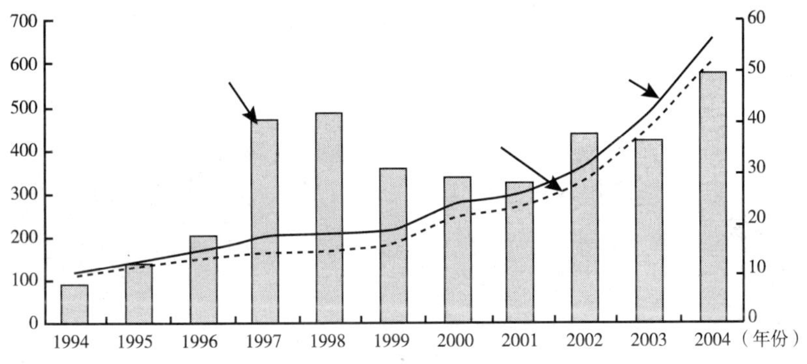

图 3　中国近年来进出口状况

全球商品进出口总额占全球 GDP 的比例为 50% 左右，这一全球化的趋势指标在过去的 10 年里提高了 10 个百分点。随着经济的稳定快速发展和对外开放的不断深入，中国融入全球经济的步伐在加快。但无论是发达国家还是发展中国家，其进出口额与 GDP 比率由该国的对外贸易发展程度、资源性禀赋、经济总量等要素决定，往往差别较大。但总体上，发展中国家的比率偏高。在过去的几年时间里，“巨无霸”汉堡在美国的售价从 2.5 美元上升到了 3 美元，人民币的“汉堡包汇率”从被低估 49% 上升到了被低估 58%，成为被低估幅度最高的货币。包括中国在内的许多亚太地区发展中国家的货币存在较严重的低估，从长期来看升值的潜力较大。

从中国的角度来说，能够促进足够的需求以提升投资并减少失业的汇率才是真正平衡的汇率。投资增加了经济体的实物资本，这些资本，通过生产的互补效能，增加就业。理论上，投资量增加一定会增加产出、实物资本并使所有劳动力得到充分就业。所以投资应该用来发挥经济潜能。相应的，当局必须要把一般汇率控制在一个可以刺激潜在需求和投资最大化的水平。建立在消费者理性预期的框架模型才是可以保持汇率平衡的，也就是说我们可以定义一个可以使就业率最大化的最小汇率，一般计算最小汇率的公式为：

$$S_{\min} = S \mid \sum_{k=1}^{T} I_K \Rightarrow K_T \Leftrightarrow \bar{K} \sum_{k=1}^{T} \lambda a \left(C_{k+1}^{a} + D^{*} \left(\frac{sp_{k+1}^{a*}}{p_{k+1}^{a}} \right) - Y_{k+1}^{a} \right) \mid = \bar{K}$$

$$S_{\min} = \frac{\bar{K} - \sum_{k=1}^{T} \lambda a \left(C_{k+1}^{a} + D^{*} \left(\frac{p_{k+1}^{a*}}{p_{k+1}^{a}} \right) - Y_{k+1}^{a} \right)}{a \lambda D^{*} (T - 1)}$$

从长期来看，贸易会随着汇率的不断波动（就业带动消费水平和恰当的物价）而达到平衡，当潜在的需求与实际需求相等时，投资就相应地减少了。在 FEER（基础均衡汇率）的框架中，尽管在内部平衡上会产生一定影响并且这样的平衡不会一蹴而就，但是最小汇率还是可以被视为平衡汇率的。因为，当汇率小于最小汇率时（比如，汇率被低估了），那么投资的上升不足以吸收足够多的就业，到最后即使贸易平衡了失业还是会大量存在。这样的汇率从传统 PPP 理论来说是被低估的，但是在我们的模型中，因为失业率的存在，汇率是被高估的。汇率只是作为短期促进经济的工具，它的作用随着贸易平衡带来的内部消费成为经济发展主动力而在长期中并不显著。

（四）基础均衡汇率（FEER）动态分析：

1. 图 4 显示了当政府将汇率固定时的汇率平衡动态模型

低汇率增加了竞争和潜在消费。中国是贸易顺差国，热钱的大量流入也在一定程度上提高了实物资本和就业。失业率降低工资上涨，导致物价上涨和最终的通货膨胀。居民消费上升并成为经济增长的只要来源，长期来看，由于实际汇率而使得资本到达最佳水平，工资稳定，贸易平衡。（最后一张图为投资，贸易平衡，消费以及国民收入的关系）

2. 图 5 显示的是汇率高估的情况下的动态模型

这可以被看做中国政府迫于美国压力而提高汇率之后的情形。原先的汇率下降，或者说人民币升值并没有强到促进投资和就业。模拟模型说明了汇率在以 PPP 或者 FEER 衡量参考下可能被低估，而在一个更为实际的模型中才能达到平衡。

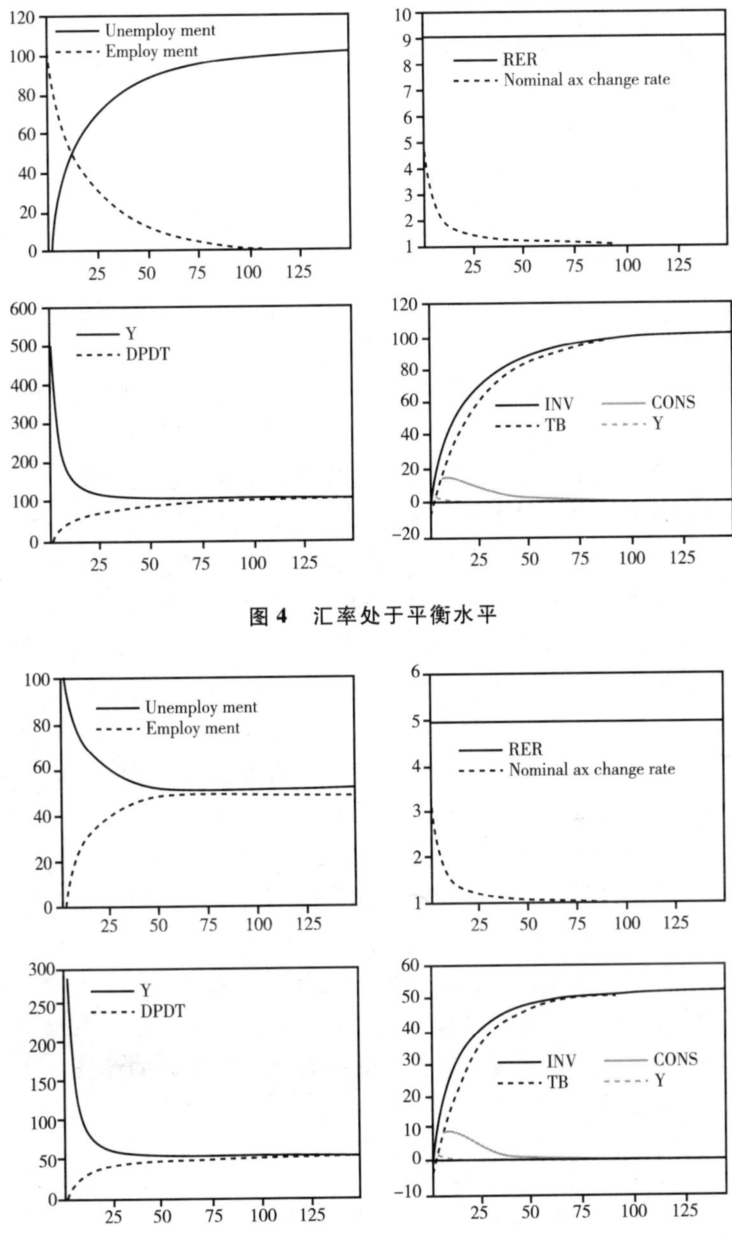

图 4 汇率处于平衡水平

图 5 汇率被高估

三、人民币升值对进出口的影响

一直到 2005 年，我国始终实行固定汇率制度，为了维持汇率的稳定，央行就需要不断以本币买进外币，同时由于我国今年进出口贸易发展，经常项目持续顺差，近年外资的不断流动，资本项目也呈顺差形势，基于上述一系列原因，出现了我国外汇储备的连年大幅增加，按照国际经济学的理论，外汇节余过多本身就表明外币定价过高，本币定价过低，本币有升值压力。本币的升值使产品的价格增加从而使出口企业出口量减少，竞争更加激烈，产品质量的竞争尤为突出；对于进口企业，其进口的成本减少但是他国也有可能会因为人民币的升值而减少对我国的出口。所以进出口企业面临的挑战是双方面的。

1. 对于出口企业来说，人民币升值后，出口商品对进口国来说变得相对贵了，进口商一般会减少进口，就直接减少了出口企业的利润。从2006年江苏省出口商品的结构来看，机电产品、高新技术产品出口占出口总额的比重分别为69.48%和43.67%。省内一些企业往往靠这类产品的低价策略在国际市场上竞争，它们的利润空间非常小，因此，理论上来说，人民币的升值会使某些企业面临困境。

2. 对于进口企业来说，人民币升值，意味着人民币在国外的购买力增强，以人民币表示的进口商品价格就相对下跌。对于江苏的企业来说，进口生产材料价格的下降意味着生产成本的下降，有利于进口业务的开展，企业可以追加投资，将进口的规模扩大。同时，生产成本的下降使得企业拥有更多的利润空间，企业可以采用降价等方法吸引更多顾客，从而加强企业产品在省内甚至全国的竞争力。另外，进口消费品价格的下降，会促使消费者增加对进口商品的购买，这将有利于提高这些产成品进口行业的利润率与积极性。但是，人民币升值后，必定会有许多廉价的进口商品涌入市场，对省内相关行业竞争力较弱的企业造成打击。

3. 对外商直接投资的影响来看，外资进出口企业在江苏进出口业的规模较大，人民币升值后，以人民币计算的金融资产价值也相对升值，因此已在江苏投资的外商的资产得到了升值，他们所获得的人民币收益的国际购买力也将得到提高，因此短期内，江苏外资不会有大量流出。而对一些原计划在江苏投资的海外企业而言，汇率变动后使投资的成本上升，原投资计划可能会作出调整，一些投资者可能要观望一段时间。这样短期内外资流入规模将受到影响，对江苏的经济增长速度可能会产生一些负面作用。

四、人民币升值的应对措施

（一）企业的应对措施

1. 采用金融工具

有效规避汇率和外汇利率风险。汇率和外汇利率风险在某种程度上是不可预见的，但灵活运用有关的金融产品，特别是近年来引入我国的金融衍生产品，可以很好地锁定或规避此类风险。这些产品主要包括远期利率协议、远期汇率协议、货币互换、利率互换、外汇期权、利率期权等金融衍生工具来事先锁定汇率水平，规避汇率等波动风险。企业在利用金融手段时，应采取审慎的态度和高水平的金融技术，防止使用不慎或失误，使企业遭受实业和金融双重损失。

采用“福费廷”交易方式，即出口企业将经过进口方承兑过的远期汇票，向出口企业所在地的金融机构贴现，提前取得人民币。由于此种票据是无追索权的，故出口企业一旦将手中的远期票据卖断给金融机构，同时也就卖断了一切风险，免除了人民币升值的后顾之忧。通过“福费廷”方式，还可以为国外买方提供延期付款的条件，提高出口商品的竞争力。出口企业只需支付一定的贴现费用就可将延期付款变成现金交易，变远期票据为即期收汇，提高资金的使用率，避免由于人民币币值的不确定性给自己带来的损失。

早日收汇。采用“福费廷”交易方式是在收汇期限不能提前的情况下所采取的措施，并不意味着有了这种避险工具就不重视收汇期限的长短。人民币币值的上升是长期趋势，出口企业早日收汇就意味着日后损失的减少。出口企业可尽量将收汇期限定得短些，以减少由于人民币升值给出口企业造成收益的下降。

选择远期结汇结算方式。由于人民币目前尚无远期汇率，故还不能在国际市场上进行远期交易，这给国内出口企业在国际金融市场上规避汇率风险带来了一定的困难。基于此原因，出口企业可以选择人民币远期结汇结算方式，即由银行和企业充当远期外汇买卖的双方，使出口企业将汇率预先固定下来，以确知并稳定未来的收支金额。但运用避险工具规避汇率风险只是“治标”而不能达到“治本”的目的。

2. 财务手段

主要采用的方法有：一是扩大人民币结算。边境地区出口企业如果有意识地以人民币为结算货币，可以有效规避汇率风险。二是企业根据外汇市场的走向采取提前或推后结算的对策。三是价格转嫁给消费者。和其共同分担人民币升值带来的利润空间压缩的损失，但要综合考虑商品在市场上的竞争实力，找到均衡点。但是这要冒着客户流失和市场占有率减少的风险。在激烈的市场竞争中，这种方法存在较大难度。四是降低成本，产业由沿海向我国西部迁移，或者积极走出国门，开拓海外市场，向制造成本更低的国家转移生产基地。弥补升值的损失。

3. 采取产品结构调整、升级和海外投资等经营性手段

一是通过技术创新和差别化战略，努力对产品进行升级换代，提高产品的附加值，增强产业竞争力，同时调整产品结构，积极开拓新的生产领域。调整出口产品的结构，由低附加值、初加工产品向高附加值、深加工产品转变，在产业价值链中逐步上移，提高出口产品的非价格竞争力。二是通过技术革新、增加廉价零部件进口、减少能耗等各种合理化措施，提高生产率，降低生产成本，从而达

到降低产品价格、提高产品竞争力的目的。从根本化解人民币升值对企业经营的负面冲击。

在人民币币值趋升的情况下，出口企业为了保持原有的利润，策略之一就是上调出口商品的价格。而价格上调的一个充分条件就是产品在质量、用途、款式、包装等方面要有所提高和改进，要做到这一点，企业就必须加大研发投入，积极采用新技术，开发新产品，增加技术含量，生产附加值率高的产品。

（二）政府的应对措施

美元长期贬值的趋势，而美元又占到中国的外汇储备60%以上，因此外汇储备如何保值尤其是保购买力是一个严重的挑战。减少美元资产的比重，实行外汇储备多元化是必然的选择。稳健的做法首先是在外汇储备增量部分减持美元资产的份额并根据国际金融市场状况，相机逐步调整存量部分的币种和资产结构。另外，在美元资产内，也可以逐步将国债调整为与币值、通胀更为紧密关联的资产。

同时政府可以给予一些出口中小企业出口退税，贸易信贷方面扶持以帮助中小企业渡过难关，加大政策倾斜力度，支持中小企业向内需型过度，对于转型企业，政府不妨实行两三年减免所得税的政策，以让其能够生存和发展；对有困难的企业进行补贴，引导涉外企业转变出口增长方式；保护知识产权，鼓励企业进行海外并购及投资；鼓励生产企业自营出口，减少中间环节，降低交易成本，提高企业效益等。

在近期启动的人民币贸易结算试点、中国政府将在香港发行人民币国债的做法，都是人民币国际化的重要步骤。而人民币国际化，绕不开资本项目的开放，包括允许资本的流入、流出，让中国的机构到国际市场发行以人民币计价的证券产品，也让外国投资者到中国发行或投资人民币资产，实现人民币真正的可自由兑换，让人民币成为国际经济交易的一个重要中介。促进对外投资也是化解外汇储备压力和中国企业国际化的必要步骤，直接投资地域多元化，不但有利于应对国际货币体系演变给全球经济带来的不确定性，也有助于增加中国经济的国际影响力。

参考文献

［1］倪方云．人民币升值对企业的影响及应对策略［J］，浙江财经学院东方学院金融系（消费导刊 金融纵横）2009．03，第99—101页。

［2］吴先满，蔡笑．人民币汇率制度改革对江苏出口的影响与应对策略［J］，扬州大学学报（人文社会科学版），2009．01，第52—56页。

［3］吴先满，蔡笑．人民币汇率制度改革对国内支柱产业的影响——以江苏省为例［J］，苏州大学学报（哲学社会科学版），2008．01，第42—46页。

[4] 冯月．浅谈人民币持续升值对进出口企业的影响［J］，商业文化（财金视点），2008．02，第11页。

[5] 陈小怡，黄洪屹．汇率改革对江苏地区外向型经济的影响分析［J］，地方经济社会发展研究，2006．09，第138—143页。

[6] 牛士华．巩固江苏外贸强省地位，探讨外贸发展新趋势［J］，商业经济，2008．08，第62—65页。

[7] 王路美，胡志旺．人民币汇率改革及其对中国进出口贸易影响的原因分析［J］，国际贸易（现代商业），第165—167页。

[8] 研究课题组，人民币汇率制度改革对出口企业承受力的影响研究——关于江苏机电产业和纺织服装产业的分析（商务部）．人民币升值与出口企业承受力。

[9] 何帆，冰箱里的人民币汇率［搜狐博客］，09．12。

[10] 2005年人民币汇率变革动因及影响分析［J］，证券市场周刊，2005．03。

[11] Antoine BOUVERET Doctorate student，OFCE Sana MESTIRI Doctorate student，SDfi，Paris Dauphine University Henri STERDYNIAK OFEC，The Renminbi equilibrium exchange rate-an agnostic view［P］，N 2006－13，July 2006.

[12] 周宇，人民币汇率升值对我国进出口影响的实证研究［J］，国际贸易（现代商业），第170—172页。

后金融危机下的区域货币合作

牛　磊

东南亚金融危机中东南亚各国在盯住美元的汇率制度下付出了汇率大幅度贬值、资产价格暴跌、经济增长大幅度下滑、银行等金融机构以及工商企业大量倒闭、社会政治动荡等沉重的代价。东南亚危机后各国纷纷改革汇率制度，我国也实行以市场供求为基础、参考一揽子货币进行调节、有管理的浮动汇率制度。然而，金融风暴再次席卷而来，全球化下的中国也难以置身事外——经济放缓、企业利润下滑、通胀压力回落、贸易顺差收窄。本文从两次金融危机下汇率制度对经济的影响得出后金融危机下短期内通过人民币汇率“维稳”的策略应对危机并最终通过区域货币一体化防范危机的结论。

一、两次金融危机中的汇率制度及其对经济的影响

（一）东南亚金融危机下的汇率制度及其对经济的影响

1997年爆发的东南亚金融危机影响之深、范围之广、破坏之大是近几十年来罕见的。当时，东南亚各国几乎都采取出口拉动型的经济发展模式，积极发展对外贸易，大力引入外资对内实行自由市场制度，对外实行自由开放的经济政策，实行宽松的资本项目管制而且普遍实行盯住美元的汇率制度。这在当时有助于吸引外资主要是短期资本、促进出口，达到以资本账户盈余来弥补经常账户赤字的目的。东南亚各国最初实行的盯住美元的汇率制度确实取得了一定的成效，稳定了国内经济。

然而，在国际资本高度流动条件下，即使是经济表现较好的国家也无法可靠地预防恶意的投机攻击，国外大量的资本流入属于短期资本，几乎都投向了股票市场、不动产市场和货币市场，这就使得金融体系变得极度脆弱。东南亚各国正是由于忽视融资风险，过早地开放资本管制，追求暂时的国内繁荣，不惜从国际金融市场上大举借入短期债务，但又缺乏完善的远期外汇市场进行套期保值，造成了大量的未

保值的短期债务的存在。而且，由于美元与其他国家实行浮动汇率，汇率的波动直接影响盯住美元的东南亚各国。一旦有任何的风吹草动，外资就会迅速撤离，盯住汇率难以维持，最后付出了汇率大幅度贬值、资产价格暴跌、经济增长大幅度下滑、银行等金融机构以及工商企业大量倒闭、社会政治动荡等沉重的代价。在金融恐慌说理论中，盯住汇率制下的投机资本作祟成为金融危机产生的真正原因。

表 1 金融危机时东南亚各国 GNP 的下跌情况

GNP（10 亿美元）

国　　别	1997 年 6 月	1998 年 7 月	下降幅度(%)
泰　　国	170	102	40.00
印　　尼	205	34	83.41
菲 律 宾	75	47	37.33
马来西亚	90	55	38.89
韩　　国	430	283	34.19

资料来源：维基百科网，http：//www.wikipedia.org/

（二）次贷危机下的汇率制度及其对经济的影响

1994 年，我国对外汇体制进行了重大改革，开始实行人民币在经常项目有条件兑换；从 1994 年 1 月 1 日开始人民币官方汇率与市场汇率并轨，实行以市场供求为基础的、单一的、有管理的浮动汇率制，并轨时的人民币汇率为 1 美元合 8.70 元人民币。1996 年，我国取消了经常项目下尚存的其他汇兑限制，同年 12 月 1 日宣布实现人民币经常项目下的可自由兑换，但是对资本项目外汇实行严格管理。进入 21 世纪之后，我国汇率制度方面的改革进一步深入，2005 年 7 月 21 日，鉴于人民币汇率的升值趋势，实行以市场供求为基础、参考一揽子货币进行调节、有管理的浮动汇率制度。(见图 1)

从图 1 中我们可以看出汇率的阶段性变化。从 2007 年 11 月开始，人民币兑美元升值明显提速，截至 2008 年 3 月底，5 个月累计升值了 5.4%，这比 2007 年前 10 个月升值幅度还高 0.9 个百分点。人民币升值直接涉及进出口、外商直接投资、对外投资等外向型经济的发展：数据表明① 2008 年 11 月我国出口增长率已经开始下降，2009 年 1 至 6 月我国出口增长率累计下降 21.8%；2009 年 1—6 月②，全国新批设立外商投资企业 10419 家，同比下降 28.36%；实际使用外资金额 430.09 亿美元，同比下降 17.9%。美国对华实际投入外资金额同比下降 16.1%；原欧盟十五国对华实

① 数据来源：国家海关总署，http：//www.customs.gov.cn/publish/portal0/.

② 数据来源：国家商务部，http：//www.mofcom.gov.cn/.

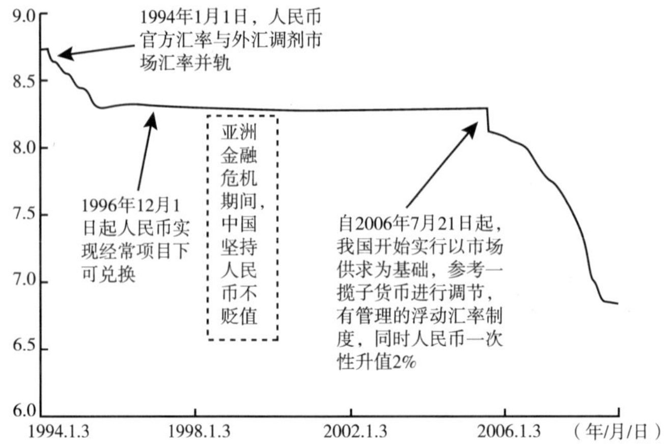

图 1　人民币兑美元汇率走势（1994—2006）

资料来源：中国人民银行 http：//www. pbc. gov. cn/

际投入外资金额同比下降 1. 32%。人民币升值通过对这些部门的冲击，以及各部门之间收入流和支出流的传导，最终影响到 GDP、消费等国民经济运行的基本面。

二、后金融危机的应对——保持人民币汇率稳定

（一）保持经济增长、稳定决定了人民币短期内不可能再升值

1. 人民币升值会影响进出口贸易

关于人民币汇率的合理均衡水平，理论界存在较大争议。一种常见的观点认为，人民币汇率的合理均衡水平应该有利于平衡国际收支。从我国的国际收支状况来看，人民币应该大幅升值。但保持经济持续、稳定、快速增长是我国宏观经济管理的根本目标，包括人民币汇率政策在内的一切宏观调控政策都须以此为最基本的出发点。换言之，人民币汇率的合理均衡水平应该首先有利于实现国民经济增长的总目标，其次才能考虑平衡国际收支。

由于多年来内需不足，中国经济较为依赖出口，贸易依存度逐年大幅上升，2007 年这一比例已接近 70%。(见表 2)

表 2　我国 2003—2008 年贸易依存度

年　　份	2003	2004	2005	2006	2007
贸易依存度	0. 521428	0. 598666	0. 635139	0. 661429	0. 663027

资料来源：根据 2007 年统计年鉴计算得出。

美国作为我国第二大贸易伙伴，我国对美国出口的主要是消费品，然而受金融危机影响美国政府的数据以及企业高管已经指出，美国消费者在购买必需品方面已经紧缩开支，消费和进口需求的下降，导致我国出口产品需求速度放慢，美国需求的减少降低了我国对美国的出口量。国家海关总署最新公布的数据显示，由于受到全球经济疲软影响，2009 年前 7 个月，我国对美国出口 1403.9 亿美元，增长 9.95%，增速下滑 8.1 个百分点，这是 2002 年以来我国对美出口增速首次回落至个位数。外部经济环境的恶化使我国出口行业受到严重的冲击，出口增速的大幅下滑，直接导致一些中小企业破产。因此作为中国经济“三驾马车”之一的出口已经不能继续承受人民币汇率大幅升值。

2. 人民币升值会增大就业压力

人民币升值将进一步加大我国就业难度。目前，我国的劳动力总量是供大于求，就业压力本身就很大。劳动保障部劳动科学研究所的一份《人民币升值对就业的影响评估》报告指出，就业方面，受人民币升值影响较大的是纺织、服装、制鞋、玩具、摩托车五大非农行业和农业。人民币升值 5%—10%，将导致 350 万非农产业工人失业，影响上千万农民就业。同时，人民币升值，贸易出口受阻，劳动密集型企业吸纳的劳动力减少，外商直接投资减少，所需要的劳动力也势必减少，这样必然会进一步加大我国劳动力尤其是低技术型的劳动力的就业难度。

因此，近期内人民币不适宜大幅升值，相反，为了防止经济增长下滑和失业增加，人民币汇率还可能出现一定程度和一定时间的试探性贬值。

（二）外部环境决定了人民币不可能持续、较大程度的贬值

在全球经济下滑、贸易对象收入萎缩的情况下，人民币贬值是否一定产生足够的刺激效应，我们并无把握。相反，历史经验告诉我们，危机中世界各国“以邻为壑”式的贬值也是不适宜的。亚洲金融危机中，我国政府在全面权衡之后，作出了人民币不贬值的决策。这一决策在事后被证明是完全正确的：它不仅带动了东亚经济的复苏，而且使得我国国内生产获得了稳定的外部环境，并据以率先走出了危机的阴影。也正是在此决策的推动下，使我国赢得了广泛的国际声誉，从此确立了负责任大国的形象。毋庸置疑，亚洲危机中我国作出的不贬值的决策，使得我国成为那次危机中最大的赢家。

综上所述，在后金融危机下，对内保持人民币汇率的稳定在短期内更有利于我国实现保持经济增长，维护社会稳定的宏观经济目标；而对外保持人民币汇率的稳定在长期内更有利于提高人民币在东南亚的公信力，进而推进区域货币合作的进程。

三、金融危机的防范——推进区域货币合作

虽然此次东亚不是此次金融海啸的重灾区，但同样受到了较大损害。与1997年亚洲金融危机一样，此次金融危机凸现了区域金融合作特别是货币合作的重要性。当前，东南亚地区各国的经济情况与1997年相比有较大的不同（见表3）——短期外债比重相对较低、外汇储备相对充足以及汇率制度灵活性有所增大。

表3　东南亚国家外汇储备及外债比重一览表

国　　别	外汇储备*（单位：百万美元）	外债占GDP比重**（2007年）
新加坡	166098（截止到2009年3月）	0.346465
泰　国	120541（截止到2009年5月）	0.356975
马来西亚	87700（截止到2009年4月）	0.181064
印度尼西亚	56600（截止到2009年5月）	0.49873
菲律宾	39319（截止到2009年5月）	0.25815

*数据来源：根据The World Factbook，CIA，https：//www.cia.gov/library/publications/the-world-factbook/计算得出。

** 美林银行2008年11月发布的名为《Everything you've ever wanted to know about the world》全球60个主权国家和地区风险排名报告。

但是，全球经济一体化与东南亚地区各国经济的外向性决定了该地区必然会受到此次金融危机的深刻影响。东南亚各经济体对美欧等发达国家有较大的依赖，全球经济衰退尤其是发达经济体的衰退必然给东南亚地区实体经济带来重要的影响。东南亚经济体已经越来越认识到，要从根本上摆脱对美国市场的过度依赖需要推进区域经济一体化；而推进区域经济一体化就需要推动业已进行的东亚货币金融合作。

当然，现阶段东亚地区制度化的汇率合作可能还不具备充足的条件，但现阶段金融动荡的外部环境仍然需要各经济体加强汇率政策方面的信息沟通与行动协调。① 如果完全缺乏汇率政策的协调，当美元贬值时，各国都会倾向于等待邻国率先升值或使本国货币升值幅度低于邻国，以便享受汇率便利，而在美元升值时，各国又有可能出现竞相贬值的情况，形成一种“协调失败”的局面，甚至有可能诱使某些国家采取“以邻为壑”的汇率政策。因此，即便目前尚不具备条件形成制度化的汇率合作机制，东南亚各经济体仍然有必要就汇率调整的方向、程度及时间安排等问题进行协调，或者至少需要有本地区的大国货币主动承担汇率稳定器的职能。事实上，近期内人民币汇率的相对稳定，无论其为市场自发的结果还是有意识的政策选择，

① 李晓，丁一冰．人民币汇率变动趋势及其对区域货币合作的影响［J］．国际金融研究，2009（3）．

在某种程度上正在发挥这种稳定器的作用。

因此，从短期来看，东南亚各经济体要增强本地区货币汇率间的相关性与稳定性，可在现有的汇率制度下加强政策协调，维持区域内双边汇率的相对稳定；中期内，实行有管理的浮动汇率制度是东南亚各国和地区较理想、较现实的选择（即允许汇率有一定的波动，只有在必要的时候，货币管理当局才入市干预汇率，使其尽量朝有利于本国经济发展的方向浮动）；从长期看，随着东南亚区域经济一体化程度的不断提高，可考虑选择出一揽子货币，从而逐步过渡到区内货币间汇率保持稳定而对区外货币联合浮动，并最终实现单一货币。

总之，综合各种因素人民币对美元汇率在短期内维持基本稳定是我国在后金融危机下的现实选择。而当前人民币汇率的稳定也充当了区域内汇率政策的协调的稳定器，从长远看只有进一步推进东南亚货币合作进程，才能最为有效地防止危机再次发生，保证东南亚地区经济的稳定。

参考文献

[1] 杨浩余. 基于次贷危机的东亚区域货币金融合作的思考［J］. 武汉金融，2009（3）。

[2] 欧明刚. 金融危机下人民币汇率的变化趋势：现实选择与机制改革［J］. 中国货币市场，2009（1）。

[3] 李扬，余维彬. 金融危机对人民币汇率制度的影响与对策［J］. 中国经贸导刊，2009（13）。

[4] 凌江怀，曹洁. 从东南亚金融危机看人民币汇率制度选择［J］. 东南亚研究，2006（1）。

[5] 徐长征. 金融危机下人民币汇率过高对我国经济的影响分析［J］. 现代商业，2009（1）。

[6] 季刚. 金融危机下人民币汇率走势及原因的探讨［J］. 经济理论研究，2009（6）。

[7] 李婧. 人民币汇率制度与人民币国际化［J］. 上海财经大学学报，2009年4月，第11卷，第2期。

[8] Michael Mussa. "IMF Surveillance over China's Exchange Rate Policy", Paper presented at the Conference on China's Exchange Rate Policy, http://www.petersoninstitute.org/publications/papers/mussa1007.pdf.

从历史经验角度正确认识股指期货的市场稳定作用

程金金

股指期货是一种将股价指数基础资产的标准化期货合约。我国首只股指期货——沪深300指数期货于2010年4月16日在中金所正式上市交易，这开启了我国金融衍生品的新纪元。但是有些人对中国推出股指期货提出了质疑，认为股指期货业务的推出将主要被用于与股票现货市场之间套利的工具，为了出现价差套利机会，投机者可能制造市场波动，使得股票市场波动更加剧烈。根据道氏理论提出历史是会重演，我们可以以史为鉴，从中清楚地发现，从股指期货推出至今，其作为风险管理工具，它可以积极稳定市场；而中国因缺乏避险工具，股市却波动剧烈。本文将从历史的角度分析股指期货的市场稳定作用，从而正确认识中国股指期货的推出。

一、从股指期货的诞生看，股指期货核心作用是规避风险

20世纪70年代，布雷顿森林体系崩溃，西方各国普遍出现经济滞胀，物价飞涨，政治局势动荡，中东局势紧张，股票市场经历了二战后最严重的一次危机，在1973—1974年的股市下跌中道·琼斯指数的跌幅超过了50%，人们开始意识到在股市下跌时没有恰当的避险工具可以利用，根据现代投资组合理论构建的投资组合很难规避股市的系统性风险。在这一背景下，1982年2月24日，美国堪萨斯市期货交易所推出了第一份股指期货合约——价值线综合平均指数（The Value Line Index）合约。股指期货一经推出就受到了市场的广泛关注，之后股指期货得到迅猛发展，世界性股指期货上市热潮一触即发。从股指期货的诞生就可以看出，其被赋予最核心的作用就是规避风险，实质是投资者利用期货套期保值通过股指期货的反向操作，将风险锁定，平稳股市波动。

二、从国际经验看，股指期货的推出对股票市场波动的影响

由于股指期货能够为股票市场提供有效的避险工具，顺应了市场管理系统性风险的要求，主要发达国家在20世纪八九十年代陆续推出了股指期货：1984年5月英国、1986年5月中国香港、1986年9月新加坡、1988年9月日本、1988年11月法国、1990年9月德国相继推出了各国的股指期货品种。20世纪90年代中后期以来，新兴市场同样加快了股指期货市场构建的步伐：1996年5月韩国、1998年7月中国台湾地区、2000年6月印度也都相继推出了各自的股指期货品种。本文选取7个国家和地区股指期货推出前后现货指数的涨跌幅进行比较。为了给中国带来重要的借鉴，样本选取的是处于一个较大的独立经济体的典型市场。

表1　全球主要股指期货推出后对应指数的涨跌幅度

单位：%

指数涨跌幅	前180天	前90天	后15天	后90天	后180天	后360天
美国标普指数	-3.65	-0.02	2.56	-3.72	20.17	36.31
德国DAX30指数	-19.02	-2.43	1.99	6.68	11.42	7.88
日本日经225指数	5.79	-2.78	3.36	9.68	18.68	27.53
韩国KOSPI指数	-2.43	9.55	-3.80	-14.66	-20.70	-27.01
印度Nifty指数	0.05	-10.13	0.97	1.89	-7.43	-21.75
香港恒生指数	9.25	8.05	-3.40	1.59	20.04	50.30
台湾TWSE指数	-1.85	-5.82	-6.01	-11.67	-19.34	-2.05

从以上市场的实际情况可以看出，股票市场走势涨跌各不相同。由此可见股指期货推出后，股票市场的走势没有统一的定律，并没有出现所谓的推出前上涨推出后下跌的情况。我们应当清楚股票市场有其自身的规律，这取决于股票的内在价值，而股票的内在价值又受众多因素影响如宏观经济走势，货币财政政策、公司所处行业、公司盈利状况等。只有结合具体国家的具体情况，要客观和准确地把握股指期货推出对现货市场走势产生的影响，只有充分估计各种其他影响因素对待某现货市场影响，才能确定股指期货对现货市场的影响。

国内外学者也从实证角度进行过分析，从中我们可以得出同样的结论。首先我们看看不同的学者对同一种股指期货推出产生对其现货市场的影响；Damocaran（1990）将S&P500股指期货上市前后五年的NYSE上市公司分为指数组和非指数组，发现两组的平均收益在股指期货上市前并没有显著差异，而上市之后差异显著，

且指数组上升的幅度更大；Harriis（2007）对组成S&P500指数样本股票的企业与非属S&P500样本股票的企业进行研究发现其波动在整体经济影响上并不显著；Brorsen（1991）研究了S&P500股指期货的影响，发现短期波动上升，长期并无影响。再次我们可以看看从同一学者对不同市场进行的分析：Lee和Ohk（1992）分别研究了美国价值线指数、澳洲所有普通股指数、新加坡交易的日经指数、香港恒生指数和英国的FT2SE100指数期货与相应的现货市场的关系，发现美国市场中期性波动上升，长期并无影响；香港市场的波动短期下降，长期上升；英国市场的波动短中期上升，长期并无影响；无显著性差异是澳洲市场；而波动显著上升是日本市场。很显然，不论是不同学者对同一市场的分析，还是同一学者对不同市场的分析，股指期货的推出对现货市场产生的影响是各不相同的，这就再次证明股票市场有其自身的规律。股指期货作为一种短期信息，它的确会影响现货市场，但它不会对现货市场产生根本性的改变。

三、全球金融危机中股指期货的风险规避

金融危机席卷全球，各国经济遭到不同程度的影响，那么股指期货在这场灾难中是否依然起到了稳定市场的作用呢？下面笔者仍然将各国在金融危机期间的股票指数进行比较，得出结论。2008年9月15日，美国雷曼兄弟申请破产保护，是引发当时经济衰退的最大一场灾难。从各市场9月份的成交量可以看出（见表2），欧美市场的交易量环比上涨有近一倍，新兴市场也有百分之十几二十几的环比增长，投资者利用股指期货积极进行风险规避。从期货成交量看各大市场都不同程度的提高，那么这所产生的影响是加大了股市的波动还是减小了波动？我们同样通过数据对比看出（见表2后两列），几乎是所有市场的期货波动都小于股市的波动，这说明股指期货通过价格引导等，降低了现货市场的波动风险，平稳了股市，引导股市回归合理价值区间。

表2 全球主要股指期货成交量环比增幅及现货期货波动对比

市场及指数	9月成交量环比增幅	股市波动	期货波动
美国S&P500指数	109.90%	67.99	60.37
法国CAC40指数	51.30%	61.56	56.81
德国DAX30指数	72.91%	44.95	44.92
日经225指数	28.64%	39.49	45.23
香港恒生指数	9.07%	55.63	51.97
台湾加权股价指数	17.77%	37.87	51.17
韩国KOSPI指数	27.38%	30.83	33.04

从以上的分析我们可以看出，股指期货在金融海啸中发挥着稳定市场的作用。股票市场有其根本的运行规律，股指期货不可能改变其走势也不能避免危机的发生，但它能在危机中充分发挥其市场稳定作用，防止更严重的后果发生。如杨再斌（2008）也认为，“此次危机中，有股指期货的市场，现货市场的波动幅度要远远小于没有股指期货的市场。”

四、股指期货推出对中国市场的影响

（一）降低市场风险，平缓股指波动

中国股票市场发展至今仍然不成熟，单边市情况严重，波动幅度很大，如从2006年的千点左右到2007年的6000点高峰，之后过了一年时间又跌回1600点，这种跌幅远超过欧美发达资本市场，甚至比有股指期货的新兴国家的跌幅也大20%—30%。在缺乏避险工具的市场中，基金只有被动跟随市场方向操作，造成基金经理只能在牛市中扬眉吐气，而熊市之时只能减持股票，损失惨重。单边下跌的过程中系统风险增大，为了较少损失基金只能一次再一次被迫减仓，引发市场的一次又一次的下跌，没能起到其市场稳定总用。而其他投资者也同样在单边市场中只有买或卖要么空仓观望，除了空仓观望其他两种操作都面临着风险。当出现股指期货这种风险管理工具时，投资者可以在期货市场上进行对冲交易以化解风险。作为分散系统风险的股指期货，其推出将给中国市场提供工具有效防止突发性事件带来的系统性风险。

（二）减少市场操纵，凸显蓝筹股价值

中国股票市场庄家操纵股票，尤其是对小盘股进行炒作，st的股票常常出现异常波动。如此之下，大盘蓝筹无人问津，中小盘股却热闹异常。而当股指期货出现促使人们把握市场大势所在，尤其是代表股指走势的权重股票的走势。在期货现货的双边市格局下，要人为大幅拉升或打压某只股票也是非常困难的，防止庄家操纵也阻止散户盲目跟庄现象，有利于股票市场的稳定发展，提供一个相对公平的投资机会。股指期货的推出也将是资金流向权重股，由政府引导对机构投资者，资源可以得到合理有效的分配和利用，宏观调控的效率也得到提高。

（三）完善金融体系，增强我国资本市场的国际竞争力

如诺贝尔经济学奖获得者米勒所说：“只要有自由市场，就会存在未来价格的不确定性；只要存在未来价格的不确定性，就需要期货市场。”股指期货是我国金融衍生品市场的重要品种，是金融期货领域的重要一部分。随着中国经济的增长，

只有中国推出本国股指期货产品才能增强本国金融产品定价权，增强我国资本市场的国际竞争力。

从上述分析，笔者认为股指期货的推出有利于平稳股票市场，降低市场风险。我们更应当清楚地认识到股指期货是一个风险规避工具，而不是一种投资产品。在我们的投资品种有股票、债券、基金，但不会有股指期货；我们通过股指期货这个工具来降低我们投资组合的风险，得到我们预期的平均收益。

参考文献

[1] Damocaran J S. Toward an understanding of Stock Index Futures [J] . Journal of Abnormal and Social Psycholoyg，1990，(11).

[2] Harriis P. Clayton：Existence，Relatedness and Stocks [M] . New York：Free Press，2007.

[3] 蔡向辉．次贷危机与金融期货市场建设［J］．海南金融，2009，(7)。

[4] 洪水淼，成思危，刘艳辉，汪寿阳．中国股市与世界其他股市之间的大风险溢出效应［J］．经济学季刊，2004，(3)：703－724。

[5] 姜洋．全球衍生产品市场发展趋势与中国的选择［M］．上海：百家出版社，2003。

[6] 肖辉，刘文财．股票指数现货市场与期货市场关系研究［M］．北京：中国金融出版社，2006。

金融危机下的全球金融监管反思

薄　扬

一、金融危机概述

次债危机又称次级房贷危机（Subprime Lending Crisis），也译为次贷危机。它是指一场发生在美国，因次级抵押贷款机构破产、投资基金被迫关闭、股市剧烈震荡引起的风暴。它致使全球主要金融市场隐约出现流动性不足危机。美国“次债危机”是从2006年春季开始逐步显现的。2008年9月以来，随着美国政府宣布接管房利美和房地美，美林被收购、雷曼兄弟宣布申请破产保护，AIG被国有化，高盛和摩根转型银行控股公司，随后花旗陷入困境，AIG黑洞出现，美国金融市场跌宕起伏，次贷危机全面升级，演绎了全球金融历史的一次极其严重的金融危机。

这场危机的爆发与美国住房抵押贷款标准放松、金融产品过度证券化、金融机构风险管理不到位以及信用评级机构的渎职等因素密切相关，但是金融监管部门的监管放松和监管不到位是其中最为重要的原因之一并受到了极大的批判。因为在任何一个金融体系中，金融监管本应该是起到对金融系统的保护屏障作用的，但是这次金融危机中，这个屏障却没有很好地发挥作用，不适应当前金融业的发展并且暴露出了相当大的漏洞使得风险有机可乘。

二、从金融监管角度分析金融危机爆发的原因

（一）市场万能论种下的恶果

以格林斯潘为代表的美国金融监管机构，高举经济自由化的大旗，偏执地认为市场总是知道什么是最好的，市场是万能的，金融机构能够对他们的交易对手进行很好的识别和监控，并能够在金融混乱中实现自我约束和自我保护，反对任何对市场的调控与干预行为。因此，美联储没有对住房抵押贷款进行限制，美国证监会放松了对评级机构的监管，也没有对金融衍生品进行尽职的监控。监管的放松使得金

融市场的风险不断积累，最终爆发危机。事后，美国国会对格林斯潘进行了问责，他也最终承认自己曾经错误地认为房地产的泡沫不会带来全局性的损失，只是局部的问题，美国股票的上涨完全是经济繁荣发展的写照……他承认这些盲目的乐观使得金融市场对证券进行了错误的定价，最终金融危机超出了想象的程度。

（二）忽视了对 OTC（场外交易）的监管

OTC（场外交易）作为美国金融系统的重要组成部分却不受证监会以及其他管理机构的监管，看似很不可思议的事情却是事实。商品期货交易委员会曾经提出的关于加强对 OTC 金融衍生品监管的建议可惜未能被采纳，这种监管放松使得美国的银行加大了杠杆比例，并且加大了对次贷产品的投资，贝尔斯登的杠杆比例曾高达 33.5 倍。

（三）影子银行系的监管真空

影子银行体系①长期以来受各类机构稍加监管，总体上没有受到审慎监督。这反映了一种观点，即只有保了险的、接受存款的机构需要受到严格监管，以便金融创新可以在市场纪律制度下蓬勃发展。但是，不仅市场纪律失灵了，而且监管也失去了有效性，因为银行规避资本规定，将风险推给影子银行体系内的附属实体，而监管机构几乎不掌握影子银行活动的信息。

（四）对信用评级机构的监管空白

长期以来，美国等西方发达国家高度重视以资本充足率监管为核心的巴塞尔协议，偏重防范信贷风险，强调对以银行机构为对象的间接金融监管，而忽略对以金融市场为对象的直接金融监管，形成对信用评级公司、对冲基金等非银行金融机构的监管空白。在美国次级房贷市场中，评级机构负责对担保债务凭证（CDO）的信用等级进行评估，但没有监管机构对评级机构的行为进行监管。受商业利润驱使，信用评级机构为促成产品发行交易、赚取评级费用，与被评级机构相互配合，使用各种手段提高次贷创新产品的信用等级。证券化产品偏高的信用评级导致了机构投资者的非理性追捧，使次级债的风险进一步扩大。

（五）金融监管未能跟上金融创新的步伐

美国的监管由宏观监管、行业协会的自律监管和交易所的一线监管共同构成三级监管体系。但作为其龙头和核心的政府监管部门，实际中往往是危机爆发之后的“救火队”。这种时候补救的做法在本次危机中表现得尤为明显。这与金融创新品种

① 影子银行：包括投资银行、抵押贷款经纪人/发起人、对冲基金、证券化工具和其他私人资产池。

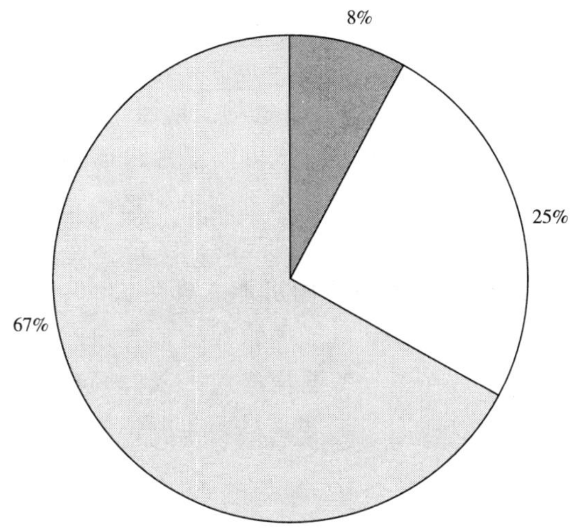

图 1 穆迪公司信用评级收入 *

* 周复之:《金融风暴深层探因及对现代监管的警示》,《金融经济》2009 年第 10 期。

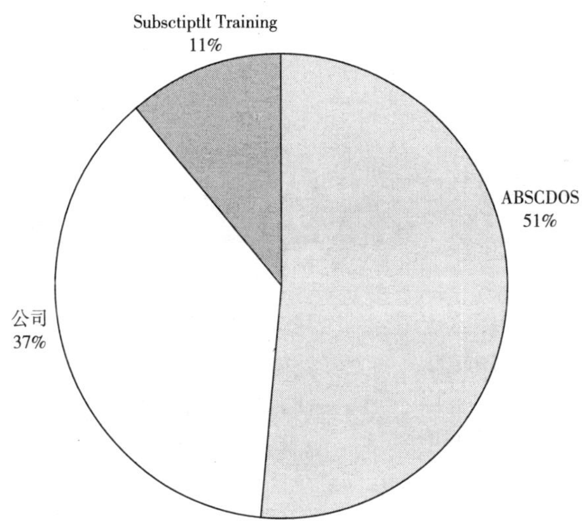

图 2 惠誉公司信用评级收入

越来越多，社会经济政治等方方面面的关联度越来越深，监管成本越来越大，金融监管的国际协作面临着不小的难度，局面不容易打开有很大的关系。面对衍生品在资产证券化链条上的代理机构呈不断迅速增长或绕开场内监管、场外交易日趋泛滥的局面，监管当局的确可以说是没有良策，已有的做法也是收效甚微，导致违规成本极低，客观上纵容了违规行为。

（六）次贷危机期间国际协作不畅为危机推波助澜

国际货币基金组织①在其分析报告中指出，正常时期，即使没有正式的谅解备忘录，信息分享和联合风险评估机制在各国监管机构之间运作得很好。然而，在次贷危机期间，由于各国干预的门槛不同，风险的现实性不同（某一风险对于一家大型外国银行可能微不足道，但对于东道国可能非常巨大），以及解决的手段和安全网不同，从而产生了许多新的问题。最严重的问题是各国事前根本没有管理跨境解决办法或者负担分摊的规则。在不具备这样的规则或协调模式的情况下，监管机构对本国纳税人承担的义务导致他们尽量缩小对于非居民的责任，并且尽力扩大对资产的掌控。

三、关于金融监管改革的新动向

（一）重新界定金融监管边界

金融危机的爆发有力地粉碎了西方国家一直标榜的“市场万能论”。在对危机的反思中，许多学者意识到金融监管不平衡和不完全扭曲了金融机构之间的利益关系、盈利能力和风险承受能力，使一些金融机构千方百计地逃离监管边界的束缚，造成“监管性套利”活动泛滥，从而导致了金融风险不断地扩散和蔓延。比如，衍生金融产品、投资银行和单一险种保险这些较少或者基本不受监管的产品或金融机构，他们一旦出问题，便会对受到监管较严的商业银行造成伤害。因此，要求重新界定金融监管边界的呼声越来越高。

（二）加强对金融衍生品的监管

衍生品的问题在于：一是由于衍生品的高杠杆作用在市场繁荣时可带来高收益，容易把交易极度放大，使得虚拟经济完全背离实体经济，导致经济结构的失衡；二是衍生品在市场萧条时必然导致高风险，而杠杆效应又会连带金融市场快速坍塌，进而给实体经济带来沉重打击；三是金融衍生商品都是柜台交易，没有中央清算系统，没有对交易风险的监控追踪，交易的信息高度不对称；四是金融衍生品交易的目的早已不仅仅是对冲风险而转变为获利，金融衍生品已经异化成为赢利工具甚至是赌博工具。因此，对金融衍生品的发行和交易活动实施某种程度的监管势在必行。这种监管的核心在于增加产品风险的透明度，使幕后交易更多地走上台面。

---

① IMF：《危机的初步教训》，2009 年 2 月 6 日。

（三）公司治理问题不容忽视

许多学者认为，金融业 CEO 和经理的巨额薪酬（主要是奖金部分）及其与短期利润挂钩的做法是此次全球金融危机的一个重要原因。此外，在经济繁荣时期，金融企业高管和 CEO 薪酬会因利润大增而大幅增加，但在经济不景气导致金融企业发生亏损时，薪酬并不随之减少或者说减少的甚微，也就是说金融企业 CEO 和经理的薪酬受经济周期变化的影响是不对称的。在这种“无风险”激励机制诱惑下，公司高管天然具有做假账粉饰业绩以抬高股票价格、增加自身财富的冲动。对此，监管部门必须要有所作为，一方面要加强监管，不断强化关于高管薪酬、流动性风险的管理；另一方面要提高金融机构的透明度，改进运作规则和金融产品的营销方式，充分发挥社会舆论和市场相关人的力量对企业高管实施外部监督。此外，关于高管们的薪酬可以规定一个规定的数目，每月从公司领取，其他的薪酬领取的时间政府可以规定一个递延的时间即一个完整的经济周期之后，这样就能大大减少高管们为了眼前的利益而不惜牺牲长远发展的冲动，从而降低金融风险。

（四）加强金融监管的国际合作

起源于美国的次贷危机，很短的时间里迅速波及全球，影响着我们每一个人。与其在出现问题后忙于解决，不如提高防范风险的能力，在预防上对下功夫。这一切都更加需要借助国际货币基金组织、世界银行、G20 峰会等国际组织的力量，加强国际合作。

1. 关于跨国控股公司问题

当今金融市场上最有实力的，是各种类型的金融控股公司。由于这类公司多为跨国经营，而各国监管体制、监管方式又存在很大的差异，金融控股公司很容易在不同国家之间进行“监管套利”活动。美国花旗、AIG、德意志银行在此次金融危机中纷纷因涉足过多的高风险交易而出现巨额亏损，说明控股公司受到的监管是十分有限的。单单依靠一国或者东道国对其进行监管，难度很大，效果也不好。对此，世界各国应进一步强化监管部门之间的协调，在主要国家的监管部门之间甚至应该建立固定的监管沟通机制，以便快速传递信息、对可能出现的系统风险作出准确判断，及时发现和处理金融市场中发生的问题。

2. 各国应共同加强对评级机构的监管

本次金融危机还表明，仅在某个国家加强对评级机构的监管远远不够，各国需要共同行动，加强对评级体系的国际监管。国际证监会组织、国际清算银行和金融稳定论坛应当协调制定和执行标准，指定专门机构负责这些规则的贯彻执行，重点关注评级体系存在的问题、消除评级机构和发行人之间的利益冲突以及提升评级机构的独立性、公正性和透明度。此外，需要定期评估经主要评级机构评级的产品的实际表现记录并评价各种不同评级的实际违约和损失的相关数据，其中包括对主权评级业务，尤其是对发展中国家的主权评级业务的评估。这些评估的结果要尽快向市场公众公布，使得市场参与者可以据此作出自己的判断并更好地使用信用评级服务。一旦发现问题，应责令问题机构及时纠正，并采取个别批评或公开谴责等措施，各主权国监管机构也可据此对相关评级机构处以包括市场禁入在内的相应处罚。

3. G20 峰会在加强国际金融监管合作上的举措

2009 年 4 月召开的 G20 峰会①中一项重要的成果就是诞生的金融稳定委员会，有望作为金融稳定论坛的升级版本，承担起全球金融体系监管改造、宏观审慎风险监测等重担。金融稳定委员会的具体职能包括：评估全球金融系统脆弱性，监督各国改进行动；促进各国监管机构合作和信息交换，对各国监管政策和监管标准提供建议；协调国际标准制定机构的工作；为跨国界风险管理制订应急预案等。

各国自伦敦金融峰会举行以来在对冲基金、评级机构、激励机制和会计准则等监管方面取得了进展，金融稳定委员会将继续加强对未来进程的监控。不过，由于 FSB 此次监管范围，不仅包括银行、证券、保险、信用评级机构、对冲基金等多种机构和金融工具、金融市场，还将负责制定金融机构薪酬原则、制裁避税港、改善会计准则等问题，这将增大 FSB 的监管和协调难度。尽管关于 FBS 的未来还需要不断地探索，但是其毕竟为今后金融监管方面的国际协作提供了一个新的渠道，为今后不断地扩大国际金融监管交流协作打下了基础。

参考文献

[1] 冯凯．金融创新与金融监管的辩证关系［J］．华东经济管理，2005.（03）。

[2] 朱志强，杨红员，尹恕好．次贷危机引发的金融监管改革与启示［J］．华北金融，2008.（07）。

[3] 叶凌风．金融危机中反思金融监管［J］．银行家，2008.（12）。

[4] 黄桂良．次贷危机背景下对金融创新和金融监管问题的思考［J］．特区经济，2009.（2）。

[5] 国际货币基金组织．危机的初步教训 . 2009.（2）。

[6] 葛奇．次贷危机的成因、影响及对金融监管的启示［J］．国际金融研究 . 2008.（11）。

① 财经网 www. caijing. com. cn：《G20 构建全球金融监管框架》，2009 年 4 月 3 日。

Research on securities optimal portfolio

Yang Guang

1. INTRODUCTION

In 2007 China stock market came into "Bull Market" which was expected by most investors for a long time. But the prosperity didn't stay long. Affected with the surrounding stock markets, especially the impact of the economic recession in the United States, systemic risk is increasing. Now most investors concern most whether the so-called "Bull Market" is over or not. In 2008 the crash of the stock market has been impressive. so when having entered in 2009, many investors are thinking that whether the worst times of the stock marker has been past and whether this year is "Better than" last year or not. Therefore, study on the optimal Portfolio selection of China's securities market has become very meaningful for the investors.

As a sophisticated investor, we should always bear in mind the sentence, "stock market has risk, the intervention need to be cautious." Particularly, recently been impacting by the surrouding stock market, so the risk controlling of the investment are necessary. Investor must find a balance dot between invest-return and invest-risk via optimize Portfolio, namely realize the maximization of the invest-return on the premise of taking on a certain amount of risk, or minimize the invest-risk on the premize of the fixed return. Mean-variance model of portfolio optimization proposed by Markowitz received the Nobel has laid a modern portfolio investment theory.

In the stock markets full of risks and opportunitie, when whether individuals or institutional investors making investments in securities, they always invest in the premise of safety and liquidity and rationally use the investment funds, and ultimately achieve in the purpose of a smaller risk and a higher income. Investing in high-yield securities, we are likely to get a higher return on investment. However, the high yield is often accompanied by high-risk, low risk often has been accompanied by low-yielding. If we invest the funds in a particular kind of individual securities, then When the securities market price has greater volatility, investors will suffer a greater loss. Therefore, the prudent investment approach is to invest the funds distributed to a number of benefits and risks of different kinds of securities on a "portfolio investment" approach to reduce the risk.

People investing in risk markets, in essence, is the extent of the benefits and risks of uncertainty in the selection. How to effectively reduce the risk of investment staff or how to increase the level of investment staff' income in the market. But investment portfolio theory can be very effective in guiding the market risk of investing in staff to reduce risk and increase the level of return. Therefore, the Study on the optimal portfolio selection in China's securities market becomes very meaningful, and I also would like to optimize the portfolio of securities made by the appropriate research.

2. OUR APPROACH

In 1952 Markowitz proposed the Portfolio Theory and created the analysis way in finanicial mathematics, which was an important theoretical basis in modern Finanicial Economics. We use Markowitz model to establish Minimum Variance Portfolio. Firstly we calculate proceeds and risk of single assets in Portfolio Theory and the relationship between assets, and then calulate the expected proceeds and risk of portfolio. On fhis basis, we determine Minimum Variance model of Markowitz according to the rational criteria of investors'decision to invest. Based on the Mean Variance model of Markowitz, this paper establishes the optimum model in the investment portfolio and does propose a reasonable way to solve the problem, hoping to provide a certain scientific basis in practical investment.

3. THE MARKOWITZ PORTFOLIO MODEL

3.1 the basic theroy of Markowitz

Securities and other risky assets investment firstly solve two core issues. They are the expected return and risk. So how to measure portfolio risk and benefits and how to balance these two indicators of asset allocation is the problem that the market investors need to be addressed urgently. In this context, Markowitz theory came into being in the 50's and early 60's.

Markowitz took rational behavior of investors and their basic characteristics as the basic assumptions. He expressed the ideas and methods on the creation of an effective portfolio border that is the highest yielding a certain level of risk. What Markowitz considered is single-period investment. Investors have a sum of money. From now on he invested in a particular length of time known as the holding period. In the beginning of the period, what investors need to make a decision is purchase which securities and the number of them then hold to the end of the period. Respectively, a certain proportion of funds to purchase a group of securities is called a portfolio, so investors' decision-making is selecting an optimal combination from a series of possible securities groups. Such a problem of decision-making is called portfolio choice by Markowitz. To solve this problem, Markowitz made the following assumptions of the investors' decision-making and behavioral characteristics:

- Each time investors considering investment options, their foundation is the probability distribution of the proceeds of securities in a certain period of time.
- Investors estimate the portfolio risk based on the expected rate of return.
- Investors' decision is only based on risks and benefits of securities.
- Investors are risk-averse. At a certain level of risk, investors expect the biggest gains. At a certain level of return, the investors want the minimize risk.

Based on the above assumptions, Markowitz established portfolio expected return, risk calculation methods, efficient frontier theory and the mean-variance model in optimal allocation of assets. The model laid the foundation for the modern portfolio theory. He indicated that under the limit conditions to get the securities' yield rate and the smallest portfolio risk. It can be obtained by Lagrange objective function. Its economic significance is that investors can pre-determine an expected rate of return through the model. It can be solved in each stock on the ratio of investment to be the optimal portfolio weights which brings the total investment risk minimization.

3.2 The Markowitz mean-variance model

In Markowitz's theory, the ground-breaking contribution is the first time using quantitative methods to describe and express the two factors——the benefits and risks that people are most concerned in the investment behavior. This make the statement more specific clear and intuitive. Markowitz assumed the return rate of the securities subject to the normal distribution and use expected rate of return (also known as the mean rate of return) to measure the overall level of real rates of return in the future and use the variance of the yield rate (or standard deviation) to measure the rate of return's uncertainty (risk). We know that the characteristics of the normal distribution is that the changes of random variables by two parameters can be completely confirmed. That is the expected value and variance. Thus, when rates of return are under the assumption of normal distribution, the expected rate of return and risk of the investment in the securities can be described by the expected value and variance.

In addition, Markowitz has also made the following additional assumptions:

- The securities market is efficient. Securities' prices reflect the intrinsic economic value of the securities. Each investor has enough information to understand the expected rate of return and standard deviation of each security. There is no transaction costs and taxes. Investors are the price takers. Securities are infinitely divisible. If necessary, they could purchase some shares.
- The goal of securities investors is get the most earnings at the risk of given level or at the given level of return they get the lowest risk. That is investors are risk-averse.
- Investors will be based on the mean return and standard deviation or variance to select the optimal portfolio, if they choose a higher risk of variance program, they require additional revenue as compensation.
- Investors go after each expected utility maximization of wealth. Investors have a single-cycle perspective, ownership x is non-negative. That is not allowed to buy a blank and short selling.

In the above series of stringent assumptions, the Markowitz's mean-variance model is proposed.

Set up a portfolio with n kinds of securities, return series for the kinds i of securities are, expected rate of return is E_i, variance is σ_i^2, i = 1,2,..., n, its portfolio weight is x_i. Then the ownership of the portfolio weight constraints must be adequate:

$$\sum_{i=1}^{n} x_i = 1 \tag{1}$$

Portfolio's expected return and variance are as follows:

$$E_p = x_1 E_1 + x_2 E_2 + \cdots + x_n E_n$$
$$\sigma_p^2 = \sum_{i=1}^{n} \sum_{j=1}^{n} x_i x_j \sigma_{ij} \tag{2}$$

In the last equation, when $i \neq j$, it is said σ_{ij} is the covariance that between the securities i and j, when i = j, $\sigma_{ij} = \sigma_i^2$ is the variance of the securities i.

According to assumptions that investors are rational economic man, Markowitz's theory suggests that investors are always looking for the process of securities investment risk under certain conditions, but to obtain maximum benefits; or in the proceeds under certain conditions, the risk reduction to the minimum. So he proposed the following threekinds of single-objective model of the portfolio.

$$\max R_p = \sum_{i=1}^{n} x_i E_i$$

$$s.t\begin{cases} \sum_{i=1}^{n} \sigma_p \leqslant \sigma_p^* \\ \sum_{i=1}^{n} x_i = 1 \\ x_i \geqslant 0, i = 1,2.\dots\dots,n \end{cases} \tag{3}$$

$$\min\sigma_p = \sum_{i=1}^{n} \sum_{j=1}^{n} x_i x_j \sigma_{ij}$$

$$s.t\begin{cases} \sum_{i=1}^{n} x_i E_i \geqslant E_p^* \\ \sum_{i=1}^{n} x_i = 1 \\ x_i \geqslant 0, i = 1,2,\dots. n \end{cases} \tag{4}$$

The above modelare respectively the largest income and least risk under the two objectives of building a model portfolio. Obtained enough data, investors can invest according to their own style and the degree of risk preferences to choose the model to create their own portfolio, in order to achieve satisfactory investment results But at the same time we can see that getting the solution to combination of the above model, we must have the following statistical data (also known as parameters):

- The kinds of securities in the consideration's expected benefits E_i;
- These rates of securities yield'variance σ_i^2;
- These rates of securities yield'covariance σ_{ij}.

The true value of statistical data can not be observed, but can only be estimated out. Estimate of these parameters, either is based on historical earnings, but also can be based on subjective judgments. Information in the subjective judgments will include (but are not limited to) the proceeds of that happened in history. Because the probability distribution of returns shows that the full stability in time, making historical data is useful.

4. THE MATHEMATICAL MODEL OF THE STOCK AND ITS PREDICTION

4.1 the assumptions of the model and the implications of the symbols

4.1.1 the implications of the symbols

n: the number of invested securities ;

$R = (R_1, R_2, \cdots R_n)^T$: expected rate of return of the expected vector for selected types of securities;

σ^2: Portfolio investment rate of return variance;

$W = (W_1, W_2, \cdots, W_n)^T$: For the n kinds of securities investment ratio coefficient vector

$E = (\sigma_{i,j})_{n \times n}$: N kinds of securities that yield the covariance matrix;

R_0: For the expected return of portfolio investments;

$F = (1, 1, \cdots, 1)^T$: the n-dimensional unit column vector;

A: To a certain degree of risk level.

4.1.2 the assumptions of the model

- We have two indicators of risk evaluation, investment rate of return R and the mean rate of return variance
- Investors have to comply with the principle of domination, that is, at the same level of risk, it is hoped to be as high as possible and in return receive a certain income level, want to risk the smaller the better.
- without giving the consideration to situation that the investment ratio coefficient is negative, for negative of the corresponding ratio of investment means that short selling of securities, while buying an empty act together on certain occasions it is difficult to achieve in our country, and therefore not allowed to consider short-selling situation.
- The securities market is efficient, that the market risk and return of each security kinds of changes and the resulting factors are well known

4.2 The establishment of the model

4.2.1 Problems on Constraining returns and minimizing risk.

The problem we consider is that a certain return on the premise minimizing the risk, so we have established a model of the objective function is to minimize the risk, constraint conditions are a certain gains. Model 1 is as follows:

$$\min \sigma^2 = W^T E W$$
$$s.t \begin{cases} W^T \cdot R = R_0 \\ W^T \cdot F = 1 \\ W \geq 0 \end{cases} \quad (5)$$

4.2.2 Problems on Constraining returns and maximizing risk.

The problem We consider is to maximize the revenue at a certain level of risk, so we have established the model objective function is to make the biggest gains, constrained by a certain level of risk A. Model 2 is as follows:

$$\max f = \sum_{i=1}^{n} W_i R_i$$
$$s.t\begin{cases} W^T E W = A \\ W^T \cdot F = 1 \\ W \geq 0 \end{cases} \tag{6}$$

4.2.3 the smallest Risk-return ratio problem.

We consider either a fixed-income investment to minimize risk, or so the risk to fixed-income maximum. Can not both give consideration to this because we want to make maximum profits with minimum risk and therefore consider the structure of a function:

$$f = W^T E W / (\sum_{i=1}^{n} W_i R_i)$$

Make the minimizations of the function, the model 3 is as follows:

$$\min f = W^T E W / (\sum_{i=1}^{n} W_i R_i)_i$$
$$s.t\begin{cases} W^T \cdot F = 1 \\ W \geq 0 \end{cases} \tag{7}$$

4.3 the model solution and optimization

As the model of an objective function is a quadratic function, the constraints are linear, and therefore a quadratic programming problem, its solution there are a number of ways. Here we use the Lagrange method to solve:

First, we construct the Lagrangian function:

$$L(W, \lambda_1, \lambda_2) = W^T E W + \lambda_1 (W^T \cdot R - R_0) + \lambda_2 (W^T \cdot F - 1)$$

Then according to matrix algebra theory, make W、λ_1、λ_2, partial derivatives respectively:

$$\frac{\partial L(W, \lambda_1, \lambda_2)}{\partial W} = 2EW - \lambda_1 \cdot R - \lambda_2 \cdot F$$
$$\frac{\partial L(W, \lambda_1, \lambda_2)}{\partial \lambda_1} = W^T \cdot R - R_0$$
$$\frac{\partial L(W, \lambda_1, \lambda_2)}{\partial \lambda_2} = W^T \cdot F - 1 \tag{8}$$

Let

$$\frac{\partial L(W,\lambda_1,\lambda_2)}{\partial W}=0,\frac{\partial L(W,\lambda_1,\lambda_2)}{\partial \lambda_1}=0,\frac{\partial L(W,\lambda_1,\lambda_2)}{\partial \lambda_2}=0$$

we can have:

$$\begin{aligned}
\lambda_1 &= \frac{2R_0R^TE^{-1}F-2R^TE^{-1}R}{F^TE^{-1}RR^TE^{-1}F-F^TE^{-1}FR^TE^{-1}R} \\
\lambda_2 &= \frac{2R_0FE^{-1}F-2F^TE^{-1}R}{R^TE^{-1}RFR^TE^{-1}F-R^TE^{-1}FF^TE^{-1}R} \\
W &= \frac{2R_0R^TE^{-1}F-2R^TE^{-1}R}{F^TE^{-1}RR^TE^{-1}F-F^TE^{-1}FR^TE^{-1}R}\cdot E^{-1}R+\frac{2R_0FE^{-1}F-2F^TE^{-1}R}{R^TE^{-1}RFR^TE^{-1}F-R^TE^{-1}FF^TE^{-1}R}\cdot E^{-1}F
\end{aligned} \tag{9}$$

Because the model's Two constraints is nonlinear, it is a non-linear programming problem, its solution are generally used iterative algorithm.

The basic idea of iterative algorithms that we do not expect to suddenly be able to find the most advantage of the function, but from the advantages of an initial estimate of a proceeding, in accordance with certain rules, find some point better than a point (for very small of issue, than the smaller, the issue of a great run, than the larger), than in finding a better point,..., and so on, it produced resulted in a solution point sequence, if the data points there is a limit point, namely,

$$\lim_{k\to\infty}\|W^k-W^*\|=0 \tag{10}$$

Then the data points to converge. For a given algorithm, we require it to generate the data points in a point in itself is the most advantages, or that point out the limit is of the most advantages. In practice, we generally write in the Mathematica5.0 program to implement.

The model objective function is nonlinear, but the constraints are linear. Lagrange function can be constructed ways of doing this, here is not going to talk about it. But for practical problems, we can prepare a program with Mathematica5.0, it is easy to calculate the optimal solution.

5. CONCLUSION

In short, when making investment decisions , the portfolio investors most concerning about is the portfolio return and risk, therefore, in drawing and application of modern portfolio theory, we must have a suitable model to correctly measure the benefits and risks of investors, we use the Markowitz mean variance model, from the aspects of the risk measure of the portfolio theory, in order to spread investment risk as much as possible. While the irrational stock market are always the majority, but it was related to each person's subjective economic activity, which can not be resolved by a purely mathematical tools.

Through the establishment of three investment optimization models, so that on the application of the model portfolio and research we can have a more objective and reasonable way. I believe that with the development of investment theory and mathematical analysis the further use ofmathematical analysis methods, market efficiency and investor rationality can have a morequantitative description, so that portfolio investment model has more practicality. If an investor is able to take significant risks in order to obtain high returns , then he would fit model 1. Some investors do not want to take great risks, he can accept even if the proceeds is very less,, then it is suitable for model 2, the other investors who is able to reap substantial benefits and also control the risk in a very small level , then it is suitable for model 3.

ACKNOWLEDGEMENT

I am grateful for my famlily who always support me. I also thank my tutor Hongfeng Peng who introduced me a lot of helpful documentaries about futures hedging, discussing its functionality with me, and encouraging me to use the library and database.

References

[1] Markowitz H M. Portfolio selection. *The Journal of Finance*. 1952; 77 - 91.

[2] Ross S A. The arbibrage theory of capital asset pricing. *Journal of Economic Theory*, 1976; 343 - 362.

[3] Black. F, and M. Scholes, The Pricing of Options and Coporate Liabilities, *Journal of Political Economy*, 1973.

[4] Markowitz H. Portfolio Selection [J]. *The Journal of Finance*, 1952 (1).

[5] Fama, EugeneF. Freneh, Kenneth, R., 1992, The cross-section of expected stock returns, *Journal of Finance*, Vol. XLVll, No. 2 June.

[6] Fama, EugeneF., Freneh, Kenneth, R., 1995, Size and book-to-market factors in earning and returns, *Journal of Finance*, VOL. L, No. 5 December.

[7] Barber, Brad, M., Lyon, John, D., 1997, Firmsize, book-to-market ratio, and security returns: A holdout sample of financial firms, *Journal of Finance*, 52.

[8] Hu Guozheng, Li Chulin. Research on portfolio considering the transaction costs. *forcast*, 1998.

[9] Ma Yongkai, Tao Xiaowo, Research on Time-varying Portfolio's Investment Decision Methods. *forcast*, 1998.

[10] Zhu Yuxun, Tian Shoufen, Securities and Investment Risk Assessment Review. *forcast*, 1998.

[11] Chen Zhizhong, Qian Junlong, Zhao Junming, Western modern portfolio theory. *Beijing*: *the chinese statistics publication*, 1998.

[12] Guan Hongxi, Review of Markowitz portfolio selection theory. *Journal of The Economic*, 2000 (5), 56-60.

[13] Zhao Dongfang, In the calculation of Mathematical Modeling, *Wuhan Science Press*, 2006.

[14] Yang Guiyuan, Tao Xiaowo, Research on Portfolio's Investment Decision Models, *Quantitative and Technical Economics Research*, 2001 (2).

中国股指期货与沪深300指数关系的实证研究

彭紫云

引　言

20世纪70年代以后，随着布雷顿森林体系的瓦解、石油危机的影响，西方主要国家先后抛弃了固定汇率，实行浮动汇率制度。汇率、利率波动剧烈，股票市场价格大幅波动，股票投资者迫切需要一种能够有效规避风险、实现资产保值的金融工具，股指期货正是适应了这种避险保值需求而产生。中国在2010年4月16日推出了股指期货，到2010年5月底已经运行了1个多月。在这样的经济背景下，中国的股指期货与现货指数的价格及波动关系便显得尤为重要，引起人们的高度关注。然而，开展股指期货是否会对中国股票市场造成不良的影响，仍然是投资者及监管者最关心的问题。中国市场上股指期货与沪深300指数之间是否存在价格领先滞后关系？股指期货市场和现货指数市场是否存在价格波动的“杠杆效应”？两者之间是否存在波动溢出效应？我国作为一个新兴市场国家，在股指期货推出的初期，积极关注和研究两市场的关系，有利于股指期货市场功能的正常发挥，对我国金融发展乃至国民经济的健康发展有极为重要的意义。

一、相关研究综述

就国内外研究者的现有研究成果来看，对股指期货市场和股票市场的研究几乎全都是关于二者之间的互动关系的，两者之间的互动关系主要包括两个方面：现货市场和股指期货市场的价格引导关系；股指期货市场和现货市场的波动性关系。本文将分别对这两方面进行文献综述的回顾。

（一）对股指期货和现货价格引导关系的研究评述

国外学者大致有四种观点：期货价格领先现货价格、现货价格领先期货价格、期货价格与现货价格互为领先关系和二者相互独立。Stoll 和 Whaley（1990）采用双向自回归模型对 MMI 指数期货、S&P500 指数和现货市场价格进行了研究，发现期货市场领先现货市场的时间大概为 15—20 分钟。Ghosh（1992）研究了 CRB 指数期货与指数现货之间的关系，样本资料为 1986 年 6 月 12 日到 1989 年 12 月 31 日每日收盘价，研究模型为 ELM，其结论认为现货领先期货。Turkington，Joshua and David Walsh（1999）运用 VAR 来检验了澳大利亚股指期货与股价指数现货价格之间的关系，研究样本为 1995 年 1 月 3 日至 12 月 21 日 Celt - 交易日每 5 分钟数据，也发现现货与指数期货之间互为价格引导关系。在国内，黄玉如（1993）对美国 S&P 500 日资料的 Granger 因果关系检定表明股指期货与现货互为因果。潘品轩（2003）对 TAIFEX 台股指数期货每 5 分钟资料进行的 Granger 因果关系检定也表明股指期货与现货互为因果。

（二）对股指期货市场和股票现货市场的波动关系的研究评述

按照 Rose（1989）波动和信息流有关理论，可以假设一个市场的信息有可能会传到另一个市场，并引起价格的变化，进而引起收益率的变化或波动的变化。Mandelbrot（1963）和 Fama（1965）发现，金融资产收益率的变化会出现"大的变化之后跟随大的变化，小的变化之后跟随小的变化"的变异率聚集性的特性。Hamao 等（1990）使用单变量 GARCH 模型两步法来研究三个主要国际股市伦敦、日本和纽约股市间的波动溢出关系。研究表明，存在纽约到东京、伦敦到东京、纽约到伦敦的波动溢出。Francis et al（2001）运用多变量 VAR—EGARCH 模型研究金融危机前后主要亚洲股市之间的波动传递性，发现香港和韩国股市间及韩国到泰国股市的波动溢出效应。在国内，赵留彦、王一鸣（2003）分市场估计了 A、B 股之间的波动溢出效应，发现仅存在 A 股向 B 股的单向波动溢出。龚朴、李梦玄（2008）采用基于加权 CCF 的方差 Granger 因果检验方法构建了 BEKK 模型，分析了上证指数、恒生指数收益序列的波动溢出效应，结果显示两股市之间的波动溢出并不显著。

二、沪深 300 指数与股指期货价格关系的实证分析

（一）研究方法

本文首先对序列统计特性进行描述，研究两者的价格及收益率的相关关系。接着进行数据平稳性检验。然后分析指数收益率与期货收益率的 Granger 因果关系，找出两者收益率引导关系，最后建立多元时间序列回归模型。

（二）变量选择及样本数据说明

1. 变量的选取与命名

研究沪深300指数与股指期货价格关系所用模型变量及命名见表1。

表1 沪深300指数与股指期货价格关系相关变量及说明表

变量名	定　义	变量名	定　义
HS	沪深300指数1分钟高频收盘价	*F*	IF1005股指期货1分钟高频收盘价
LNHS	沪深300指数1分钟高频对数收盘价	*LNF*	IF1005股指期货1分钟高频对数收盘价
RHS_t	第t期沪深300指数1分钟高频对数差分收益率	RF_t	第t期IF1005股指期货1分钟高频对数差分收益率

2. 样本数据选取及说明

本文选取沪深300指数和沪深300指数期货IF1005作为样本，样本时间选取为2010年4月19日至2010年5月21日，样本选取1分钟高频收盘价，每天的数据从9:30—11:29，13:00—14:59共240个样本。扣除节假日后，共24个交易日，所以总样本数为5760。

IF1005合约在这个时间段内属于成交量较大的主力合约，所以采用IF1005合约所得到的分析结论会更有说服力。虽然股指期货是2010年4月16日推出的，不过由于股指期货在中国是第一次推出且4月16日是星期五，该天的价格并未能很好地反映信息，因此样本时间从4月19日星期一开始，到5月21日交割日结束。由于股指期货和股票指数的交易时间不完全一致，本文是以共同的时间段为标准来进行处理的，即将期货交易早于9：30和晚于15：00的数据剔除。之所以选择收盘价数据是因为道氏理论认为收盘价是最重要的价格。这一价格反映了市场的大部分行为。IF1005和沪深300数据来源于文华财经Mytrader软件。此外，对数收益率能有效改善数据的正态性问题，使得统计推断更加可靠，本文采用对数差分计算收益率。

（三）序列基本统计量分析

从表2可以看出，在样本资料期间，指数现货的标准差为175.4558，指数期货的标准差为183.5067，说明期货价格与现货价格的波动性都比较大，特别是期货价格的波动性更大，即使进行对数差分后也是如此。期货价格的标准差明显大于现货价格标准差，更说明了期货价格的波动性大。期现收益率均值都是负数，并且两者J—B统计量的检验概率表明两个序列在5%的水平下都是拒绝正态分布假设的。

IF1005合约与沪深300指数走势图及收益率分布如图1、图2。

表 2　期货价格与现货价格基本统计量描述

	HS	F	LNHS	LNF	RHS	RF
均　　值	2973. 542	3010. 810	7. 995768	8. 008103	-3. 08E-05	-3. 36E-05
中 位 数	2979. 16	3049. 000	7. 999397	8. 022569	-3. 95E-05	0. 000000
最 大 值	3305. 560	3388. 600	8. 103361	8. 128172	0. 020568	0. 010727
最 小 值	2647. 700	2683. 800	7. 881447	7. 894989	-0. 029298	-0. 023748
标 准 差	175. 4558	183. 5067	0. 059025	0. 061064	0. 001085	0. 001193
偏　　度	0. 059734	0. 014277	0. 008614	-0. 043565	-7. 507156	-1. 881749
峰　　度	1. 579845	1. 639429	1. 579183	1. 629228	223. 3538	52. 88367
J-B 统计量	487. 3823	444. 3954	484. 4803	452. 7074	11705466	600506. 5
P 值	0. 000000	0. 000000	0. 000000	0. 000000	0. 000000	0. 000000

注：HS、F 分别为指数现货与股指期货价格，LNHS、LNF 分别为对数价格，RHS 为指数现货对数收益率，RF 为指数期货对数收益率。

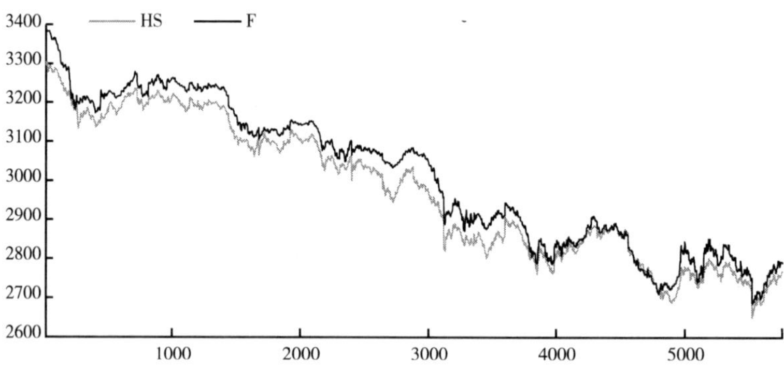

图 1　IF1005 与沪深 300 指数走势图

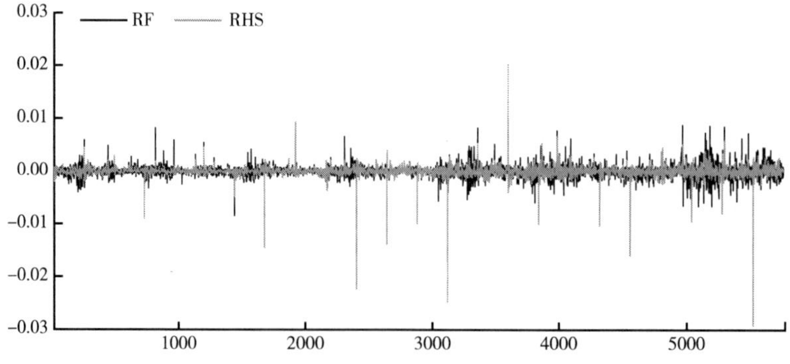

图 2　IF1005 与沪深 300 收益率图

由图1和图2可以看出，期货价格与现货价格长期走势基本一致，基差基本为负值，即在大多数时间里期货价格大于现货价格。在3900期以前基差较明显，之后趋于一致。此外，IF1005合约与沪深300指数之间，无论是价格还是收益率都呈现出较强的线性相关性，IF1005合约、沪深300指数价格序列相关度为0.994，收益率相关度为0.405。

（四）序列平稳性检验及Granger检验

1. 序列平稳性检验

对股指期货IF1005的对数价格LNF和沪深300指数的对数价格LNHS及对数差分收益率序列RF和RHS进行ADF平稳性检验，发现两者的对数价格均不平稳，但两者的对数差分收益率的检验概率均小于0.05，股指期货和现货指数的对数差分收益率都是平稳的。这样在下文估计的时候，模型就具有平稳性的优良统计性质。

2. Granger因果检验

通过上述检验可知，期货收益率RF和现货收益率RHS均是平稳序列，可以用Granger因果检验对两者的收益率进行检验，结果见表3。

表3 滞后1—10期的Granger因果关系检验结果

滞后时间(min)	H_0:现货不是期货的Granger成因		H_0:期货不是现货的Granger成因	
	F统计量	检验概率	F统计量	检验概率
1	12.1548	0.0005	147.565	2.E-33
2	11.8878	7.E-06	172.809	1.E-73
3	9.96030	2.E-06	160.137	1.E-99
4	7.52042	5.E-06	148.916	2E-121
5	7.32960	7.E-07	126.865	8E-128
6	7.14130	1.E-07	110.657	2E-132
7	5.94866	6.E-07	97.8847	1E-135
8	5.71678	3.E-07	87.4012	3E-137
9	4.93861	1.E-06	78.0486	6E-137
10	4.33285	5.E-06	70.8348	4E-137

可以看到在各个滞后期内原假设都被拒绝，并且随着滞后时间的增加，检验概率逐渐变小并趋近于0。所以可以得出结论，沪深300指数和沪深300指数期货收益率存在相互引导关系。

（五）建立收益率多元时间序列回归模型

根据上述Grange因果检验，期货收益率的滞后值与先行值是现货收益率的解释变量。因此可以通过协相关图来判断具体的滞后期数和先行期数。此外，考虑到陈旧价格效应的影响，现货指数收益率序列可能存在自相关性。由于这种自相关性的存在，现货指数报价不能代表真实的指数水平。因此现货指数收益率的滞后值也是现货收益率的解释变量。

首先对现货收益率建立 ARMA（p，q）模型。从相关图可以看出现货收益率自相关系数与偏相关系数均拖尾。尝试使用 ARMA（1，2）、ARMA（2，1）等模型，经过不断尝试并结合残差序列判断，最终拟合到如下的现货收益率疏系数模型：

$$RHS_t = 0.2461RHS_{t-1} + 0.0375RHS_{t-2} + \varepsilon_t - 0.0567\varepsilon_{t-4} - 0.0587\varepsilon_{t-5}\cdots \quad (1)$$

考虑到期货收益率和现货收益率之间的密切关系及上述 Granger 因果检验得出的收益率相互引导的结论，将期货收益率作为自变量考虑进现货收益率的模型中，进一步研究二者的关系，得出修正模型。通过 eviews 的协相关图来分析和确定回归模型的结构。从协相关图可以看出，现货收益率序列与期货收益率序列的滞后 1—5 期和先行 1 期有显著的相关关系。通过反复尝试，得出修正的现货指数收益率模型：

$$\begin{aligned} RHS_t = & -9.98E-07 + 0.0917RHS_{t-1} - 0.0642RHS_{t-2} + 0.3564RF_t + 0.1676RF_{t-1} \\ & + 0.1700RF_{t-2} + 0.1230RF_{t-3} + 0.0891RF_{t-4} - 0.0538RF_{t+1} + \varepsilon_t - 0.1148\varepsilon_{t-3} \\ & - 0.1423\varepsilon_{t-4} - 0.098\varepsilon_{t-5} \end{aligned} \quad (2)$$

再考虑该回归方程残差序列的性质。从残差序列的时序图和相关图可以看出，残差平稳且不存在序列相关性，说明拟合模型有效。此模型所有系数的 t 检验对应的 p 值均小于 0.05，说明所有系数都是显著的。AIC = -10.97287，SC = -10.96477 均小于现货收益率 ARMA 模型的 AIC = -10.88456 和 SC = -10.88224；此模型的调整可决系数为 0.301755 远大于现货收益率 ARMA 模型的 0.067382，因此模型式（2）更有效。

运用相同的方法，可以得到 IF1005 股指期货收益率的模型为：

$$\begin{aligned} RF_t = & -8.97E-06 - 0.1308RF_{t-1} + 0.5937RF_{t-2} + 0.4532RHS_t + 0.1296RHS_{t+1} \\ & + 0.133RHS_{t+2} + 0.1093RHS_{t+3} + 0.1214RHS_{t+4} - 0.1360RHS_{t-1} \\ & + \varepsilon_t - 0.7003\varepsilon_{t-2} \end{aligned} \quad (3)$$

（六）结果分析及解释

从沪深 300 指数收益率和 IF1005 股指期货收益率的多元回归模型式（2）可以看出，沪深 300 指数当期收益率由沪深 300 指数滞后 1—2 分钟收益率，IF1005 股指期货当期、滞后 1—4 分钟及先行 1 分钟收益率共同决定的结论，这也与 Granger 因果检验得出的沪深 300 指数和沪深 300 股指期货收益率存在相互引导关系的结论一致，期货收益率式（3）也是如此。这与国外学者得出的普遍结论，即期货价格领先现货价格不同。

股指期货引导现货指数较多的学者已研究，其原因也比较明显：由于价格发现功能和市场普遍存在的理性预期，在一个在流动性较强的市场，股指期货领先股票现货价格指数走势，股指期货将具有明显的领涨颁跌作用。当市场预期股票价格指数将上涨时，股指期货会领先并带动股票现货价格指数上涨，反之，股指期货会领先并带动股票现货价格指数下跌。

在中国市场上，之所以会出现股指期货引导现货指数、现货指数引导股指期货，两者互为引导关系的现象，主要是由中国的特定国情决定的。中国是第一次推出股指期货，本文选取的 IF1005 合约为最早期的数据，因此，股指期货交易制度不完善；同时，市场对避险工具的需求大，但可选避险工具少，引入股指期货后对现货市场的影响会比较大，因此会出现期货引导现货的现象。另一方面，股指期货的价格发现功能基于一定的市场广度和深度。在中国股指期货推出初期，成交量较小，交易不够频繁，股指期货市场并没有具备一定的市场规模和流动性。并且现在进入股指期货市场的主要是一些大的散户，其目的主要为投机，而作为套期保值，稳定市场的机构投资者并未大规模进入。因此，当前机构投资者更多的是利用现货市场而非股指期货市场，从而使得现货指数引导股指期货。这些都是导致中国股指期货市场初期股指期货与现货相互引导的原因。

三、股指期货与现货指数市场波动关系的实证分析

（一）研究方法

本文首先描述沪深 300 指数和 IF1005 股指期货 5 分钟高频数据的统计特性及日历效应。接着用 EGARCH 模型分别为沪深 300 指数及 IF1005 股指期货的波动建立模型，分析波动的不对称性。最后用波动溢出分析来分析波动溢出效应。

（二）变量选择及样本数据说明

1. 变量的选取与命名

研究沪深 300 指数与股指期货价格关系所用模型变量及命名见表 4。

2. 样本数据选取及说明

本文选取沪深 300 指数和 IF1005 合约作为样本 ，样本时间选取为 2010 年 4 月 19 日到 2010 年 5 月 21 日，样本选取 5 分钟高频数据的收盘价，每天的数据从 9:30—11:29，13:00—14:59 共 48 个样本。扣除节假日后，共 24 个交易日，所以总样本数为 1152。

表 4　沪深 300 指数与股指期货价格关系相关变量及说明表

变量名	定　义	变量名	定　义
$R_{hs,t}$	第 t 期沪深 300 指数 5 分钟高频对数差分收益率	$R_{hs,t-1}$	第 t－1 期沪深 300 指数 5 分钟高频对数差分收益率
$R_{f,t}$	第 t 期 IF1005 股指期货 5 分钟高频对数差分收益率	$R_{f,t-1}$	第 t－1 期 IF1005 股指期货 5 分钟高频对数差分收益率
$\sigma^2_{hs,t}$	第 t 期沪深 300 指数 5 分钟高频条件方差	$\sigma^2_{hs,t-1}$	第 t－1 期沪深 300 指数 5 分钟高频条件方差

样本时间的选取与分析价格关系的原因一致。选取 5 分钟高频数据，是因为高频数据若频率过低则无法很好地体现信息的连续性，若频率过高则微观结构误差较大 。经过国外学者研究，5 分钟是不造成过大微观结构误差的最小频率。数据来源于文华财经 Mytrader 软件。本文采用对数差分计算收益率。

（三）序列基本统计量分析

对沪深 300 指数和 IF1005 股指期货 5 分钟高频收益率序列的初步统计结果可以看出，两者的偏度均小于 0，峰度均大于 3，J—B 统计量的 p 值均小于 0.05，拒绝“正态分布”的原假设，具有明显的“尖峰肥尾”性。运用 Matlab 对每天中相同时段的收益率绝对值取平均值，以此来观察收益率的波动性情况，如图 3 和图 4 所示。从图上可以看出，绝对值收益平均值具有明显的 U 型走势，这说明沪深 300 指数和 IF1005 合约的波动率具有明显的“日历效应”。因此，需要通过赋权已实现波动对每个收益率进行赋权$\left(\omega_n = \frac{\sum_{t=1}^{T}\sum_{n=1}^{N} r_{t,n}^2}{N \times \sum_{t=1}^{T} r_{t,n}^2}\right)$①，消除日历效应，为下文建模作准备。

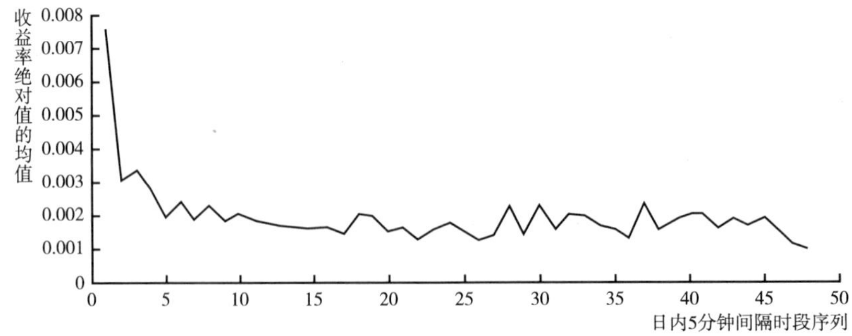

图 3　沪深 300 指数 5 分钟收益率绝对值均值的走势

① 张世英，许启发，周红．金融时间序列分析．北京：清华大学出版社，2008：206－207．

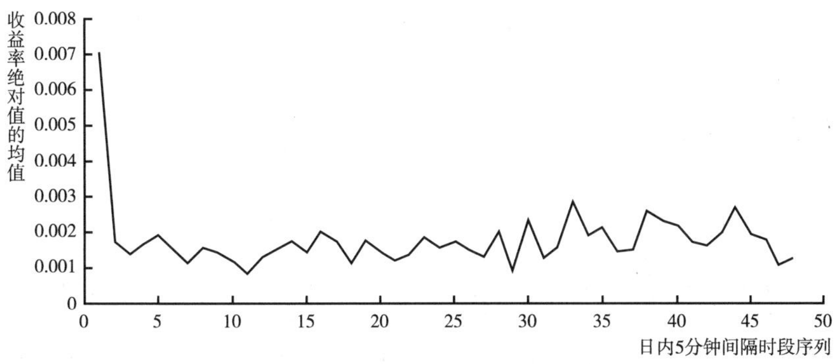

图4　IF1005股指期货5分钟收益率绝对值均值的走势

（四）建立EGARCH模型

1. 沪深300指数5分钟高频收益率EGARCH模型

针对沪深300指数收益率，首先进行零均值的简单假设检验，结果其相应的p值为0.0652 >0.05，因此不能拒绝“均值为0”的原假设。所以在EGARCH模型的均值方程中不用常系数c。根据之前理论部分的EGARCH模型，建立沪深300指数收益率的EGARCH（1，1）模型：

$$\begin{cases} R_{hs,t} = \varepsilon_{hs,t} & (1) \\ \ln\sigma^2_{hs,t} = -22.2366 - 0.0438\dfrac{|\varepsilon_{hs,t-1}|}{\sqrt{\sigma^2_{hs,t-1}}} - 0.0872\dfrac{\varepsilon_{hs,t-1}}{\sqrt{\hat{\sigma}^2_{hs,t-1}}} - 0.8979\ln(\sigma^2_{hs,t-1}) & (2) \end{cases} \quad (4)$$

其中各参数均十分显著，AIC = −8.883782，SC = −8.866237。可以看出，在EGARCH模型估计结果中，非对称项$\dfrac{\varepsilon_{hs,t-1}}{\sqrt{\sigma^2_{hs,t-1}}}$的系数估计值为−0.0872 <0且显著，这说明利空消息对沪深300指数的波动有“杠杆效应”。利好消息（即$\varepsilon_{t-1}>0$）对条件方差的对数产生$-0.1310\dfrac{\varepsilon_{hs,t-1}}{\sqrt{\sigma^2_{hs,t-1}}}$（即−0.0438 −0.0872）的冲击，利空消息（即$\varepsilon_{t-1}<0$）对条件方差的对数产生$0.0434\dfrac{\varepsilon_{hs,t-1}}{\sqrt{\sigma^2_{hs,t-1}}}$（即−0.0438 +0.0872）的冲击。

2. IF1005股指期货5分钟高频收益率EGARCH模型

针对IF1005股指期货收益率rif1005，首先进行零均值的简单假设检验，结果其相应的p值为0.0425 <0.05，因此拒绝“均值为0”的原假设。所以在EGARCH模

型的均值方程中用常系数 c。根据之前理论部分的 EGARCH 模型，建立 IF1005 股指期货收益率的 EGARCH（1，1）模型：

$$\begin{cases} R_{f,t} = -0.000227 + \varepsilon_{f,t} & (1) \\ \ln \hat{\sigma}_{f,t}^2 = -0.1893 + 0.0921 \dfrac{|\varepsilon_{f,t-1}|}{\sqrt{\sigma_{f,t-1}^2}} - 0.0499 \dfrac{\varepsilon_{f,t-1}}{\sqrt{\sigma_{f,t-1}^2}} + 0.9890\ln(\sigma_{f,t-1}^2) & (2) \end{cases} \quad (5)$$

其中各参数均十分显著，AIC = −9.058502，SC = −9.036572。可以看出，在 EGARCH 模型估计结果中，非对称项 $\frac{\varepsilon_{f,t-1}}{\sqrt{\sigma_{f,t-1}^2}}$ 的系数估计值为 $-0.0499<0$ 且显著，这说明利空消息对 IF1005 股指期货的波动也有“杠杆效应”。利好消息（即 $\varepsilon_{t-1}>0$）对条件方差的对数产生 $0.0422\frac{\varepsilon_{f,t-1}}{\sqrt{\sigma_{f,t-1}^2}}$（即 0.0921 − 0.0499）的冲击，利空消息（即 $\varepsilon_{t-1}<0$）对条件方差的对数产生 $0.142\frac{\varepsilon_{f,t-1}}{\sqrt{\sigma_{f,t-1}^2}}$（即 0.0921 + 0.0499）的冲击。

（五）沪深 300 指数和 IF1005 股指期货波动溢出分析

为判断单个市场 A 的收益率的波动 X_t（收益率的波动通过 $X_t=(R_t-E(R_t))^2$ 来度量）是否对另一个市场 B 收益率 R_t 存在波动溢出效应，可以将 X_t 作为 R_t 的解释变量，建立模型：

$$\begin{cases} \Phi(L)R_t = \Theta(L)\varepsilon_t + \rho X_t \\ \varepsilon_t = \sigma_t\eta_t \\ \ln\sigma_t^2 = \omega + \sum_{i=1}^{q}\left(\alpha_i \dfrac{|\hat{\varepsilon}_{t-i}|}{\sqrt{\hat{\sigma}_{t-i}^2}} + \gamma_i \dfrac{\hat{\varepsilon}_{t-i}}{\sqrt{\hat{\sigma}_{t-i}^2}}\right) + \sum_{j=1}^{p}\beta_i \ln \hat{\sigma}_{t-i}^2 \end{cases} \quad (6)$$

若在给定的显著性水平，参数 ρ 显著不为零，则说明单个市场 A 的收益率的波动 X_t 对另一个市场 B 收益率 R_t 存在溢出效应，否则不存在溢出效应。

根据上述的波动溢出分析，如果一个市场的波动会对另一个市场的收益率产生显著影响，则说明存在波动溢出效应。根据之前建立的沪深 300 指数收益率和 IF1005 股指期货的收益率均值方程及条件异方差模型。由 $X_t=(R_t-E(R_t))^2$ 波动 $X_{i,t}(i=hs,if1005)$（其中 $X_{hs,t}$ 表示沪深 300 指数收益率波动性，$X_{f,t}$ 表示 IF1005 股指期货收益率波动性），将 $X_{f,t}$ 代入沪深 300 指数收益率 EGARCH 模型中的均值方程，将 $X_{hs,t}$ 代入 IF1005 股指期货收益率 EGARCH 模型中的均值方程，然后进行参数估计得到 t 统计量和 p 值，见表 5。

表5　波动 $X_{i,t}$ 的参数估计值，Z统计量及P值

		$X_{f,t}$	$X_{hs,t}$
方程(4.1)沪深300的均值方程加上IF1005股指期货波动 $X_{f,t}$	参数值	-19.93153	
	Z统计量	-22.81687	
	P值	0.0000	
方程(4.2)IF1005股指期货的均值方程加上沪深300波动 $X_{hs,t}$	参数值		-23.48917
	Z统计量		-19.48698
	P值		0.0000

从表5可以看出，在95%的置信水平下，对于沪深300指数收益率EGARCH模型，由于增加的 $X_{f,t}$ 的z检验对应的p值小于0.05，说明该变量的参数显著不为0，因此IF1005股指期货收益率对沪深300指数收益率产生了波动溢出效应；对于IF1005股指期货收益率EGARCH模型，由于增加的 $X_{hs,t}$ 的z检验对应的p值小于0.05，说明该变量的参数显著不为0，因此沪深300指数收益率对IF1005股指期货收益率产生了波动溢出效应。通过波动溢出分析，可以得出两个市场存在双向波动溢出效应。

四、结论与启示

综上所述，本文以沪深300指数与IF1005股指期货的高频收盘价为研究对象，对现货市场和股指期货市场之间的价格引导及波动关系进行了系统的实证分析，探讨了两者存在的交互作用。得出了一些有意义的结论和启示如下：

第一，现货价格和股指期货价格相互引导，股指期货的引导作用要大于现货指数。并且沪深300指数收益率由沪深300指数滞后1、2分钟收益率，IF1005股指期货收滞后1、2、3、4分钟收益率以及IF1005股指期货先行1分钟收益率决定。IF1005股指期货也是如此。这一结论表明，投资者应该充分意识到两者之间的相互引导关系，在期货市场和现货市场实施反向操作，进行套期保值和套利活动，实现风险转移和分散；监管者应关注两个市场的走势及波动性，对金融市场全局把握。

第二，EGARCH模型显示，现货和股指期货市场均存在波动的不对称性，即“杠杆效应”，并且均对利空消息的反应更剧烈。使用波动溢出分析，得出现货市场和股指期货市场存在双向波动溢出效应的结论，这说明当前我国现货市场和股指期货市场正朝着一体化前进。

第三，由于股指期货与现货市场的联动关系，在推出股指期货后，操纵指数成份股也可以操纵期货，操纵期货也可以影响股市中的成份股，从而对风险管理提出了更高的要求。现在采取的主要对策是为股指期货设置更高的准入门槛，比如提高手续费与保证金比例，设置持仓限额等。笔者认为这是不够的，在坚持上述措施的同时，要加强股市与期市的风险管理，例如加强对沪深300指数成分股的监管等。只有从两方面入手，才能更好地控制和管理风险。

参考文献

[1] 樊欢欢，张凌云. EViews统计分析与应用. 北京：机械工业出版社，2010。

[2] 冯飞，唐伟敏. 沪深300仿真交易股指与股指期货引导关系研究. 金融经济，2008，334（20）：23－26。

[3] 克里斯·布鲁克斯. 金融计量经济学导论. 邹宏元，译. 成都：西南财经大学出版社，2005。

[4] 刘凤根，王晓芳. 股指期货与股票市场波动性关系的实证研究. 财贸研究，2008，19（03）：86－94。

[5] 石晓波. 股指期货市场与现货市场联动效应的国内研究综述. 经济学动态，2009，（07）：78－81。

[6] 唐振鹏. 金融高频数据和超高频数据的研究现状及展望. 福州大学学报（哲学社会科学版），2008，86（4）：14－20。

[7] 涂志勇，郭明. 股指期货推出对现货市场价格影响的理论分析. 金融研究，2008，（10）：104－116。

[8] 王黎明，王连，杨楠. 应用时间序列分析. 上海：复旦大学出版社，2009。

[9] 严敏，巴曙松，吴博. 我国股指期货市场的价格发现与波动溢出效应. 系统工程，2009，190（10）：32－38。

[10] 王伟峰，刘阳. 股指期货的跨期套利研究——模拟股指市场实证. 金融研究，2007，（12）：236－241。

[11] 张方圆，吉瑶，郑珩，等. 香港恒指期货与沪深300股指期货的关联性研究. 现代经济信息，2006，21（6）：568－573。

[12] 张世英，许启发，周红. 金融时间序列分析. 北京：清华大学出版社，2008。

[13] Andersen T. G., et al. *Modeling and Forecasting Realized Volatility*. Econometrica, 2003, 71 (2): 579－625.

[14] Ramaprasad Bhar, et al. *An intervention analysis in a bivariate EGARCH—X framework*, Journal of Futures markets, 2001, 21 (9): 833－850.

信用卡套现的特征分析与防范对策

胡 斌 胡 锐

随着信用卡这项业务在中国的兴起，各银行机构信用卡发卡量急剧增加，截至2009年一季度，累计发卡超过1.5亿张。而在使用的过程中，信用卡套现的问题频繁出现在各家媒体的报道中。仅2008年上半年，各商业银行向中国银联报送的套现交易就超过4.2亿元，涉及商户6255家，远远超过2007年全年水平。其中，套现金额达千万元的大案频发，日渐成为社会关注的焦点。

1. 信用卡套现及其方式

1.1 信用卡套现的定义

关于信用卡套现，目前较为普遍的定义是指持卡人违反与发卡机构的约定，避开银行柜台或ATM取款，将信用卡中的消费透支额度通过POS终端或第三方网络支付平台等方式部分或者全部直接转换成现金的行为。

1.2 信用卡套现的方式

1.2.1 通过中介POS机套现

这种方式主要是通过中介的POS进行虚拟消费，例如在信用卡额度内购买大件电器、手机电脑等，实际上并没有实物交易，然后当场从中介手里拿取扣除手续费后的现金。中介机构的POS机符合银联标准，各个银行的信用卡都能受理，手续费一般在1%—3%之间。最近一年来，由于不法中介数量剧增，激烈的竞争迫使手续费最低下降到了0.5%，目前普遍维持在0.8%—1.5%之间。

采用此种套现方式，套现者只需携带信用卡过去，而中介也只需租用一间写字楼，里面摆上几台以商场、加油站、航空票务、电子专卖店的名义申请的POS机，再配上一台点钞机，即可以完成整个套现操作了。更有甚者，如果中介安装了无线POS机，整个过程在车里就可以完成。在此基础上，中介还开展了代还款、养卡、额度外翻倍取款等一系列和信用卡相关的业务。为了规避监察，中介还可以提供签购单甚至购物小票，一切都和实际购物一样。

在百度上以“信用卡 套现”为关键词进行搜索，显示的网页多达188万篇，在首页就是北京、上海、广州、深圳等全国各大城市的套现的链接。由于中介数量的繁多、交易方式的便捷、交易形式的逼真、交易成本的低廉，使得通过中介POS进行套现成为目前最广泛的套现方式。

1.2.2 通过第三方支付平台套现

近年来，随着C2C网络购物的风靡，以淘宝网为首的商家相继开通了支付宝等第三方分网络支付平台。由于网站内购物都是个人对个人，因此通过此种方式也可进行套现。具体就是创建2个账户，其中一个用信用卡向支付宝充值，然后购买另外一个账户创建的商品，按照正常的交易流程预付款、发货、收货确认、申请提现，就可以成功地把钱从信用卡刷到借记卡上去了。

随着支付宝打击套现的力度加大，这种套现方式进一步改善，套现者使用他人如朋友的身份相互交易，并使用不同的IP地址，按照普通交易所需的时间完成发货、收货等操作，因此，此种套现方式所占比例也较大。

1.2.3 通过消费退款套现

通过消费退款套现主要有以下四种方法。一是在国美、苏宁等大型商场，利用其良好的售后服务，用信用卡购买商品后申请退货，从而把钱取出；二是预定酒店时使用信用卡支付房费和押金，而退房时却以现金退还押金；三是购买某些可全额退款的机票，然后在规定的时间内退票取现；四是往手机号里大额充值，然后前往营业厅销号退款。以上几种套现方式都有局限性且不好操作，因此并不普及，只是零星行为。

1.2.4 通过替他人刷卡付款套现

当他人需要消费、缴款时，套现者持自己的信用卡替他人刷卡付款，他人再将与刷卡金额相等的现金交付套现者。此种方式一般发生在同学、同事或朋友之间，范围并不广。

2. 信用卡套现泛滥的缘由

2.1 市场需求

信用卡套现，从表面上来看，是想取出现金更方便地使用，但其根本原因还是在于市场有广泛的小额短期资金需求。在我国现有金融体制及经济危机的大背景下，中小企业和个体工商户所遇到的融资困难问题非常突出，对于这些经营风险大、发展前景不明、贷款抵押担保难的中小企业来说，要想得到银行的贷款非常困难。即便是有担保，审批起来也十分耗时，最终得到了贷款，可能已错过商机。另外，一些诸如购房、炒股、炒黄金和炒外汇等个人投资者，也迫切寻求相对比较稳定的小额短期资金来源。正因为有着巨大的市场需求，所以信用卡套现在各地频繁发生。

2.2 费用相对低廉

目前，我国各家银行所发行的信用卡通过柜面或 ATM 透支取现，普遍每日要收取万分之五的利息，折合成年息高达 18.25%，再加上取现时要收取的 2% 左右的手续费，成本十分高；相比之下，通过中介套现手续费只需 1.5% 左右。此外，通过正规方式只能部分取现，一般相当于额度的 30%—50%，且有日取现金额限制。

以一张 1 万额度的招商银行信用卡为例，如果持卡人想取现的话，招商银行规定取现最高为额度的 50%，且根据中国人民银行的规定，每卡每日最高取现 2000 元人民币，手续费为预借现金交易金额的 1%，最低收取人民币 10 元/笔，并收取每日万分之五的利息。而通过中介刷卡取现，是按消费处理，可一次全额提取 10000 元，只需付给中介 1.5% 的手续费即 150 元。这样，在最长 56 天的免息期内，通过正规方式持卡人只能一次取出 2000 元现金，手续费为 20 元，56 天的利息为 56 元，总成本 76 元，费用比例约 3.8%。

由此可见，通过中介取现不仅可全额取现，而且费用相对较低，还享有最长 56 天的免息期。此外，如果是通过第三方支付平台或者其他方式取现，费用更低。

2.3 巨大的利益

通过中介取现要收取 1.5% 左右的手续费，即使上交银行 1% 的手续费也还有 0.5% 的利润，此外，当大额交易时银行手续费会有封顶。对于中介来说，每天几十万的资金往来不是难事，那就意味着上千乃至上万的利润，完全是无本生利。而对套现者来说，获得了一笔数额可观的短期免息贷款。在利益的驱动下，信用卡套现的市场也越来越大。

3. 信用卡套现的危害

首先，信用卡套现扰乱了正常的金融秩序。不法中介通过其他途径安装 POS 机，利用虚拟刷卡消费来提供信用卡套现服务，以向持卡人收取高额手续费。更有甚者，有的不法中介机构借此来复制持卡人的信用卡，或以查询信用卡可否正常刷卡消费来套取申请人信息从而另外申请信用卡进行违法犯罪活动。此外，中介为了增加交易额，获取更多的利润，使用伪造资料不断申请安装 POS 机，从而催生了专门代装 POS 机的行业。据报道，有些地方只需 1 张身份证及 3 张照片就可以办理从 0—2% 不同手续费率不同交易限额的 POS 机，而费用高达 1.5 万—3 万元。这些行为不仅违反了国家关于金融业务特许经营以及人民银行对现金管理的法律规定，还可能为“洗钱”等不法行为提供便利条件，扰乱了金融市场的秩序。

其次，信用卡套现加大了银行的信贷风险。由于目前我国绝大多数的信用卡都是无担保的借贷工具，只要持卡人进行消费，银行就必须承担一份风险，因此所有信用卡都有限额。通常情况下，银行可通过高额的透支利息或取现费用来防范透支风险。而信用卡套现的行为恰恰规避了银行所设定的高额取现费用，轻松地绕过了银行的防线。特别是中介公司为了锁定客户，利用大额的交易帮助持卡人不断提升信用卡额度，而持卡人却无相应的财力支持，给银行的信用卡业务带来了巨大的风险隐患。一旦持卡人无法偿还套现金额，银行损失的不仅是手续费和循环利息，还可能形成呆账坏账，使发卡银行的经营风险大大增加。央行近日发布的《2009 年第一季度支付运行报告》显示，我国信用卡逾期半年未偿信贷总额已高达 49.70 亿元（按照国际惯例，逾期 180 天未偿还的信用卡贷款将被视为坏账），同比增加了 133.1%，占期末应偿还贷款总额的 3%。

再者，随着信用卡业务发展和经营环境的变化，信用卡风险问题日益突出，信用卡违法犯罪活动不断增多，信用卡犯罪手段不断向高科技、专业化、规模化、集团化方向发展，特别是一些违法犯罪分子进行信用卡虚假申请和信用卡套现等活动已发展到公开化、产业化，实现“身份信息——申请材料——单位证明——收卡开卡——套现透支”一条龙服务。更有甚者，部分违法分子与境内外伪卡集团及黑恶势力相勾结，专门从事办卡、套现、洗钱的活动。这些违法犯罪行为制造的虚假交易，会导致虚假的经济统计数据和虚假的经济繁荣景象，进而误导经济决策，从而对社会经济秩序和信用体系的安全稳定形成巨大威胁。

此外，由于一些年轻人风险意识及理财能力不强，用卡观念不正确，虽然收入不高却办理多张信用卡，频繁套现透支，严重恶化自己财务状况，对正常的工作生活造成不良影响，严重危害家庭关系。南京有一年轻人在不到 1 年的时间办了 10 张信用卡透支套现高达 16 万，逼得母亲卖掉房子替其还债，给家庭带来了巨大的不良影响。

4. 信用卡套现暴露出的问题

4.1 信用卡滥发

为了扩大自己的市场份额，银行对信用卡审批不严。一些发卡银行放松了对客户的资格审查和授信标准，尤其是对于申请表内关键信息未经严格核实和严格把关。相当多的营销人员为了完成业绩，片面追求发卡量、发卡率，甚至帮助申请人创造条件达标，无形中增加了银行的坏账风险，造成很多资信不良的持卡人。此外，为了吸引人办卡，初始授信额度通常较高。发卡行在发卡后，疏于对持卡人进行必要的持续的监督和管理，未对持卡人的资信状况进行定期复查，并根据资信状况的变化调整其信用额度。

4.2 POS机管理不善

随着银行卡的普及，再加上近年来POS机发放体系上的变化，特约商户越来越多，业务量也越来越大，中国银联等有关部门很难有精力去对其交易的真实性实施有效监管。截至2008年底中国POS机具达到184.51万台，特约商户达到118.17万户。对于违反规定、从事套现的POS使用者，在法律上也没有较有力的制裁惩罚措施，只能停用其POS机，但中介只需换个地点换个身份证或营业执照就能继续申请安装，再加上前文提到的POS机代办，中介可以拥有多台POS机进行套现交易。

4.3 信用体系不全

我国个人信用系统创建时间短，信息不丰富，使用面不广。除了这些硬伤之外，由于对个人信用记录宣传的不到位，造成持卡人对个人信用不良记录的理解较为狭隘，多数人认为影响不大，例如“不贷款不需要信用记录”、“有钱人才需要信用记录”、“换家银行又可申请”等，对个人征信日趋完善后的巨大作用认识不深，造成持卡人对个人信用的不珍惜，恶意透支、逾期还款、欠款不还等现象时有发生。此外，银行间信息共享系统也不完善，不仅银行间信息交流差，即使是同一家银行，也经常出现一人拥有多张信用卡的情况，使得整体授信额度从一万两万暴增到十万二十万之多。

4.4 相关法律法规滞后或缺失

目前我国银行卡业缺乏一部明确银行卡从发卡到使用、受理整个过程各个环节的权利义务的法律法规，银行卡市场参与各方的权、责、利划分不明及相应的惩处措施缺失，导致问题发生后责任追查不到位，从而不了了之。目前调整银行卡业务的主要规范性文件是中国人民银行1999年颁布实施的《银行卡业务管理办法》。该办法对银行卡业务的规定十分笼统，缺乏操作性，许多条款也远远跟不上业务发展的脚步，造成相关的治理活动收效甚小。而出台的一些司法解释，也仅是对社会上案件审理比较集中的问题进行梳理，前瞻性不高，不法分子容易利用其他模式来规避。例如对于大额的蓄意套现行为，存在着资金量界限很难进行标准划分、监管成本过高、如何对参与者进行处罚等问题。此外还有对于“欺诈”的定义——欺诈是以非法占有为目的，必须是在一定期限、一定金额以上，并且银行多次催缴不还的行为。如果信用卡套现者在免息期内把钱还给银行，只是违反了持卡人和银行之间的约定，规避了支付银行透支利息的义务，既谈不上欺诈，更无法定罪。

5. 信用卡套现的治理对策

5.1 把好信用卡准入关

发卡银行要细致审查资料，严控操作风险。要加强操作风险管理，强化履职尽责。不能遵循过去的单份资料审核成功即可发卡的模式，而要通过对相关联资料的整体审查来印证资料是否真实、合理、可靠，从而切实把握申请人真实状况和办卡企图，有效卡住恶意办卡申请，发展优质客户，从源头上掌控信用卡发卡质量，增强信用卡生命力。例如，对于集团客户，不能单纯追求发卡量和发卡规模，要让业务员加强审核，重点核查公司行业特征、经营管理现状、公司及其负责人近期信用状况等，并严格执行申请人面签的制度，增强申请的真实性。据了解，目前中信银行、招商银行、交通银行均已要求业务员在申请人填写申请表时用专用相机对身份证进行拍照并与申请人合影以防范风险。此外还要严审收入证明，对申请人提供的收入证明，不可只凭一个电话调查核实就算完事，有条件的话要在银行、工商、税务、中介机构等相关部门进行多方求证，从而全面了解申请人的财力进而合理设置限额。在信用卡业务员的考核上也要抛弃过去单纯比拼发卡量的模式，应结合审核通过率、恶意透支率、欺诈率等指标，完善相关的约束激励机制，对营销人员进行全面考核。

5.2 加强 POS 机的发放与管理

大部分的信用卡套现是通过中介的 POS 机进行，因此，加强 POS 的发放与管理可有效控制套现行为。在拓展新特约商户时，应对其进行现场调查，认真核实包括营业执照、税务登记证或相关纳税证明、法定代表人身份证件在内的资料，在此基础上，收单机构应警惕无刷卡必要的小型商户，审慎发展高风险商户。此外，要加强已入网商户和机具管理建立日常监控制度，对同一卡号在同一商户连续交易、同一金额做重复授权、交易量突增、频繁出现大额整数交易等可疑、异常现象，收单机构应及时监控和调查处理，对于确系为套现等欺诈情况的商户，收单机构应及时终止其交易，并进行事后调查和处理。日常管理上，收单机构应建立定期巡查制度，对本机构安装的 POS 机具每年至少完全检查一次，对出现的各种情况进行综合判断以减小风险。

5.3 扩宽小额短期融资渠道

前文提到，巨大的市场需求是信用卡套现泛滥的重要原因，而其主要因素是正常取现成本过高以及小额短期融资渠道不畅。发卡银行应做好充分的市场调研，顺应市场需求，针对不同的客户，适时适度调整持卡人取现政策，开发出一套切实可行的“差别提现政策”，即针对不同信用情况的持卡人给予提现资费上、额度上的差别对待，从而有效地监控和引导善意持卡人通过正规途径取现，发卡银行也可通过提供贷款收取利息，实现真正的“共赢”。另一方面，商业银行要在控制风险的前提下，针对信誉良好的个体工商户、中小企业主或个人，进一步简化贷款手续，根据贷款人的资信状况，提供方便、快捷的中短期贷款。这样既可满足一部分市场需求，锁定客户，还可以获取可观的利润。渣打银行在两年前就开通了“现贷派”业务，在银行指定的十几个城市工作的人，具有稳定的职业，税前月收入 3000 以上，即可根据个人综合资信情况获得最低为 8000 元人民币，最高达 30 万元人民币的贷款。此外，花旗银行的“幸福时贷”也具有类似功能，但在国内经营业务最广的四大国有银行目前并没有如此方便快捷的无抵押个人小额贷款业务。

5.4 完善第三方网络支付平台的相关功能

随着网上支付总金额的不断增加，加强网上支付系统的监控力度是必不可少的。有关管理部门应连同有关银行及“支付宝”等机构对第三方支付平台进行改进、提升网上支付系统的监控效能，加强对网上交易真实性的审查力度，对部分风险较大的用户实施重点监控，建立信息沟通机制，为打击网上套现行为承担应尽的责任。

5.5 加强个人信用宣传、教育和普及工作

我国征信体系目前处于初步建立阶段，社会公众大多尚未意识到维护个人信用的重要性，特别是恶意透支套现的信用卡持卡人，他们只追求眼前的既得利益，忽视了个人信用不良记录对日后所产生的负面影响。因此，个人信用记录的维护者中国人民银行应会同各商业银行及其他金融机构向社会公众阐明个人信用的重要性及个人信用瑕疵将带来的恶果；各发卡银行则可对信用卡的安全、合理、诚信使用进行宣传，倡导持卡人维护自己的信用记录，使其意识到不良信用记录会严重妨碍日后的工作和生活，从而使他们自觉自发地维护、珍爱自己的信用记录。例如可以在营业网点放置宣传单、在申请表对账单上印制相关内容、在媒体上播放相关公益广告，让民众充分了解相关知识。

另外，各商业银行及银联等金融机构应在人民银行的个人征信系统上进一步实现资源共享，对持卡人的动态信息进行跟踪，通过银联和银行的交易系统数据，逐步完善以个人身份证件信息为核心的持卡人用卡动态数据监控，从而防止持卡人在各商业银行间过分授信、轮换办卡、轮流透支现象的出现。

5.6 健全相关法律法规

近年来，全国人大和“两高”陆续出台了一系列立法解释和司法解释，以期完

善关于银行卡的系列法律法规。2009 年 12 月 15 日，“两高”出台了《关于妨害信用卡管理刑事案件具体应用法律若干问题的解释》，规定伪造信用卡 1 张即可构成犯罪，使用 POS 机套现可以非法经营罪处罚，窃取、收买、非法提供信用卡信息资料、使用虚假的身份证明骗领信用卡、恶意透支等将被追究刑事责任。但到目前为止，整个银行卡产业的法律体系还没完全形成，因此有关立法部门应抓紧出台《银行卡管理条例》、《个人破产法》和《征信条例》等一系列关系到银行卡产业发展的基本性法律，并完善《刑法》的相关条文，规范银行卡使用中的一系列问题。

综上所述，信用卡市场规模越来越大，渗入领域也越来越广，随之出现的问题也会越来越多，相信随着人们的重视、相关细节的完善以及有关机构的整治，信用卡的用卡环境将会更加便捷和谐，信用卡套现这一行为也会得到有效的控制。

参考文献

[1] 黎婷. 信用卡套现：看上去很美 [J]. 金融博览（银行客户），2009（2）。

[2] 张大龙. 我国信用卡套现问题研究 [J]. 青海金融，2009（6）。

[3] 方传柳，林丹. 信用卡套现催生出福州 POS 机代办暗潮 [EB/OL]. http://news.sina.com.cn，2009-04-10.

[4] 2009 年中国金融 POS 机行业研究报告 [R]. 北京，2009。

[5] 李东卫. 信用卡套现的防控对策 [J]. 中国信用卡，2009（3）。

[6] 方镇强，宋洁章. 信用卡套现“大会诊”[J]. 金融会计，2009（1）。

我国财政货币政策实施效果的实证分析

王新霞　黄显林　何旭波

1. 样本、指标选取及VAR模型构建

1.1 样本选择及指标设置

本文旨在研究1997年亚洲金融风暴至今10余年间我国财政货币政策的实施效果，所以以1999—2008年为观测期（为削弱金融风暴遗留的严重影响，排除1998年），采用季度数据。具体指标设置见表1。

表1　我国财政货币政策实施效果研究具体指标设置

一级指标	二级指标	指标符号	备　注
宏观经济形势衡量指标	国内生产总值	GDP	
	物价水平	CPI	消费品价格指数
货币政策变量	狭义货币供应量	M1	
	广义货币供应量	M2	
	信贷规模	CREDIT	
	利　　率	RATE	银行间同业拆借利率
财政政策变量	财政收入	FI	主要是税收收入
	财政支出	FE	

1.2 数据来源

本文数据均是原始数据经过初步处理之后得到的。GDP、M1、M2、CREDIT、FI、FE分别是经过Census-X12季节调整剔除长期趋势要素后实际国内生产总值的对数、实际狭义货币供应量的对数、实际广义货币供应量的对数、实际信贷规模的对数、实际财政收入的对数和实际财政支出的对数。RATE是经CPI调整的全国银行间同业拆借市场利率。宏观经济形势衡量指标和财政政策变量原始数据主要来自于国泰君安中国宏观经济研究数据库；货币政策变量原始数据主要来自于中国人民

银行官方网站。

1.3 模型构建

Sims（1980）给我们这样的启示：或许不对模型本身的结构进行深究，而直接将每个变量与自身的滞后值和其他每个变量的滞后值进行回归，更容易得出具有解释力的结果。本文基于 VAR 模型实证分析正是这样做的。

向量自回归（VAR）模型是由 Sims 提出的广泛应用于宏观经济分析中的非结构化模型，采用多方程联立的形式，每一个方程中内生变量对模型的全部内生变量的滞后值进行回归，从而估计全部内生变量的动态关系。假设不含有外生变量，含有 N 个变量滞后 p 期的 VAR 模型表示如下：

$$y_t = A_1 y_{t-1} + A_2 y_{t-2} + \cdots A_p y_{t-p} + \mu_t$$

其中 y_t 为 $n \times 1$ 阶时间序列向量，μ 为 $n \times 1$ 阶扰动向量，$\mu_t \sim iid$（0，Ω）。A_1，A_2，$\cdots A_k \cdots$，A_p 是待估计的 $n \times n$ 系数参数矩阵。每一个元素都是非自相关的，即不同方程对应的随机误差项之间可能存在相关，但不与自己的滞后值相关及不与等式右边的变量相关。

基于理论分析，本文利用 1999 年第一季度至 2008 年第三季度的数据，分别构建 VAR－GDP 模型和 VAR－CPI 模型。我们根据 SC 和 AIC 最小化原则确定 VAR－GDP 和 VAR－CPI 模型的最佳滞后阶数均为 1 阶。其中 VAR－GDP 模型主要研究经济发展水平与宏观政策之间的关系，所选合适模型中的变量有 GDP、M2、CREDIT、RATE、FI、FE；VAR－CPI 模型主要研究物价水平与宏观政策之间的关系，所选合适模型中的变量有 CPI、M1、CREDIT、RATE、FI、FE。本文采用 AR 根方法对上述模型进行系统稳定性检验。结果表明模型满足稳定性条件。

2. 基于 VAR 模型的若干检验

2.1 格兰杰检验

在 VAR 模型的基础上，通过格兰杰检验可以分析变量之间的因果过关系，即对某变量全部滞后项系数的联合检验能够说明该变量是否对被解释变量有显著的影响。

基于 VAR－GDP 模型的格兰杰检验结果见表 2。在 10% 的显著水平下，5 个政策变量在总体上能够解释 GDP 变动，是后者的 GRANGER 原因。具体来说，M2、CREDIT 变化是引起 GDP 变化的 GRANGER 原因，而 RATE、FE、FI 等变量均不能通过格兰杰检验，说明三者对 GDP 影响不显著，并不能很好地解释 GDP 的变化。

基于 VAR－CPI 模型的格兰杰检验结果见表3。在 10% 的显著水平下，5 个政策变量在总体上能够解释 CPI 的变动，是后者的 GRANGER 原因。具体来说，RATE、CREDIT、FI 变化是引起 CPI 变化的 GRANGER 原因，而 M1、FE 两个变量均不能通过 GRANGER 检验，说明两者对 CPI 影响不显著，并不能很好地解释 CPI 的变化。

表 2　VAR－GDP 模型的 GRANGER 因果检验结果

原　假　设	χ^2 统计量	自由度	伴随概率	检验结果
M2 不能 GRANGER 引起 GDP 变化	7.316313	1	0.0068	拒绝原假设
CREDIT 不能 GRANGER 引起 GDP 变化	3.183304	1	0.0744	拒绝原假设
RATE 不能 GRANGER 引起 GDP 变化	0.507885	1	0.4761	接受原假设
FE 不能 GRANGER 引起 GDP 变化	0.440317	1	0.5070	接受原假设
FI 不能 GRANGER 引起 GDP 变化	0.016488	1	0.8978	接受原假设
所有政策变量不能 GRANGER 引起 GDP 变化	25.78815	5	0.0001	拒绝原假设

表 3　VAR－CPI 模型的 GRANGER 因果检验结果

原　假　设	χ^2 统计量	自由度	伴随概率	检验结果
M1 不能 GRANGER 引起 CPI 变化	2.395537	1	0.1217	接受原假设
RATE 不能 GRANGER 引起 CPI 变化	11.47050	1	0.0007	拒绝原假设
CREDIT 不能 GRANGER 引起 CPI 变化	6.237859	1	0.0125	拒绝原假设
FI 不能 GRANGER 引起 CPI 变化	5.629918	1	0.0177	拒绝原假设
FE 不能 GRANGER 引起 CPI 变化	1.174332	1	0.2785	接受原假设
所有政策变量不能 GRANGER 引起 CPI 变化	27.42008	5	0.0000	拒绝原假设

2.2　脉冲响应函数分析

在 VAR 模型中运用脉冲响应函数方法可以分析模型受到某种冲击时对系统的动态影响。

基于 VAR－GDP 模型做出脉冲响应函数结果见图 1 至图 5。图中横轴表示冲击作用的滞后期间数（单位：季度），纵轴表示脉冲响应函数，代表了宏观调控政策变量冲击造成的反应。

从图 1、图 2、图 3 可以看出：在本期（第 1 期）给 M2 一个冲击后，GDP 在当期开始明显增长且在第 2 期达到最大值，在第 3—7 期内开始回落，从第 8 期开始 GDP 趋于稳定，维持在较高水平。总体来说，M2 对 GDP 有长期的正向影响，与 Friedman 等人（1963）“实际产出和货币供给当中的扰动成分正相关”的结论相吻合。在本期（第 1 期）给 CREDIT 一个冲击后，GDP 在第 2 期开始明显增长，从第 10 期以后逐渐趋近于原有的均衡水平。这说明给 CREDIT 一个冲击，可以引起 GDP 增加的滞后期为 1 个季度，而且该影响是短期的。在本期（第 1 期）给 CREDIT 一

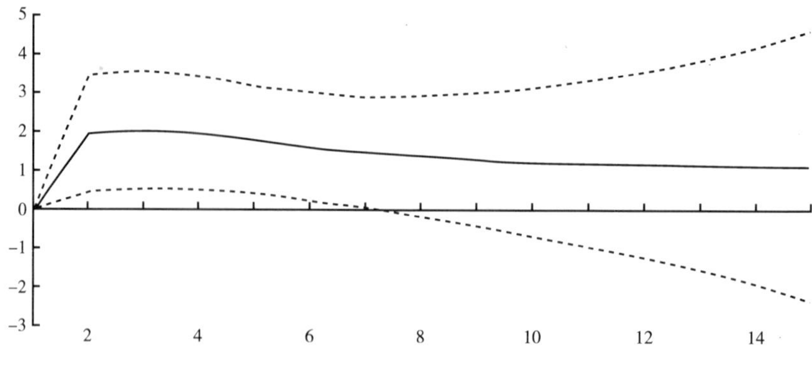

图 1　M2 结构冲击引起的 GDP 的响应函数

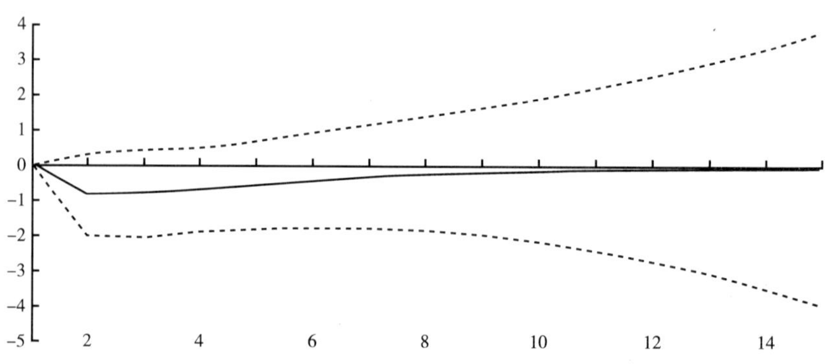

图 2　CREDIT 结构冲击引起的 GDP 的响应函数

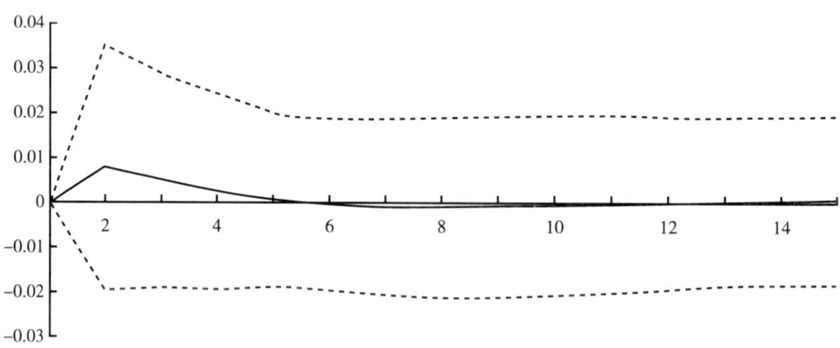

图 3　RATE 结构冲击引起的 GDP 的响应函数

个冲击后，GDP 在第 2 期开始回落，至第 5 期基本回归原有均衡水平。究其原因，模型中使用的利率 RATE 为上海同业拆借利率（SHIBOR），同业拆借利率高表明经济活动主体对资金的需求大于市场上资金的供给，这传递给经济活动主体市场繁荣的预期信号，因此各经济主体纷纷调整经济决策适应市场需求，从而导致 GDP 增加；但在 5 期之内，在没有别的冲击下，市场供需又恢复均衡，从而使 GDP 回归原有均衡水平。

从图 4、图 5 可以看出：在本期（第 1 期）给 FE 一个冲击后，GDP 增长先回落，但在第 2 期开始缓慢上升，越来越趋近于并且最终突破原有均衡水平。分析原因：由于我国的财政支出结构渐偏重于科教文卫等非直接生产要素上，并且由于所投放的直接生产要素的周期较长和财政支出本身的挤出效应，使得在给 FE 一个冲击，致使 GDP 增长先回落，但是随着非直接生产要素和直接生产要素开始对 GDP 逐渐发生效应，致使 GDP 在第 2 期开始逐渐增长，但增速较慢，直到第 8 期才恢复原有水平。这种对 GDP 的影响是缓慢而且微弱的，可以看出财政支出变化对 GDP 只具有长期效应。在本期（第 1 期）给 FI 一个冲击后，GDP 开始出现明显下降，到第 3 期达到最低谷，第 4—8 期又缓缓上升，在以后期间稳定于低于原有均衡水平

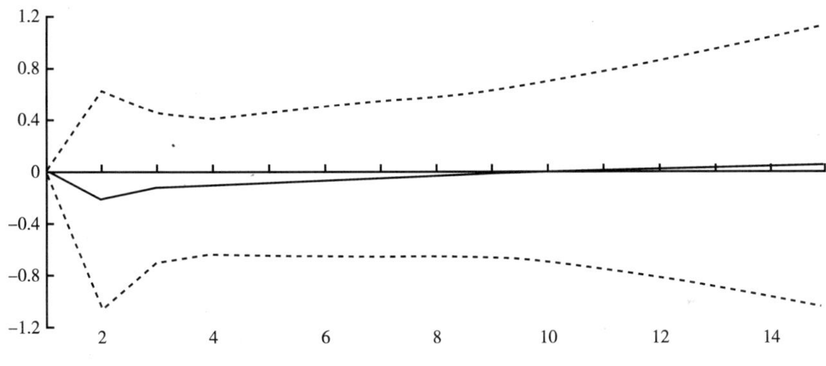

图 4　FE 结构冲击引起的 GDP 的响应函数

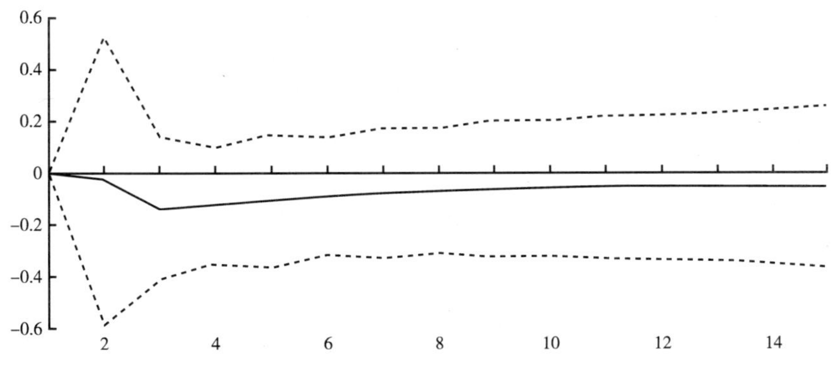

图 5　FI 结构冲击引起的 GDP 的响应函数

的位置上。这是因为作为财政收入的主要来源的税收的增加必将增大企业和居民的负担，致使当期的需求减少从而导致 GDP 减少；到了第 3 期之后，增税的效应逐渐减弱，居民和企业又逐渐恢复原有消费需求水平，从而使 GDP 逐渐上升；但长期内仍低于原来的水平。因此可以看出财政收入变化对 GDP 的影响是长期的。

基于 VAR - CPI 模型做出脉冲响应函数结果见图 6 至图 10。

从图 6、图 7、图 8 可以看出：本期（第 1 期）给 M1 一个冲击后，CPI 在当期开始明显增长且在第 3 期达到最大值，在第 4—8 期内 CPI 又缓缓回落至原有均衡水平，说明 M1 的冲击对 GDP 的影响是短期的，这与新凯恩斯主义的观点是一致的，即货币政策的效应在短期是非中性的，而长期是中性的。本期（第 1 期）给 CREDIT 一个冲击后，CPI 在第 2 期开始明显增长，至第 5 期突破原有均衡水平，稍后稳定于一个较高水平。这说明给 CREDI 一个冲击，可以引起 CPI 上升的滞后期为 2 个季度，且该影响是长期的。第 2 期后 CPI 先上升又逐渐下降的过程可以理解为市场自发调节的结果：由于信贷供给的上升，短期内由于市场上投资品数量有限，因此出现了“较多的货币追求较少的投资品”，造成 CPI 上涨，之后投资品的生产者见市场有利可图便增加投资品的供给，造成 CPI 的缓慢回落。本期（第 1 期）给 RATE 一个冲击后，CPI 在第 3 期开始上升，至第 9 期突破原有均衡水平。这说明给 RATE 一个冲击，可以引起 CPI 变化的滞后期为 3 个季度，而其该影响是长期的。由于本文使用的利率为实际的上海同业拆借利率，因此 CPI 对利率冲击的反应是负的。

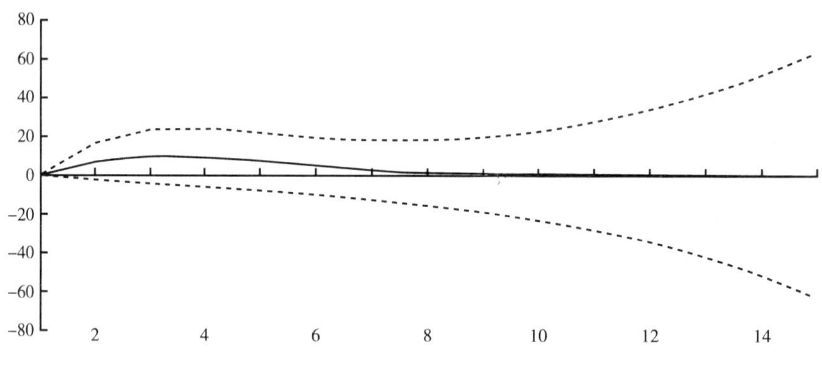

图 6　M1 结构冲击引起的 CPI 的响应函数

从图 9、图 10 可以看出：本期（第 1 期）给 FI 一个冲击后，CPI 在第 2 期开始出现明显下降，至第 6 期突破原有均衡水平，在以后期间稳定于低于原有均衡水平的位置上。这是因为短期内 FI 的增加发出经济走势良好的信号，致使企业和居民增加消费而导致 CPI 短期内的增加；但是 FI 的增加主要源于税率及税源增加，这必然影响市场主体的未来预期，因此在长期内会逐渐减少消费而导致 CPI 在第 2 期开始

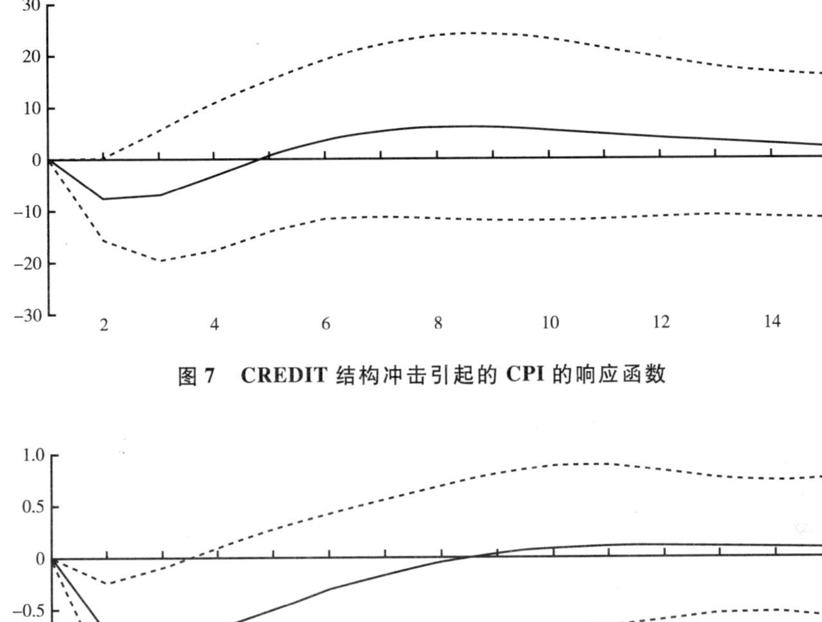

图 7　CREDIT 结构冲击引起的 CPI 的响应函数

图 8　RATE 结构冲击引起的 CPI 的响应函数

逐渐下降。本期（第 1 期）给 FE 一个冲击后，CPI 在第 3 期开始缓慢上升，越来越趋近于原有均衡水平，但是最终也不能突破原有均衡水平。这说明给 FE 一个冲击，对 CPI 的影响是缓慢而且微弱的。财政支出变化对 CPI 具有长期效应。

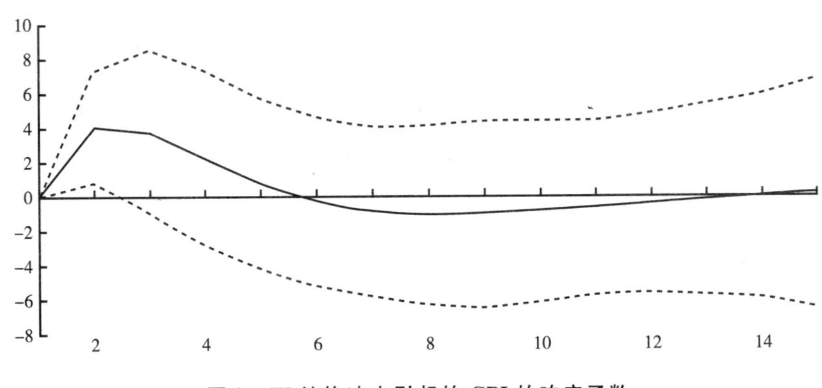

图 9　FI 结构冲击引起的 CPI 的响应函数

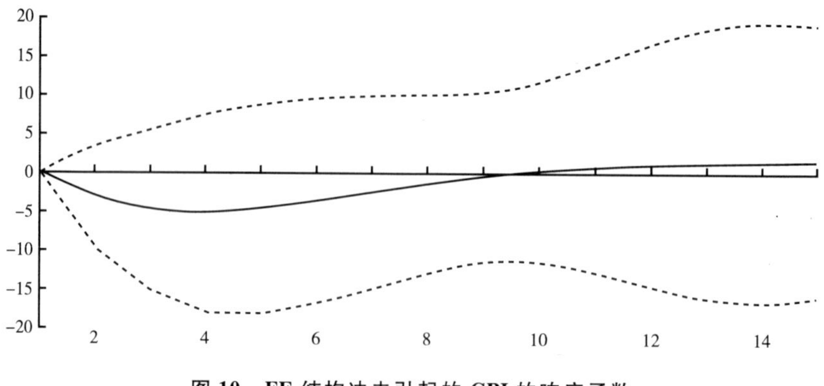

图 10　FE 结构冲击引起的 CPI 的响应函数

2.3　方差分解分析

基于 VAR 模型的方差分解可以通过分析每一个结构冲击对内生变量变化（通常用方差来度量）的贡献度，进一步评价不同结构冲击的重要性。根据 GRANGER 检验结果，主要分析对 GDP、CPI 有 GRANGER 影响的政策变量的贡献度。结果如图 11 和图 12 所示。

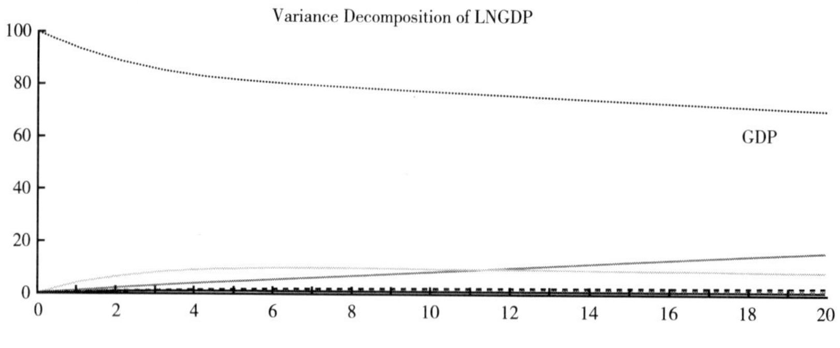

图 11　VAR－GDP 模型中各变量冲击对 GDP 的方差分解

无论从短期还是长期来看，GDP、CPI 自身的冲击都是其方差的主要来源，虽然其贡献度随时间的推移会出现逐步下降的趋势。分析 GDP，M2 对 GDP 的贡献率随时间的推移一直增加，在模型考虑的期间范围内其对 GDP 的贡献率最大可以达到 18% 左右，CREDIT 对 GDP 的贡献最大可以达到 10% 左右，且从第 6 期开始起贡献率趋于稳定；RATE、FI、FE 对 GDP 的贡献率在经过一个短暂的上升之后便稳定于一个较小的数值；分析 CPI，RATE 对 CPI 的贡献率最大可以达到 25% 左右，并且 FI 的冲击在经历 6 期左右的增长后逐步稳定于 25%；M1 对 CPI 的贡献率经过 4 期的显著增长以后逐步趋于稳定，最大可以达到 9% 左右；CERDIT 对 CPI 的贡献率在

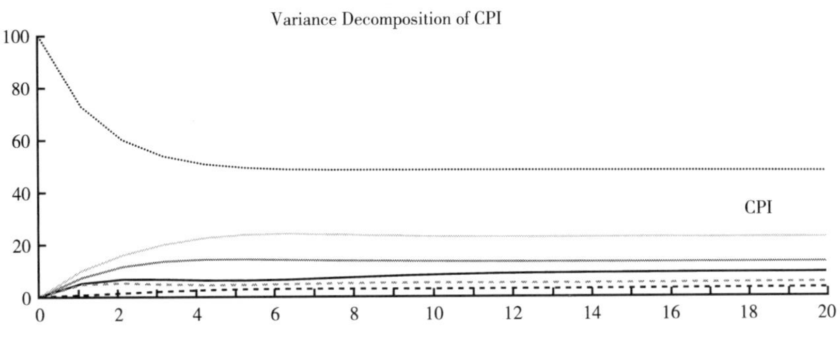

图 12 VAR－CPI 模型中各变量冲击对 CPI 的方差分解

经历一个先升后降的过程之后，经过 12 期逐步稳定于 10% 左右；FI、FE 的冲击对 CPI 方差的贡献率在经过一个短暂的上升之后（FI 的变化类似于 CREDIT）便稳定于一个较小的数值。以上方差分解的结果与 GRANGER 检验的结果是基本一致的。

3. 结　论

本文通过分析财政政策和货币政策的作用、途径及效果，主要得出如下结论：(1) 在短期内，M2 和 CREDIT 对 GDP 产生显著影响，即较之财政政策，货币政策手段能够以货币供应量控制和信贷渠道有效地影响我国经济增长，这也说明我国货币政策主要通过信贷和货币供应量渠道影响经济增长。同时我们也发现利率虽然并没有成为货币政策传导渠道，但是其对实体经济产出的影响仍然存在，是一个中期过程。(2) 财政政策通过财政收入和财政支出等手段对经济增长的影响是一个较长期的过程，并且其影响效应较货币政策手段较为缓和，即财政政策是缓慢发挥效应的长期过程。(3) 对于改善社会经济质量（主要体现在物价水平上），信贷、利率和财政收入手段是财政货币政策影响经济的主要渠道，但是不管是狭义货币供给、信贷还是利率，它们同财政支出和财政收入一样，对经济的影响是一种长期的过程；同时各指标对 CPI 的贡献率上只有狭义货币供给和信贷较为显著，能够达到 15% 和 9% 的贡献度，由此可以得出通过控制狭义货币供给和信贷对维持我国社会经济平稳健康发展方面，具有较为明显的作用绩效。

参考文献

[1] 史永东. 中国转轨时期财政政策效应的实证分析 [J]. 经济研究，1999，(2)。
[2] 周洪，马栓友，马君. “积极财政政策效应及可持续性高级专题研讨会”综述 [J]. 当

代财经，2002，(12)。

[3] 高铁梅，李晓芳，赵昕东．我国财政政策乘数效应的动态分析［J］．财贸经济，2002，(2)。

[4] 刘斌．货币政策冲击的识别及我国货币政策有效性的实证分析［J］．金融研究，2001，(7)。

[5] 陈飞，赵昕东，高铁梅．我国货币政策工具变量效应的实证分析［J］．金融研究，2002，(10)。

[6] 高铁梅，王金明．我国货币政策传导机制的动态分析［J］．金融研究，2001，(3)。

[7] 裴平，熊鹏，朱永利．经济开放度对中国货币政策有效性的影响：基于1985—2004年交叉数据的分析［J］．世界经济，2006，(5)。

[8] 戴敬明．财政—货币政策主要变量对经济稳定增长作用的实证分析［J］．财政研究，2001，(12)。

[9] 李义超，周英章．我国货币政策和财政政策的效用比较研究［J］．数量经济技术经济研究，2002，(3)。

[10] 孙镟，郑垂勇．我国财政货币政策的效应评析［J］．财会研究，2004，(9)。

[11] 高铁梅，梁云芳，何光剑．中国季度宏观经济政策分析模型——对宏观经济政策效应的模拟分析［J］．数量经济技术经济研究，2007，(11)。

[12] Sims C. A. Macroeconomics and Reality［J］. Econometrica，1980，(48).

2005—2009 年人民币汇率走势分析

张　鸥　赵　倩

从 2005 年起到 2009 年年底，总趋势是人民币升值，并在 2005 年 8 月因为汇改有了唯一的一次明显大幅度的升值，此后，人民币小幅度逐渐升值。运用国际收支说理论并结合中国实际总结共有五大因素影响了人民币升值。

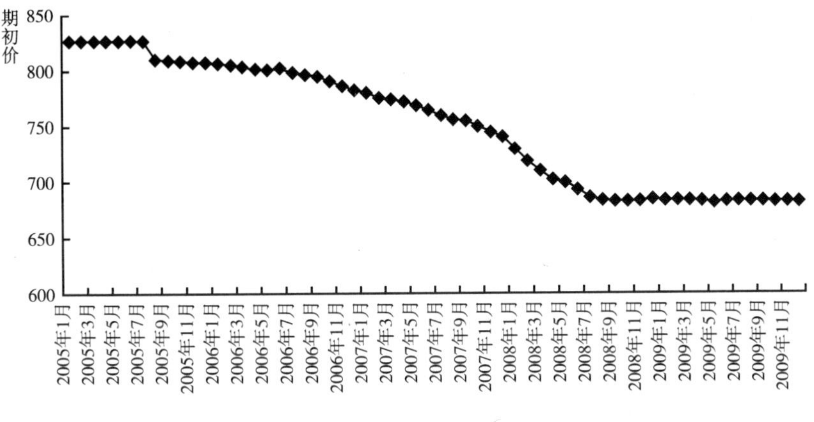

图 1　人民币兑美元中间价（2005. 1—2009. 12）

数据来源：国家外汇管理局。

一、国民收入水平

中国的国民收入每年都以超过 8% 的比例高速增长，但跟美国相比还是有相当大的一段差距，我国还是发展中国家，尤其是人均量值，2010 年我国总量 GDP 超过日本成为世界第二名，但人均 GDP 世界排名还在一百名之后，温家宝总理曾说过："一个很小的问题，乘以 13 亿，都会变成一个大问题；一个很大的总量，除以

13 亿，都会变成一个小数目。”以 2008 年的数据来说，我国人均 GDP 只是美国的 7%，说明我国人民收入水平还很低，并且我国国民贫富差距较大（基尼系数远大于收入分配差距的“警戒线”0.4，达到 0.5 左右），我国少数人拥有着大量的财富。中国劳动力廉价，大量加工贸易公司，出口有价格竞争力的产品。而美国产品的国内购买力却不够强，进而导致我国对美国长期贸易顺差，并且主要是货物顺差，外汇储备持续增长，虽然 2009 年全年中国政府共 5 次对美国国债进行了减持，但目前仍有 7554 亿美元美国国债，使中国面临着人民币升值的巨大压力。

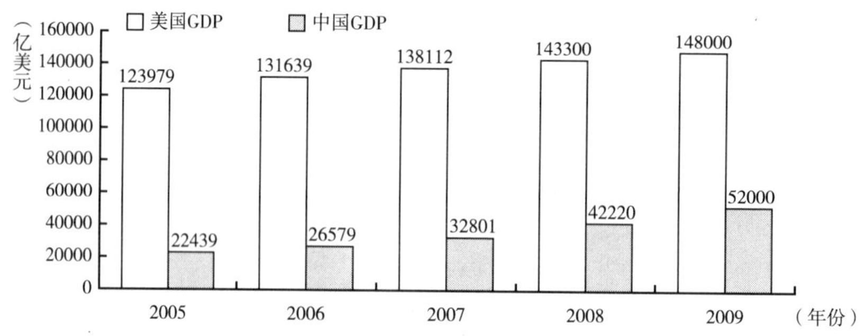

图 2　中国与美国 2005—2009 年 GDP 对比

数据来源：国家统计局；2009 年数值为 OECD 预期值。

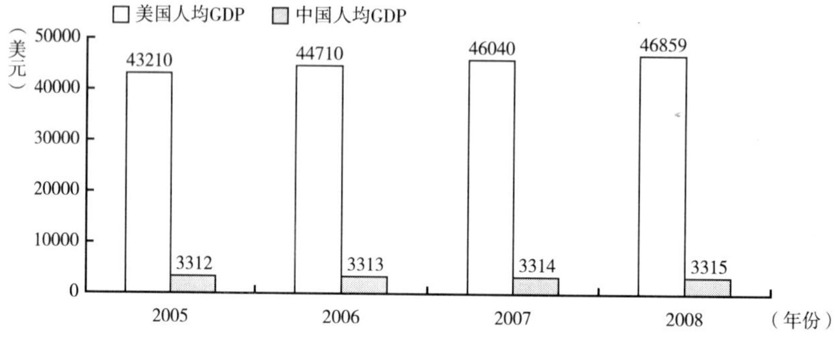

图 3　中国与美国 2005—2008 年人均 GDP 对比

数据来源：国家统计局。

二、价格水平

2005、2006 两年美国 CPI 高于中国 CPI，利于中国出口贸易，国际收支顺差，人民币有升值趋势。2007 年美国爆发金融危机，物价走低，但美国制造业几乎都转移到了中国等发展中国家，美国的高科技商品价格降低对我国人民来说还是高端商品，价格偏高，并且美国的高科技产品很多实行技术保护并不向我国出售，所以中美贸易仍然是中国顺差，并且2006—2009年顺差还在继续扩大，美国仍然要从中国进口大量制造品，我国国际收支顺差，人民币仍是升值。

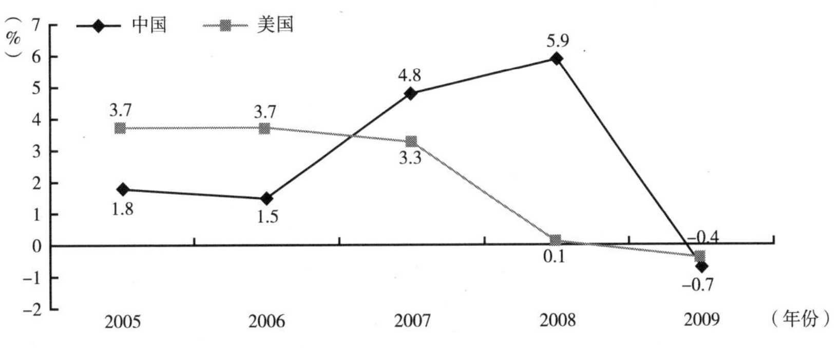

图4　中国与美国 CPI 比较

数据来源：国家统计局。

三、利　　率

美国次贷危机前利率都是高于中国的，危机后利率才逐渐调整，直至现在的0.25%。2005—2007年美国利率较高，美国国际收支应该增加，人民币应该贬值，但因为中国政府长期贸易顺差，并且持有大量美国国债，这些又是阻碍人民币贬值的因素。在2007年危机后，美国又逐步减息更是达到了现在的接近于零的0.25%，而我国利率没有实现市场化改革，人民币利率稳定且处于较高水平，导致国内外利差的扩大，大量国际游资进入我国，人民币更是不能贬值了。

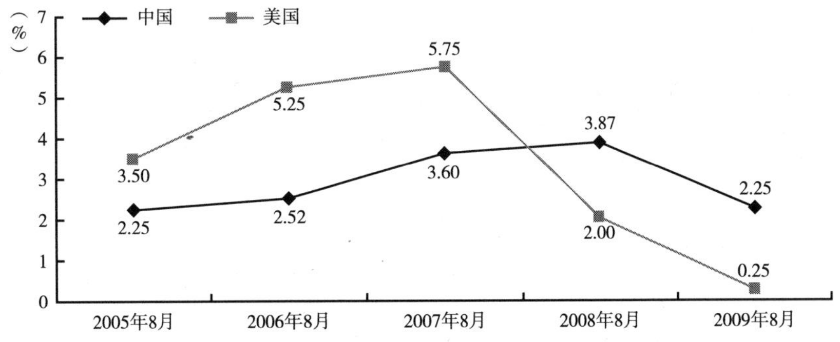

图5　中国与美国 2005—2009 年年存款利率对比

数据来源：国家统计局。

四、国际压力

日本政府由于自身需要，自 2002 年起就开始在国际上大造舆论，声称中国向全世界输出了通货紧缩，并鼓动其他一些国家，一起向中国政府施加压力，达成类似于《广场协定》之类的文件，强迫人民币升值。随后，美国和欧盟也开始向中国施压，不断针对中国商品提起反倾销案，要求人民币升值重新定值。同时，国外的一些知名学者等撰文认为人民币被严重低估，支持了美国、日本等国政府的论调。

五、升值预期

正是由于美国、日本等国的舆论造势，国际上形成了对人民币升值的预期。在升值预期下，一些机构和个人投机者通过各种渠道，把外币资产兑换成人民币资产，等待人民币升值赚取利差，热钱的大量流入形成了新的升值压力。

六、结　　语

基于以上分析，我国 2005—2009 年人民币走势基本符合在参考国际综合局势下国际收支说理论的分析结果，而且我国人民币未来走势仍然是以升值为主，但真正的人民币汇率走势情况以及有关人民币变动的金融政策，一定要结合我国和国际的实际情况，基于理论分析来加以制定。

参考文献

[1] 越石："人民币汇率的中国说法"，《国际融资》2010 年 3 月 15 日。
[2] 王元龙："影响人民币汇率变动的原因及趋势分析"，《中国商界（上半月）》2008 年 1 月 8 日。
[3] 中华人民共和国国家统计局：http：//www. stats. gov. cn/.
[4] 国家外汇管理局：http：//www. safe. gov. cn/model_ safe/index. html.

美联储货币政策与房地产泡沫关系实证分析

刘　星

1. 文献综述

国外很早就有对货币政策资产价格传导渠道的研究。相关文献中，资产价格渠道又可分为托宾 q 效应渠道、财富效应渠道、居民流动性效应渠道和资产负债表效应渠道和四种途径。Tobin（1969）的 q 理论是从资产结构调整角度考虑货币政策的传导过程。q 为企业市值对重置成本的比值，其高低决定了企业投资愿望。在货币政策扩张时，利率下降，会导致股票价格上升，此时企业投资意愿加大，即 q 变大，企业增加投资，房屋供给相应也增加，居民对房屋需求会上升，这样也会导致房价上涨。反之 q 变小，房价下跌。Modigliani（1971）考虑了 Tobin 没有考虑的货币供应量变化对私人消费影响，认为财富变动对房屋需求及其房价会产生很大影响。货币扩张导致股价升高，股价升高，意味着居民财富升值，对房屋的消费需求增加，从而房价上涨。反之，房价下降。Mishkin（1999）从流动性的角度出发，由于信息不对称的存在，住房属于非流动资产。扩张性的货币政策会降低利率水平，进而增加消费者的现金流，而现金流的增加会导致对房产的支出增加，从而推动房产价格升高。Bernanke 和 Gertler（1995）认为，由于市场信息不完全，借款人能够获得银行信用供给额度取决于其资产负债表状况，在通货膨胀预期不变的条件下，股价上升改善了企业资产负债状况，从而使其能够从银行得到较多的贷款支持，企业可支配资金的增多，导致投资支出的增加，从而引起最终产品和国民收入的增加，人们对房屋的消费需求增加，从而房价上涨。

易纲和王召（2002）构建模型研究在封闭经济条件下，资产价格在货币政策传导过程中的作用，证明货币政策对金融资产价格有影响。桂荷发（2004）基于信贷扩张的资产价格泡沫模型，揭示了信贷扩张与资产价格泡沫之间的相互关系以及信贷扩张作用于资产价格的机理，并指出其政策含义是货币政策必须与审慎监管政策协调配合。瞿强（2007）系统评述目前宏观经济政策如何应对资产价格波动的有关研究，介绍这一领域中存在的主要争论，讨论未来的研究方向。段忠东（2008）围绕货币政策应对房地产价格波动的政策反应这一中心线索，对一系列重要的理论与实践问题展开了理论分析与实证研究。何国华和黄明皓（2009）扩展了易纲和王召（2002）的模型，研究开放经济条件下货币政策在资本市场、汇率市场和商品市场之间的传导过程，解释了1999年后中国的货币政策传导机制，最后用VAR方法证明开放条件下货币政策的资产价格传导机制具有系统稳定性。国内现有的研究虽然肯定了资产价格在货币政策操作中的作用，在实证上也给出了关于资产价格与实体经济、通货膨胀关系的一些证明，但对于货币政策的资产价格传导效应，缺乏系统性的理论分析和实证研究。

2. 泡沫形成机制

2.1 内在机制：产品存在缺陷，借贷双方相互作用

自“9·11”事件以后，美联储为市场提供了丰富流动性，利率和风险溢价均较低，房地产金融机构有丰富的资金，并愿意承担更多的风险。同时，住房需求强劲，房地产价格持续上涨，经济向好。在此背景下，从供给方来来看，房地产金融机构忽视了次级贷款产品风险的防范和控制，采取了激进的信贷策略：一是放松贷款发放标准，减少对收入证明的要求，甚至免于提供；二是提供多种潜在风险巨大或结构复杂的次贷产品。房地产金融机构对次级贷款产品与制度的设计在初始之时就留下了风险漏洞，构成了此次危机最为基础的内在动因。从需求方来看，作为次贷的需求方，借款人在还款初期优惠条件的“诱惑”下，接受了最终超出他们支付能力的次贷产品。贷款与财富挂钩安排和按揭净值提取安排（Mortgage Equity Withdrawal，简称MEW），这两个美国按揭市场特有的创新制度，将居民消费与住房价格紧密地结合起来。首先，按揭贷款从与收入挂钩，变成了与财富挂钩。于是，随着住房价格不断飙升，家庭融资能力大大增强，尽管他们的收入十年来并没有增加多少。其次，由于有MEW安排，只要房价还在不断上涨，家庭就可以从按揭贷款中提取现金用于消费。可当房价下跌，房地产泡沫破灭，贷款利率重置时，支付资金增加或房产变为负资产，这时，借款人将可能陷入支付危机，构成了借款人后续违约的直接原因。借款人在美国房价持续攀升的预期下往往高估自己未来的还款能力，因为即使在未来借款者的可支配收入不足以偿付贷款，投资者仍然可以利用由于房价上涨带来的房产权益的增值进行再融资，所以在预期房价上升的情况下，投资者对未来还款能力很乐观。

2.2 触发原因：基准利率上升和房价下降

大部分次级贷款基于浮动利率，即贷款利率随短期利率变动而变动。一旦房价回落、利率上升，次级借款人将会面临无力还贷风险。因此，房地产市场状况及美国的利率环境是影响次级贷款市场发展的两大因素，是诱发此次危机的重要外在原因。随着2003年美国经济的全面复苏，通货膨胀压力重新显现。美联储为此从2004年6月起两年内连续17次上调联邦基金利率，逐渐刺破美国房地产市场泡沫。2004—2005年发放的次级抵押贷款合同，至2007年进入利率重新设定期，这对可变利率抵押贷款影响巨大，当进入利率重置期之后，借款人将面临支付冲击，这很可能提高贷款的迟付率与违约率，尤其是在目前利率重置期与房价涨速回落重合的情况下。在房市趋冷、利率走高的双重压力下，自2006年以来，次级抵押贷款拖欠、违约及停止抵押赎回权数量不断增加。与此同时，次贷发放机构收紧了次级贷款的发放政策，对住房需求产生抑制作用，这就形成了：房价降、利息升、借款人还贷困难——贷款人收紧房贷——住房需求下降——房价继续下降的循环紧缩链条，其作用不断持续、显现。

3. 模型分析

Pavlov和Wachter（2004）提出一个在乐观情绪下住房信贷利率竞争与房地产价格的模型，从信贷的供给和需求两个方面对此问题进行了探讨。房地产金融机构在给贷款定价的过程中，由于忽视了本身已赋予借款人违约的权利而在贷款定价中未计算相应的看跌期权的价格，导致贷款利率偏低，从而推动了房地产价格的上扬，产生泡沫。

假设：所有的市场主体为风险中性；银行为吸收存款和贷款给购买风险资产的投资者的金融中介；投资者的资产净值为零；银行发放的贷款为不可追索的。R_h = 好的投资状态下风险资产的高额回报现金流（1+投资收益）；R_l = 差的投资状态下风险资产的低额回报；i = 贷款利率；P = 风险资产的现价；δ = 风险资产高额回报的发生概率；ν = 贷款中包含的看跌期权的价值；d = 存款利率（贴现率）。

房地产资产的基本价格应等于未来各种可能状态下收益的贴现值：

$$P_f = \frac{\delta R_h + (1-\delta) R_l}{1+d} \tag{1}$$

由于模型假设贷款为不可追索的且投资净值为零，因此投资者的零利润状态使得在好的投资状态下投资回报等于贷款利息：

$$\frac{R_h}{P} = 1 + i \rightarrow R_h - P(1+i) = 0 \tag{2}$$

而在差的投资状态下，投资者对贷款合同违约，所付利息为零，形成银行坏账。因此对银行而言，按照无套利定理，看跌期权的价值应该等于在差的投资状态下的预期损失：

$$v + (1-\delta)\left(\frac{R_l}{P} - 1\right) = 0 \rightarrow v = (1-\delta)\left(1 - \frac{R_l}{P}\right) \tag{3}$$

由于借款人只在好的投资状态下获得高额回报时支付本金和利息，贷款利率越高则借款人违约的概率越大，贷款利率将影响看跌期权的价值，包含看跌期权价值的贷款利率为：

$$i = \frac{v+d}{\delta} \tag{4}$$

看跌期权的价值为贷款利息的一部分，贷款利息只在好的投资状态下支付，出现的概率为δ，因此除以概率δ。把公式（4）代入公式（3）得到：

$$i = \frac{(1-\delta)\left(1 - \frac{R_l}{P}\right)}{\delta} \tag{5}$$

把公式（5）代入公式（2）中，得到：

$$P = \frac{\delta R_h + (1-\delta)R_l}{1+d}$$

可见，包含了看跌期权价值后的推导出的房地产价格等于基本价格。然而，如果看跌期权的价值被低估，即$v^* = (1-\delta)\left(1-\frac{R_l}{P}\right) - \varepsilon$，$0<\varepsilon<\nu$，为看跌期权被低估的价值，期权被低估之后的房地产价格为：

$$P' = \frac{\delta R_h + (1-\delta)R_l}{1+d-\varepsilon} > P_f \tag{6}$$

可见，看跌期权价值被低估推动了房地产价格的膨胀。当房地产行业处于繁荣状态时，贷款机构作为代理人，为了提高自己的竞争力，抢占市场份额，将无视房地产贷款中存在的违约风险压低贷款价格，以争取到更多客户。特别是在信息不对称的市场环境中，除非借款人违约，贷款变为不良贷款，否则很难准确地判断给投资者发放的房地产贷款是否定价合理。因此，在房地产行业处于上升期，信贷市场竞争激烈的环境下，贷款机构存在着忽视贷款中所应包含的看跌期权的价值，从而使房地产贷款利率低于实际值的激励，最后的结果将是因为降低了房地产贷款成本，而极大地推动了房地产价格的上涨。

4. 实 证 检 验

本文数据均来自中经网数据库和美国房地美网站，文章旨在检验美国的货币供应量和利率与房地产价格的互动关系。在货币供应量指标中，M2 与宏观经济变量之间关系最密切，因此本文选取 M2 作为货币供应量指标；在利率指标中，能够灵敏地反映资金供求状况，被视为基础利率，因此本文选择联邦基金利率作为利率指标；房地产市场方面，选取房地产价格指数（HPI）作为研究对象。为避免数据的波动，对变量采取对数形式。数据选取时间段为 1991 年第一季度至 2008 年第四季度。数据处理均使用 Eviews5. 1 软件。

本文对上述经济变量采取 ADF 检验，分析各个变量是否具有平稳性。结果如表 1 所示：

格兰杰因果检验是检验变量之间因果关系的办法。Granger 解决了 X 是否引起 Y 的问题，主要看现在的 Y 能够在多大程度上被过去的 X 解释，加入 X 的滞后值是否使解释程度提高。如果 X 在 Y 的预测中有帮助，或者 X 与 Y 的相关系数在统计上显著时，就可以说"Y 是由 X Granger 引起的"。结果如表 2 所示：

表 1　平稳性检验结果

	ADF(second difference)
M2	-8. 576 *
联邦基金利率	-5. 790 *
HPI	-9. 307 *

* 表示在 1% 水平上显著。

表 2　格兰杰因果检验

单位：%

原　假　设	F 统计量	P 值
HPI 不能 Granger 引起 R	11. 687	4. 6E -05
R 不能 Granger 引起 HPI	3. 609	0. 033
HPI 不能 Granger 引起 M	1. 079	0. 346
M 不能 Granger 引起 HPI	4. 348	0. 017

通过格兰杰因果检验我们可以看出，M2 和联邦基金利率均为引起 HPI 变化的 Granger 原因。因此，在 Granger 意义上，利率与房地产价格之间存在因果关系，相互影响，形成一个复杂的循环。即一方面，联邦基金利率的变化会引起房地产市场

资金供求状况的变化，另一方面，房地产市场资金供求的变化也会引起联邦基金利率的变化，这表明货币政策和房地产市场之间存在一定的互动关系。

建立 OLS 回归方程说明房地产价格指数与货币供应量 M2 和联邦基金利率之间的关系：

$$LHPI = -3.741 + 1.053LM$$

$$(75.426)(-3.514)$$

$$LHPI = 5.409 - 0.18LR$$

$$(-23.941)(57.153)$$

对残差进行平稳性检验，检验值 -3.413 和 -3.179 在 5% 水平上拒绝了零假设。认为上述变量间存在协整关系，故可建立 ECM 方程，结果如下所示：

$$LHPI = -3.661 + 1.044LM + 1.008ecmt - 1$$

$$(387.18)(-13.287)(42.482)$$

$$LHPI = 5.352 - 0.132LR + 0.98ecmt - 1$$

$$(-80.64)(195.05)(28.041)$$

通过以上分析可以看出，房地产价格与货币供应量正相关，而与利率之间存在着负相关。从回归方程的系数来看，利率的调整对房地产价格的影响小于货币供应量的影响。利率上调 1%，房地产投资下降 0.132%，而货币供应量提高 1%，房地产价格则增长 1.044%。从实证的结果来看，利率和货币供应量能够控制房地产行业的投资，引起房地产市场泡沫的膨胀。

5. 结论及政策建议

从以上的实证分析可以得出以下结论：货币供给量和利率是影响房地产投资的主要原因。由于货币政策能够通过货币供给量和利率来影响房地产市场，因此可以通过实施适宜的货币政策对房地产市场进行宏观调控。具体来说：

首先，应该控制住房贷款规模和结构，控制货币供给量的增长速度，保持利率的稳定。货币供给量的快速增长和较低的利率，必然导致住房贷款的增加，从而增强对房地产开发的投资需求和投机需求。特别是住房贷款门槛限制的降低，会刺激投机需求，引发房地产价格的新一轮攀升。因此，监管部门必须加强对住房贷款数量和结构的控制，抑制房地产的投机性需求，提高住房贷款的质量，这样既可以稳定房价，同时也能降低贷款风险。

其次，要保持货币政策的一致性，减少货币供给量和利率与房地产市场的波动。房地产价格与货币供给量有正向相关关系，而货币政策决定着货币供给量和利率的变化幅度，稳定的货币政策必然伴随货币供给量的平稳增长和利率的稳定。因此，保持货币政策的一致性，会在一定程度减少货币供给量和利率与房地产价格的波动。

参考文献

[1] James Tobin. A General Equilibrium Approach to Monetary Theory [J]. Journal of Money, Credit, and Banking, 1969 (1): 15 -29.

[2] Franco Modigliani. Monetary Policy and Consumption [J] . Consumer Spending and Money Policy, 1971 (1): 9 -84.

[3] Frederic. S. Mishkin. Global Financial: Instability: Framework, Events, Issues [J]. Journal of Economic Perspectives, 1999 (4): 3 -20.

[4] Bernanke , Gertler. Inside the Black Box: the Credit Channel of Monetary Policy Transmission [J]. Journal of Economic Perspectives, 1995 (9): 27 -48.

[5] 易刚，王召. 货币政策与金融资产价格 [J]，经济研究，2002 (3) : 13。

[6] 桂荷发. 信贷扩张、资产价格泡沫与政策挑战 [J]，财贸经济，2004 (7): 39 -41。

[7] 瞿强. 资产价格波动与宏观经济政策困境 [J]. 管理世界，2007 (10): 139 -149。

[8] 段忠东. 房地产价格与货币政策 [D]. 长沙：湖南大学，2008。

[9] 何国华，黄明皓. 开放条件下货币政策的资产价格传导机制研究 [J]，世界经济研究，2009 (2): 12 -18。

[10] Pavlov and Wachter. Robbing The bank: short-term players, debt market competition, and asset prices [J]. Journal of Real Estate Finance and Economics, 2004 (28): 147 -160.

货币供给、经济增长、通货膨胀互动关系实证研究

沈海平

一、引　　言

货币政策是指一国中央银行为实现其特定的经济目标所采取的各种调节和控制货币供给及信贷总量的总称，货币政策实施的好坏直接影响着一国经济能否平稳运行。2009年中国经济经历了触底反弹的过程，在本轮经济复苏中货币政策起到很大的作用。然而，随着经济的逐渐回暖和货币供给的不断扩张，物价指数逐月攀升，股市、楼市屡创新高，通货膨胀的隐忧开始显现，有关宽松货币政策是否需要适时退出的问题成为舆论关注的热点问题。然而要回答这一问题，首先要理清货币供给、经济增长、通货膨胀之间的关系。

二、国内外文献综述

关于货币供给、经济增长、通货膨胀之间关系的研究，学术界主要有三种观点，即中性论、推动论和抑制论。亚当·斯密（1979）强调货币的中性特质，即货币供给量的变动并不影响就业、产出等实际量，货币政策的任务只是在于控制货币数量，稳定物价水平，维持货币购买力；米尔顿·弗里德曼（1963）通过自然率假说，认为在长期中，货币供给的变化只会引起物价水平的变动，而不会引起实际产出和收入的变动，即货币政策无效性。曾令华（2002）通过实证分析发现我国名义经济增长率与货币供应量增长率有显著的线性关系，实际经济增长率也随着货币供应量的增加而增加；张奇（2006）通过货币供应量与经济增长的EMC模型分析，说明货币供应量是推动经济增长的主动力；姚远（2007）采用协整与方差分解的方法对中国货币供应、通货膨胀与经济增长的关系进行实证研究发现，货币供应对通货膨胀和经济增长的影响具有滞后效应，长期内货币非中性，而通货膨胀和经济增长并不

影响货币供应。贵斌威，甄苓（2008）通过构建一个内生增长的 CIA 模型发现当货币供给速度变大时，经济增长率会因此降低，通货膨胀将升高；而哈耶克（1976）特别强调货币扰乱经济的作用，认为货币是引起经济周期的主要因素，强调货币对经济的破坏作用，而否定货币的积极作用。

上述研究成果极大拓展了货币政策理论在我国的应用和发展，对全面理解货币供给、经济增长、通货膨胀之间的关系具有指导意义。然而，前人的研究仍存在一些不足之处，国内外学者对货币政策有效性的研究结论也存在很多冲突和不一致的情况。本文在国内外学者对货币供给对宏观经济影响的研究成果的基础上，吸取他们的研究方法和思考问题、解决问题的思路，综合运用描述性统计、相关性检验、平稳性检验、格兰杰因果检验、加权最小二乘法等方法对货币供给、经济增长、通货膨胀之间的互动关系进行实证研究，验证货币中性理论是否适用于中国实际。

三、研究样本、指标界定及主要变量的描述性统计

（一）研究样本

本文选取 1991—2008 年间中国经济增长、货币供给以及通货膨胀的宏观经济数据作为研究样本，考察三者之间的互动关系，验证货币中性理论是否适用于中国实际。所有数据全部来自《中国统计年鉴 2009》。

（二）指标界定

经济增长是指一个国家或地区在一定时期内的总产出与前期相比实现的增长，而总产出通常用国内生产总值来表示，因此本文选取国内生产总值（GDP）作为衡量经济增长的指标。

货币供给是指一国在某一时期内为社会经济运转服务的货币存量，货币供给量划分为三个层次：一是流通中现金 M_0，即银行体系以外流通的现金；二是狭义货币供应量 M_1，即 M_0 加上企事业单位活期存款；三是广义货币供应量 M_2，即 M_1 加上企事业单位定期存款、居民储蓄存款和其他存款。可见，M_2 不仅反映现实的购买力，还反映潜在购买力，而中央银行一般通过 M_2 调整货币政策，因此本文选取广义货币供应量 M_2 作为衡量货币供给的指标。

通货膨胀是指整体物价水平持续性上升，表现为货币购买力下降，本文以居民消费价格指数（CPI）作为衡量通货膨胀的指标。

为了排除由于量纲不同带来的影响，以往的研究往往对 GDP 和 M_2 取对数，而不对 CPI 进行处理，导致的结果是 GDP 和 M_2 的数据表示的总量，而 CPI 数据表示

的增速，仍然存在不对应的问题，可能会影响实证结果的可靠性。因此，本文为了解决这一问题，在实证中采用 GDP 的增速 GDPR 和 M_2 的增速 M_2R 的数据来表示经济增长和货币供给的变化。

（三）描述性统计

表 1、表 2 和图 1 分别为反映 1991—2008 年期间反映我国经济增长、货币供给以及通货膨胀的总体状况、增长趋势和年度变化的描述性统计结果。

通过描述性统计可以得到如下结论：

我国在 1991—2008 年间，经济增度达到 10.3%，经济保持了高速、平稳增长，与此同时，货币投放也保持了年均 21.2% 的增长，经济总量和货币供给分别扩大近 2 倍和 4 倍。而在此期间我国的年通货膨胀率只有 5%，排除极端值后通胀率仅为 2.54%，特别是 1997 年以来，我国年均通货膨胀率仅为 1.67%，可见我国在保持经济总量和货币供给保持快速增长的同时，有效地保持了物价稳定。

表 1　1990—2008 年我国经济增长、货币供给以及通货膨胀的情况

年　份	GDP(亿元)	GDPR（%）	M_2(亿元)	M_2R（%）	CPI（%）
1991	21781.5	9.2	19349.9	26.5	3.4
1992	26923.5	14.2	25402.2	31.3	6.4
1993	35333.9	14	34879.8	37.3	14.7
1994	48197.9	13.1	46923.5	34.5	24.1
1995	60793.7	10.9	60750.5	29.5	17.1
1996	71176.6	10	76094.9	25.3	8.3
1997	78973	9.3	90995.3	19.6	2.8
1998	84402.3	7.8	104498.5	14.8	-0.8
1999	89677.1	7.6	119897.9	14.7	-1.4
2000	99214.6	8.4	134610.3	12.3	0.4
2001	109655.2	8.3	158301.9	17.6	0.7
2002	120332.7	9.1	185007	16.8	-0.8
2003	135822.8	10	221222.8	19.6	1.2
2004	159878.3	10.1	254107	14.7	3.9
2005	183217.4	10.4	298755.7	17.6	1.8
2006	211923.5	11.6	345603.6	15.7	1.5
2007	257305.6	13	403442.2	16.7	4.8
2008	300670	9.6	475166.6	17.8	5.9

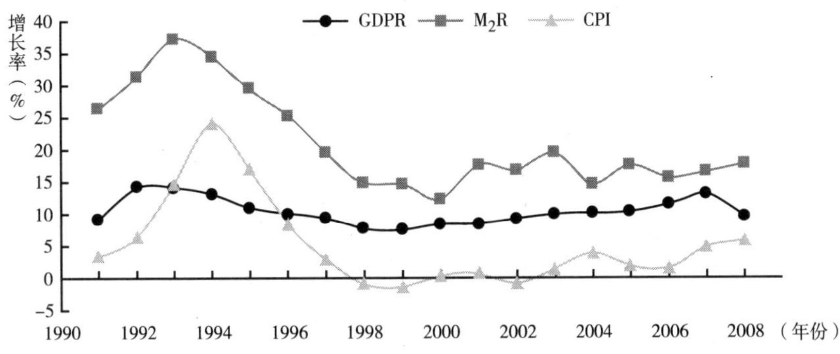

图 1　1991—2008 年我国经济增长、货币供给以及通货膨胀增速

表 2　1991—2008 年我国经济增长、货币供给以及通货膨胀的描述性统计

	GDPR	M_2R	CPI
平　　均	10.37	21.24	5.22
离差系数	0.20	0.36	1.32
标准误差	0.48	1.78	1.63
中 位 数	10	17.7	3.1
总　　数	10	19.6	-0.8
标 准 差	2.05	7.55	6.91
方　　差	4.21	57	47.74
峰　　度	-0.59	-0.32	2.32
偏　　度	0.65	0.96	1.64
区　　域	6.6	25	25.5
最 小 值	7.6	12.3	-1.4
最 大 值	14.2	37.3	24.1
求　　和	186.6	382.3	94
观 测 数	18	18	18
置信(95.0%)	1.02	3.75	3.44

经济增长与货币供给增长、通货膨胀之间具有非常明显的同向变动关系，但三者在变化趋势上表现出一定的先后次序，经济增长的变化趋势领先于货币供给增长和通货膨胀，而货币供给增长的变化则领先于通货膨胀。

从总体上看，经济增长和货币供给增长都表现出一定的波动性，其利差系数分别为 0.2 和 0.36，说明货币供给增长的变化幅度远远大于经济增长的变化幅度。而从 1998 年开始，经济增长、货币供给和通货膨胀的变化幅度都出现明显缓和的趋势，说明在此阶段上我国经济保持了平稳增长。

四、实证研究和结果分析

（一）相关性检验

为了进一步研究货币供给、经济增长、通货膨胀之间的关系，首先对它们进行皮尔逊相关性检验，考察三者之间是否存在相关关系，检验结果如表3：

表3　Pearson 相关性检验结果

Pearson 相关性检验	M_2R	GDPR	CPIR
M2R	1	0.696***	0.832***
GDPR	0.696***	1	0.648***
CPIR	0.832***	0.648***	1

*** 表示在1%水平上显著。

通过 Pearson 相关性检验可以发现，货币供给增长率（M_2R）、经济增长率（GDPR）、通货膨胀率（M_2R）三者之间存在的相关关系，并都在1%的显著性水平上显著。其中货币供给与通货膨胀之间的相关性最强，经济增长与货币供给之间的相关性次之，而经济增长与通货膨胀之间的相关性相对最弱。

（二）平稳性检验

在对时间序列进行回归分析的时候，可能会出现由于序列的非平稳性而导致伪回归问题。为了保证实证结果的可靠性，本文采用 ADF 方法对各序列及其一阶差分序列进行平稳性检验，检验结果发现，各指标均为一阶差分平稳，表4是平稳性检验的结果。

表4　ADF 平稳性检验结果

变　量	ADF 统计量	临界值（5%）	结　论
CPI	-2.602	-3.066	不平稳
GDPR	-1.859	-3.052	不平稳
M2R	-2.053	-3.065	平稳
D(CPI,1)	-3.670	-3.081	平稳
D(GDPR,1)	-4.126	-3.065	平稳

注：D（X，N）代表X序列的N阶差分。

通过 ADF 平稳性检验可以发现，货币供给增速（M_2R）是平稳序列，而经济增长率（GDPR）和通货膨胀率（CPI）是一阶平稳序列。

（三）因果检验

通过上文的描述性统计可以发现，货币供给、经济增长、通货膨胀三者之间存在明显的同向变化趋势，并表现出一定的先后次序。为了进一步考察三者间的互动关系，本文采用 Granger 因果检验的方法，检验货币供给、经济增长、通货膨胀之间是否存在因果关系。由于 Granger 因果检验要求数据必须平稳，因此对货币供给增速（M_2R）的原始序列，通货膨胀率（CPI）的一阶差分序列以及经济增长率（GDPR）的一阶差分序列分别进行 Granger 因果检验。根据检验模型中随机干扰项不存在序列相关的滞后长度来确定格兰杰因果检验的滞后期，结果如表 5 所示：

表 5 Granger 因果检验结果

滞后期	原假设	F 值	P 值	结论
1	M_2R 不是 D(GDPR,1)的 Granger 原因	2.685	0.125	接受
1	D(GDPR,1)不是 M_2R 的 Granger 原因	14.054	0.002	拒绝
1	D(CPI,1)不是 D(GDPR,4)的 Granger 原因	1.242	0.285	接受
1	D(GDPR,4)不是 D(CPI,1)的 Granger 原因	9.276	0.009	拒绝
2	D(CPI,1)不是 M_2R 的 Granger 原因	3.513	0.486	接受
2	M_2R 不是 D(CPI,1)的 Granger 原因	3.950	0.045	拒绝

通过 Granger 因果检验可以发现：在滞后一期上，经济增长是通货膨胀率的 Granger 原因，反之不成立；在滞后一期上，经济增长是货币供给的 Granger 原因，反之不成立；而在滞后二期上，货币供给是通货膨胀率的 Granger 原因，反之不成立。

（四）建立回归模型

由上文相关性检验可知，经济增长与货币供给之间的相关性显著，而通过格兰杰因果检验又发现，在滞后一期上经济增长是货币供给的 Granger 原因，因此，以滞后一期经济增长为自变量，货币供给为因变量，建立两者的回归模型。通过散点图观察，发现模型存在异方差性，使用加权最小二乘法（WLS）调整异方差，进行回归得到：

$$M_2R = -0.422 + 2.403^{*} GDPR$$
$$(-2.44) \quad (12.88)$$
$$R^2 = 0.996 \qquad (1)$$

回归模型高度显著，通过检验，表明经济增长会引起货币供给的增长，经济增长每提高 1 个百分点，货币供给就要相应地增加 2.43 个百分点，这就解释 1991 年至 2008 年间，货币供给伴随着经济增长保持高速增长，并且货币供给的增速大大高于经济增速。

由上文相关性检验可知，经济增长与通货膨胀之间的相关性显著，而通过格兰杰因果检验又发现，在滞后一期上经济增长是通货膨胀的 Granger 原因，因此，以滞后一期经济增长为自变量，通货膨胀为因变量，建立两者的回归模型，并使用加权最小二乘法（WLS）调整异方差，进行回归得到：

$$\begin{gathered} CPI = -23.332 + 2.715^{*} GDPR \\ (-25.27) \quad (24.68) \\ R^2 = 0.979 \end{gathered} \tag{2}$$

回归模型高度显著，通过检验，表明经济增长会使物价水平提高，经济增长每提高 1 个百分点，货币供给就要相应地增加 2.715 个百分点。通过计算发现，如果经济增速小于 8%，那么物价水平将会同比下降，中国经济将会面临通货紧缩的危险。而为了将通货膨胀控制在 5% 以内，那么经济增速就要控制在 10.5% 以内，因此，未来中国经济的最佳增长速度的区间是 8% 到 10.5% 之间。

由上文相关性检验可知，经济增长与通货膨胀之间的相关性显著，而通过格兰杰因果检验又发现，在滞后二期上经济增长是通货膨胀的 Granger 原因，因此，以滞后二期经济增长为自变量，通货膨胀为因变量，建立两者的回归模型，并使用加权最小二乘法（WLS）调整异方差，进行回归得到：

$$\begin{gathered} CPI = -13.699 + 0.897^{*} M_2R \\ (-9.05) \quad (11.76) \\ R^2 = 0.983 \end{gathered} \tag{3}$$

回归模型高度显著，通过检验，表明货币供给增长会在滞后两期内引起物价水平的提高，货币供给增速每提高 1 个百分点，货币供给就要相应地增加 0.897 个百分点，通过计算发现，在经济保持高速增长情况下，如果货币供给增速小于 15%，那么物价水平将会同比下降，中国经济将会面临通货紧缩的危险。而为了将通货膨胀控制在 5% 以内，那么货币供给增速就要控制在 20% 以内，因此，未来中国货币供给增速的最佳区间是 15% 到 20% 之间。

五、小　结

本文以 1991—2008 年我国 GDP、M2 和 CPI 数据为基础，对货币供应、经济增长及通货膨胀三者之间的关系进行实证研究，得到以下结论：

增加货币供给不能引起经济增长，但会引起物价上涨，即货币供给的变化只会引起物价水平的变动，而不会引起实际产出的增加，从而证实了货币中性论。通货膨胀带来的物价上涨只能带动名义上的经济增长，并不能引起实际国民收入的增长。因此，货币政策的任务只是在于控制货币数量，稳定物价水平，维持货币购买力。

经济增长一方面经济增长会刺激货币供应扩张，另一方面又会引起物价的上涨。因此，为了实现经济增长，必须保持一定的货币供给增长速度但同时又要控制物价上涨的幅度。政府应该实行宏观调控，保持合理的经济增长速度，防止经济过冷或过热，本文的实证结果建议的合理经济增速区间为 8%—10.5% 之间。

货币供给增长过快会引起通货膨胀，而货币供给增长过慢则会引起通货紧缩。因此，为了维护物价稳定，中央银行必须将货币供给的增速控制在一定范围之内，防止出现通胀或通缩。本文的实证结果建议的合理货币供给增速区间为 15%—20% 之间。

参考文献

[1] Bradley. Kemp. Wilson. The links between inflation , inflation uncertainty and output growth : New time series evidence from Japan [J] . Journal of Macroeconomics , 2006 , (28) : 609 – 620.

[2] Clower. R. W. A Reconsideration of the Micro-foundations of Monetary Theory [J] . Western Economic Review, 1967, 6 (1) : 1 – 9.

[3] Milton. Friedman, Anna. Schwartz. Money and Business Cycles [J] . Review of Economics and Statistics, 1963, 45 (1) : 32 – 64.

[4] King, R. G. , Plosser, C. I. Money, Credit and Prices in a Real Business Cycle [J]. American Economic Review, 1984, (74): 363 – 380.

[5] Wilson, B, K, Culver, S, E. On Measuring the Response of real GDP Growth to Changes in Inflation volatility [J] . Journal of Business and Economics , 1999 , (38) : 3 – 15.

[6] 亚当·斯密．国民财富的性质和原因的研究［M］．北京，商务印书馆：1979。

[7] 李子奈，潘文卿．计量经济学［M］．北京：高等教育出版，2000。

[8] 曾宪久．货币政策传导机制论［M］．北京：中国金融出版社，2004。

[9] 张奇．货币供应量与经济增长方式转变——基于 EMC 模型的分析［J］．中国社科院研究生院学报，2006，(1)：75 – 79 。

[10] 姚远．中国货币供应、通货膨胀及经济增长关系实证研究［J］．经济与管理，2007 (2)：45 – 49。

[11] 方春平，聂平．关于货币供给与经济增长、物价上涨的实证分析［J］．金融与经济，1994，(10)：10 – 13。

[12] 贵斌威，甄苓．货币供给、经济增长与通货膨胀：CIA 模型和中国经验［J］．生产力研究，2008，(7)：44 – 46。

[13] 曾令华．论我国 M2 对 GDP 的比例［J］．金融研究，2001，(6)：59 – 66。

[14] 赵留彦，王一鸣等．中国通胀水平与通胀不确定性——马尔柯夫域变分析［J］．经济研究，2005，(8)：60 – 72。

太湖生态修复中的投融资决策研究

潘闻闻

太湖流域位于长江三角洲东南部，地跨江、浙、沪、皖三省一市。苏州、无锡、常州、嘉兴、湖州5个中心城市构成一条环太湖城市带。环太湖流域优越的区位、密集的人口、高度发达的经济贡献了全国约13%的国内生产总值和19%的财政收入。对于中国人口密度最大、工业密度最大的太湖流域，就必须要求有安全的水环境、优质的水资源和可靠的水供给。

一、太湖生态修复经济学分析

（一）太湖生态修复治理方案

生态修复是指按照生态的演进规律，依靠外界人工调控能力和生态系统本身的自组织和自调控能力，使一个生态系统回复到较接近于受干扰前状态的过程。

太湖生态修复是太湖水环境综合治理方案的重要环节，其技术路线是通过建设治理工程，提供生态系统的各种基本条件，利用生态系统自我设计、自我组织功能，实现生态系统的自我修复，提高和恢复水环境的承载力。

1. 调水引流

利用望虞河常熟枢纽60.3公里长的河道，将长江活水送进太湖，再开启太浦闸合理分水出流，形成了一个“大循环”。同时，望虞河水进入太湖后通过无锡市梅梁湖泵站，抽引梅梁湖水进入大运河，促使无锡市太湖水源地水体的交换更新，形成两大水体循环体系。“引江济太”工程提高了太湖水位，有效扩大太湖的环境容量，太湖水源地水质得到明显改善。

2. 生态清淤

湖泊底泥是太湖水生态系统的重要组成部分，是湖泊营养物质循环的中心环节，也是水土界面物质（物理的、化学的、生物的）积极交换带。太湖底泥中富含的营养物是湖体的内污染源，是造成太湖水体富营养化和藻类暴发的营养盐来源之一，是形成“湖泛”的主要因素。太湖生态疏浚在于清除含高营养盐的表层沉积物质包括沉积在淤泥表层的悬浮、半悬浮状、由营养物形成的絮状胶体，或休眠状活体藻类及动物残骸等。

3. 技术捞藻

据研究，新鲜蓝藻约含2.8%的N，含0.075%的P，收获1吨新鲜蓝藻，可从湖中取出2.8kg的N和0.76kg的P。在藻类爆发期，实施技术打捞，一方面将藻类移出湖体，减轻湖体营养盐负荷，另一方面，科学处理太湖蓝藻，施行变废为宝的积极应变，形成生态循环。

4. 水体修复

首先利用水上种植法，在富营养化水域放养浮床陆生植物，富集N、P等元素及其他有毒物质，净化水质。其次，控制过度养殖，建立渔业生态工程，维护水资源的更殖再生。之后建立环湖湿地保护带，种植滨岸带的高等水生植被，实现生态管理和调控。

（二）太湖生态修复的经济特征

传统经济学将国家基础设施——水利工程划归为市场机制无法调节的外部性（溢出效应）范畴，因此有效率的水利产品被认为是政府干预所提供公共品。由于私人提供公共品普遍不足，政府必须介入以鼓励公共品的生产。在这一理论背景下，自20世纪90年代以来，太湖治理工程的水利投融资体制采取了政府财政实行统收统支，国家不仅承担水利工程建设的投资，还承担工程的运行和管理的资金供应。毋庸置疑，单一的资金来源、运行模式和管理体系，加剧了太湖治理工程资金投入不足和经济结构不合理的弊端。特别是在实现水商品交换的环节上，水商品意识淡薄，水商品交换体系难以形成，市场调节太湖流域水资源配置不规范，造成水资源的污染与浪费。

太湖地区水污染治理是一个复杂的生态工程。目前，针对太湖生态修复的工程并没有明晰的投融资体系，只是探索性地进行多种形式的投融资、建设与管理模式。

（三）太湖生态修复工程的投融资方式

1. 政府直接投资

长期以来，对于太湖的生态修复工程大部分依靠政府财政拨款，所建设的工程具有局部性、临时性和突发性，造成治理效果不明显，工程建设呈反复性。同时，单一的投资主体造成融资渠道狭窄、管理体制混乱，不利于生态修复工程发挥应有的效益。

2. 特许权融资方式

对太湖流域的生态修复，包括水体生态系统的恢复、建设湖滨防护带、保护生态湿地等。这些公益项目比较难通过市场渠道筹集资金。但是生态修复基础上发展的沿湖（太湖）生态服务带：旅游观光、休闲度假、会展、研发等服务业和特色生态农业，这些项目建设的资金需求量很大程度上与政府资金短缺存在矛盾，因此可以以特许经营的方式引入非国有的投资和融资。

特许权融资方式即 BOT（Build-Operate-Transfer，建设—运营—移交）方式。政府和私人机构之间达成协议，由政府向私人机构颁布特许，允许其在一定时期内筹集资金建设生态修复工程的某些项目并管理和经营该项目及其相应的产品与服务。政府对该机构提供的公共产品或服务的数量和价格可以有所限制，但保证私人资本具有获取利润的机会。当特许期限结束时，私人机构按约定将该设施移交给政府部门，转由政府指定部门经营和管理。

TOT（Transfer-Operate-Transfer，移交—经营—移交）方式是 BOT 的衍生方式，政府部门将建设好的工程项目的一定期限的产权或经营权转让给投资者，由其进行运营管理，双方合约期满之后，投资人再将该项目交还政府。政府以转让款筹建新的项目。

PPP（Public-Private Partnership，公私合伙或合营又称公私协力）方式是指政府、营利性企业和非营利性企业结成相互合作关系的形式。这是 BOT 方式相关的融资方式。

PFI（Private Finance Initiative，私人融资启动）方式是政府部门通过招投标，由获得特许权的私营部门进行公共基础设施项目的建设与运营，并在特许期结束时将所经营的项目归还政府，而私营部门则从政府部门或接受服务方收取费用以回收成本的项目融资方式。

3. 吸收金融机构贷款

主要吸收商业银行、国家开发银行和国际金融组织的贷款。20 世纪末，太湖的治理工程就得到世界银行贷款的支持，完成了生态修复的基础性治理工程。

二、运用 AHP 方法进行投融资决策

选择不同的投融资模式对太湖生态修复能否顺利实施以及其管理方式和收益方式有重要的影响。本文运用层次分析模型，对不同的投融资模式进行分析与比较。

（一）建立投融资方案递阶层次结构图

无论采取何种投融资方式，对于太湖的生态修复，都要从资金状况、风险状况、恢复生态状况以及收益状况进行分析。对此，可以建立如下递阶层次结构图。

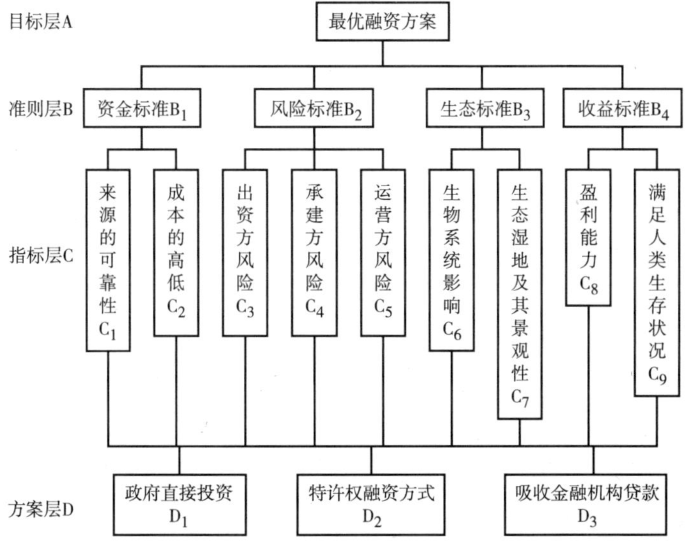

图1　太湖生态修复的投融资递阶层次结构图

（二）构造两两比较判断矩阵并计算相对权重

根据层次结构图确定各个因素指标相对于上一层因素的相对重要性权数。例如：以上一层元素 B_i 为准则，所支配的下一层元素为 C_1，C_2，…，C_{11}。邀请相关专家反复比较：针对准则 B_i，两个元素 C_i 和 C_j 哪个更重要，重要多少，并按九标度法对重要程度赋值（如表1所示）。

表1　九标度法

相对重要程度（a_{ij}）的取值	含　义
1	两个目标相比，具有同样的重要性
3	两个目标相比，前者比后者稍重要
5	两个目标相比，前者比后者明显重要
7	两个目标相比，前者比后者强烈重要
9	两个目标相比，前者比后者极端重要
2，4，6，8 倒数	上述相邻判断的中间值 若元素 i 与元素 j 的重要性之比为 a_{ij}，那么元素 j 与元素 i 重要性之比为 $a_{ji}=1/a_{ij}$

构成一个两两比较判断矩阵：$A=(a_{ij})_{nxn}$（具有性质：$a_{ii}=1$，$a_{ij}=1/a_{ij}$）

根据判断矩阵，运用特征根法计算相对权重。但是在判断矩阵的构造中，并没有要求判断具有传递性和一致性，这会导致判断不一致的情况出现，因此需要对判断矩阵进行一致性检验。

首先计算一致性指标：$C.I. = \frac{\lambda_{max} - n}{n-1}$

其次查找相应的平均随机一致性指标 R. I.（如表 2 所示）

表 2　平均随机一致性指标 R. I.

矩阵阶数	1	2	3	4	5	6	7	
R. I.	0	0	0.52	0.89	1.12	1.26	1.36	
矩阵阶数	8	9	10	11	12	13	14	15
R. I.	1.41	1.46	1.49	1.52	1.54	1.56	1.58	1.59

然后计算一致性比例 C. R.

$$C.R. = \frac{C.I.}{R.I.}$$

当 C. R. <0.1 时，认为判断矩阵的一致性是可以接受的。当 C. R. ≥0.1 时，应该对判断矩阵适当修正。

（1）准则层对目标层的判断矩阵 A（见表 3）：

表 3

A	B_1	B_2	B_3	B_4
资金标准 B_1	1	3	7	5
风险标准 B_2	1/3	1	5	3
生态标准 B_3	1/7	1/5	1	1/3
收益标准 B_4	1/5	1/3	3	1

W =（0.56，0.26，0.06，0.12）　λ =4.123　C. I. =0.04　C. R. =0.04

对于判断矩阵 A，对应的 CR =0.04 <0.1，通过了一致性检验。

（2）指标层对准则层的判断矩阵 B：

$$B1 = \begin{pmatrix} 1 & 1/5 \\ 5 & 1 \end{pmatrix} \quad B2 = \begin{pmatrix} 1 & 1/5 & 1/3 \\ 5 & 1 & 3 \\ 3 & 1/3 & 1 \end{pmatrix} \quad B3 = \begin{pmatrix} 1 & 5 \\ 1/5 & 1 \end{pmatrix} \quad B4 = \begin{pmatrix} 1 & 1/6 \\ 6 & 1 \end{pmatrix}$$

其权重为：W_1 =（0.17，0.83）　W_2 =（0.11，0.63，0.26）　W_3 =（0.83，0.17）　W_4 =（0.14，0.86）

因为二阶矩阵 RI =0，由于分母不能为 0，这种情况下所有的 CR =0，即都通过了一致性检验，而 B_2 对应的矩阵 CR = 0.03 < 0.1，也通过了一致性检验。

（3）方案层对指标层的判断矩阵：

$$C1 = \begin{pmatrix} 1 & 3 & 1/5 \\ 1/3 & 1 & 1/7 \\ 5 & 7 & 1 \end{pmatrix} \quad C2 = \begin{pmatrix} 1 & 1/6 & 1/3 \\ 6 & 1 & 3 \\ 3 & 1/3 & 1 \end{pmatrix} \quad C3 = \begin{pmatrix} 1 & 1/5 & 1/3 \\ 5 & 1 & 3 \\ 3 & 1/3 & 1 \end{pmatrix}$$

$$C4 = \begin{pmatrix} 1 & 1/7 & 1/4 \\ 7 & 1 & 3 \\ 4 & 1/3 & 1 \end{pmatrix} \quad C5 = \begin{pmatrix} 1 & 5 & 3 \\ 1/5 & 1 & 1/3 \\ 1/3 & 3 & 1 \end{pmatrix} \quad C6 = \begin{pmatrix} 1 & 3 & 1/5 \\ 1/3 & 1 & 1/7 \\ 5 & 7 & 1 \end{pmatrix}$$

$$C7 = \begin{pmatrix} 1 & 1/5 & 3 \\ 5 & 1 & 7 \\ 1/3 & 1/7 & 1 \end{pmatrix} \quad C8 = \begin{pmatrix} 1 & 1/6 & 1/2 \\ 6 & 1 & 4 \\ 2 & 1/4 & 1 \end{pmatrix} \quad C9 = \begin{pmatrix} 1 & 5 & 3 \\ 1/5 & 1 & 1/3 \\ 1/3 & 3 & 1 \end{pmatrix}$$

方案层以指标层为准则排序权重向量及其一致性指标为（表 4）：

表 4

指标 权重	λ	C. I.	C. R.
$W_1 = (0.19, 0.09, 0.72)$	3.07	0.04	0.07
$W_2 = (0.09, 0.66, 0.25)$	3.02	0.01	0.017
$W_3 = (0.11, 0.63, 0.26)$	3.04	0.02	0.03
$W_4 = (0.08, 0.66, 0.26)$	3.03	0.016	0.03
$W_5 = (0.64, 0.10, 0.26)$	3.04	0.019	0.05
$W_6 = (0.19, 0.08, 0.73)$	3.06	0.03	0.06
$W_7 = (0.19, 0.72, 0.09)$	3.07	0.03	0.06
$W_8 = (0.11, 0.70, 0.19)$	3.01	0.005	0.01
$W_9 = (0.64, 0.11, 0.25)$	3.04	0.02	0.03

综上所述，所有矩阵 C. R. < 0.1，都通过了一致性检验。

（三）计算综合权重

指标层组合权数：

$$W = (0.0952, 0.2158, 0.0286, 0.1638, 0.0676, 0.0498, 0.0102, 0.0168, 0.1032)$$

方案层组合权数：

$$W = (0.18, 0.46, 0.36)$$

结论：

政府直接投资方案所占权重为 18%，特许权融资方案占 46%，吸收金融机构贷款方案占 36%。通过比较得出各投融资方案的优劣顺序：在太湖生态修复中使用特许权融资方式是最优的方案，其次是吸收金融机构的贷款，最后是政府直接投资。

三、对策与建议

太湖生态修复是一个系统工程，建立较完善的投融资对策系统是生态治理的基本保障。上文通过层析分析法（AHP）分析了太湖生态修复的各种投融资方案，指出最优的投融资方案是特许权融资，其次是金融机构的贷款。下面对这两种方案的具体实施提出对策与建议。

（一）运用金融衍生工具创新投资模式

运用特许权融资方式中可以积极利用资本市场，通过发行股票筹资。新疆汇通水利股份和三峡建设债券的发行上市，其优良业绩和信誉说明竞争经营型水利建设项目通过组建股份公司等现代企业形式，用股票上市和发行企业债券的形式筹集到大量资金。随着《证券法》的出台和证券交易市场的扩大，企业利用股票和债券将会成为未来这类项目筹资的重要形式。太湖生态修复工程可以尝试运用股票和债券筹集的方式化解资金来源不足的困境。

利用南水北调东线工程成立江苏水源公司的模式，在太湖治理过程中，可以成立投资公司，在水利行业内部或面向社会筹集大量资金，这样既可以减轻还本付息的压力，又引进了市场机制，有利于现代企业制度的建立。

（二）吸收世界银行贷款

世界银行的贷款是进行生态修复工程可以利用的重要外资渠道。由于世界银行的贷款期限长、利率低、数量大，是最合适社会公益性水利项目使用的贷款。要加强与世界银行的合作，从世行争取更多的资金。2001 年 12 月结束的治理太湖骨干工程建设就是利用世行贷款成功运行的案例。

（三）建立循环的资金链

在太湖生态修复中，其主要投融资渠道是通过外界筹集，但也不能忽视其内部融资的功能。建立生态循环的资金供应链是一条很好的融资渠道。生态循环，是科学处理太湖蓝藻变废为宝的积极应变。研究蓝藻无害化和资源化技术，为蓝藻利用提供一条低成本有效的技术途径。

参考文献

[1] 徐南荣，钟伟俊．科学决策理论与方法［M］．南京：东南大学出版社，1996：147－158。

[2] 潘杰，王慧梅．太湖健康生命修复的文化践行［J］．江苏水利，2008（9）。
[3] 陈荷生．太湖生态修复治理工程［J］．长江流域资源与环境，2001（2）。
[4] 崔延松．中国水市场管理学［M］．武汉：黄河水利出版社，2003。
[5] 韩军雁，王玲．AHP 方法在我国污水处理厂融资方式选择中的应用［J］．科技情报开发与经济，2007（7）。

电子货币发展瓶颈及前景问题研究

——以银行信用卡为例

王艺潼

一、电子货币发展概况

电子货币作为当代最新的货币形式，从20世纪70年代以来，应用越来越来广泛，逐渐呈现出多种发展形态，如数字现金、电子钱包等一系列的货币。通俗来讲，电子货币是指使用者以一定的现金或存款从发行者处兑换并获得相同金额的数据，并以可读写的电子信息方式存储起来，当使用者需要清偿债务时，可以通过某些电子化媒介或方法将该电子数据直接转移给支付对象。由于电子货币将现金同存款有机地结合在一起，通过计算机的信息处理、储存和显示作用，使得电子货币具备了存款特性、现金通货特性、现金与非现金相互转化的特性、信息显示特性等。由于各种因素的限制，我国电子货币的发展照比发达国家较晚且主要集中在信用卡业务上。1979年中国银行广东分行与香港东亚银行签订协议，开始代理国外信用卡业务，信用卡由此开始进入中国内地。1981年，发达卡、美国运通卡、日本百万卡、威士卡和万事达卡相继进入内地。1985年6月中国银行珠海分行首次发行了国内第一张真正意义上的信用卡，标志着我国进入了真正意义上的信用卡时代，随后农行、工行、建行、交行纷纷加入了VISA和Master Card国际组织，1995年广东发展银行首次发行了我国首张信用卡。

进入21世纪后我国信用卡产业开始了实质性的发展，各家银行纷纷开展信用卡业务。2003年被国内银行卡界称为“中国信用卡元年”，发卡总量达到544万张，从此整个信用卡市场进入了全面竞争的时代。据中国银联统计，截至2008年底，我国内地信用卡总量已超过1.3亿张（见表1）①。央行发布的《第三季度支付体系运行报告》显示，2008年第三季度末信用卡期末信贷总额8910.47亿元，同比增长70.9%，为2006年同期的3.5倍。2007年电子商务交易额达到21400亿元，较

① 资料来源：杨力，“警惕信用卡泡沫”，http://finance.sina.com.cn，2006年1月10日。

2006年增长了54.2%，而近3年来，电子支付市场每年也都以高于30%的速度在增长。与此同时信用卡的品种也在不断地推陈出新——从单一品种走向多样化，各种女人卡、男人卡、旅游卡、奥运卡、商场联名卡层出不穷。

表1　我国信用卡发卡量

单位：张

年份	发卡张数	增长幅度(%)	年份	发卡张数	增长幅度(%)
2003	544万	—	2006	5400万	46
2004	1000万	83.8	2007	9000万	66.7
2005	3700亿	270	2008	13000万	44.4

资料来源：杨力，“警惕信用卡泡沫”，http：//finance.sina.com.cn，2006年1月10日。

二、电子货币发展瓶颈

层出不穷的信用卡敲诈、伪法操作风险，大量“睡眠卡”、无效卡的存在不断暴露出我国信用卡业务发展中的问题。究其产生原因最重要的一点是，在商业银行追求信用卡业务利润最大化的同时，盲目发卡没有建立起科学的风险防范意识、有效的监管和信用评级机制，由此我们来探讨阻碍信用卡发展的因素。

（一）信用卡成本过高

通常，每张信用卡对应一个银行账户，实行先消费后付款，即支付是通过银行提供的消费信贷来完成，其账户处理滞后于贷款支付，属于延迟付款的性质，这种延迟支付自然的体现出持卡人信用情况对银行信用卡经营带来的影响。所以银行在发行一种类型的信用卡时需要考虑多方面的成本因素。

（二）深度挖掘客户数据技术上的滞后

信用卡是一项依托先进的网络技术进行市场化运作来获得利润的产业，各银行相继开发新产品过程中，由于技术上的缺陷，对已有客户消费数据的有效信息挖掘不够，无法形成对消费的有效跟踪，造成大量的资源浪费。从信用卡业务的角度看，数据挖掘是对持卡人大量消费数据进行抽取、转换、分析和其他模型化处理，从中提取能够辅助银行了解客户消费倾向、消费频率等有效信息。众所周知，银行业存在一个“二八定律”，即银行80%的利润系由20%的客户所贡献，发达国家的银行就是通过数据仓库找出自己这20%的最优客户，并以各种方式提供个性化的服务，提高他们的忠诚度，进而提高自身利益。而我国信用卡分析领域的数据挖掘应用技术还相对落后。

（三）持卡人信息不对称

持卡人的信用状况具有不确定性，首先表现为持卡人行为的不确定性，一个具有良好行为准则的持卡人可能由于各种原因成为恶意透支者。其次持卡人的财务状况具有不确定性，宏观经济走势、持卡人所在行业的变化，财产突然损失或贬值甚至持卡人的身体状况都会对持卡人的财务状况产生影响。另外是逆向选择和道德风险的问题，换言之，资信状况良好的人不愿或不需使用信用卡，而资信状况差的人对于信用卡的申请和使用却十分热衷，从而造成恶意透支甚至诈骗现象。持卡人可以完全掌握和熟悉信用卡业务，银行则不能完全掌握持卡人的情况，这种无法避免的不对称性形成了制约信用卡业务发展的瓶颈之一。

（四）我国个人信用体系不健全

从整个信用卡发展的大环境来讲，目前我国个人征信系统还不完善，特别是个人信用记录的正面信息和负面信息的完整性、信用记录的历史数据积累量、实效性等都存在一些问题。国外消费信贷在百余年的发展过程中建立起了完善的个人信用制度，银行通过个人信用信息库可以随时查询客户的信用档案，为金融机构提供信贷决策辅助信息。目前，我国多数发卡银行的信用卡征信审核及额度管理主要还依靠人工操作，程序烦琐，不确定性因素多，可操作性差，动态跟踪管理功能弱。由于我国缺乏一个跨地区、跨行业、中立的个人信用评估和征信机构，使得银行进行风险评估的难度加大，风险管理的成本增加。信用体系不健全已成为制约我国信用卡业务发展的重要“瓶颈”。

三、完善我国信用卡业务的措施和建议

（一）有效控制银行发卡成本

团体卡是针对一定集体或具有一定相似度的群体发行的信用卡。为防范信用卡违约风险，这种信用卡大大减少了人力调查成本，一个团体的成员具有很多相似处，如收入、消费程度、信用情况等。这就免去了操作中重复烦琐的客户信息筛选过程，节约了人力资本的开销。通过与各大百货公司、食品企业等合作，实现了客户资源共享，同时消费者也可以得到一定的折扣，很好地实现了双赢，提高了信用卡的使用效率。

（二）大力拓展信用卡网络技术

依托金融信息网络，按照科学有效的资信评估指标，将分散于各商业银行的信

用卡客户信息和账户信息集中到一个计算机系统，形成统一的风险管理平台，与各行母体网络系统进行整合，实现信息接转，形成高效快速的涵盖所有信用卡业务的机构和网点的信息控制子系统。自动生成风险预警信息，自动拒绝反程序的业务操作，使违规行为在计算机和网络系统无法通过。当务之急是针对互联互通尚未完全实现，银行信息反应不灵敏的弱点，尽快建立高效的清算网络系统，及时发现和控制透支行为，并能迅速传递止付信息。

（三）构建信用卡消费的监管体系

信用卡具有信用借款的功能，决定了信用卡持卡人透支的存在。对已透支的持卡人，应采取科学的管理办法。实行循环信用制度和信用登记制度，对限额内透支、透支期限内主动偿还的持卡人和经过催收偿还的透支持卡人分别进行登记，保留优良客户，摒弃不良持卡人，逐步形成稳定的良性透支群体。针对由不良透支形成的不良资产，要加强催收手段和策略的研究，探讨有效的催收方式、技巧，全面落实催收责任，及时做好催收工作。对信用卡业务不良资产的认定和处置应尽快严格按照五级分类标准划分，并按合理的比例及时计提呆账准备金。同时，要借鉴国外商业银行的一些做法，实行不良资产打包处理，或委托社会力量进行催收等。

（四）逐步建立个人信用制度，严把资信审查

对于建立全国信用体系，需要政府发挥主导作用，也需要社会各界的积极参与，共同防范信用卡风险。各家银行应积极配合政府部门建立和完善企业和个人征信体系，提供申请人收入和信用记录的真实资料，创立统一、完备的企业和个人征信系统。具体操作上，应针对以下几方面采取措施：一是要加强信用卡申办时的受理审查，按照既定的授信标准，对信用卡申请户进行严格的筛选；二是不断研究完善征信审核手段，加强申请资料的真实性、完整性审核，消灭风险于萌芽状态；三是充分利用银行间的各种共享系统、公安户籍查询系统、不良客户信息库等途径，多角度地比对、核实客户资料；四是针对客户的不同情况授予合适的信用额度，按照确定的审批权限严格执行授信规定，防止高额信用风险的发生；除此之外，各发卡行、信用卡组织、金融监管部门以及政法、公安等相关机构可以通力合作，建立联动机制，完善不良持卡人黑名单系统，健全法律法规，实行行业联动，加强对信用卡犯罪的打击力度，共同打造诚信社会。

我国信用卡市场经过几年的探索，在发展进程中逐渐清晰地认识到信用卡业务的瓶颈所在，并采取以上等切实可行的措施不断规范业务管理，必会使我国的信用卡业务有序发展。

参考文献

[1] 李函晟、张璟森:“我国银行卡风险防范的立法思考”,《管理观察》2008 年 10 月。

[2] 田晓光、孔德婧:“数据挖掘在信用卡发行中的应用”,《信息科技》2008 年第 5 期。

[3] 赵发谦:“发达国家电子货币的监管及其对我国的启示”,《特区经济》2006 年。

[4] 杨青:《电子金融学》, 复旦大学出版社 2004 年版。

[5] [英] 马克 · 洛尔、列夫 · 博罗多夫斯基,《金融风险管理手册》, 机械工业出版社 2002 年版。

[6] 杨力: “警惕信用卡泡沫”, http: //finance. sina. com. cn/money/bank/bank_ card, 2006 年 1 月 10 日。

[7] Eric Dash, “Consumers Feel the Next Crisis: It's Credit Cards”, http: //www. nytims. com, 2008 年 10 月 29 日。

[8] Bart Baesens and Jan Vanthienen, “Using Neural Network Rule Extraction and Decision Tables for Credit-Risk Evaluation”, *Management* Science, Vol. 49, No. 3 (2003).

The credit card market of China under the financial crisis

Suo Dao

1. INTRODUCTION

In recent years, China's credit card business has developed rapidly. In June 1985 the Bank of China issued the first credit card in China, since then China's credit card business has undergone a start to explore the stage and entered developing maturity period. Especially after 2002, the Chinese credit card market is in a surging trend, with the card environment is gradually matured. Card industry in 2003 was known as the "credit card the first year", with a revolving credit feature on the real meaning of credit card issuers increased from 1.55 million to 5.44 million, nearly the rapid growth rate of 250%. In 2004, the credit card business showed a "blowout" type of high-speed growth in China, almost all domestic banks have joined the contention of the share of credit card products in this emerging market, and the extent to which competition has become increasingly strong trend. There are so many banks to participate in the competition in the credit card market also shows that credit card play important status in today's financial life of our society and the importance to the banks. On the other hand, A very important reason that so many banks compete is the high returns of credit card business. Bank credit card business is an important component of intermediate business, it can bring great benefits for the bank. In Banks in developed countries, credit card even became the main business and source of profits. A well-run net return on assets of credit card could double the traditional credit business. Such as Citibank about 30 percents of annual profits derived from the three credit card business, American Express Company's American Express card business profits accounted for 70 percents of all the profits of the company. However, in the face of high profits, many banks have ignored the fact that the unique unsecured revolving credit product characteristics of the credit card business itself also determine the high degree of risk. If running such a high-risk products, risk control can not be handled well, the potential risks in the economy to a good case may be covered up, once the macroeconomic situation has changed, a number of potential problems are likely to be concentrated exposed. In the world financial crisis which began in 2007, the credit card industry of many countries has exposed its risk management issues.

2. THE CAUSES AND CLASSIFICATION OF CREDIT RISKS

The so-called "credit card" refers to banks, financial institutions or franchisee issue to a good credit units or personaccording to law, to consume directly in designated shop or place. Broadly speaking, those who can provide credit for cardholders that cardholders present their cards for shopping, consumption, or enjoying a special card for specific services can be referred to as credit cards, including credit card, quasi-credit card, debit card, savings cards, debit cards (ATM cards), check cards and credit cards. From the narrow sense, the credit card is a debit card issued by commercial banks. From the more fundamental point of view, the credit card is actually one of the retail categories. The so-called "retail credit," allows the consumer to buy directly from sales final goods and services in the form of credit. Retail credit is often offered as alternative means of payment when buyers are not willing to pay in cash by the sellers or service providers. Credit card is that the banks provide to their customers as a form of retail credit. In such a form of unsecured credit, risk identification and prevention is particularly important.

Credit card risk refers to the risk of economic losses caused by the improper operations of card-issuing bank, the admissibility of outlets, merchants and cardholders in the issuance, acceptance, use and maintenance of credit cards and other links that appear on the non-normal conditions.

In economics theory, the causes of credit risk can be interpreted as asymmetric information. Asymmetric information in bank credit, reflected in the borrower's risk is that borrowers certainly know more about profile of their own, including knowledge of relevant information, than the lender, thereby affecting the lender to make accurate decisions. Specific to the credit card market, information asymmetry in the credit card business, reflected in the relationship among the card-issuing banks, receiving unit and the cardholder (or the applicant). First, information asymmetry exists between the card-issuing bank and cardholder. Prior to issuing banks will release the relevant categories of information, such as eligibility criteria, procedures, fees and other information to the public through various channels, the applicant can easily get access to relevant information, while the card-issuing bank can only require the applicant to a passive way by filling out the application form to obtain the applicant's information, such information may be false. This information asymmetry lead to the following results: cardholder cheat card, malicious overdraft, false report of loss, cardholder change circumstances and the unilateral interruption of contact ahead of consumption, and chains of overdrafts and so on, and thus cause losses to the bank. Second, the problem between the units and the card-issuing bank get similar conditions with the ones between bank and cardholder. To card-issuing banks, the information of merchants receiving units, especially the credit is difficult to fully and timely to understand. However, through the promotional material receiving unit can receive information about the card-issuing bank. This information asymmetry may easily lead to merchants and banking outlets in non-standard operation and wrongful acts, such as the institutional business officers failed to seek a review of the statute and other documents strictly and handle the potential loss of credit card business. This information asymmetry gives card issuers the enormous threat to the survival and profitability.

Through the above analysis we can see that banks first have to face the credit risk of first default risk. Default risk of a very important cause is that a malicious overdraft, for card-issuing banks, malicious overdraft is one of the most common credit risk, once the cardholder malicious overdraft, avoiding the debt bilk, while card-issuing bank's funds are also facing safety hazards, and some people with ulterior motives of the cardholder vigorously malicious overdraft in order to achieve the purpose of taking card-issuing bank funds,. and some people use false evidence, false identification documents, security information, etc. to obtain bank credit. Tragedy followed by the risk of the cardholder, and perhaps some of the cardholders when receiving cards may be in a good economic situation and have a stronger ability to repay, but because of time reasons or other unforeseen occurrence, card entry may not be able to meet its credit card business obligations, resulting in the loss of banks, such as: cardholder death or deterioration of economic conditions, loss of ability to repay overdraft; break contact with the card-issuing bank, card-issuing banks can not control their credit card use. All these will bring us huge economic losses.

Second, credit risk is operational risk. This is actually generated by the credit card issuer's own risk, and almost no way to completely avoid the credit risk. Credit card business is an e-business, business people need to make all kinds of operations which a little mistake will bring a huge risk, first and foremost merchants improper operation risk, mainly in accordance with operation of the provisions of the cashier does not check the identity documents and signatures, leading to the credit control;, followed by is the risk of Bank staffoperational errors. Such as temporary line of credit would be likely to lead to higher magnitude than the process provided and may not be perceived by banks. If the customer has default orientation, their losses are also larger than expected. The third is the risk of committing the crime, mainly in internal bank, the business staff use their in-house committing the crime, Such as forged or modified certificates, illegal authorization, cardholder data punch card theft, etc. Such cases are often hidden deep, huge amount of money to the bank and thus the losses caused incalculable. Thus, operational risk can not be ignored.

The final one to the banks is a very important risk that is the quest for profit. Because of the pursuit of profit maximization, many banks do in order to occupy as much as the market shares, make continuous expansion, develop clients and issue as many cards as possible. The risk of rapidly increasing bad debts, however, is coming. For example, the United States Providian experienced substantial decline in profits from the economic recession because of the improper risk management of "sub-prime credit guarantee" target market. Since the second half of 2000, its stock price dropped over 95%. Because of the credit loss rate estimate is too low and the mix of non-target client into target customers. GE credit card companies raised its overall default rate further.

3. THE US CREDIT CARD INDUSTRY AND ITS CURRENT CRISIS

United States, as an important representative of the developed countries, is the first country issue credit cards. Modern third-party general-purpose credit card (Third - pany Universal Credit Cards) began in 1949 with the establishment of dinner club. Followed by a number of credit card companies and banks such as American Express (AmericanEx - pres8), Carte Blanche, the United States Silver (Bank Americard), MasterCard consumer card (MasterCharge) are starting to enter the field. The first two types of third-party credit card is: Travel Entertainment Card (Travel & Entertainment Cards, referred to as T & E Cards) and bank cards (Bank CaMs). In the several decades that the third-party credit card developed, the credit card companies and banks overcame difficulties including settle consumers and businesses markets, reduce operating costs to improve profitability, formulate and improve relevant laws and regulations, improve the credit card technology and other aspects of the various difficulties and finally replaced or even beyond the third-party credit card. Further more, occupied a dominant position in a sound and mature credit card industry. Until now, the U. S. credit card market is already well developed. Credit card payments accounted for around 20 percents in all non-cash payment transactions. In the United States financial statistics, credit card debts exist mainly as part of household debt. From 1998 to 2007, U. S. household debt grew by 134% , consumer credit increased by 77% , credit card debt grew by 70% . Until the end of December 2008, the U. S, balance of the cycle consumer credit was 991. 1 billion U. S. dollars. Credit card services made profits annual for more than 30 billion U. S. dollars. From the data above we can see that in the recent 10 years the American credit card business had fast development, the whole industry was thriving.

By 2007, when the sub-prime mortgage crisis which raised the global financial crisis began, the situation of U. S. credit card industry is deteriorating. Due to the rapid expansion of the credit card industry in the early time, when the high-quality customer base has little potential to be tapped, the card issuers have developed a large number of sub-credit customers in order to increase profits. With the development of the sub-prime crisis, on the one hand a large number of housing sub-prime mortgage lender's financial situation began to have problems; the other hand, further deterioration of the sub-prime mortgage crisis began to spread to the real economy, the related companies will experience operational difficulties, will pay cuts and layoffs to reduce costs. Affected by reduced income or unemployment, customers without the mortgage loan will have financial difficulties. As clients having difficult financial situationcaused by two reasons above, their ability to repay credit card will be subject to different degrees. This also resulted in the U. S. credit card industry, the probability of default or bad debtsrise. After Entering 2008, the plight of credit card holders are being transformed into credit card debt crisis, which brought heavy pressure on the credit card industry. U. S. Treasury Department data show that the cardholder's overdue and bankruptcy led the credit card industry capital loss to morethan 150 billion U. S. dollars from August 2007 to 2008, giving the U. S. credit card industry a huge blow.

4. CURRENT SITUATION IN CHINA AND THE TREND OF CREDIT RISK

China's credit card business, after years of development, has made considerable progress, but bank's credit card institutions still have some problems in risk management. :

1, heavy marketing, light management. Because of severe redundant construction, the current credit card industry has emerged vicious competition. Many commercial banks set the amount of the card as a hard target to assess the performance of credit card centers. In order to complete the task card, conditions applying for credit cards were sat looser, procedures were more and more simple and credit limits are increasing. Particularlywhen facing task pressure, Card-issuing banks perhaps focus on the pursuit of the amount of card, but ignore the existence of risk at the same time. The excessive marketing is likely to make a one-sided pursuit of growing number of card issuers and cardholders, but we often overlook the quality and profitability of the cardholder, and even wrongly placed the business risk management on the opposite side of the business development. In order to win over customers, with minimal application materials clients could be offered thousands credit limit. This resulted uneven applicant's credit and increase the whole credit card business risk level.

2, Incorrectly handle the relations between the bank's immediate and long-term goal. In the international arena, usually steady growth of the market value of the bank is seen as a measure of a fundamental criterion for success or failure of banking operations, but now our card-issuing banks usually emphasis on the expansion of the temporary immediate results to deal with the pressure to meet annual plan targets despite the risk of placing undue.

3, Awareness of risk management is still not in place. Awareness of credit risk management has not yet transversalthe business development, operation and management of the entire process, risk management and risk control are often seen as a risk-control department thing. At the same time, the concept of comprehensive risk management is not in place, the majority of our card-issuing bank is still using credit risk management based on market risk, operational risk, but paid insufficient attention to the risk of fraud.

In the current situation of the development of China's credit card market, the bank issuing credit cards is still in the enclosure of market share. Most of the banks focus on getting bigger market share as many as possible. One of the most importanttrends of Credit risk of China's is the total amount of credit risk will gradually increase. While rapid growth in the credit card, the risk is also facing the possibility of gradually increasing. The reasons why there is such a judge are:

1, Along with vie for high-end customers basically come to an end, the issue of credit cards is bound to the gradual extension of the low-end customers, the issue of credit risk is inevitable;

2, Because the totally unsecured credit card business in China is a new credit products, individual credit risk management experience, credit risk management techniques of the domestic credit card issuers are rather lacking;

3, In aspect of hardware, although the personal credit information system of People's

Bank of China has already improved a lot in the information gathering and dissemination, besides all commercial banks are in use. When compared with abroad, however, domestic still lack a comprehensive, holistic system of personal credit information.

4, In the upcoming fierce competition in the credit card, first and foremost it is a competition of quantity and scale. It can not be excluded that some card-issuing institutions (including foreign-funded financial institutions) bear unaffordable level of risk in order to grab market share.

5. RESPONSE OF CHINA CREDIT CARD INDUSTRY

Compared with the U. S. market, China's credit card market has a big difference. Since the objective economic conditions, our country residents did not have formed a long time ahead of spending habits. Credit card business as an emerging business in China's developed just a few years. Although the major banks attach great importance to the business and make great efforts to promote the rapid expansion of domestic credit card market. Statistics show that, to the end of June 2009, China's credit card issuing volume reached 162 millions, besides credit limits reached more than 1. 1 trillion Yuan. However, in terms of maturity of development, our Chinese credit card market is still in its infancy, credit card penetration is still relatively low. Consuming awareness of credit of Residents is not strong, and residents used to save money which lead to high savings rate. Despite the lower and lower threshold of applying cards and higher and higher credit lines, the relevant financial institutions will not be shocked too much. But we must also see that the People's Bank data show that the second quarter of this year, the amount of China's credit card overdue for more than half a year increased, accounting for the end of the total amount of debt repayable should be a slight increase in compensation. At the end of the second quarter, credit card overdue for six months outstanding amounted to 5. 773 billion Yuan of credit; relatively grow 16. 2%, bad debt risks remain. At the same time, growth in credit-card issuer experienced a marked decline in the second quarter of 2009 compared to same period last year. This is the subject of the international financial crisis, but also the result of sprawl issue of credit cards regardless of the risk management.

In the current financial crisis situation, relatively Chinese independent credit card market can not be completely affected. In the United States such an established financial environment, each card-issuing institutions and card organizations should be expert in training awareness of risk management, risk management and software and hardware technology and be regulated strictly by the financial authority of the United States. However, the United States credit card industry has also suffered huge losses in the crisis. In China, we have already seen the seeds of the crisis. For China's credit card industry, it should be fully aware of the importance of risk management. On the one hand, we must guard against the financial risks gathering in the credit card business during the rapid development and recognize that irrational consumption of consumers will greatly increase the risk of the credit card market; the other hand, institutionsshould improve internal risk control systems, give great compliance to the monitoring of the implementation, make efforts to build customer credit card system and diversify its business structure in order to diversify risk and improve profit margins.

The development of credit card plays a great role in optimizing structure of band card products, expanding consumer credit, raising the level of social credit has. The healthy development of the credit card business can greatly enhance the competitiveness of Chinese banks. China's credit card issuers should develop credit card business in the basement of reasonable control of therisk.

References

[1] Robert Cole and Lon Mishler (2004). consumer and businesscredit management.

[2] David H Boozer (2001). banking credit card.

[3] Hu Yong, Zhang Yong Qing (2006). "credit riskmanagement" Special Zone Economy .

[4] Lou Fang (2004). "China's banking credit card business riskmanagement" Shanghai Finance.

[5] Wu Ke (2009). "The development of credit risk management" modern economic information.

[6] Yao Xiang (2008). "credit card business of risk management" China business.

[7] Wang Xin (2009). "Discussion on the credit risk management" theory.

[8] Zhao Yan Hong (2007). "China Construction Bank CreditCard Risk Management Research" degree thesis.

[9] Li Xiao Bo and Wang Zheng Yu (2008). "China credit cardrisk management, a number of issues" China credit card (professional)..

[10] Zhang Ji Zhen (2003). "China Credit Card Risk ManagementResearch" degree thesis.

[11] Zhu Hong Mei (2009). "The sub-prime crisis on the impact of U. S. credit card market" Wuhan Finance.

[12] Zhou Ming (2008). "Get access to the plight of potential risks in the credit card market in China by the US credit card" China credit card (professional).

[13] Lin Gong Shi. Shan Ming and Lin Jian Wu (2004). "The development experience through the U. S. to see China's problems in the credit card industry" Special Zone Economy.

[14] Hu Shao Hua (2008). "U. S. consumer credit rapid development of China's commercial banks warning - based on risk control perspective" Financial Theory and Practice.

股市波动与居民消费行为关联研究

——基于1998—2009年中国城镇数据的实证研究

崔黎波

随着各国金融市场发展，股市成为影响消费者行为的显著因素。目前中国股市作为投资和消费重要性在不断上升，对以中国股市为代表的资产价格波动对消费影响进行分析有借鉴意义。尤其是中国政府制定了十大措施和四万亿元方案应对金融危机，给股市以资金支持，其对居民消费有何影响，使研究显得更有意义。本文运用计量经济学原理，建立时间序列VAR模型，采用pcgive10.0软件对股市波动与中国城镇居民消费行为关系进行实证分析。

一、理论基础及其传导机制

股市对消费的影响称为财富效应，财富效应指金融资产价格上涨导致金融资产持有人财富增长，进而促进消费增长，影响短期边际消费倾向，促进经济增长的效应，反之亦然。从消费视角分析，财富效应主要表现在：

（一）通过影响居民收入预期，增强市场信心，提高短期MPC，进而扩大消费

Romer提出消费者信心理论认为证券市场的发展支持了消费者信心。在信用发达的市场，股市繁荣加速储蓄向投资转化，增强投资者信心，从而加快消费信贷发展。投资者因股市繁荣对经济充满信心更大胆消费。

（二）通过影响投资者实际收入影响消费

投资者投资股市，一方面获得股票分红收益，这可视为持久收入。另一方面是因股价上扬获得的资本利得，这可视为暂时性收入。当消费者通过持有股票市值的上升，增大资产水平和信用水平，于是消费者运用这些股票向银行借贷支持消费。反之消费能力下降。

（三）通过影响企业间接影响消费支出

根据资产组合理论和托宾 Q 理论，股票价格与其资产价值比率称为托宾 Q，当其较高时，企业资产资本市场价值超过重置价格，企业扩大投资。但在熊市下，企业再融资会陷入停滞，对企业发展很不利间接影响消费。

财富效应对消费影响不局限于此。一方面，财富效应刺激人们金融投资需求；另一方面，股市分流居民储蓄。这有助于居民储蓄存款转化为有效消费与投资需求，扩大内需。

二、理论模型、数据选取与方法选择

（一）理论模型

本文的实证研究围绕莫迪利亚尼生命周期理论展开。按照生命周期理论，一生消费受财富和收入制约。消费支出取决于消费者生命周期内总财富，财富由实际资本、金融财富和人力资本构成。金融财富主要由股票构成。由此，股市收益与居民消费行为关联的模型可以写成：$Ct = a + bIt + cPt + Ut$。

其中 It 为第 t 期可支配收入，SPt 为第 t 期股票指数，Ut 为残差项，在该模型中为其他影响消费的因素。

（二）变量的定义及样本数据

本文选取中国城镇居民可支配收入（I）、城镇居民消费性支出（C）及上证季度股价指数（SP）作为研究变量，数据来源于《上海统计年鉴》，锐思资讯数据库等，样本空间为 1998 年第四季度到 2009 年第一季度。

股价指数可表示股市波动，本文上证季度股票价格指数以当季上证综合指数最高与最低简单平均表示。居民消费取决于消费者的收入，本文选取中国城镇居民可支配收入表示。居民消费量选取中国城镇居民消费性支出表示。由于影响居民消费因素众多，本文解释变量为影响消费及股市指标，被解释变量为中国城镇居民消费性支出，来解释上证股市与中国城镇居民消费关系，进一步分析股市收益对居民消费行为影响。

为消除变量时序性，对所有数据进行季度调整和指数化再取自然对数得到量 LC、LI 和 LSP，变动趋势如图 1，可以看出 LC、LI 和 LSP 变动是同步且平稳的。

（三）计量方法选择

中国城镇居民消费和可支配收入及上证股价指数具有时间趋势，是非平稳变量。

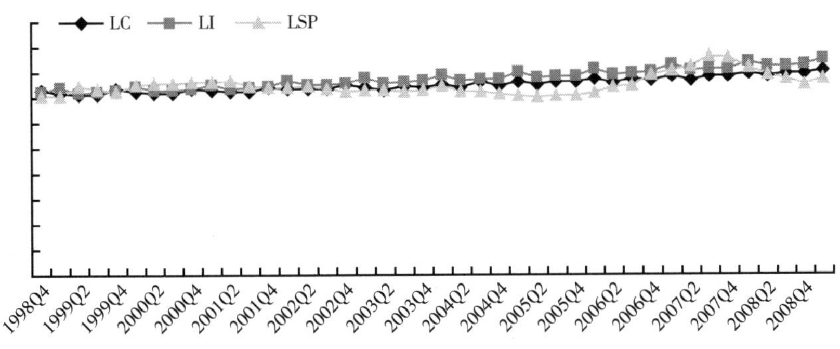

图 1　LC、LI 和 LSP 变动趋势图

为探讨两者之间的关系，本文引入协整理论。恩格尔和格兰杰于 1987 年提出协整概念认为尽管每个变量自身可能非平稳，但它们线性组合却可能平稳。如果变量之间协整，则这些变量可用误差修正模型（ECM）表述其短期非均衡关系。该模型结合了变量长期均衡和短期动态关系。而向量误差修正模型是有约束 VAR 模型，它使得短期波动的变量对均衡的偏离能收敛于长期协整关系。

三、协整分析和向量误差修正模型

（一）平稳性检验

为建立股市收益与居民消费行为之间的误差修正模型，先对变量 LC、LI 和 LSP 进行单位根检验，确定它们是否平稳。运用软件分析结果如表 1 所示。检验结果不能拒绝 LC、LI 和 LSP 含有单位根原假设，但对变量 LC、LI 和 LSP 一阶差分，可以拒绝原假设。因此这三组数据都是 I（1）过程。

表 1　对模型所用变量的 ADF 单位根检验

变　量	有单位根概率	结　论	变　量	有单位根概率	结　论
LC	0.9754	不平稳	DLI	0.0001	平　稳
DLC	0.0000	平　稳	LSP	0.2587	不平稳
LI	0.9603	不平稳	DLSP	0.0005	平　稳

（二）滞后阶数的确定

根据以上检验，LC、LI 和 LSP 具有相同单整阶数满足协整分析前提，本文协整检验采用 VAR 模型。如果变量之间存在协整关系，系统长期均衡，用于协整分析 VAR 模型也具有动态稳定性。建立 VAR 模型必须选择正确滞后阶数，使 VAR 模型能准确反映变量之间的动态特征。比较滞后阶数为 0、1、2 的 VAR 模型，结果如表 2 所示：

表 2　选择 VAR 模型滞后阶数

滞后阶数	迹检验统计值	P 统计值	结论
0	119.76	0.000	拒绝
1	60.870	0.002	拒绝
2	9.9156	0.079	接受

由表 2 结果，根据最大似然值和信息最小准则，最优滞后阶数为 2。

（三）协整检验

通过以上 VAR 模型分析，VAR（2）是最优的。分别设置检验变量 LC、LI、LSP 长期趋势项系数直至识别且模型强收敛。在经过 pcgive10.0 软件对模型优化后，结果为：

$$DC = -0.13 * ECM\_1 - 0.4571 * DC\_1 + 0.1238 * DI\_1 + 0.05376 * DSP\_1 + 235.7$$
$$(SE)\quad (0.0511)\quad (0.11)\quad (0.0764)\quad (0.0399)\quad (65.6)$$

其中 $ECM = -20.362LC + LI + LSP$。

从模型可以看出，LC 短期波动受 LI 和 LSP 和误差修正项 ECM 影响。误差修正项系数为负，符合反向修正原则，表明短期非均衡状态收敛于长期均衡过程。长期来看，各变量对居民消费有影响。居民的上期消费，可支配收入及上证季度指数对消费影响分别为 0.4571、0.1238 和 0.05376。一旦短期波动偏离，系统将以 0.13 力度回到均衡。

（四）格兰杰因果检验

为进一步分析变量与居民消费的关系，我们进行格兰杰因果检验。由结果分析得出（见表 3）在 10% 显著性水平下，中国城镇居民可支配收入是消费的格兰杰原因。虽然上证季度股票指数与中国城镇居民消费的格兰杰关系在统计上不显著，但这些都是格兰杰意义上因果关系。在经济分析上，我们尚不能据此对各变量之间关系做出判断。

表 3　相关经济变量的格兰杰因果检验

原假设：	F 统计量	ρ 值
LI 不是 LC 格兰杰原因	4.72296	0.01528
LSP 不是 LC 格兰杰原因	1.06022	0.35724

四、结论与启示

本文基于协整分析和格兰杰检验，考察了中国城镇居民可支配收入和上证季度股票指数对中国城镇居民消费影响。结果表明三者之间存在协整关系且为长期均衡。

（一）城镇居民可支配收入和上证股票指数增加会增加居民消费，具有正向作用。上期消费增加会减少本期消费，存在反向关系。在长期发展中，中国城镇居民可支配收入和上证季度股票指数增长 1%，中国城镇居民消费增长分别为 0.123% 和 0.0538%。而居民上期消费增加 1%，本期消费减少 0.4571%。

（二）无论是长期还是短期，城镇居民可支配收入和上证股票指数均会影响居民消费。中国城镇居民消费关于可支配收入短期为单一弹性，长期弹性为 0.1238。

（三）从长期来看，中国城镇居民可支配收入对中国城镇居民消费有格兰杰因果关系。但上证季度股票指数不是中国城镇居民消费的格兰杰原因。

基于上述分析，上证季度股价指数对中国城镇居民消费有影响，但影响不大。股市波动对居民消费的关系十分复杂，其中涉及经济发展、汇率政策、金融环境等多个方面。本文运用实证检验方法直观表现了股市波动对居民消费的影响。这两者之间错综复杂的关系，还有待于进一步深入研究。

参考文献

[1] Campbell, J. Y , 1991, The response of consumption to income: a cross-country investigation [J], European Economic Review, 35.

[2] 杰弗里．萨克斯、费利普．拉雷恩．全球视角的宏观经济学［M］．上海人民出版社．2004。

[3] 周琴、丁化．中国股市财富效应现状及制约因素分析［J］．2009. 3：92－94。

[4] 李振明．中国股市财富效应的实证分析［J］．经济科学．2001. 3。

[5] 张晨曦．我国股市的财富效应分析［J］．经济论坛．2009. 4：38－39。

[6] 陈强、叶阿忠．股市收益、收益波动与中国城镇居民消费行为［J］．经济学．2009. 4：1001－1012。

使用衍生产品是否影响公司业绩？

——基于沪深两市采掘行业上市公司数据的实证研究

耿 琳

一、理论回顾

关于公司使用衍生产品的动机，理论界主要形成了两种不同的观点：公司价值无关论和规避风险提升价值论。

（一）公司价值无关论

Modigliani 和 Miller（1958）提出的 MM 定理，以及 Mossin（1966）发展的资本资产定价模型（CAPM）认为，在完全资本市场的假设前提下，公司的任何一个对冲策略都可以被高度分散的投资者根据他们自身的偏好进行零成本复制。公司即使通过使用衍生产品降低了风险暴露程度，也不能因此影响公司的业绩。

（二）规避风险提升价值论

最早的风险规避理论是由 Keynes（1930）和 Hicks（1939）提出的，他们认为使用衍生产品进行套期保值的目的是转移现货市场交易的价格波动风险，如果期货和现货价格同步变动，最佳策略是对价格波动进行完全套期。20 世纪 80 年代后，许多学者放松了上述的有关假设，认为由于资本市场的不完全性促使公司通过风险对冲降低现金流波动性。经典理论主要有：第一，税收效应。Smith 和 Stulz（1985）等学者认为，税收函数为凸性时，使用衍生产品对冲风险可以减少公司税负，提高公司价值。第二，降低财务危机成本。Mayers 和 Smith（1982）等认为，风险对冲可以减少收益波动性、减少现金流或会计利润方差，从而减少财务危机的期望成本。第三，降低代理成本。Jensen 和 Meckling（1976）等认为，对冲减少了公司价值的波动性，从而缓解或消除股东与债权人之间的利益冲突，减少债务代理成本，从而增加公司价值。第四，避免投资不足问题。Haushalter，Randall 和 Lie（2002）认为，使用衍生产品对冲风险可以使公司内部资金更好地满足有价值的投资项目，避免由于外部成本过高而丧失有利的投资机会。上述四种观点可总结为通过使用衍生产品对冲风险，进而实现利用税收优惠、避免投资不足、降低融资成本、减少财务危机成本降低公司现金流波动，提升公司业绩和股东价值。

二、选题动机

世界掉期与衍生产品协会（ISDA）2009 年 4 月的研究显示，世界 500 强中 94%的企业使用衍生品来管理和对冲商业和财务风险，在被调查的 29 家中国上市公司中，采用衍生产品进行风险管理的公司占 62%（被调查公司使用衍生产品的平均值为 88%）。与西方主要国家相比，我国衍生产品市场起步较晚，但未来的发展速度将会很快。2010 年中央一号文件提出加快发展农产品期货市场，鼓励生产经营者运用期货交易机制规避市场风险；2010 年 4 月我国即将推出股指期货，利用衍生产品对冲风险再一次成为企业、投资者、监督层关注的焦点。

在此背景之下，使用衍生产品进行风险管理能否提升企业的经营业绩成为学术界和实务界关注和争论的焦点。不同学者在这个问题上存在着争议。一派观点认为企业使用衍生品企业可以降低企业暴露于商品价格风险、汇率风险和利率风险中的程度，进而提升企业经营业绩；而持反对观点的学者则认为风险管理中面临的汇率和利率等风险，实际上是很小的次要风险（Small Secondary Risks），这种次要的风险对企业的现金流仅仅会产生很小的影响，因此不会对公司价值产生显著影响（Brown，2001）。

针对这种争议，国内外一些学者已经做了一些实证检验工作。如 David 等人（2005）通过对美国航空业 1992—2003 年数据的考察，证实了使用衍生产品确实能够提升企业的经营业绩和公司价值。在国内，陈炜、沈群（2008）以深沪两市有色金属加工或生产行业上市公司为研究样本，发现中国企业使用金融衍生产品并没有像西方理论所认为的那样可以提升公司价值。本文拟以沪深两市采掘行业上市公司为研究样本，将衍生产品使用是否影响公司业绩的实证检验拓展至更宽广的行业范围。

三、研究设计

（一）解释变量与被解释变量

本文以净资产收益率（ROE）指标来度量公司业绩，作为被解释变量；用一个虚拟变量来反映公司是否使用衍生产品，同时参考国内外相关实证研究，在模型中加入了影响公司业绩的规模因素和股权结构因素的代理变量作为控制变量。检验变量和控制变量的定义与度量标准见表1。

表1 检验变量和控制变量的定义与度量

检验或控制的因素	变量及度量
用否衍生产品	虚拟变量:使用为1
公司规模	总资产对数
股权结构	第一大股东持股比例

（二）模型设计

本文采用如下模型来检验使用衍生产品是否能够提升公司业绩：$Y=\beta_0+\beta_1D_1+\beta_2X_2+\beta_3X_3+\varepsilon$

其中，Y是衡量公司业绩的代理变量——ROE指标；D_1为衡量公司是否使用衍生产品虚拟变量，当企业使用衍生产品时取值为1，否则取值为0；X_2、X_3分别为反映公司规模和公司股权结构的代理变量，作为影响公司业绩的一组控制变量。

四、样本选择

本文以沪深两市采掘行业2008年1月1日以前上市的32家公司为研究样本，使用根据新会计准则调整后的数据进行实证检验。主要基于以下三点原因：首先，采掘业的行业特征决定了行业内的上市公司使用衍生产品的可能性较大。采掘业企业多与金银等贵金属、钼镍等稀有金属，以及石油煤炭等大宗能源相关，公司往往面临一定的利率、汇率或商品价格风险，因此使用衍生产品进行套期保值的可能性大，具有代表性。其次，针对采掘业进行实证检验能够与已有的相关研究形成补充。最后，相关财务数据齐全。实证所采用的相关数据来自RESSET金融研究数据库和巨潮资讯网提供的2008年度报表资料（巨潮资讯网www.cninfo.com.cn）。

数据的获得方式为：净资产收益率、资产总额、第一大股东持股比例的数据来源于RESSET金融研究数据库；衍生产品的使用情况的取值通过手工检索样本公司2008年度报表获得，检索项目包括期权、期货、互换（掉期）、远期、权证，以及可转换债券。样本数据见表2。

表 2 样本数据表

A 股代码	股票名称	A 股代码	股票名称
000552	靖远煤电	600508	上海能源
000723	美锦能源	600547	山东黄金
000762	西藏矿业	600583	海油工程
000780	平庄能源	600971	恒源煤电
000933	神火股份	600997	开滦股份
000937	金牛能源	601001	大同煤业
000968	煤气化	601088	中国神华
000983	西山煤电	601168	西部矿业
600028	中国石化	601666	平煤股份
600123	兰花科创	601699	潞安环能
600139	ST 绵高	601808	中海油服
600188	兖州煤业	601857	中国石油
600348	国阳新能	601898	中煤能源
600395	盘江股份	601899	紫金矿业
600489	中金黄金	601918	国投新集
600497	驰宏锌锗	601958	金钼股份

五、数据分析

我们通过考察 β_1 是否显著区别于零来判断衍生产品的使用是否对公司业绩产生影响。根据相关理论分析，如果我国上市公司使用衍生产品可以提升公司业绩，那么有 β_1 显著大于零；如果使用衍生产品导致公司业绩下降，那么将有 β_1 显著小于零。因此，通过检验虚拟变量 D_1 系数的显著性就可以验证使用衍生产品是否影响公司业绩。

将 ROE 作为被解释变量，将反映是否使用衍生产品的虚拟变量和控制变量一起作为解释变量带入模型中。对各变量的描述性统计见表 3。

表 3 变量描述性统计表

	最小值	最大值	均值	标准差
ROE	0. 0568	0. 6700	0. 2367	0. 1227
总资产对数	19. 2432	27. 8108	23. 1919	1. 8129
第一大股东持股	0. 1769	0. 8642	0. 5202	0. 1569

对模型残差进行统计分析，J－B统计量的P值约等于0.42，说明在5%的显著水平上，我们能够接受残差服从正态分布的原假设。

通过使用Eviews统计分析软件进行多元回归，使用普通最小二乘法对参数进行估计，得到如表4所示回归结果。显然，在5%的统计水平上，总资产对数和第一大股东持股比例对ROE影响显著，而衍生产品的使用对ROE影响不显著。

表4 使用衍生产品对公司业绩影响的检验结果表

变 量	系 数	标准误	t－统计量	P值
C	1.2200	0.3127	3.9018	0.0005
D1	0.0523	0.0482	1.0852	0.2871
X2	－0.0504	0.0154	－3.2754	0.0028
X3	0.3137	0.1470	2.1349	0.0417
R^2	0.2977	F－统计量		3.9560
Ad. R^2	0.2224	P值（F－统计量）		0.0180

本文模型的结果表明，中国采掘业上市公司使用衍生产品进行风险管理不能提升公司绩效，这一结果与陈炜、王啓（2005）的研究结果相类似。这种现象背后的原因有以下四点：（1）国内衍生市场欠发达，企业可使用的金融衍生产品种类数量少；（2）企业从事境外交易要受到严格限制，套期保值成本较大，经常成为国外大型投机基金的伏击对象；（3）企业对衍生产品不能达到足够了解，由于操作水平或风险控制存在问题，失败可能性较高，因而对衍生产品望而却步，投资有限。

六、政策建议

西方主流理论中的公司价值最大化论的主要观点是企业使用衍生产品可以通过减少预期税收、降低财务困境成本和避免“投资不足”等渠道来提升公司价值。但是，本文的实证结果证明，这与中国企业的实际情况不符。主要原因是：中国企业受制于国内欠发达的衍生品市场，从事境外交易又受到严格限制，企业参与套期保值的程度有限，其操作水平和风险控制又存在一定问题，甚至不时受到国外大型投机基金的伏击遭受重大损失，所以无法实现通过使用衍生产品来提升公司业绩。如果要真正起到套期保值、降低企业风险和提高企业经营业绩的作用，企业在衍生产品使用方面的还必须积累经验和提高操作水平。因此，本文提出以下政策建议：

（一）加快发展衍生产品市场

加快发展我国的衍生产品市场，不仅是建立多层次资本市场的需要，而且将有利于国内公司化解企业经营活动中面临的风险，提高公司业绩，最终促进我国经济的健康发展。

（二）鼓励公司合理运用衍生产品进行套期保值

尽管本文的实证发现，在目前阶段，中国企业使用衍生产品还未能实现提升公司业绩的目的，但这主要是因为目前我国企业运用衍生产品的程度较低，操作能力较差，同时还与我国资本市场不够发达有关。因此，通过大力提倡和鼓励公司合理使用衍生产品进行套期保值，将有利于提升公司业绩，提高社会福利水平。

（三）加快制定和完善有关衍生金融工具的会计制度

目前我国尚未推出完整的有关衍生金融工具的会计制度。该领域会计处理还不规范，即使是上市公司多数也没有在定期文中充分披露其衍生产品的使用，这严重影响了投资者判断投资风险和投资价值。因此，建议有关部门加快推出与衍生金融工具披露相关的会计制度。

参考文献

[1] 陈炜、沈群．2008. 金融衍生产品避险的财务效应、价值效应和风险管理研究．北京：经济科学出版社，88－91。

[2] Mossin J. 1966. Equilibrium in a Capital Asset Market. Econometrica，34：768－783.